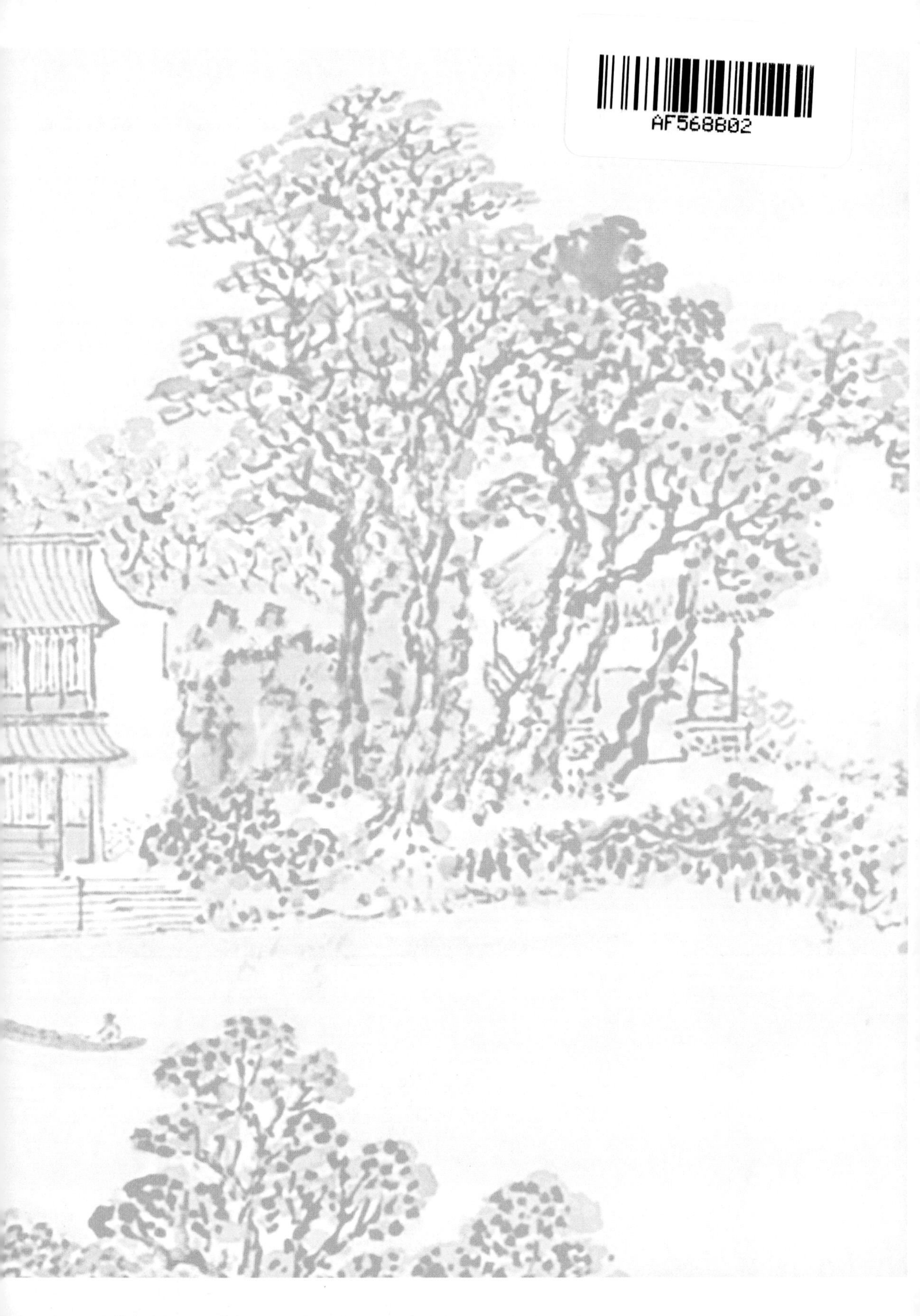

Jochen Wiede

Fernöstliche Gartenkultur

Geheimnisvolle Gärten Chinas und Japans

Jochen Wiede

Fernöstliche Gartenkultur

Geheimnisvolle Gärten

Chinas und Japans

marix verlag

Inhalt

Bemerkungen des Autors

Auf meinen Reisen durch Japan und China faszinierte mich vor allem, wie sich das Naturverständnis der Menschen in ihren Gärten damals und heute manifestiert hat. Vieles was mich da beeindruckte, vermitteln meine Aufnahmen aus diesen Reisen. Um ein besseres Verständnis für die östlichen Gärten zu erhalten, muss man die religiös-philosophischen und historisch-kulturellen Hintergründe ihrer über zweitausendjährigen Geschichte berücksichtigen. Dabei war es nicht mein Ziel, mit Rücksicht auf diese unterschiedliche Quellenlage spezialisierten akademischen Ansprüchen der betreffenden aktuellen Forschung gerecht zu werden. Das Verständnis von Natur und der Umgang mit ihr und ihre Gestaltung sind im fernen Osten anders gelagert als im Westen. Daher fordern nachgebaute japanische oder chinesische Gärten im Westen in ihrer Fremdartigkeit zu einer kritischen Distanz heraus. Gleichwohl wären einzelne Designelemente vor allem aus der japanischen Gartenkunst durchaus mit unserem Bildverständnis von Natur und Garten vereinbar, wie Analysen dieser fremden Gartenkulturen aufzeigen können.

Gerne nehme ich hier die Gelegenheit wahr, mich bei ausgewiesenen Fachleuten zu bedanken, die sich kritisch mit meinem Text auseinandergesetzt haben. So führten die ersten fachlichen Beurteilungen vor allem von Hans Bjarne Thomsen, wie auch von Qi Zhu-Ammann, zu einer gründlichen Überarbeitung. Für die vielen konstruktiven Anmerkungen zum Textteil über die chinesische Gartenkultur von Monique Nagel-Angermann und jene zum Textteil über die japanische Gartenkultur von Christian Tagsold und Junko Murakami-Fredenhagen, sowie in besonderem Maße für die intensive redaktionelle Bearbeitung des Manuskripts durch Daniel Reicke, schulde ich besonderen Dank.

Jochen Wiede, 01.02.2018

Vorwort

Die Rezeption ostasiatischer Gärten in Europa hat eine lange Geschichte mit zahlreichen schriftlichen Würdigungen. Dies hängt damit zusammen, dass das Geheimnis (vor allem) der chinesischen Gartenkunst – neben Porzellan – zu den zwei größten Faszinationen Chinas im Zeitalter der Entdeckungen zählt. Chinesische Hortikultur sprach zuerst die herrschenden europäischen Klassen und die Intellektuellen an, und zwar nicht nur als Bestandteil eines Phantasiebildes über China, sondern um mit wachsendem Interesse dieses so fremde Reich zu ergründen. In der Realität waren Gärten (im Westen) Ideenträger, Orte der transkulturellen Begegnungen und ein Ensemble enzyklopädischen Wissens seit der Renaissance; sie waren die wichtigsten Kanäle und Schauplätze des Wissensaustausches und Transfers zwischen Europa und China im 18. Jahrhundert. Überall in Europa war man daher auf der Suche nach möglichst getreuen Quellen über die chinesischen Gärten, obwohl letztendlich ein verzerrtes, mit Phantasie aufgeladenes Bild entstand – beginnend mit dem pflanzenkundlichen Traktakt von Michael Boym (ca. 1612–1659) über Matteo Ripas Kupferstiche der imposanten Gartenszenen des Kangxi-Kaisers, bis zu den wohl bekanntesten, bildhaften Passagen von Jean-Denis Attiret über die nordwestlich von Peking gelegenen Kaisergärten des Qianlong-Kaisers.

Mit der Hilfe von Missionaren sowie ihren intellektuellen Zeitgenossen in Europa wurden klassische Texte früher chinesischer Gartenmeister und Literaten in die westlichen Sprachen übersetzt; historisch bedeutende Gärten wurden dem europäischen Publikum bekannt; unzählige Alben und Bilder mit Darstellungen von Gartenszenen kamen in den Besitz großer Persönlichkeiten, wie in den von Henri Bertin, einem Minister des Königs Ludwig XV. (reg. 1715–1774), der alles über China, vor allem seine Gartenkunst erfahren wollte. Nicht zuletzt begründete diese Leidenschaft nicht nur die konzeptionelle Akzeptanz eines idealisierten Bildes des fremden Orients, sondern beeinflusste auch die gartengestalterische Praxis im Zeitalter der Aufklärung. Chinesische Gartenelemente tauchten in physischer Form auf als markantes Intermezzo in den vormodernen Gartenlandschaften Europas und entwickelten sich symptomatisch zu einem prominenten Teilaspekt des Rokoko-Stils.

Diese Leidenschaft hat nie aufgehört und dauert bis in die jüngste Zeit an. Sie spiegelt sich in den unzähligen, vielschichtigen Publikationen wider, die sich mit fast allen Aspekten des ostasiatischen Gartens auseinandersetzen. Zu diesen gehört auch das vorliegende Buch, dessen Autor, Jochen Wiede, vor allem einen raffinierten Überblick über die Gartenmorphologie und -syntax in China und Japan liefert, während er gleichzeitig für die historische Genauigkeit des Narrativs sorgt. Hinsichtlich des ästhetisch-gestalterischen und gedanklichen Wandels ostasiatischer Gärten sowie deren Rezeptionsgeschichte in Europa bemüht er sich ferner um eine Kontextualisierung ideengeschichtlicher Verflochtenheit regionaler Zusammenhänge anhand von historisch überzeugenden Quellen wie Memoiren, Reiseberichten und annotierten Kommentaren.

Anders als die ältere, populärwissenschaftliche Gartenliteratur, die zumeist ein fragmentarisches Bild lieferte und sich stark auf das Endprodukt – das gestalterische Ensemble in Gärten – fokussierte, geht Wiede vom konzeptionellen Ursprung des chinesischen Gartens aus und entziffert die philosophischen, mythologischen und religiösen Dimensionen historisch bedeutsamer Gärten auf prägnante Weise. Er geht auf die Gestaltungsprinzipien (u. a. Harmonie/Yin und Yang, Groß-Klein Relation, und die »geborgte Landschaft«) ein, er erläutert die Gartensymbolik (Berg-Wasser Dichotomie, Felsen, Gartenpflanzen) und interpretiert die Vielschichtigkeit metaphorischer Gehalte (Miniaturaspekt als Sinnbild des Universums) durch Aufzählung diverser Gartentypen in chronologischer Anordnung. Nicht nur die Deutung der gartenbildenden Elemente oder Einbeziehung kosmologisch-philosophischer Sinngehalte, die die chinesische Gartengestaltung und -ästhetik mitbestimmen, sondern auch die Auslotung sozialer Dimensionen – als loci/Örtlichkeit literarischer und kultureller Aktivitäten – stehen im Vordergrund des vorliegenden Buches.

Die Japanische Gartenkunst ist dem europäischen Publikum verhältnismäßig spät in der Moderne bekannt geworden. Für Wiede ist Japans Gartenkultur in Bezug auf die Entstehung des chinesischen Gartengeistes nur insofern autonom, als hier eigene Gartenformen entstehen konnten. Er zeigt die Singularität bestimmter Grammatiken, Vokabulare und Gartentypen (wie dem Garten der »Trocken-Landschaft« und dem Paradiesgarten) auf, die in China nicht unter denselben Prämissen entstanden sind und betont die Abhängigkeit japanischer Gartenideen aufgrund der Einflussnahme religiöser und weltlicher Persönlichkeiten aus Klöstern und Shogun-Familien. Deren ideengeschichtliche und praxisbezogene Verflochtenheit mit der Zen-Malerei, der Ikebana-Praxis und der Tee-Zeremonie werden anhand von Gartenbeispielen der bekannten Meister wie Kobori Enshū exemplifiziert.

Man darf heute von einer Unmenge an Publikationen über ostasiatische Gärten sprechen. Beim Durchgehen dieses Buches beeindruckte mich die gedankliche Tiefe und Präzision des Autors und wie er der Komplexität des Themas gerecht wird. Ich frage mich, was man hier aus der Perspektive eines asiatischen Kunst- und Gartenhistorikers sieht? Von Attirets Passagen von 1743 über die unermüdlichen Bestrebungen um Bildquellen chinesischer Gärten, zu denen Ripa und seine Nachfolger leidenschaftlich beigetragen haben, bis hin zu den populärwissenschaftlichen Publikationen jüngster Zeit, wird nun Wiedes umfassendes und komparatistisches Übersichtswerk ein neues Licht auf die fernöstliche Gartenkultur werfen. Was bleibt, sind die Neugier und der Wissensdurst in Bezug auf die Kultur des Fremden, die bereits im Zeitalter der Entdeckungen begannen und ausschließlich im Kontext humanistischer Bestrebungen zu verstehen sind. Sie behalten heute in der globalisierten Welt immer noch ihre Bedeutung.

Diese eher begrenzte Leidenschaft, fremdes Kulturgut zu erkunden, kam in China erst sehr spät auf. Die »Europäischen Bauten« des Qianlong-Kaisers mit den imposanten Garten- und Wasseranlagen waren nichts anderes als die oberflächliche Ausrichtung an einer »Europa-Mode« ohne jegliche Auseinandersetzung mit deren gedanklichen und ideengeschichtlichen Dimensionen. Die Gartenanlagen an sich waren bloß Resultate der als Botaniker, Architekten und Hofmaler tätigen Jesuitenmissionare, deren Bemühungen ausschließlich in die Regierungszeit des Qianlong-Kaisers gehören. Vielmehr sind diese Gärten im Kontext einer Zuschaustellung der machtpolitischen Ansprüche des Qing-Reiches – als Besitznahme des Repertoires des Fremden – zu verstehen, anders als in Europa, wo die chinesischen Gärten Bestandteil der Stilgeschichte geworden sind.

Klar strukturiert und gut recherchiert, bietet Wiedes Buch mit großer historischer Präzision eine Übersicht über die Grundzüge der chinesischen und japanischen Gärten. In vielerlei Hinsicht ist es ein durchaus zu empfehlendes Handbuch für breite Lesergruppen; es eignet sich sowohl für Interessierte an der ostasiatischen Gartenkunst als Einstiegsliteratur als auch für Kenner und ein Fachpublikum zum Nachschlagen ausgewählter Aspekte.

Dr. Lianming Wang
Institut für Kunstgeschichte Ostasiens, Universität Heidelberg

Einleitung

Als die ersten Beschreibungen der kaiserlichen Gärten des Sommerpalastes Yuanming Yuan bei Peking im November 1743 Frankreich erreichten, ahnte der Verfasser, der Jesuitenpater Jean-Denis Attiret, nicht, welches Interesse er an der chinesischen Kultur und seinen Gärten auf dem Kontinent auslösen würde. Frühere Nachrichten über die geheimnisvollen Gärten Chinas, meist aus Quellen der im fernen Osten tätigen East India Company, hatten den Politiker und Philosophen William Temple 1685 und den Journalisten Joseph Addison 1712 dazu veranlasst, Abhandlungen zu diesem Thema zu schreiben. Dies geschah in England zu einer Zeit, als das barocke Gartenschema erste Anzeichen von Auflösungen zeigte. Der junge William Kent beriet nach seiner Rückkehr aus Italien 1720 seinen Freund und Förderer Richard Boyle Lord Burlington in seinem Anwesen in Chiswick über landschaftsgestalterische Fragen, beide gehörten zum Kreis der Vordenker der englischen Gartenrevolution. Bei diesen Leuten stießen erste Bilder über chinesische Kaisergärten, die der italienische Franziskanerpater und Missionar Matteo Ripa (1682–1746) den Interessierten auf seiner Heimreise über London 1724 zeigte, natürlich auf besonderes Interesse. Ripa verkaufte schließlich einen Satz von 36 Kupferstichen an den 3. Duke von Devonshire, William Cavendish, der mit Richard Boyles Familie eng verbunden war, wie aus der Heirat von deren Kindern im Jahr 1748 ersichtlich ist. Kent muss daher Ripas Bilder gesehen und wohl genau analysiert haben. 1757 bereiste der englische Architekt William Chambers erstmals Südchina. In dieser Zeit war die Stimmung in England schon sehr sensibilisiert für eine Abkehr von geometrisch angelegten Gärten und für eine Hinwendung zu einer freieren landschaftlichen Gestaltung. Als 1772 sein Buch *Discourses on Oriental Gardening* herauskam und kurz darauf auf Französisch erschien, war eine erste Grundlage gelegt worden, englisch-französische Landschaftsgärten mit chinesischer Note – *jene jardins anglo-chinois* – zu gestalten.

Der japanische Garten gelangte mehr als 100 Jahre später ins öffentliche Interesse. Beginnend mit ersten japanischen Gartenräumen anlässlich der Weltausstellungen von 1873 in Wien, 1893 in Chicago und dem großen Mustergarten im Londoner *Holland House* während der japanisch-britischen Ausstellung von 1910, folgten seither unzählige neue Japangärten überall in der Welt. Mit wenigen Ausnahmen blieb

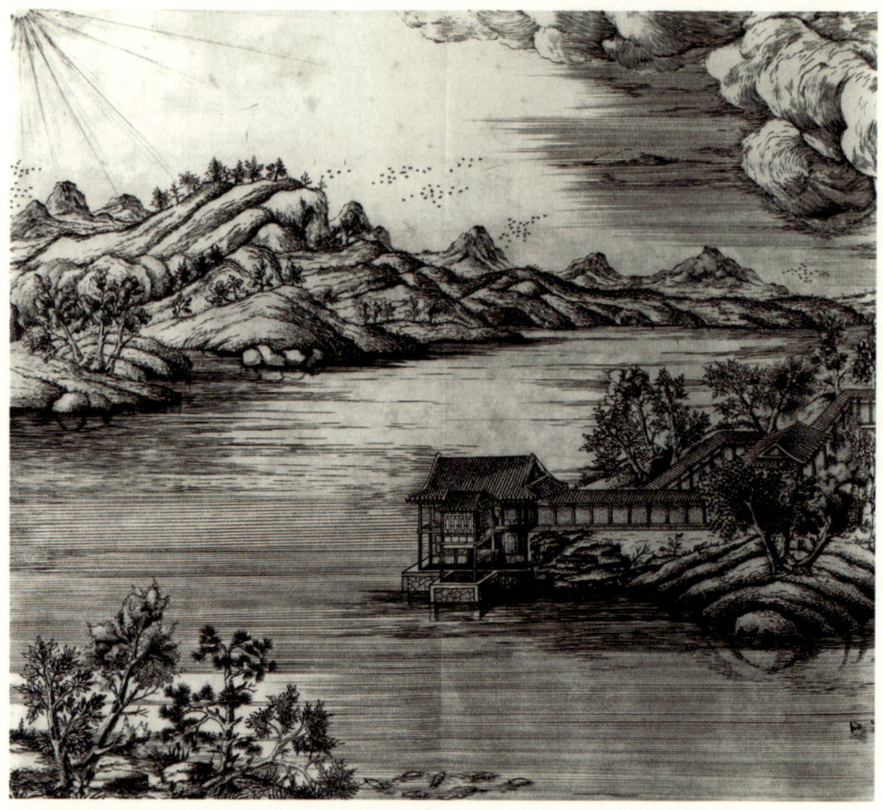

1 Der kaiserliche Palastgarten in Jehol, heute Chengde

Kupferstich von Matteo Ripa 1713, erstellt nach einem Gemälde und möglicherweise nach einem Holzstich von Shen Yu: »Morgenlicht über den westlichen Hügeln«. Der Mandschu-Kaiser Kangxi begann den Bau um 1703 und letzte Erweiterungen beendete sein Enkel Kaiser Qianlong 1790. Der Palast diente als Ort vieler Staatsgeschäfte und war neben Peking der wichtigste Regierungssitz. In Jehol befindet sich der ausgedehnteste Parkkomplex in China.

an diesen ein musealer Charakter des Exotischen als reinen Schau-Objekten haften. Was Chambers über den chinesischen Garten vermitteln konnte, war nicht mehr als eine Ansammlung dekorativer Versatzstücke, ohne den geistig-philosophischen Unterbau chinesischer Gärten berühren zu können. Der westliche Garten jener Zeit war geprägt von dem Teppich grüner Wiesen und Weiden, von einer zunehmenden Begeisterung für neue Pflanzen, die aus aller Herren Länder eingeführt wurden, und von der Zurschaustellung fremder Architektur-Zitate und Ruinen in den Landschaftsgärten. Erst in den Berichten der britischen Gesandtschaft nach China 1792–1793 unter Lord Macartney, die den Zweck hatte, den Handel mit China zu intensivieren, konnte man sich ein authentischeres Bild über die chinesische Gartenkultur machen. Es gäbe hier sicherlich eine enge Analogie, sagte sich George Macartney, als er die englischen mit den chinesischen Gärten verglich, da er selbst gut über die englischen und irischen Landschaftsgärten seiner Zeit informiert war. Aus seiner Sicht bestünde die Exzellenz der englischen Gärten darin, die Natur verbessern zu wollen, wogegen der chinesische Garten die Natur eher besiegen (oder anders darstellen) möchte – und doch erreichten beide den gleichen Effekt. Diese Meinung bildete sich Macartney, nachdem er und seine Gefolgschaft während zweier Tage zu Wasser, zu Pferde und zu Fuß im kaiserlichen Park des Sommerpalastes in Jehol, dem heutigen Chengde, der eine Gesamtfläche von über fünf Quadratkilometern besitzt, umhergeführt worden waren. Er war überwältigt von den vielen unterschiedlich gestalteten Szenerien, den Seen mit ihren Inseln, Buchten und Ufern, den aufgeschütteten bewaldeten Bergen. Jedes Gebäude stand genau am richtigen Platz mit der entsprechenden Funktion. »Das Einzige, was meine Augen störte, waren die riesigen Porzellan-Figuren von Löwen, Tigern und anderem Getier, wie auch die rohen Steintreppen und die ungeheuren Massen von (verarbeiteten) Felsen.«[1]

Macartney hätte sich in seiner Begeisterung über die Inselwelt in Jehol Pater Attirets Beschreibung über den Alten Sommerpalast Yuanming Yuan bei Peking angeschlossen, weil sie jener in Yuanming Yuan in nichts nachsteht. Attiret führt dazu aus:

> »Das wahre Juwel ist eine Insel, fast nur aus Fels, rau und öd, welche in der Mitte des Sees sechs Fuß aus dem Wasser emporragt. Auf diesem Felseneiland ist ein kleiner Palast errichtet, welcher aber mehr als hundert Räume umfasst. Er überblickt alle vier Seiten und ist von unbeschreiblicher Schönheit und Anmut. Von ihm aus hat man wunderbare Aussicht – man sieht über all die Paläste nebeneinander am Ufer, und dahinter die Berge, die Kanäle, die Brücken über die Kanäle, die Pavillons, die Triumphbögen über den Brücken, und die Baumgruppen, welche die Paläste gegeneinander abschirmen und trennen, sodass die Bewohner des einen von jenen des anderen nicht gesehen werden.«[2]

Jakob von Falke beurteilte den chinesischen Garten gegenüber dem Englischen Landschaftsgarten 1884 auf allgemeinere Art:

> »Der chinesische Garten sollte ein Mikrokosmos des himmlischen Reiches sein, er sollte alles in sich vereinen, in kleinem Maßstab freilich […]. Aber wie die Kunst der Chinesen bei aller Technik nur ein Handwerk ist und nirgends einen großen Zug zu erkennen gibt, so hat auch der Garten nur einen kleinlichen Charakter, selbst wo er sich über Meilen weites Land erstreckt. Die Natur im Garten ist nur

1 Barrow, John: Travels in China, Pekin to Canton. T. Cadell and W. Davies, London 1804; S. 129–131.

2 Attiret, Jean Denis: A Particular Account of the Emperor of China's Garden near Pekin (1743); übers. ins Englische von J. Spence. New York, London 1982.

mit einer gewissen Ziererei und Manieriertheit nachgeahmt. Der Chinese hat überall Absicht in seinem Garten; er spekuliert auf den Eindruck und sucht den Kontrast in den Bild für Bild zu erlebenden Nachbildungen von Naturszenen.«[3]

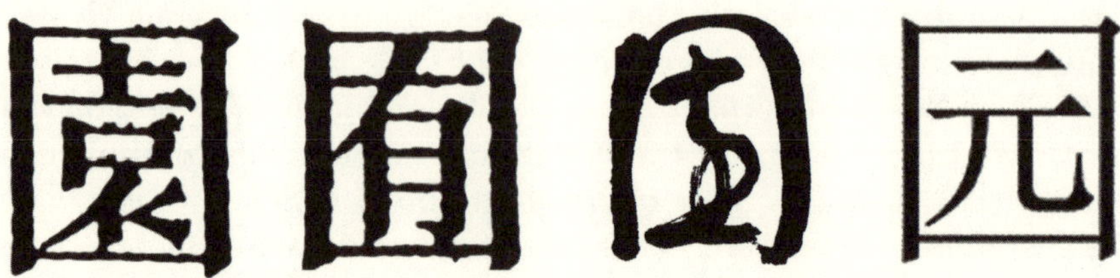

2 Chinesische Schriftzeichen für Garten und Park

Zwei dieser Schriftzeichen für Yuan und Yu entstammen einem Nachdruck einer Schrift von Menzius (Mengzi), die J. Legge 1861 übersetzt hat. Dort berichtet Menzius von skrupellosen Herrschern, wie diese im zweiten Jahrtausend vor der Zeitenwende riesige Gärten und Parks zum Schaden der Bevölkerung errichtet haben sollen. Wesentlich vereinfacht ist Yuan in der künstlerischen Darstellung als Kalligrafie und im heutigen Schriftsymbol.

In China und Japan ist der Bezug zur Natur mythologisch begründet, Rasen und pflanzlicher Reichtum in den Gärten sind dort kein Thema. In der Zeit der Streitenden Reiche (*Warring states*, 480–221 v. Chr.) berichtet der Philosoph Menzius (371–288 v. Chr.), auch unter dem Namen Mengzi bekannt, von unruhigen Zeiten nach dem Ableben der legendären Herrscher Yao und Shun gegen Ende des zweiten Jahrtausends vor unserer Zeitrechnung. Die Bevölkerung hatte unter den nachfolgenden Herrschern zu leiden, denn die Bewirtschaftung von Feldern wurde zum Bau von Gärten und Parks und Teichen zweckentfremdet.[4] Für diese frühe Zeit scheinen Jagdgärten und -parks eine große Rolle gespielt zu haben und sie werden unter den Han sogar mit langen Prosadichtungen gefeiert. Erst im Verlauf der Han-Epoche und insbesondere während der Zeit zwischen den Han- und Tang-Dynastien entwickelt sich die Liebe chinesischer Gelehrter zum Garten. In dieser neu sich artikulierenden Gartenkunst werden Konzepte eines taoistischen Naturverständnisses sichtbar. In diesen drückt sich eine Vision für eine friedliche und glückliche Welt aus, während die reale Welt von sozialen und politischen Unruhen, manchmal von persönlichem Versagen begleitet, geprägt ist.[5] Mythisch und aus der Umdeutung geschriebener und gesprochener Schriftzeichen begründet, bekommen Symbolpflanzen und Symboltiere

3 Falke, Jakob von: Der Garten, Seine Kunst und Kunstgeschichte. Berlin/Stuttgart 1884. S. 134.
4 Legge, James: The Chinese Classics, Vol. II, The Works of Mencius. London 1861. S. 156.
5 Wang, Li: Interior Display and its Relations to Exterior Spaces in Traditional Chinese Gardens. In: Studies in the History of Gardens and Designed Landscapes, Vol. 18, No. 3. University of Pennsylvania 1998. S. 11.

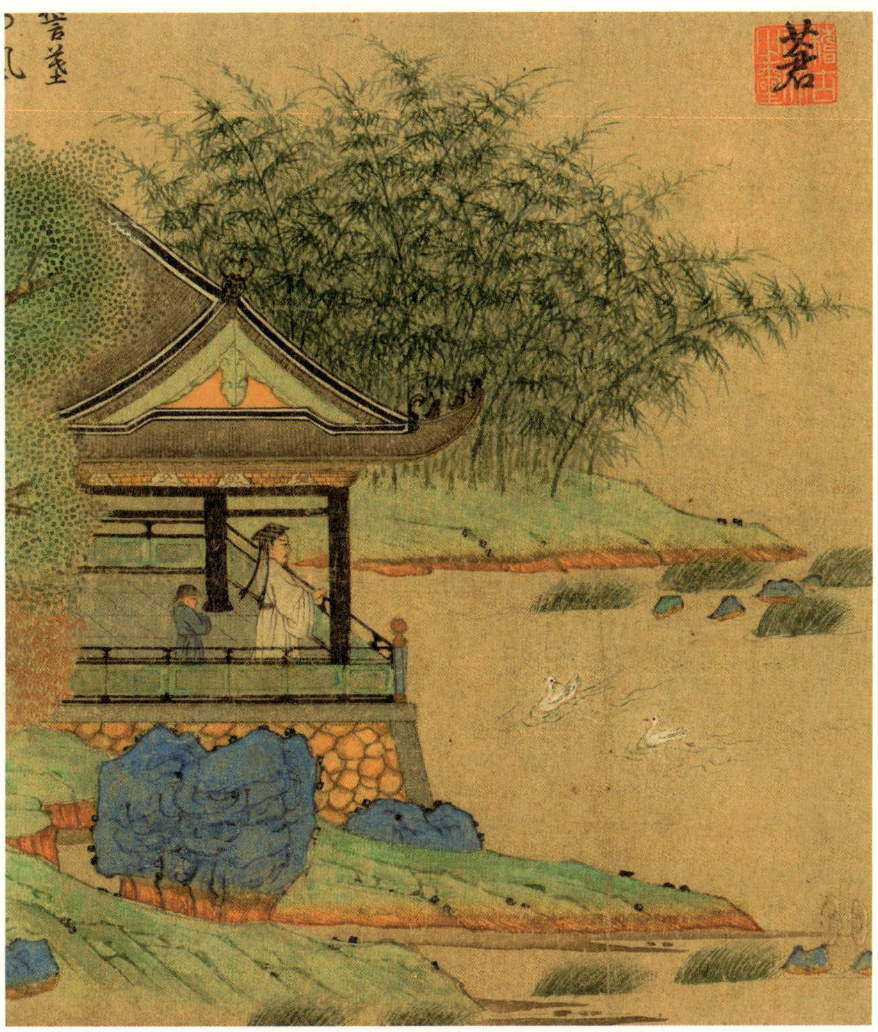

3a Der Orchideen Pavillon (Ausschnitt)

Qian Xuan (Ch'ien Hsüan, Mitte 13. Jahrhundert), ein Maler und berühmter Kalligraf, malte sein Kalligrafen-Vorbild Wang Xizhi (Wang Hsi-Chih, 4. Jahrhundert), wie er von dem Pavillon aus die Gänse im Teich beobachtet. Das Bild in Tusche, Farbe und Gold auf Papier aus der Yuan-Dynastie (1279–1368) beleuchtet eine besinnliche Gartenszene: Felsen, die aus dem Wasser ragen, erinnern an die mythischen Inseln der Unsterblichen im östlichen Meer, der Bambus linkerhand drückt Stärke und Schutz aus. Rechts von dem Pavillon erscheinen Beetstrukturen, als ob sie besonderen Pflanzen wie den Chrysanthemen vorbehalten wären.[6]

die Bedeutungen für Beständigkeit, Weisheit, Glück, Reichtum und langes Leben zugeschrieben. Pflanzen wie Lotos, Strauchpäonie, Chrysantheme, Kiefer, die im Winter blühende Pflaume und Bambus in seinen vielen Arten, sind primär Ideenträger im Garten und weniger Gestaltungselemente. Ähnlich sind Tiere wie der Drache, die Schild-

6 Nach: www.chinaonlinemuseum.com/painting-qian-xuan [02.05.2018].

kröte oder der Kranich in Form des Phönix-Vogels Schutzsymbole und signalisieren Kraft und Unsterblichkeit.

Während der Han-Dynastie (206 v. Chr.–220 n. Chr.), der Zeit der ersten Reichseinigung, beginnt eine selbstbewusste Phase chinesischer Entwicklung mit neuen Beziehungen des Landes über seine Grenzen hinaus. Damit einhergehen kulturelle Neuausrichtungen unter dem Einfluss erster buddhistischer Texte. Wachsende wirtschaftliche Errungenschaften unter Kaiser Han Wudi (156–87 v. Chr.) ermöglichen beispielsweise den Bau des riesigen Palastparks Shanglin auf Resten eines Parks aus dem 5. Jahrhundert v. Chr. Außerhalb der Stadtmauern der imposanten Hauptstadt Chang'an liegend, dem heutigen Xi'an, die selbst zahlreiche Stadtgärten aufzuweisen hat, weist dieser Jagdpark des Kaisers vor allem auf die Bedeutung des Zeremonialpalastes *Ming T'ang* hin, von wo aus die saisonalen und gesellschaftlichen Angelegenheiten für das Volk zu regeln waren. Kaiser Wudi verschrieb sich gerne der Fiktion der acht legendären Unsterblichen im »Östlichen Meer«, wobei er mit dem Bau von zwölf Seen mit ihren Inseln und fünf künstlichen Hügeln an diesen Mythos anknüpft.[7]

Raritäten aus der Tier- und Pflanzenwelt wurden in diesem Park zur Schau gestellt und sollten den Park als Mikrokosmos der Welt darstellen. Zusammen mit gestalteten Fluss- und Seelandschaften wurde Shanglin ein gültiges Wahrzeichen imperialer Macht.

Bis zur dritten Reichseinigung unter der Sui-Dynastie (581–618) lösten sich die Reiche nach der Han-Herrschaft zweimal wieder auf. Trotz dieser turbulenten Zeiten entstehen hier Gärten von »Einsiedeleien« der Gelehrten, in die sie sich von den weltlichen Dingen zurückziehen, aber auch Feste feiern und eine besondere Beziehung zur Natur entwickeln. Darunter sind Gärten wie jener von Wang Xizhi zu zählen oder solche, die beispielsweise in den kunstvoll bemalten Faltfächern aus der Ming-Zeit verewigt worden sind.

Erst im Jahr 605 n. Chr. öffnete der Sui-Herrscher Yangdi sein Land für Beziehungen mit Japan und gab damit den Impuls für eine eigenständige japanische Gartenkultur, die aber bis in die Neuzeit den breiten Volkschichten verschlossen blieb. Die vielen japanischen Gesandtschaften an den Höfen der Sui- und Tang-Dynastien zwischen 607 und 838, darunter Diplomaten, Aristokraten, Gelehrte, Mönche und Priester, bewirkten die Absorbierung chinesischen Wissens auf allen Gebieten der Kunst, Technologie und des kulturellen Erbes aus dem Konfuzianismus, dem Taoismus und dem Buddhismus. Was sich da im Konzept der Leere des japanischen Gartens manifestiert, lässt sich auf die taoistische Vorstellung der kosmischen Leere zurückverfolgen, aus der alles Werden entspringt. Vor allem in Japans Nara-Epoche (710–794 n. Chr.) vermengten sich chinesisches

7 Kuck, Loraine: The World of the Japanese Garden. Weatherhill, New York, Tokyo 1982/3. S. 40.

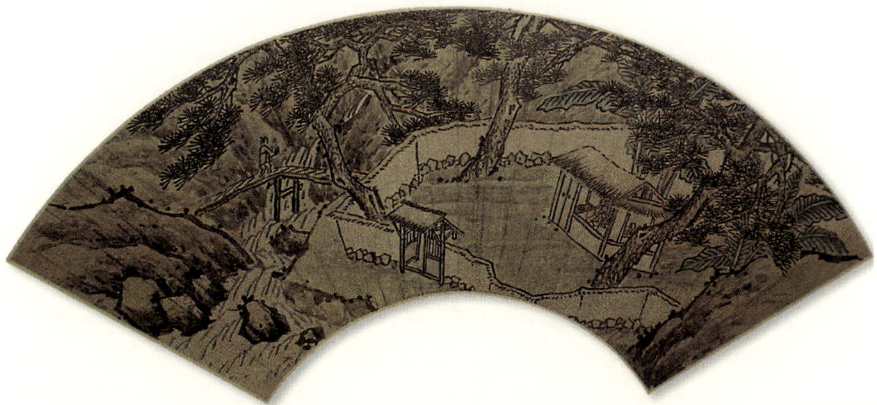

3b Einsiedlergarten in einer Berglandschaft

Der Ming-Maler Shên Chou (ca. 1427–1509) zeigt mit kräftigen Pinselstrichen auf einem Faltfächer in einer seiner sehr seltenen Darstellungen einen Einsiedlergarten in einer Berglandschaft. Papier, Farbe und Goldpigmente. Private Sammlung. Erstmals ausgestellt 1966 in Genf, Schweiz.

und japanisches Denken erstmals. Dies konnte sich beispielsweise in einem eher formelhaften chinesisch-japanischen Gartenstil *niwa* und im Architekturstil *shinden* großer Teichgärten des Hofes und der Aristokratie ausdrücken. Mit der Entlehnung chinesischer Modelle wurden in den folgenden Jahrhunderten Gestaltungskonzepte für japanische Gärten destilliert, die Ausdruck einer eigenen Kultur sind. Im Gegensatz zu China artikulierte sich in Japan die Gartenkunst mehrheitlich in den Tempelgärten. In China hingegen sind es übergroße kaiserliche, landschaftlich geprägte Gärten und Jagdparks neben den unzähligen Privatgärten einer gehobenen Bürgerschicht, in denen die Prinzipien und der mythisch-kosmogonische Hintergrund chinesischer Gartenkultur ablesbar sind. Um die Impulse verstehen zu können, welche zur Entwicklung der chinesischen und viel späteren japanischen Gartenkultur und -kunst beigetragen haben, ist es vorteilhaft, den zugehörigen religiös-philosophischen Unterbau näher zu beleuchten.

1. Kapitel

Grundlagen des chinesischen Denkens

Kosmogonische Weltsicht im alten China und neuere physikalische Erkenntnis zur Kosmologie verstanden die Welt aus unterschiedlicher Betrachtung als intensiv vernetztes Ganzes, das sich sowohl im Mikrokosmos als auch im Makrokosmos widerspiegelt. Das Buch der Wandlungen, auch Weisheitsbuch Yijing (I-Ching) genannt, ist wohl das älteste Dokument, das die All-Verbundenheit des Menschen und des Lebens mit den universellen Kräften in kryptischer Form darstellt und beschreibt. Es erlaubt, diese Vernetzung immer wieder neu auszulegen. Dem legendären Herrscher Fuxi wird zugeschrieben, die Wege der Wandlungen von Gegensätzen aus den Zeichen der Erde und des Himmels entschlüsselt und damit die Grundlagen für die Hexagramme des Yijing gelegt zu haben. Die Weisen im alten China sahen in den Zahlenordnungen des Luoshu, des magischen Quadrats kosmischer Ordnung, all das angelegt, was die chinesischen Pseudo-Wissenschaften ausmacht. Dazu gehören das Konzept von Yin und Yang, der Zyklus der vier Jahreszeiten, die fünf elementaren Kräfte oder Wandlungszustände, zusammen mit der Zuordnung auf die acht Richtungen des Raumes unter Betonung der Mitte. In seiner zentralen kosmischen Funktion ist das Luoshu eine Art Power-Haus. So ein wirkungsvolles Symbol musste sorgfältig gehütet werden und durfte nicht in unberufene Hände fallen. Es dauerte bis in die Song-Dynastie, bis diese Anschauungen des Luoshu, des Fengshui und der Kunst der Geomantie sich in einem geschlossenen System vereinten.[8]

Obwohl Konfuzius (Kongzi) diese Schriften wohl gekannt haben muss, stellten seine Schüler meist nur die Aussprüche ihres Meisters zusammen. Daraus entwickelte sich ein systematisierter Verhaltenskodex, der dem Einzelnen in der Gemeinschaft Regeln vermittelte. Gleichzeitig prägten taoistische Vorstellungen von Harmonie in der Korrelation von Makrokosmos und Mikrokosmos das Eingebundensein des Einzelnen in eine harmonische Beziehung irdischer

8 Eitel, Ernest J.: Fengshui. The Science of Sacred Landscape in Old China. 1873/1979. S. 61.

und kosmischer Kräfte. Diese Impulse wirkten direkt auf die schöpferisch-kulturellen Leistungen wohl schon während der Sui-Dynastie, als der Buddhismus geistig und kulturell zu erblühen begann und sich mit dem Denkgebäude des Taoismus vermischte. Dies zeigt sich namentlich in der Tang-Dynastie in vielen kulturellen Errungenschaften einschließlich der Gartenkultur. Angeregt durch den Neokonfuzianismus ergaben sich Impulse für die damaligen Gelehrtengärten, die sich in einer intensiven Beobachtung der Natur äußerten. Schließlich jedoch verblasste dieser taoistisch-buddhistische Einfluss während der Song-Dynastie langsam und eine weniger ausgeprägte ethisch-religiöse Ausrichtung auf Kunst und Lebensweise äußerte sich etwa in Gartenanlagen der Ming-Dynastie. Dass der Niedergang der Nördlichen Song dem noch stark taoistisch geprägten Song-Kaiser Huizong mit seiner Gartenliebe und Felssammel-Manie angelastet wird, überrascht daher nicht, stellte er doch seine Gartenleidenschaft vor das wirtschaftliche Wohl seines Landes, wie die Sperrung der Kanäle zugunsten seiner Steintransporte vermuten lässt.

Aufschlussreich sind Passagen von Johan Nieuhoff (1618–1672), wie im Reich der Mitte das Verhältnis zu Hügeln und Bergen empfunden wird. Als Mitglied der niederländischen Delegation und der East India Company am Hof des Kaisers berichtete er über die Reise von Canton (heutiges Guangzhou) nach Peking. Über Hügel und Berge schrieb er: »Die Chinesen haben eine kuriose, ja abergläubische Art in der Wahl von Hügeln. Ihrer Meinung nach hängt all ihr Glück von Hügel-Formationen ab, ob diese, wie sie sich vorstellen, der Drachenform entsprechen können. So werden auch beim Erstellen von Grabstätten, was üblicherweise von begüterten Leuten im bergigen Gebiet erfolgt, die Form des Geländes, die Natur der Hügel und die allgemeine Situation genauestens untersucht, bis ein solch geeignetes Stück Land gefunden wird. Dieses muss in Art und Weise einem Kopf, Schwanz und dem Herzen eines Drachen entsprechen (gemeint ist damit die Form des Hufeisens, in dem sich alle positiven Energien der Umgebung einfinden). Erst dann ist gesichert, dass den Nachkommen des Verstorbenen keine Probleme und kein Missgeschick widerfahren werden. Diese Vorstellung ist so allgemein verbreitet, dass viele berufshalber (Fengshui) sich damit beschäftigen, über die Form von Hügeln die Kunst der Voraussage zu pflegen. Von diesen positiven Auswirkungen des ausgesuchten Landes hängt nicht nur das Geschick von Familien ab, sondern von Gebäuden und von Städten«.[9]

Martinus Martini führte in seinem Atlas von China (1655) dazu aus: »Sie (die Chinesen) untersuchen die Psychologie eines Berges, seiner Form, wie er liegt und welche Adern ihn durchziehen, gerade so wie

9 Nieuhoff, John: An Embassy from the East-India Company to China in their Passages from Canton to Peking. London 1773. S. 208.

Astrologen den Himmel und Handleser die Hand einer Person untersuchen würden.« Gothein ergänzte dazu: Wenn der Drache, dies entspricht dem Wasser, dem Bringer allen Glücks, den Berg als seinen Wohnort bestimmt, dann ist er in der Tat Träger aller guten Dinge; und dort werden sie (die Chinesen) den Ort für die Gräber ihrer Verstorbenen und für heilige Schreine einrichten. [...] Das erste sichtbare und praktische Zeichen von Ehrerbietung, das wir im Garten finden, ist die Gestaltung künstlicher Hügel [...], und neben künstlichen Hügeln sind Felsen wichtige Merkmale, welche den chinesischen Garten auszeichnen. [...] Die Kunst der Chinesen ist wie ihr Naturgefühl im Grunde Ausdruck tiefen Empfindens und spiegelt sich im Wesenszug seines Symbolcharakters.[10]

Yin und Yang, die zehntausend Dinge

Die taoistische Philosophie hat im altchinesischen Schriftwerk Daodejing (Tao Teh Ching) einige Jahrhunderte vor der Zeitenwende ihren Niederschlag gefunden. Die Autorenschaft ist unsicher und wird gerne der historisch nicht gesicherten Person Laozi (Laotse) zugesprochen, die im Jahrhundert von Konfuzius gelebt haben soll. Daraus entsteht durch spätere Autoren, die Wei Tat aufführt, das Symbol des Energieprinzips einer realen Welt T'ai Chi T'u. Hier erwächst aus dem *wuji*, der alles umfassenden absoluten »Nichtheit« oder Leere das *taiji*, das Urprinzip aller Manifestationen, indem es sich mit dem Prinzip von komplementären Polaritäten, wie dem mütterlichen und väterlichen Wesen, erfullt.[11]

Yin und Yang sind geboren und befruchten seither den Kreislauf des Werdens und Vergehens. Das *Yijing* (I-Ching), das Weisheitsbuch oder Buch der Wandlungen, ist von diesen Grundgedanken des *Taoismus* durchdrungen, denn es ist ein Abbild des Beziehungsgefüges des Menschen zwischen den Himmels- und Erdenkräften, das es mit Hilfe begleitender Texte und der Strichsymbole zu entschlüsseln gilt. Harmonie mit uns selbst und der Welt erreichen wir durch *wu wei*, das Prinzip des Nichthandelns, das oft fälschlicherweise mit Untätigkeit verwechselt wird. Tatsächlich bedeutet *wu wei*, nicht gegen die Natur und ihre Gesetzmäßigkeiten zu handeln. Es ist als Lebenskunst ein Nichteingreifen in die Bewegungsrichtung des Kosmos und ein Sich-daran-Angleichen. »Folge dem Rhythmus der Natur« ist ein Motto des US-amerikanischen Geistlichen und Philosophen Ralph Waldo Emerson (1803–1882), der in seinen Schriften über die Natur diese Gedanken weiter verfolgte. Einer der Gründe für die Bedeutung des Wassers im

10 Gothein, Marie-Luise: A History of Garden Art. (Wright, Walter, Hg.) Vol. II. Dent & Sons, London, Toronto 1928. S. 243–244.

11 Wei Tat: An Exposition of the I-Ching, or Book of Changes.Taipei 1970, S. 62 f.

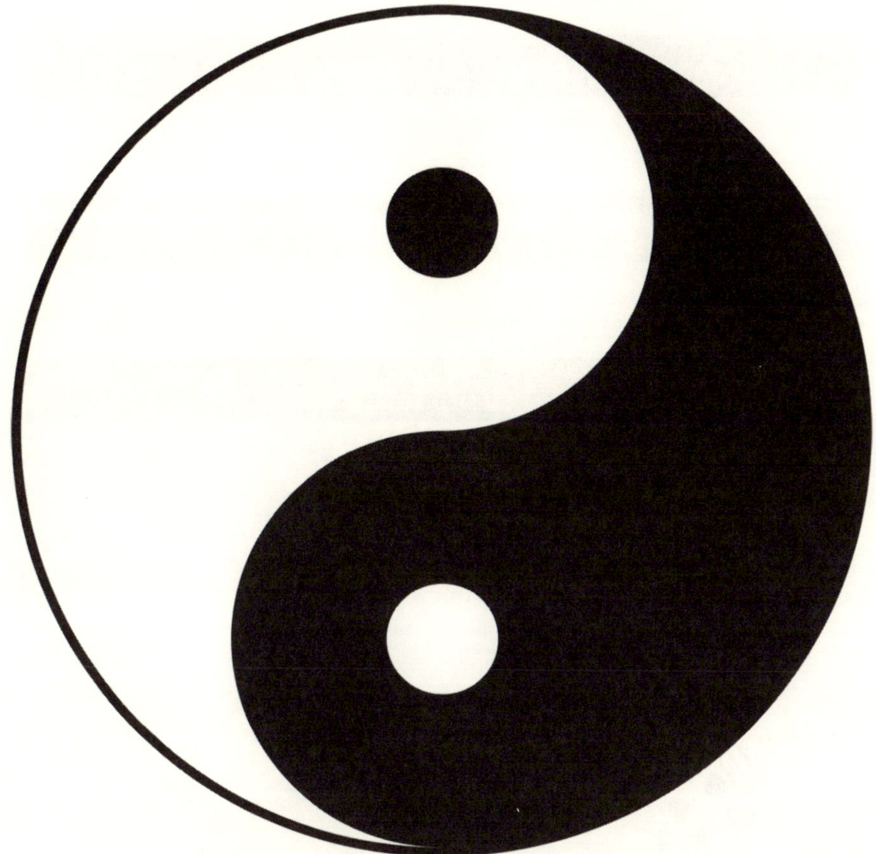

4 Symbol des Yin-Yang-Prinzips

Das chinesische Symbol für die gegensätzlichen Prinzipien Yin und Yang drückt das Bestreben nach Harmonisierung und Ausgleich aus. Erst in konfliktfreier Entsprechung oder Vereinigung solcher Gegensatzpaare wie Weibliches-Männliches, Dunkles-Helles, Passives-Aktives kann Neues entstehen.

chinesischen Garten ist seine Eigenschaft des Nichthandelns, des sich Nicht-Entgegenstellens. Das Wasser passt sich überall an, überwindet alle Hindernisse und erreicht stets das tiefer liegende Ziel. Bei der Anlage eines Gartens ist es daher notwendig, sich einfühlsam in die Gegebenheiten einzustimmen, um den Fluss der Qi (Ki, Chi) -Energien erspüren zu können, damit beispielsweise durch bauliche Veränderungen der atmosphärische Charakter nicht zu stark verändert wird. Diese Leere wuji entspricht in gewissem Sinne dem abendländischen »Am Anfang war das Wort […]« und ist als Begriff im chinesischen Denken der taoistischen Philosophie fest verankert. Er wird als Nullpunkt der Existenz allen Seins begriffen, der am Beginn der Prozesse aller Verwandlungen steht. Wie das Wasser nimmt die Leere eine zentrale Stelle im Hauptwerk des Taoismus *Daodejing* (Tao Teh Ching) ein.

5 Trigramm, Symbol des Yijing

Die Linien des Trigramms stehen für die drei Kräfte Himmel, Mensch, Erde. Durch Verdopplung wächst das Trigramm zum Hexagramm, da alles zwei Seiten hat: Himmel für Tag, Nacht; Mensch für männlich, weiblich; Erde für Land, Wasser.

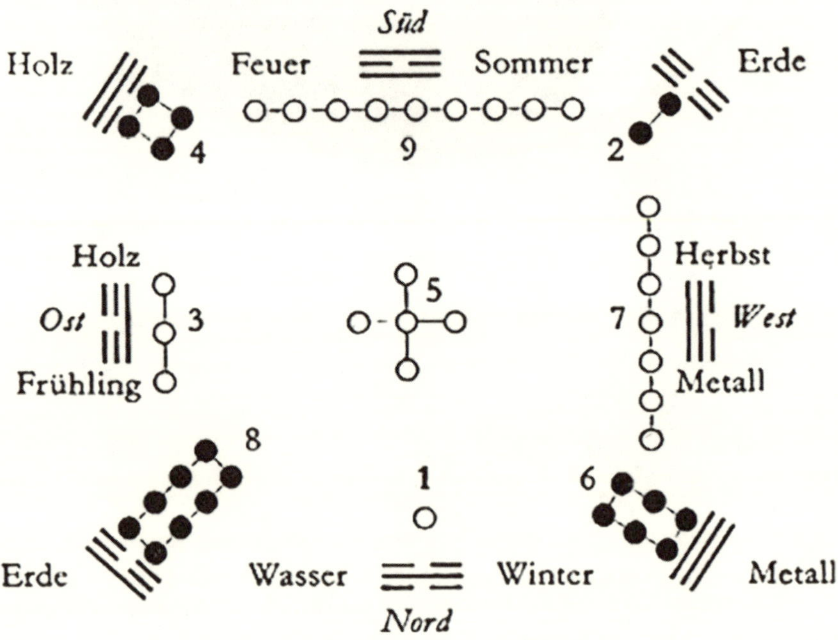

6 Interpretation des Pakua Luoshu-Diagramms

Das Magische Quadrat, hier als Diagramm des Pakua Luoshu dargestellt, mit seinen summengleichen Zahlenreihen, gilt nach alten chinesischen Vorstellungen als Grundplan des Universums. Seine quadratische Form symbolisiert das weibliche Prinzip, dem auch die Zahl 5 für Erde entspricht. Das Quadrat wird auf unterschiedliche Weise zur Kontrolle von Bewegungen in Raum und Zeit eingesetzt und ist eines der Fengshui-Werkzeuge. Die Trigramme deuten vier weibliche Yin- und vier männliche Yang-Elemente an. Kombiniert mit den 64 Hexagrammen des Yijing, wird in zyklischen gegenläufigen Progressionen ein steter Wechsel von Yin- und Yang-Zuständen erkennbar.

Der Chan-Buddhismus (Chán/Zen) greift dieses wichtige Thema in der Tang-Dynastie auf und führt so zum Zen in der japanischen Kultur. Als System ausgebaut wurden diese Theorien während der Han-Dynastie (206 v. Chr.–220 n. Chr.) und wesentlich erweitert in der Song-Dynastie (960–1279). Der Philosoph Zhu Xi (Chu Hsi 1130–1200) differenzierte Yin und Yang nach Wirkung (geistige Ebene) und nach Substanz (materielle Ebene). Für eine praktische Anwendbarkeit von Geomantie und des Orakelwesens führte er das Yin-Yang Konzept und die Aussagen der Hexagramme im Yijing mit dem System des Luoshu des magischen Quadrats zusammen, um mit diesem Instrumentarium Phänomene und Gegebenheiten besser beurteilen zu können.[12] In allen analytischen und gestalterischen Prozessen, von der Gartenkunst bis zur Malerei, finden wir diese Prinzipien auch nach Form und Wirkung unterschieden und mehr intuitiv als berechnend angewendet. Sogar in der Musik trennt man Yang- von Yin-Tönen. Dabei kürzt man Bambuspfeifen jeweils um Drittel- oder Viertellängen. Walter Giesen (1935–1992) zeigte in einer Untersuchung zur Geschichte des buddhistischen Ritualgesangs *Shōmyō* in Japan vom 9. bis ins 14. Jahrhundert, wie sich Japan das chinesische Denken zu eigen gemacht hat. Töne wurden dem Yin- oder Yangbereich entsprechend einer Flötenlänge zugeordnet. Giesen zitierte hier aus alten musiktheoretischen Schriften den Begriff *Shichigosan [7-5-3]*, welcher die rituellen sieben-, fünf- oder dreifachen Vortragsweisen der Tendai-Sekte beschreibt und in der Auflösung des Wort- und Tonausdrucks die Einheit von Zeit und Raum versinnbildlicht.[13] Musik ist für die Gebildeten in China nicht nur eine Kunst, über die man sich häufig in klassischen Gärten austauscht, sondern auch ein Erkenntnismittel über die Stellung des Menschen im Kosmos. In ihr finden sich Gesetzmäßigkeiten, die sich sowohl sinnlich nachprüfen als auch numerisch beurteilen lassen. Seit den nachweisbaren Überlieferungen wird den Zahlen ein konstitutiver Wert im Aufbau des chinesischen Kosmos zugemessen. In diesem philosophischen Ansatz folgt aus der Null, die in Entsprechung von wuji steht, die Eins, aus der Eins erwächst die Zwei von Yin und Yang und aus der Zwei folgt die Drei, die man durch das Trigramm dargestellt sehen kann.

Aus der Drei entstehen die ›Zehntausend Dinge‹, wie Laozi gesagt haben soll. Wenn man weiß, was unter eine gewisse Zahl fällt, so kennt man auch den Charakter des Dinges, seinen Symbolwert im Wandel. *Wuji, in Entsprechung von Null*, dem Nicht-Vorhandenen, der wahren Leere, ist die weibliche Gottheit, die Mutter der Welt. Taiji, die Urein-

12 Peter Shotwell setzt sich in seinem 2007 im Internet publizierten Kommentar sehr verständlich mit diesen Zusammenhängen auseinander, in: Go and Ancient Chinese Divination (u. a. auf S. 71–82), A Commentary on: Shirakawa, Masayoshi: A Journey in Search of the Origins of Go; Yutopian Enterprise, USA 2005/2006.

13 Giesen, Walter: Zur Geschichte des buddhistischen Ritualgesangs in Japan. Bärenreiter. Kassel 1977.

heit, ist der fordernde Gott des Himmels und wird dargestellt im bekannten Symbol des zweigeteilten Kreises. Im Taiji ist der Mensch im Einklang mit der Natur und den natürlichen Bewegungsabläufen, die von den Urformen Viereck, Kreis und Dreieck ausgehen. Da sich nach diesen Überzeugungen die Welt in Zahlen erklärt, hat jede der Zahlen eine Bedeutung. Die ersten fünf Zahlen entsprechen den Elementen oder evolutiven Energien. 1 = Wasser, 2 = Feuer, 3 = Holz, 4 = Metall, 5 = Erde. 6, 7, 8 und 9 werden komplementär als Bezeichnung der starken und schwachen Linien im Buch der Wandlungen gegenübergestellt. Seit dem Altertum besitzen ungerade positiv besetzte, dynamische, daher heilige Zahlen (Yang) andere zahlenmagische Qualitäten als negativ, ja, dämonisch wirkende gerade Zahlen (Yin). So symbolisieren die Zahlenreihen 7-5-3 und 9-5-1 die Mittelachsen des n-3-Quadrates mit neun Feldern, das Eingebundensein des Menschen (5) im Mikro- und Makrokosmos. Sie sind Abbild des Raum-Zeit-Aspektes. Diese Anker des magischen Quadrates werden von den vier Ecken mit geraden Zahlen ergänzt. Der Zahlenfolge von 1-9 liegt das kryptische Symbol des Energiepfades, des »Pfades der Sterne«, als wichtiger Schlüssel für die Fengshui-Richtungsanalysen zugrunde. In den chinesischen Gärten und seinen Bauten sind diese Zahlenbezüge immer wieder erkennbar und lassen sich in den späteren japanischen Gärten, vor allem im Konzept des Shichigosan (7-5-3), vielfach nachweisen.

Die Vorstellung von neun Ländern geht auf den Großen Yu aus grauer Vorzeit, traditionell etwa in das 18. Jahrhundert vor der Zeitenwende datiert, zurück. Er unterteilte die gelbe Erde in neun Regionen, die den acht Hauptrichtungen zugewiesen wurden. Die neunte im Mittelpunkt bleibt dem Herrscher des Reichs der Mitte, dem »Himmelssohn« mit der Zahl 5 vorbehalten. Dieses sogenannte Luo-Dokument, das am Fluss Luo entdeckt worden sein soll, wird als »Universelles Modell« bezeichnet. Es vereinigt als Magisches Diagramm Gleiches und Ungleiches. Alle Zahlenreihen ergeben die gleiche Summe. In der Richtung der Zahlenfolge ergibt sich ein Muster, das je nach Ausgangsort unterschiedliche Interpretationen zulässt, was man sich beispielsweise bei Richtungsanalysen des Fengshui zunutze macht. Das Muster ist ebenso die Ausgangsbasis für magische Quadrate beliebiger Zahlenreihen.[14] Im chinesischen Garten fällt auf, welche Bedeutung einer Richtung beigemessen wird. Erkennbar ist dies etwa in der Fließrichtung des Wassers, in der Platzierung von Pavillons, die sich den Himmelsrichtungen zuwenden oder in der Öffnung der Tore nach einer bevorzugten Richtung hin.

Natürlich entstandene Geländeformationen haben über die Jahrtausende eine hohe Energie aufgebaut, wenn man bedenkt, welche gewaltigen Druck-, Wasser- und Windkräfte dabei im Spiel waren.

14 Schafer, Edward H.: Das Reich der Mitte. Aus dem Englischen von Ch. und H. Wiemken. Sachbuch rororo. Hamburg 1976. S. 98–100.

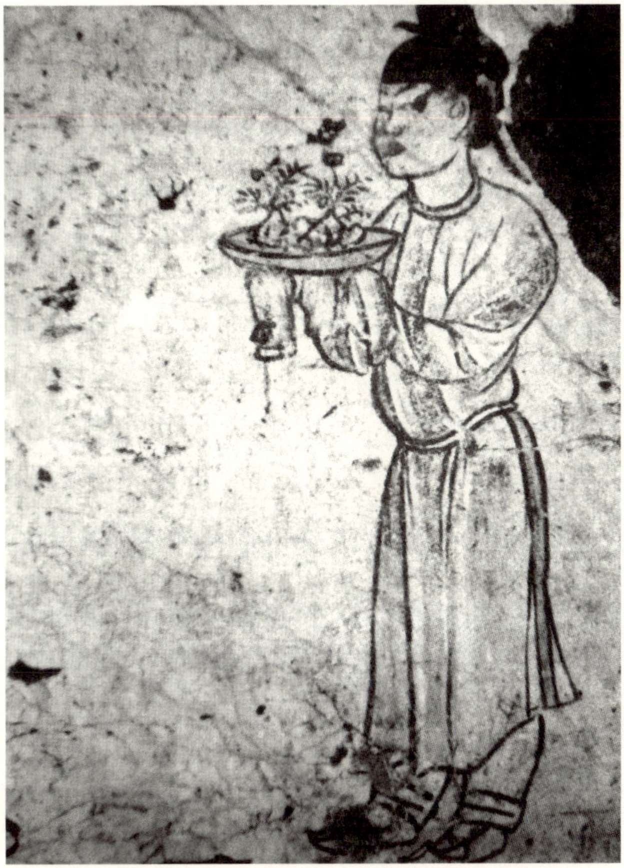

7 Penjing als Grabbild

Tang-Grab mit Wandbild (Ausschnitt) von 706; hier harmonisiert Natur als Grabbeigabe für den Kronprinzen Zhanghuai alias Li Xian das Diesseits mit dem Jenseits.

Eine Veränderung dieses harmonisierten Yin-Yang Zustandes durch den Menschen oder plötzliche Natureinwirkungen zerstören die ausbalancierte Kraft eines Ortes. Zur Wiederherstellung einer Standortharmonie werden ortspezifische Ausgleichsmaßnahmen erforderlich. Einzelfelsen als Yang-Form mit sehr starker Yin-Prägung, wie man sie bei löchrig-klüftigen Kalkfelsen vorfindet, werden daher bevorzugt bei kleineren Anpassungen für schwache Qi-Kräfte eingesetzt. Die individuelle Form von Felsen entscheidet dabei über die Art und den speziellen Ort der Verwendung. Betrachtet man historische Gärten in China, treten solche Gestaltungen mit möglichst kantigen oder auch löchrigen Felsformen in den Vordergrund. Ihr Yang-Charakter soll das nötige Gegengewicht etwa zu ruhigen Wasserflächen und veränderten Geländebeschaffenheiten herstellen. Künstlich geschaffene Geländeformen beispielsweise durch Aufschüttungen, Ab- oder Ausgrabungen sind energetisch stark beeinträchtigt, die Qi-Energie hat sich hier aufgelöst. Je näher derartige Veränderungen auf den ortstypischen Landschaftscharakter eingehen und Ausgleichsmaßnahmen etwa durch geeignete Formgebung erfolgen, desto rascher kann das örtliche Qi wieder aufgebaut werden. Man versteht daher die Bedeutung idealer Hügelformationen für den Bau von Grabanlagen bedeutender Personen. Wenn man dann die Grabausschmückung in einer dargebotenen Mikrogartenlandschaft auf einer Schale, jenes *penjing* (Penzai), als raumzeitliches Symbol betrachtet, die das Grab des Kronprinzen Li Xian alias Zhanghuai (653–684) aus der Tang Dynastie schmückt, wird diese Harmonisierung von Raum und Zeit offensichtlich bis in die Nachwelt getragen und kann für die Hinterbliebenen Gutes versprechen.

Wasser etwa, als Yin-Entität, ist in der Wirkung yang, also aktiv in seiner Beweglichkeit und Veränderbarkeit, aber ganz yin als nasse, kalte Körperlichkeit. Überwiegt der Yin-Anteil, muss der Yang-Anteil, wie durch stärkere Bewegung des Wassers oder beispielsweise durch die Ansiedlung von Wasserpflanzen, wie etwa der Lotospflanze, verstärkt werden. Eine Einzelquelle oder ein Wasserfall können in Yin-Form von Yang-Wirkung geprägt sein. Besitzt ein das Grundwasser anreicherndes Sickerwasser, das auf breiter Fläche eindringt, Yang-Form, so ist sein Charakter Yang. Wasser als Yin-Entität bedarf der ausgleichenden Wirkung von Felsen in ihrer Yang-Entität. Bei allen Bestrebungen auf Ausgleich und Harmonisierung ist die Kraft Qi treibende und verbindende Energie allen Werdens und Entstehens. Die kohäsiven Kräfte des Qi bewirken die Zusammengehörigkeit des Yin und Yang und halten den Lauf der Gestirne in festen Bahnen. Forke weist darauf hin, dass im Wirken der Yang-Aktivität, die der himmlischen Sphäre entspricht, und im Wirken der irdischen Sphäre als Yin-Entität, sich ein aktives Moment in allen Erscheinungen konstituiert.[15] Will man das auf die moderne Physik übertragen, so verdankt die Materie ihre Existenz den Qi-Kräften, welche die atomaren und molekularen Teilchen immer in der richtigen Distanz voneinander zusammenhalten. Qi ist daher das energetische Prinzip für alles, was zusammengehört. Je nach Konstellation einer Landschaft können Qi-Energien in Form von Lebensadern ein Gebiet positiv oder negativ beeinflussen. Durch die Arbeit von Geomanten oder Fengshui-Experten werden diese Verhältnisse entschlüsselt, um die positiven Energieströme etwa durch Bebauung nicht zu stören. Neben dem Bau für Grabanlagen, dessen vorschriftsmäßige Ausführung für das Wohl der Nachgeborenen entscheidend sein soll, gelten auch für Gärten und Wohnbauten Regeln, um die Harmonie zwischen Himmel und Erde nicht zu beeinträchtigen. Als günstige Maßnahme vor schädlichen

15 Forke, A: The World Conception of the Chinese. Abschnitt VIII, Yin and Yang. A. Probsthein. London 1925. S. 196.

Einflüssen gilt es, im Norden des Hauses einen Berg, eine künstliche Anhöhe mit oder ohne Felsverbauung oder eine dichte Gehölz- oder Bambusgruppe zu haben; der Norden ist mit dem Schutzsymbol der Schildkröte ausgestattet. Das Symbol des roten Feuervogels Phönix (Mongolischer Kranich) signalisiert freie Sicht nach Süden, im Idealfall mit Sicht auf einen See oder Fluss mit angenehmem Zugang zum Inneren der Anlage. Die linke Seite gegen Osten bedarf des Schutzes des grünen Drachens, ebenfalls betont durch eine Anhöhe. Der weiße Tiger hingegen öffnet den Blick unbeeinträchtigt nach Westen; es ist die rechte Hand, die das Schwert trägt und guten Überblick benötigt. Nicht zu viel, aber von jedem das rechte Maß einzusetzen, gilt auch im chinesischen Garten als gültige Richtschnur. Kunst und Natur in China sind eng mit diesen Denkmustern verbunden, auch wenn dies im Garten oft nicht auf den ersten Blick erkennbar ist. Aus der Brille westlicher Ästhetik gesehen scheint die Verwendung von Felsen im Garten eher überproportioniert, da hier die Symbolik des Yin-Yang-Ausgleichs höher gewertet ist als die Ästhetik. Gärten zeigen generell eine Zurückhaltung in der Farbigkeit wegen der vielen Felsen und dem wenigen Grün. Bestenfalls mag die farbige Kleidung der Menschen von damals zwischen dem hellen Grau der Wände und der Kieselsteinpflasterung von Wegen und Hofflächen eine auffällige Fusion mit der umgebenden Garten-Natur abgeben. Natur wird hier gänzlich anders gesucht und empfunden, als man sie in einem westlichen Garten versteht. Dort stehen Natur, Garten oder Landschaft eher unter dem Aspekt von Zweck, Nutzen und möglicherweise noch für die persönliche Erbauung. Um den emblematischen Reichtum chinesischer Kunst-Gärten verstehen zu können, deren Syntax von einem zum anderen Garten wie austauschbar erscheint, ist es notwendig, sich der Tradition und dieser Symbolwelt anzunähern und den persönlichen Beitrag der Bauherren auszumachen. Sonst mündet diese Vielfalt an Formen und Aussagen im Manierismus nachgemachter chinesischer Gärten im westlichen Ausland, wo der Sinnbezug verloren gegangen ist. Andererseits ist es dieser tradierte Motivschatz des chinesischen Gartens aus einer Zeitspanne von mehr als tausend Jahren, der ihm die Dauerhaftigkeit verleiht. Dem westlichen Garten ist eher zu eigen, ständig nach Neuerung oder Modernisierung zu suchen. Dagegen lebt der chinesische Garten durch die geistige Durchdringung seiner Besitzer und bleibt als Schaugarten nur schwaches Abbild der ihm zugrunde liegenden mythischen Vorstellungswelt. Bestimmend für den Anfang des chinesischen Gartens, aus dessen Quellen sich der japanische nährt, sind die kosmogonischen Prinzipien von Yin und Yang. Sie sind Ausdruck nach der Suche von Gleichgewicht, Harmonie und Entsprechung zweier konträrer Gegebenheiten. So wird nach Ausgleich gesucht zwischen Ruhe und Bewegung, Weichheit und Härte, Schatten und Licht, weiblicher und männlicher Wesenheit.

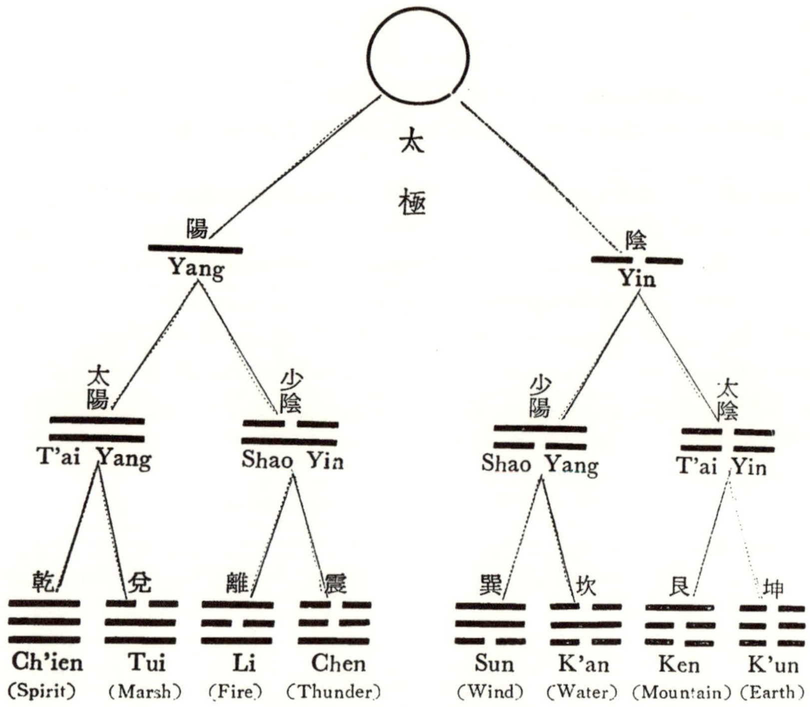

8 Diagramm des Werdens

Symbole des Yin und Yang und des Yijing mit seinen Strichdiagrammen signalisieren das Entstehungsprinzip des Kosmos. Das Yang entspricht dem durchgezogenen Strich, das Yin dem unterbrochenen. (Nach Wei Tat, The I-Ching. Taiwan 1970)

Yin und Yang sind konfigurative Zustände, die stets nach gegenseitiger Ergänzung, Vereinigung und harmonischer Ausgeglichenheit streben. Es ist kein dualistisches Konzept im Verständnis des Westens, sondern ein sich gegenseitig bedingendes, im anderen immer in Spuren vorhandenes polares Kräftepaar. Dessen Dynamik als Ur-Motor des Werdens entspringt dem wuji, dem höchsten geistigen Prinzip des Tao der schöpferischen Leere, die sich im taiji manifestiert und sich in die Zweiheit differenziert. In wechselseitiger Indifferenz im ausgeglichenen Zustand werden Yin und Yang stets zur Differenzierung angeregt. Die Grafik veranschaulicht diese Differenzierung und gleichzeitig die enge Verbindung, die zwischen dem Weisheitsbuch Yijing mit seinen Strichsymbolen, dem Weg des Tao und den Wirkungsprinzipien des Yin und Yang bestehen.

Selbst in den turbulenten Zeiten von Reichstrennungen während der Drei Königreiche-Dynastien (220–280) wurden kaiserliche Parks angelegt, die im Vergleich zu den früheren riesigen Jagdparks immer mehr den Charakter gestalteter Anlagen annahmen. Solche Parkanlagen wurden erst dann als vollendet angesehen, nachdem der Bau ihrer vielen Fels- und Bergformen schließlich den notwendigen Ausgleich durch Wasser von ergänzenden Teich- und Seeanlagen erhalten hatten. So sollte die Berg-Wasser-Einheit metaphorisch den Kosmos Natur in seiner Gesamtheit ausdrücken. Ein Berg besitzt Eigenschaften wie dominierend, fest, aufstrebend und entspricht der männlichen Sphäre Yang. Wasser repräsentiert die weibliche Sphäre Yin mit den Eigenschaften wie Absorbierung, Wandelbarkeit, Nachgiebigkeit. Im schnell fließenden, bewegten Wasser, etwa in einem Wasserfall oder in einer im Sonnenlicht spiegelnden Wasseroberfläche, erkennen wir seinen Yang-Aspekt. Der Berg hingegen offenbart seinen Yin-Charakter an seiner feuchten, sonnenabgewandten Seite. Immer oszilliert der chinesische Garten für den Betrachter oder Besucher zwischen diesen beiden Polen des Yin und Yang, zwischen lieblich und gewaltig, zwischen den elementaren Grundkräften der fünf evolutiven Energien mit ihren Form- und Farbcharakteristiken. Im chinesischen Garten wird keine Natur-Nachbildung angestrebt, sondern eine Natur-Transformation in der Metapher des Berg-Wasser-Bildes. Erst in der Fortentwicklung dieser Gartenkunst wird eine Vegetation von Blumen, Sträuchern und Bäumen über das hinausgehen, was ursprünglich mit den Symbolpflanzen von moralisch-ethischer Bedeutung wie Lotosblume, Chrysantheme, Strauch-Päonie, Magnolie, Bambus, Kiefer, Weide und den Pflaumen-, Pfirsich oder den Aprikosenbäumen neben anderen begrenzt war. Betrachtet man die ungeheure Vielfalt an Pflanzen chinesischer Regionen, die vom 18. bis ins 20. Jahrhundert Pflanzensammler aus Europa angezogen hat, so erstaunt es umso mehr, dass dieses Gut nicht Gegenstand der Gartenkunst geworden ist. Bemerkenswert ist in dieser Hinsicht der schottische Botaniker Robert Fortune (1812–1880), der um die Mitte des Jahrhunderts 120 verschiedene Pflanzenarten von China nach Europa eingeführt hat und im Auftrag der East India Company 20 000 Teepflanzen-Sämlinge von China nach Indien exportiert hatte, um dort in neuen Teeplantagen die Nachfrage der Engländer nach Tee befriedigen zu können. Andererseits konnten in China wesentlich früher als in Europa in gärtnerischer Hinsicht Erfolge mit Pflanzenzüchtungen, Pflanzenanbau und Vermehrung errungen werden, wenn man die frühen Züchtungserfolge an der Strauch-Päonie oder an den Chrysanthemen und eine seit alters her vielseitige Landwirtschaft berücksichtigt. Nach Beobachtungen der britischen Gesandtschaft auf ihren Reisen durch das Land »findet sich kaum ein Gewächs in China aus dessen (Blüten, Samen, Blättern, Rinde oder Wurzeln) verschiedenartige Nutzbarkeiten im gemeinen Leben der Eingeborenen nicht durch Versuche oder Zufall in einer so langen Reihe von Zeitaltern ausfindig gemacht wurden.[16] An anderer Stelle berichtet Hüttner, »dass Gärten der Landbevölkerung

16 Hüttner, Johann Christian: Reise der englischen Gesellschaft an den Kaiser von China in den Jahren 1792–1793. Verlag Heinrich Gessner, Zürich 1798. S. 191.

hauptsächlich Knoblauch und verschiedene scharfe Gewürze hervorbringen, welche zum Hirse und anderem Gemüse, die dem Landmanne vorzügliche Nahrung anmachten, als dessen Bei-Essen dienten«.[17]

Streben nach Harmonie

In einem vielschichtigen Regelwerk der Geomantie wird das Netz von Kräften und Energielinien, in das der Mensch in einer Wechselwirkung von irdischen und kosmischen Einflüssen eingebunden ist, interpretierbar. Hier setzt das Fengshui Instrumente zur Gestaltung und Steuerung dieser Einflüsse ein, damit der Mensch zwischen äußeren und inneren Einflüssen Harmonisierung und Ausgleich finden und sich die bestmöglichen Energieeinflüsse nutzbar machen kann. Belegt als Suche nach einem geeigneten Begräbnisplatz ist dieses System seit dem Ende der Han-Herrscher. Bereits im 3. Jahrhundert v. Chr. soll Fengshui unter dem Namen Kanyu (auch Khan-Yŭ) als professionelle Kunst in China vor allem dem Ahnenkult mit der Landschaftsanalyse für Begräbnisstätten gedient haben. Kanyu bedeutet so viel wie Muster des Himmels und der Erde, die es zu entziffern gilt. Schon in der Han-Dynastie verfügen die Herrscher nicht mehr über die spirituelle Kraft ihrer Vorväter und umgeben sich daher mit Magiern, Schamanen und Wahrsagern. So können sie ihre scheinbare Legitimation als ›Himmelssöhne‹ gegenüber dem Volk vertreten, denn unablässig müssen die Zeichen des Himmels und der Erde beurteilt und interpretiert werden. Während der Song-Dynastie (10.–13. Jh.) wird Fengshui als Wissenschaft vor allem in Verbindung mit dem Buch der Wandlungen, Yijing, vertieft. In den folgenden Jahrhunderten wird der Kern der Fengshui-Wissenschaft von dem latent vorhandenen okkultischen und magischen Beiwerk überwuchert und die Begrenzung auf wenige Wissensträger lockert sich. Bei der heute gebräuchlichen Bezeichnung bedeutet ›Feng‹ der Wind und ›Shui‹ das Wasser, zwei mächtige Naturkräfte des Himmels und der Erde, die für stete Veränderung und Neubildung der Umwelt sorgen. So wie sich Form und Wirkung von Wind und Wasser schwer beschreiben lassen, so entzieht sich auch Fengshui einem raschen Verständnis. Zwei Hauptschulen der Fengshuipraktiker arbeiten entweder nach dem Richtungsprinzip oder nach dem Formprinzip. Auf unterschiedliche Weise führen das Yin-Yang-Prinzip, die Einflüsse der Fünf-Elemente-Theorie mit den fünf Wandlungsphasen als auch der Zeitfaktor des Kalendersystems zu weiteren Differenzierungen. Fengshui kann daher weder als bloße Glaubenssache, als ernste Wissenschaft noch als Philosophie gelten. Es ist eher eine Kunstfertigkeit, die jedoch von all diesen Elementen etwas in sich trägt. Für einen harmonischen Ausgleich bei

17 Ders., S. 245.

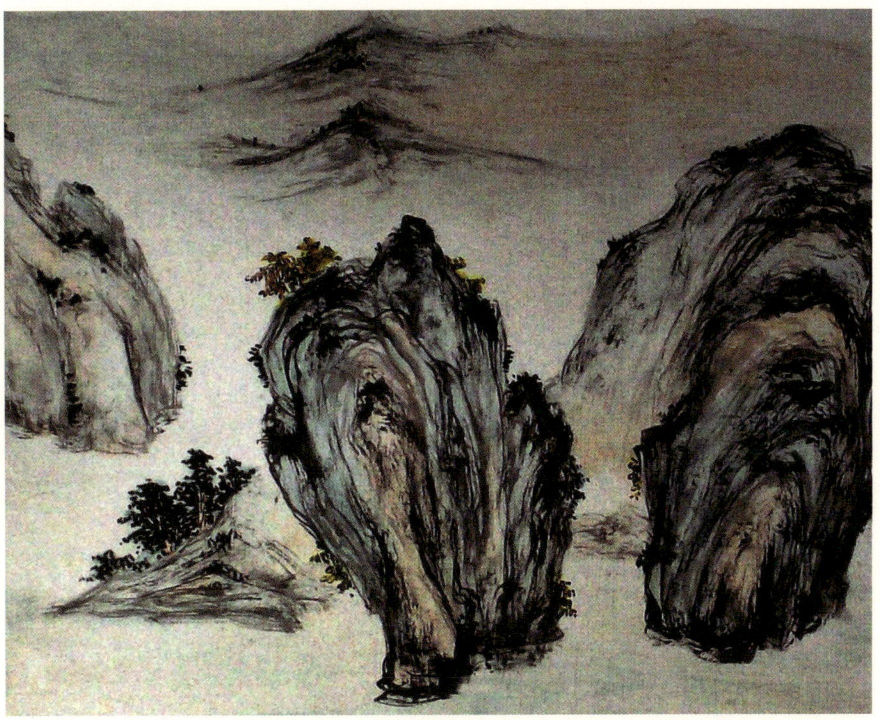

9 Mythos Berg als Synonym für Natur und Landschaft

Während der Song-Dynastie nimmt die Darstellung von Bergen und Bergmassiven zu und ist Ausdruck eines Mythos, welche Berge mit Landschaft gleichsetzt und den Menschen als Mittler zwischen Himmel und Erde sieht. Dieses Bild in einer der Passagen im Palast der Verbotenen Stadt ist daher symbolischer Ein- und Ausblick gleichermaßen.

Veränderungen in der Landschaft wird gerne das Bild des schlafenden Drachens bemüht, das sich in Form des Hufeisens artikuliert. Der ideale Garten mit seinen Wohnbauten wie auch jegliche bauliche Veränderung der Landschaft sollten nach diesen geomantischen Prinzipien im Norden hohe, schützende Berge oder andere schützende Einrichtungen, im Osten sanfte Hügel, die nach Süden weiter abfallen und gegen Westen eine übersichtliche Fläche aufweisen. Der gesamte Komplex öffnet sich so nach Süden. Um gutes Fengshui zu schaffen, muss im Garten das Yin und Yang immer ausgewogen verkörpert sein. Dies wird auf verschiedene Art und Weise erreicht, wie etwa durch Kontraste von kurzen und weiten Blicklinien, durch Hervorheben von Rauem und Weichem, von Berg und Ebene, Vertikalem und Horizontalem sowie in der Darstellung einfacher und kunstvoller Verzierung der Bauwerke. Das Qi fließt gerne in sanften Kurven, daher haben Teiche und Wege meist keine geraden Linien. Längere Brücken werden oft im Zickzack geführt, um den dunklen Mächten (Sha-Energie, die fehlgelenkt und belastend ist) die Passage zu erschweren.

2. Kapitel

Idee des chinesischen Gartens

Im Gegensatz zu westlichen Gärten sind chinesische nicht mit unseren rein ästhetischen Maßstäben zu messen. Diese sind ursprünglich nicht für einen visuellen Genuss gebaut, sondern nur über die tradierten philosophischen Merkmale interpretierbar. Ein anderer Bezug zum Raum zur Schaffung von Freiflächen artikuliert sich hier, denn die Gestaltung des Gartens wird nach seiner Symbolik gewichtet. Der Garten in seiner Form als Miniatur-Landschaft erschließt sich dem Betrachter als gleichrangiges Abbild von Natur und repräsentiert zwei Welten auf einmal, die physische und die spirituelle. Die physische Welt wird im Typus von Berg und Fels gleichsam komprimiert und steht im Sinne von Yin-Yang als Gegenpart zum meist immer vorhandenen Wasser. Konfuzius weist auf diese notwendige spirituelle Durchdringung der realen Welt hin, wenn er sagt: »Die Weisen erfreut das Wasser; die Tugendhaften erfreuen die Berge.« Das chinesische Synonym für Berg-Wasser *Shan Shui* steht daher für die Wesenseinheit Natur/Landschaft, die in der Betrachtung spirituell zu durchdringen ist, denn der Garten, wie die Paläste der Kaiser und ihre Städte wie etwa Chang'an, sind nach dem Grundmuster der kosmischen Ordnung und Geometrie ausgerichtet. Dabei spielt es keine Rolle, ob Shan Shui im Maßstab 1:1 oder in einer miniaturisierten Form betrachtet wird. Schon während der Han-Dynastie experimentierte man erfolgreich mit Lehm und Felsen, um derartige Miniaturberge als Kodifizierung von Natur/Landschaft zu gestalten.[18] Zwischen dem 4. und 6. Jahrhundert bis in die Tang-Ära hinein reifte langsam ein tieferes Gefühl für Natur heran, das die reale Wirklichkeit von Bäumen, Felsen, Blumen und manchem Getier erfassen konnte. Die chinesische Gartenkultur begründet sich aber von jeher nicht wie im Westen auf dem sinnlichen Reiz von Pflanzen, sondern erkennt diese Wirklichkeit nur als stellvertretendes Symbol kosmischer Kräfte. »Für Guanxiu (Kuan-

18 Stuart, Jan: Ming Dynasty Gardens Reconstructed. In: Word and Images, Studies in the History of Gardens and Designed Landscapes, Vol. 10, No. 3. University of Pennsylvania 1998. S. 162.

hsiu, 832–912), den begabten buddhistischen Maler und Dichter des 10. Jahrhunderts, waren Berge immer noch kristallene Paläste und irdische Gärten die Paradiese der Götter. Über einen Garten, in dem seltene Blumen blühen, schrieb er: »Es ist, als öffneten sich die Pfirsichblüten vor einem Palast der Luftgeister«. Als es die Könige mit ihren heiligen Hallen und kosmischen Gärten längst nicht mehr gab, lebte der Traum von einem irdischen Garten des Geistes noch immer fort«.[19]

Lord George Macartney zeigt als ein genauer Beobachter einige Kennerschaft in seinen Beschreibungen der Planung des kaiserlichen Parks in Jehol und zieht Parallelelen zu landschaftlich geprägten Gärten in seinem Heimatland. »Der Chinese wählt den Ort eines Gartens nicht wegen bestehender guter Vorzüge aus, ungeachtet dessen, ob dieser ein Ort lokaler Gottheiten sein möge (Genius Loci). Gleichwohl möchte er diese in seinen Garten später wieder einladen, wo er erst alles verändert, was er vorfindet und jeden Winkel mit etwas Neuem bereichert. Wo Bäume fehlen, pflanzt er welche, wo Wasser fehlt, plant er Bäche und Seen. Findet er flaches Land vor, verändert er es mit allen möglichen Maßnahmen, indem er bewegte Oberflächen schafft, Hügel aufschüttet, Tälchen eintieft und Felsen an allen Orten verwendet. [...] Obwohl die großen Linien an den richtigen Orten überwiegen, laden sie zur Betrachtung ein, ohne einen zu überwältigen, denn das Heitere in allem als wichtigster Charakterzug liegt über allen Szenerien. Architektonische Elemente, seien sie perfekt, einfach und elegant oder für einen beabsichtigten Zweck dekorativ gestaltet, beleben das Ganze. Nicht nur sind solche Bauten in einem geeigneten Abstand zueinander errichtet, sie sind auf erfreuliche Art und Weise voneinander unterschieden, sind weder in Haufen zusammen noch ohne Bedeutung einander gegenüber gestellt. Bauten wie das Sommerhaus, der Pavillon, die Pagode, alle stehen genau am richtigen Ort, der keiner Ergänzung bedarf [...].[20] Etwa neunzig Jahre später erfahren deutsche Leser, wie die Gilde von Gartenpublizisten den chinesischen Garten beurteilen: »(In ihm) wird hauptsächlich das Romantische und Pittoreske dargestellt und dieses, durch berechnete Szenerie nur so viel unterbrochen als nötig, scheint es durch Kontrast zu steigern. Das Streben nach allzu großer Mannigfaltigkeit und der damit verbundenen Zerstückelung des Ganzen in zu viele untereinander getrennte Partien artet namentlich in kleinen Gärten in Spielerei aus. Der chinesische Garten unterscheidet sich ganz bestimmt von den Gärten anderer natürlicher Stile durch das viel in die Augen fallende Felswerk, (durch) viele mit fantastischen Gebäuden besetzten Anhöhen, Schluchten und Eilande«.[21]

Im geschickten Arrangieren von Gartenbauten, verbunden durch mäandrierende Wege, wird der Besucher im Wechsel von Schatten und

19 Schafer, Edward H., rororo S. 113.

20 Barrow. S. 134–136.

21 Rümpler, Karl Theodor (Hg.): Illustriertes Gartenbau-Lexikon. Parey, Berlin 1882. S. 168.

Licht, von Nah- und Fernblicken leicht die Orientierung verlieren und merken, dass der Weg das Ziel ist. Ein Kunstgriff chinesischer Gartenbauer ist das Verstecken und Verdecken, wobei plötzlich neue Perspektiven einen größeren Garten vortäuschen und andere Empfindungen zur Natur des Gartens geweckt werden. Im steten Wechsel von Weite und Enge, Vielfalt und detailstarken Motiven, erfolgt eine Steigerung von Kontrasten und Überraschungseffekten. In der Idee des Gartens verbirgt sich eine Weltanschauung, die über Symbole verschlüsselt eine Lebensphilosophie vermittelt. Die Aussage des frühen Gartens in China will keine vordefinierte Stimmung erzeugen. Vielmehr soll der Garten durch seine Symbole und künstlerische Ausstattung Stimmungen fördern, in welchen sich der Mensch im taoistischen Sinn als Einheit mit einer All-Natur begreifen kann. Er wird dadurch Teil der natürlichen Zyklen im Jahreskreis, erfreut sich an den Vogelstimmen, dem Wandel der Vegetation, dem Wechsel der Witterung und wird in einer gefühl- und herzstärkenden Harmonie Mittler zwischen Himmel und Erde.

Garten, Ort der Symbole und Empfindungen

Zentrale Vorstellung des Taoismus ist das »Nicht-Eingreifen«, das »So-Sein, aus sich selbst«. Dies drückt sich im chinesischen Schriftzeichen für Zen ›Chan‹ aus, mit den Piktogrammen für ›Eins-sein‹ und ›Universum‹. Daraus erwächst eine geistige Haltung zur Selbstfindung im Erkennen des Naturgeschehens. In diesem so empfundenen Kosmos Natur, in dem das Innen und das Außen zusammenfließen und Zeit-Raum eine Einheit bilden, artikuliert sich Dichtkunst und Malerei im ersten großen Aufblühen chinesischer Kultur. Davon ließ sich die Gartenkunst besonders während der Tang- und Song-Dynastien (6.–13. Jh.) in den klassischen Gärten etwa von Luoyang, Yangzhou, Suzhou und von Hangzhou, der Hauptstadt der letzten Song-Herrscher von 1127–1291, inspirieren. Maler wie Guo Xi (Kuo Hsi ca. 1020–ca. 1090) verbinden die vormals mythische Sicht auf die Bergwelt nun mit einer neuen emphatischen Sicht auf die Natur, welche auch in den Gärten dieser Zeit zum Ausdruck kommt.

Chinesische Gärten sind in ihrer Überfrachtung und gewissen Künstlichkeit unserem ästhetischen Empfinden, eher fremd. Sie sind auch kein organisches Ganzes, sondern leben aus der szenischen Vielfalt auf Ebene der realen Vedute und auf Ebene einer virtuellen Welt aus Mythologie und Literatur. Bestimmend sind Prinzipien des Yin und Yang, von Gleichgewicht, Harmonie und Entsprechung, wie von Kontrastbildungen, etwa von Ruhe-Bewegung, Innen-Außen, Nähe-Weite, Schatten-Licht. Der chinesische Garten ist Ergebnis solcher Abstraktionen und drückt mit dem aus der Tuschemalerei stammenden Be-

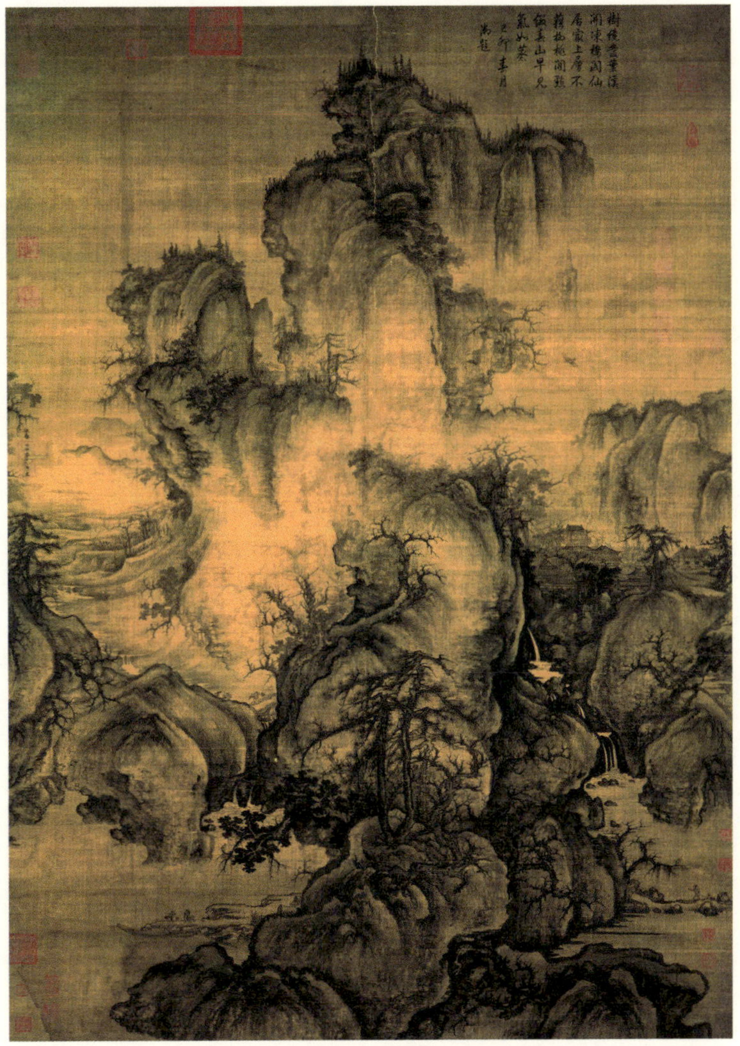

10 Maler interpretieren den Mythos Berg auf neue Art

Guo Xi (Kuo Hsi, ca. 1020–ca. 1090) malte 1072 dieses Bild ›Vorfrühling‹ zur Zeit der Nördlichen Song-Dynastie. Das zum Nationalschatz von Taiwan gehörende Rollbild in Tusche und Farbe auf Seide ist mit seinen zackigen Felsen, Klüften, Tälern, der Quelle, die aus dem Berg entspringt und Bäumen, die der unwirtlichen Lage trotzen, die Quintessenz, wie der chinesische Mythos ›Landschaft‹ einst verstanden wurde und nun aus dem Gefühl des Malers heraus neu interpretiert wird.

griff *Shan Shui* für ›Berg-Wasser‹ die bipolare Natur von ›Landschaft‹ bildhaft aus. Während sich die Gartenkunst etwa ab 1368 über die Ming-Zeit hinaus immer mehr ihrer magisch-mythischen Inhalte entledigt und Symbole mit hohem ethisch-moralischem Gehalt durch austauschbare Dekorationen ersetzt werden, verliert auch die geomantische Kunst die Bedeutung als esoterisches Geheimwissen. Im Unterschied zur klassischen chinesischen Gartenkultur, die einem eher einseitigen kosmologisch-mythologischen Diktum gefolgt ist, entwickelt sich in Japan spätestens seit der Kamakura-Zeit (1185–1333) eine freiere Form künstlerischer Umsetzung von Natur im Garten.

In den frühen Kulturepochen ist Japan noch sehr eng mit chinesischen Vorbildern und strikten Konventionen verhaftet. Die erste große Welle chinesischer Einflüsse in Japan während der Nara- und Heian-Perioden (710–794 und 794–1185) ist an den wenigen baulichen Resten und verbürgten Überlieferungen von großen Anlagen der Herrscherschicht ablesbar. Chinesisch geprägte Bauten bereichern weitläufige Gartenanlagen mit Bootsteichen, Inseln, Hügeln und vielen in Szene gesetzten Bildausschnitten. Diese Anlagen stehen hinsichtlich poetisch-literarischer Andeutungen, der Komposition motivischer Vielfalt, den chinesischen Vorbildern, wie sie *Ji Cheng* 1634 in seinem Werk *Yuanye* beschrieben hat, sehr nahe.

Ab dem 3. Jahrhundert n. Chr. beginnen erste buddhistische Überlieferungen, die aus Indien über Korea ins Reich der Mitte kommen, das Weltverständnis zu prägen und vermischen sich mit althergebrachten Riten, magischen Handlungen und kosmologischen Vorstellungen. »Durch die Anpassungsfähigkeit des Mahayana-Buddhismus an die philosophischen Vorstellungen des Taoismus ergab sich eine für die Zukunft des chinesischen Buddhismus entscheidende Amalganisierung mit gewissen Grundauslegungen des Taoismus. Diese sind mit dem Buddhismus tatsächlich bis zu einem gewissen Grade verwandt – beispielsweise eine Auffassung der Natur, des Weltgesetzes Tao des ›Nichts‹, der Aufhebung aller Dualität des empirischen Daseins. Für die spätere Entwicklung des Chan-Zen-Buddhismus wurde dies überaus wichtig«.[22] Allerdings bleibt der alte chinesische Mythos der acht Unsterblichen auf ihren Inseln im Östlichen Meer fest verankert und hat unmittelbare Auswirkungen auf die Gartenkunst bereits in der Han-Dynastie und strahlt bis in die spätere japanische Gartenkultur aus. Die synkretistische Formel, verdichtet auf drei plus eins, also drei mutmaßliche Inseln (oder Berge/Felsen) und eine Wasserfläche, hält diesen Bezug in der chinesischen Gartenkultur aufrecht. Buddhistisch inspirierte Sakral- und Profankunst bereichern China während der folgenden Jahrhunderte maßgeblich, sodass über Dichtung, Malerei und Architektur nicht nur Tempelanlagen, sondern auch andere architektonische Elemente wie Brücken, Pagoden oder Hallen sowohl wichtige Fokuspunkte in Jagd- und Landschaftsparks der Herrscher als auch in privaten Gärten und Parks werden.

In der Vereinigung von Kreis und Quadrat, der ›Quadratur des Kreises‹, finden Unendliches und Endliches zusammen. Noch im ausgehenden 18. Jahrhundert zelebriert der Kaiser in Peking die Sommersonnenwende mit Erntefest auf dem *Tiantan*, dem runden Himmelsberg

22 Seckel, Dietrich: Kunst des Buddhismus. Werden, Wanderung und Wandlung. Holle Verlag, Baden-Baden 1962. S. 70.

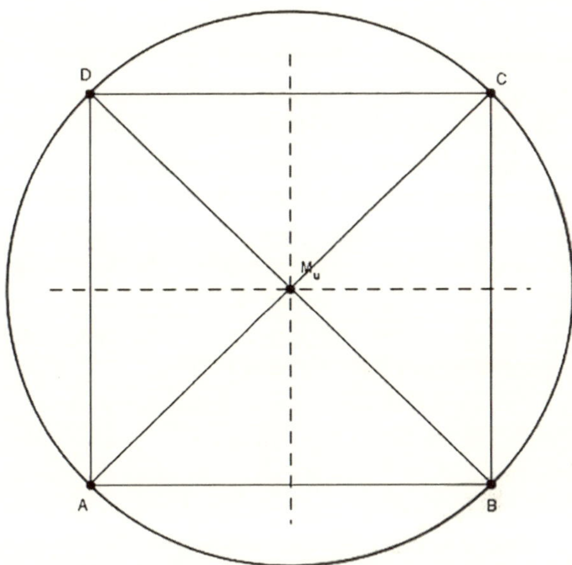

11 Kreis und Viereck, Symbole des Universums

Kreis und Viereck finden sich als gestalterische Elemente in allen Gartenkulturen. Die Diagonale signalisiert die Einflussnahme des Menschen.

mit Weihetempel. Die Wintersonnenwende findet in dem quadratischen Erdentempel *Ditan* statt. In dieser Symbolik, bekannt in den meisten alten Kulturen, und gartengeschichtlich immer wieder neu interpretiert, ist der Kreis (Yang) Ausdruck von Zeit, für das zyklisch Andauernde, Unendliche, Kosmische und das Geistig-Seelische. Das Quadrat oder Viereck (Yin), begrenzt durch seine Seiten, gehört in den irdischen, materiellen Bereich des Raumes. Diese Verbindung beider Formen ist emblematischer Ausdruck eines Verständnisses der Einheit von Zeit und Raum. Die Diagonalen verbinden die Ecken des Quadrates und bilden gleichzeitig den Durchmesser des Kreises. Hier sind mit Quadrat, Kreis und Diagonale drei Kategorien zusammengeführt, die symbolisch ein Grundverständnis über den Aufbau des Universums vermitteln. Der Franzose Marcel Granet (1884–1940) wies darauf hin, dass im chinesischen Denken Raum und Zeit keine abstrakten, voneinander unabhängigen Bereiche sind. Sie gelten als ein Ganzes, das von determinierenden Bedingungen gebildet wird. Zahlen sind im Verständnis der damaligen Zeit vor allem Embleme, die nicht zwingend abstrakt und quantitativ zu werten sind und dienen eher zur Unterscheidung von Verhältnissen und Beziehungen.[23] Die Triade als archetypisches Prinzip mit Vertikale, Horizontale und Diagonale generiert Spannungsverhältnisse in der Ästhetik in einem Balanceakt der Asymmetrie. In diesem Dreier-

23 Granet, Marcel: Das chinesische Denken – Inhalt, Form, Charakter. Piper Verlag, München 1963. S. 63 f.

Verhältnis verhalten sich die Vertikale zum Himmlischen, die Horizontale zum Irdischen und die Diagonale zum menschlichen Wirken. Im Austarieren dieser Verhältnisse bei der Platzierung von Artefakten im Garten gehört die sorgfältige Bestimmung des Bezugspunktes eines Menschen zu einer bestimmten Räumlichkeit im Garten. Um eine Harmonisierung divergierender Linien herbeizuführen, muss besonders auf die richtige proportionale Anordnung der Vertikalen und Horizontalen geachtet werden, entspricht doch die Vertikale dem Yang und die Horizontale dem Yin. Der Dichter Zhu Xi (Chu Hsi, 1130–1200) ließ sich in seiner oft von Literaten zitierten Prosa über Gedanken während des Lesens ›Guan-shu you gan‹ in Länge über einen quadratischen Teich aus, was in seiner Zeit auch für einen Gartenteich nichts Ungewöhnliches gewesen sein muss. Dieser kleine Quadratteich reflektiert, von einem Zufluss gespeist, unmittelbar die Harmonisierung von Erde und Himmel durch Form und Himmelsspiegelung im Wasser. Näher dazu hat sich Ataru Sotomura (*1960) geäußert mit einem Text in Japanisch und englischer Zusammenfassung.[24]

Gärten können als buddhistische Mandalas gelesen werden, indem sie die vier universellen Elemente Erde, Wasser, Feuer, Wind im Kreis und im Quadrat repräsentieren und der Weltenberg von der Mitte aus die Achsen der Welt steuert. Bis in die Neuzeit ist die Erde für das Verständnis gebildeter Chinesen eine quadratische Scheibe, dessen Mitte von China, dem »Reich der Mitte« eingenommen wird. Erst der italienische Jesuit Matteo Ricci (1552–1610) begann mit seinen kartografischen Arbeiten in und über China diese Sicht langsam zu verändern. Pagoden – und vereinzelt Statuen und Laternen, die erst relativ spät in chinesischen Gärten auftauchen – symbolisieren den Kosmos, auch wenn Pagoden zu Aussichtspavillons mutieren können. Schon aus der frühen Han-Dynastie sind Gartenbauten bekannt. Dazu gehören Palastbauten, Tempel, Altäre, Pavillonbauten mit offenen und teils geschlossenen Seiten. Brücken, Mauern, Terrassen und überdachte Korridore gehören dazu und finden sich nicht nur in Verbindung mit herrschaftlichen Anlagen, sondern bereits in frühen Privatgärten. Es ist aber nicht so, dass der gestaltete chinesische Garten nur zur spekulativen Wahrnehmung kosmologisch-magischer Zusammenhänge dient. Vielmehr dient der private Garten als Rückzugsort für angenehme, kontemplative Betrachtungen des Lebens, der Natur und der Welt – alleine oder mit Freunden. Der Dichter Bai Juyi (Po Chü-i, 722–846) sinnierte in seinem Gedicht ›Am Teich‘ seines Alterssitzes in Luoyang über seinen kleinen Garten:

»Der ist groß genug für meine müden Knie und Schultern; er weist Hallen und Pavillons auf, hat ein Boot und Brücken; er hat Bücher und

24 Journal of the Academic Society of Japanese Gardens (Nippon Teien Gakkaishi), 2011, Vol. 25, S. 1–25. The Square Pond in Chinese Garden History.

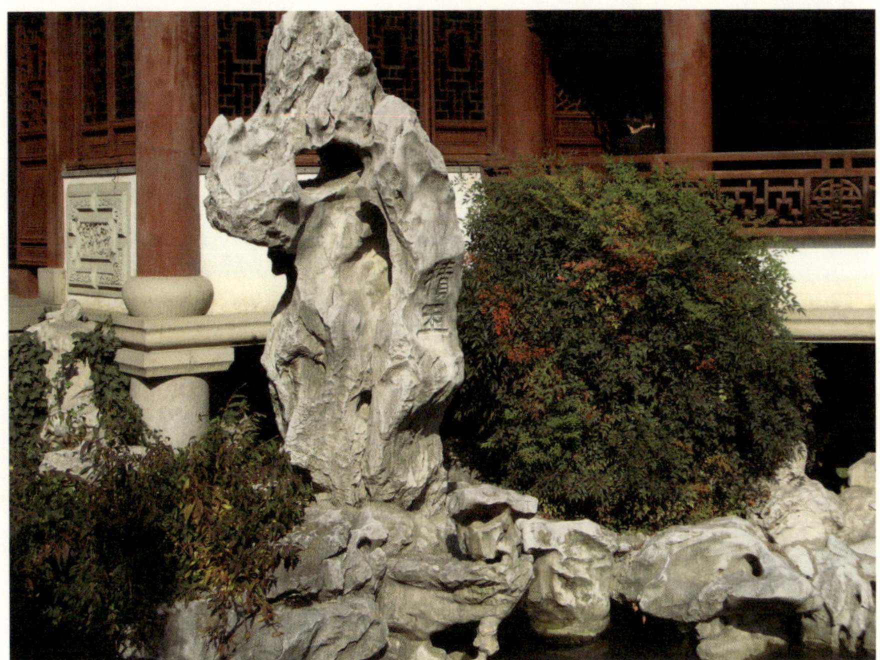

12 Sonderstellung des Felsens im chinesischen Garten

Schon ein einzelner verwitterter Felsen aus dem Taihu-See, wie hier im Yu-Garten in Shanghai, bringt im Garten Zeit und Raum in Einklang. Eingravierte Schriftzeichen heben seine Sonderstellung noch hervor.

Wein, auch Gesang und Musik. Da gibt es einen alten Mann, dessen weißer Bart im Wind flattert, er ist selbstzufrieden und hat keine extravaganten Wünsche. Dieser ist wie ein Vogel oben auf dem Zweig, der sich über die Ruhe in seinem Nest freut und ist wie ein Frosch, dessen Zuhause ein Loch ist, ohne die Weite des Ozeans zu kennen. Himmlische Kraniche und einzigartige Felsen sind meine Favoriten – nimm einen Schluck und sing einen Vers! Meine Frau und Kinder sind's zufrieden, Hunde und Hühner fühlen sich wohl. Entspannt im Nichtstun werde ich den Rest meines Lebens hier verbringen.«[25]

Der Dichter und Regierungsangestellte der Song-Dynastie Wang Yucheng (954–1001) fiel wegen seiner sozialkritischen Balladen in Ungnade und wurde in den Süden des Landes verbannt. Dort konnte er sich wohl der Errichtung eines Gartens zuwenden und fand so den Frieden mit seiner Welt wieder. Was ihm sein Garten als Rückzugsort geben konnte, drückt sich nach seinen Worten sinngemäß so aus:

»Niemand mag die Ruhe und Weite beschreiben, die sich hier (in meinem Garten) auftun.«

25 Feng, Jin: Jing, The Concept of Scenery. In: Texts on Traditional Chinese Gardens. Studies in the History of Gardens and Designed Landscapes, Vol. 18, No. 4. University of Pennsylvania 1998. S. 142.

Außen- und Innensicht

Ein Autor aus der Ming-Zeit, Wen Zhenheng (Wen Chen-heng, 1585–1645), führte in seinen »Notizen über die Nebensächlichkeiten des Lebens« viele Betrachtungen über seinen Garten auf. Wen fordert hier, dass der Garten einen so hohen Grad an Perfektion erreichen solle, dass dem Benutzer beim Umherspazieren jeglicher Sinn verloren gehe, wie alt er eigentlich schon sei, wann er schon zuhause sein wolle und darüber seine Müdigkeit vergesse. Der Gelehrte Qi Biaojia (1602–1645) bekannte, er würde frühmorgens in den Garten gehen und erst spät am Abend zurückkehren, um all die häuslichen Angelegenheiten erst unter dem Schirm der Lampe zu erledigen. Ein anderer aus dieser Zeit berichtete über seinen kleinen Garten, der ihm so viel Vergnügen und Zufriedenheit bringe wie beim Blick auf den Berg, beim Hören des Rauschens und Plätscherns des Wassers, beim Eintauchen in die Farbe des Mondes oder beim Aufsaugen der Düfte von Pflanzen.[26] Manch einer gönnte sich auch ein Glas Wein zu viel, wenn er zusammen mit seinen Freunden im Pavillon diese glücklichen Stunden feierte, wenn das Licht den Garten verzauberte, einer ein passendes Gedicht vortrug oder ein Musikinstrument spielte. In jeder Jahreszeit konnte der Garten in seiner besonderen Stimmung erlebt werden und lud zur Muße und Kontemplation über die Künste und über das Leben ein. Li Liweng (Li Yu, 1611–1680) wusste sich zu helfen in seinem kleinen Garten, um die Freude an einer schönen Aussicht steigern zu können. Er war nicht nur ein begabter Theatermann, Designer und Erfinder, sondern wusste um die wichtigen Belange eines Gartens. Er drapierte Fenster ringsum mit Papier als Bildrahmen. Der Ausschnitt verwandelte wie in einer visuellen Magie die reale Welt dahinter, mit Hügeln und allem damit in ein Gemälde. Diese Landschaftsfenster, wie er es nannte, konnte er immer wieder lange betrachten.[27] Li beschreibt damit eine Abkehr von der früher gültigen Art und Weise, ein Landschaftsbild auf geistig-mentaler Ebene zu transzendieren. Er suchte den Weg der Landschaftserfahrung auf ganz intellektuelle Weise. Überhaupt bildete sich bereits seit der Tang-Zeit die Gewohnheit heraus, die Entität des Gartens in seinem räumlichen Gefüge und seinen baulichen und pflanzlichen Attributen aus der Sicht von innen wie von außen erfahrbar zu machen. Landschaft oder nur einzelne Bäume oder Felsen wurden in Gefäßen miniaturisiert, sodass man sich auf diese Weise die Essenz der Natur auch im Innenraum oder innerhalb einer der Wohnhöfe erschließen konnte. Immer wieder taucht in Berichten über alte Gärten die Austauschbarkeit einer

26 Wang, Li: Interior Display and its Relations to Exterior Spaces in Traditional Chinese Gardens. In: Studies in the History of Gardens and Designed Landscapes, Vol. 18, No. 3. University of Pennsylvania 1998. S. 21.

27 Feng. S. 357.

inneren Garten-Szenerie mit der Landschaftsszene außerhalb des Gartens auf. Folglich lag damals einer der wichtigsten Kunstgriffe im Anlegen eines Gartens in der Fähigkeit, die räumliche Verbindung und Transformierung der szenischen Vielfalt innerhalb und außerhalb des Gartens so zu inszenieren, dass die überlieferte Konvergenz zwischen Himmel-Mensch-Erde durch Harmonie und Natürlichkeit erhalten bleiben konnte. In diesem Prozess der Wahrnehmung eines Kleinen im Großen und von Großem im Kleinen wurde die raum-zeitliche Veränderung von Natur sichtbar. Der Garten war Teil seiner Umgebung, wie auch die Bonsai-Schale ein raum-zeitliches Symbol des Gartens war. Shen Fu, ein Literat im ausgehenden 18. Jahrhundert, verband diesen Symbolcharakter mit dem Ästhetischen so:

»Einen Garten anzulegen mit Pavillons, Aussichtsterrassen, einer Flucht von Räumen und gedeckten Passagen, Felsen für einen Berg aufeinander zu schichten oder Blumen in schönen Formen zur Schau zu stellen – das Ziel ist (immer) das Große im Kleinen, das Kleine im Großen, das Reale im Illusionären und die Illusion im Realen zu sehen.«[28]

28 Keswick, Maggie: The Chinese Garden. History, Art & Architecture. Academic Edition, London 1978. S. 196.

3. Kapitel

Gartenkunst im Wandel der Zeit

Im Gegensatz zur japanischen Gartenkultur, die neben den Gärten der Kaiser und Adeligen insbesondere an den Tempelgärten und ihrem näheren Einflussbereich festzumachen ist, sind es in China die Privat- und Gelehrtengärten, die schon durch ihre Vielzahl die hauptsächlichen Träger der Gartenkultur sind, wenn auch die monumentalen Kaisergärten mit ihren landschaftlichen Ausprägungen in allen Epochen Vorbildcharakter haben. Historische Gärten sind in ihrer Authentizität kaum erhalten. Sie wurden entweder zerstört, im jeweiligen Zeitgeist umgewandelt, verkleinert oder ergänzt. Die verlässlichsten Zeugen alter Gärten und landschaftlicher Parks finden sich im alten Schrifttum der Literaten und Poeten. Für die Beschreibung und Fortschreibung der Gartenkunst haben Objekte wie Einsiedlerklausen der Mönche, Grabanlagen, buddhistische Tempel- und Klosteranlagen oder frühe städtische Grünanlagen kaum eine Bedeutung. Dazu gehören die meisten chinesischen Klosteranlagen mit taoistischem oder buddhistischem Hintergrund. Sie sind eher szenische Bezugspunkte in einer außerordentlich schönen oder markanten felsigen, oft baumbestandenen Landschaft, die selbst den Charakter eines mythischen Gartens aufweist. Beispielhaft hierfür ist eine der schönsten chinesischen Berglandschaften Lu Shan in der Provinz Jiangxi mit buddhistischen und taoistischen Bergklöstern aus dem 4. Jahrhundert. Auffallend ist hier eine Anhäufung selten gewordener alter Baumexemplare. Vor allem findet man dort solche Bäume wie den urzeitlichen Ginkgo biloba (Mädchenhaarkiefer), Glyptostrobus pensilis (die chinesische Wasser-Zypresse), Juniperus sinensis (chinesischer Wacholder) – der in uralten Exemplaren an Tempeln anzutreffen ist –, als auch verschiedene heimische Kieferarten. In der Beschreibung aus dem frühen 6. Jahrhundert einer buddhistischen Tempelanlage in Luoyang findet sich folgender Textauszug:

»Nördlich der Pagode steht die Buddha-Halle; sie hat die Form des ›Palastes des Allerhöchsten‹. In der Halle steht eine goldene Buddha-Statue von achtzehn Fuß Höhe, begleitet von zehn mittelgroßen Kultbildern. Drei davon sind mit Perlen verziert, fünf mit Goldbrokatgewebe geschmückt und zwei aus Jade gefertigt. [...] Üppige Zypressen, Wacholderbäume und Kiefern streicheln (mit ihren Zweigen) die Balken der Dächer, während Bambushaine und duftende Pflanzen die Innenhöfe und Treppen umgeben. [...] Chang Jing verfasste eine Stelen-Inschrift, in der es heißt: ›Selbst die Große Schatzhalle des (Berges) Sumeru und der Palast der Reinheit im Tushita-Himmel sind kein Vergleich für sie.‹«[29]

Unter den ersten Reichseinigern Kaiser Qin Shi Huangdi und Kaiser Han Wudi, also während der Qin- (Ch'in-) und Han-Dynastien (ca. 221 v. Chr.–220 n. Chr.), während der die ersten physisch nachweisbaren kaiserlichen Jagdparks und Paläste gebaut worden waren, erlebt das Reich eine erste kulturelle Blüte bei wirtschaftlichem Fortschritt und politischer Stabilität. Militärfürsten legen erstmals eigene private Gärten an. General Liang Ji aus der östlichen Han-Dynastie (25–220) sticht hervor mit einem ambitiösen, riesigen privaten Park mit künstlichen Seen und Hügeln. In dieser Zeit übt man sich im Bau von über 30 Meter hohen künstlichen Hügeln aus Fels und Erdreich mit den dazugehörigen ausgedehnten Wasserflächen und ihren Inseln. Nach neuen politischen Konstellationen und Machtblöcken im 3. und 4. Jahrhundert zerfällt das Reich schließlich in die nördlichen und südlichen Dynastien (420–581). Der Buddhismus erlebt eine Blütezeit bei gleichzeitiger Anlehnung an Taoismus und Konfuzianismus. Ein neu erwachtes Gefühl für Kunst und Natur artikuliert sich in Malkunst und Literatur. Weniger das ›Unsterblichkeitsmodell‹ kaiserlicher Parks der Han-Kaiser mit ihren Lustgärten steht da im Vordergrund, als vielmehr eine popularisierte Form des Berg-Wasser-Gartens mit einer Hinwendung zu natürlich erscheinenden landschaftlichen Szenen. Der Dichter Tao Yuanming (Tao Qian, ca. 372–427), dessen Thema der Rückzug aus der Welt ist, fasst das in Worte, die Richard Wilhelm übersetzt hat:

In später Pracht erblühen die Chrysanthemen,
Ich pflücke sie, von Perlentau benetzt.
Um ihre Reinheit in mich aufzunehmen,
Hab' ich zum Wein mich hergesetzt.
Die Sonne sinkt, die Tiere gehen zum Schlummer.
Die Vögel sammeln sich im stillen Wald, –
Fern liegt die Welt mit ihrer Unrast Kummer.
Das Leben fand ich, wo der Wahn verhallt.

In dieser frühen Vergeistigung und Versinnlichung vermag sich das chinesische Lebensgefühl bestenfalls vereinzelt in der Gestaltung von Gärten auszudrücken. Philosophen wie der Buddhist Sengzhao (Sengchao, ca. 374–414), ein Wegbereiter der Chan-Sekte, die zum japani-

29 Brinker, Helmut: Auf Buddhas Spuren in China. Museum Rietberg (Hg.), Zürich 2002. S. 37.

schen Zen führt, setzt sich mit der Leere des Mahayana-Buddhismus und der taoistischen Leere der absoluten Nichtheit auseinander. Für ihn ist diese unmittelbare Erfahrung (Chan) der Zugang zur Realität. Die Schönheit von Natur in diesem Sinne auf direktem Weg erlebbar zu machen, mag ein Grund dafür zu sein, warum in frühen buddhistischen Klöstern die Anpflanzung von Blumen üblich ist.[30] Blumen schmücken Buddha-Statuen und werden in Anlehnung an Buddha selbst, der einmal vor seinen Jüngern eine Blume wissend in der Hand hielt, als Blumen-Darbietung verwendet. Ab dem 7. Jahrhundert führt diese Sitte in Japan hin zur Kunst des Ikebana.

Klassische Gartenepoche

Nach dem Ende des chinesischen frühen Mittelalters während der Sui- und Tang-Dynastien (581–907) ist das chinesische Reich wieder vereint. Dieses wiedervereinte Mittelreich der Tang beherrscht vom 7. bis ins 9. nachchristliche Jahrhundert ein Land in Freiheit und Wohlstand. In einer allgemeinen Stimmung von Heiterkeit und Unternehmertum entstehen die einmaligen Leistungen dieser Periode im Bereich von Kunst, Literatur und Gartenkunst. Denkgewohnheiten ändern sich unter dem Einfluss von Buddhismus und Konfuzianismus. Das Tang-Reich wird zur ersten Großmacht Asiens. Ein noch nie dagewesener Wohlstand fördert nicht nur die Entstehung von Gärten am Hof, sondern von vielen neuen privaten Gärten. Erstmals werden kaiserliche Parks gelegentlich für die Bevölkerung geöffnet. In dieser Zeit klassischer chinesischer Gärten vollzieht sich eine Verfeinerung in der Wahrnehmung von Natur und szenischer Schönheit in einer Umkehr von einer Sicht nach außen über den Gartenhorizont hinaus in eine Sicht von innen in den Garten hinein. Das chinesisch-philosophische Konzept einer ›Schnittstelle‹ zwischen Mensch und Himmel, das davon ausgeht, den begrenzten Gartenraum zumindest mythisch mit der grenzenlosen Welt der Außen-Natur zu verbinden, wandelt sich nun um. Diese Schnittstellen zwischen dem Innen und dem Außen sind nun variantenreiche Öffnungen in Mauern und Wänden, die den Blick einfangen, rahmen und steuern. Heute noch kann man dieses Ineinandergreifen von Aus- und Einblicken im Garten des Glücks aus der Ming-Zeit, Yu Yuan in Shanghai, eindrücklich erleben. Der Dichter Tao Qiang alias Tao Yuanming (365–427) meint dazu, »der gesamte Kosmos wird von dem Fenster im Norden eingerahmt.« Diese Umkehrung setzt sich bis ins Innere des Hauses fort, wo jene mythische Natur gleichsam wie in einem ›Topf‹, wie dieser Dichter sich ausdrückt, eingefangen ist. Es ist der Beginn von Miniaturlandschaften in Schalen und auf Tafeln.

30 Beuchert, Marianne: Die Gärten Chinas. Diederichs, München 1988. S. 88.

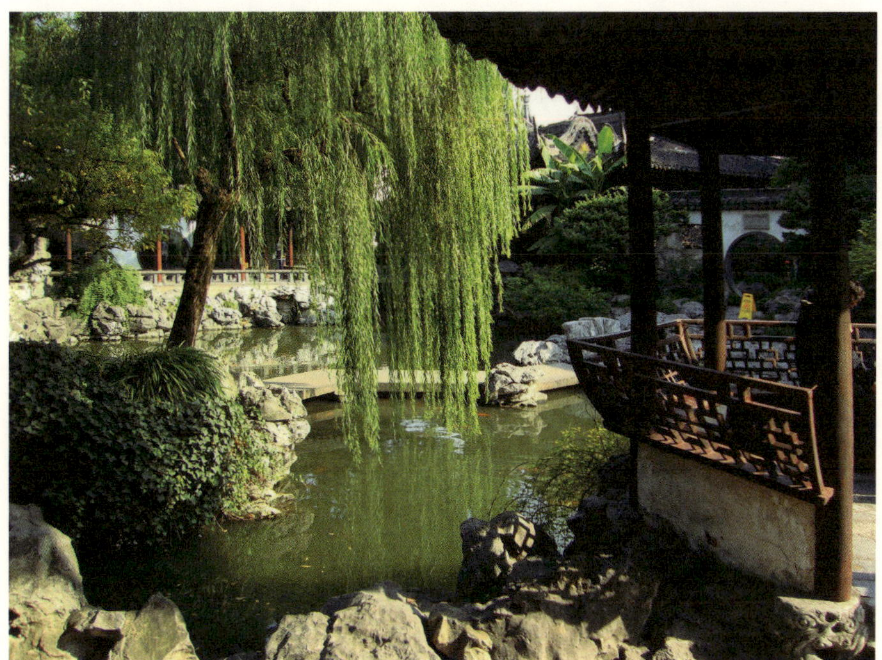

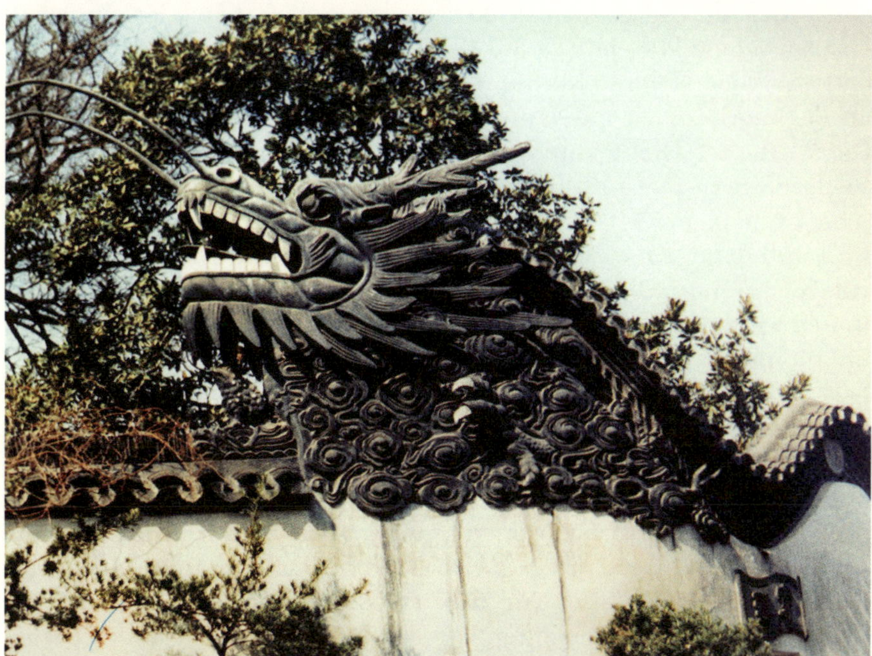

13/14 Der Garten des Glücks, Yu Yuan in Shanghai

Yu Yuan gehört zu den authentischsten chinesischen Gärten. Als Privatgarten in Shanghai 1559 angelegt, oft verfallen, verändert und um Mitte des 20. Jahrhunderts renoviert, ist der Garten seit über fünfzig Jahren nun öffentlich zugänglich. Mit seinen Pavillonbauten, den Fels- und Wasserstrukturen, Brücken, einem Zickzacksteg, den Mondtoren, Trauerweiden und mauerartigen Drachenformen, die die einzelnen Höfe voneinander trennen, öffnen sich nach jeder Wegbiegung neue, überraschende Blickwinkel. Die Gartengliederung im Yu Yuan durch den friedlichen Drachen als Mauer ist Ausdruck von Langlebigkeit und wirkt als Schutzsymbol.

Ziel dieser Entwicklung ist es, nun den Innenraum der Wohnhäuser gedanklich mit der Gartennatur zu verbinden, wie man in dem beispielhaft restaurierten Yu Yuan in Shanghai nachvollziehen kann. Eine zunehmende Detaillierung von Durchblicken und Trennung von einem Bereich in den anderen erweitert das psychologische Raumgefühl, steigert die Erwartungshaltung zu dem jenseits Liegenden. In dieser Entwicklung zeigt sich zudem eine gewisse Verschmelzung konfuzianischer Strenge von Symmetrie und Ordnung mit taoistischer Einstellung einer ungezwungenen Haltung gegenüber Form und Dirigismus als Ausdruck einer passiven Geisteshaltung. Früher war der Gartenbezirk in seiner künstlichen Natürlichkeit von dem klar strukturierten Häuser-Ensemble abgesondert. In diesem neuen Ineinandergreifen drückt sich nun die Angleichung von Taoismus an die Staatsdoktrin des Konfuzianismus aus und ist möglicherweise gefördert von dem buddhistischen Sui-Kaiser, der diesen Glauben unterstützt. Gleichzeitig fordert er konfuzianische Disziplin ein. Ein gut organisierter Staatsapparat ermöglichte vielen Bediensteten manche erfolgreiche Karriere. In schweren Zeiten oder aus Altersgründen kehren sie dann gerne zurück in ihre privaten Gärten, um in Form- und Anspruchslosigkeit und Unkompliziertheit der Gartenwelt einem zufriedenen Lebensabend entgegenzusehen. Künstler wie Meng Haoran (Meng Hao-jan, ca. 689–740) oder Wang Wei (701–761) haben als Maler, Dichter, Kalligrafen und Gartengestalter großen Anteil an der motivischen und atmosphärischen Reifung privater Gärten. Die Worte der Dichter und Bilder der Landschaftsmaler dienen als Inspiration zur Gestaltung von Gärten. Die Anleitungen, wie Landschaftsbilder mit Vorder-, Mittel- und Hintergrund zu komponieren sind und dabei zuerst die Position der Haupt- und Nebenberge festzulegen ist und Objekte in ihrer Höhenstaffelung von vorne nach hinten aufzustellen sind, werden direkt zum Gestalten von Gärten übernommen. Wang Weis *Geheimnisse der Landschaftsmalerei* sind beispielhaft dafür.[31]

Den Landschaftsbildern in ihrem Vorbildcharakter für Gärten stehen viele Dichtungen und prosaische Beschreibungen gegenüber, die bestehende Gärten genau beschreiben. Auffallend ist hier die Bedeutung des Wortes und der Namensgebung, die sofort ein Bild und eine Atmosphäre evoziert. Wang Wei beschreibt das anhand seines eigenen Landsitzes, wenn er von dem Pavillon am See, von dem Magnolienpark, vom Gelbholzufer, von der Weidenquelle, von der Laube im Bambushain oder vom Lackbaum- und Pfeffergarten spricht.[32] Es sind die Gärten der Tang-Zeit, welche Maßstäbe für die folgenden Jahrhunderte setzen. Was dort angelegt ist, wird in den folgen-

31 Wang, Li: Interior Display and its Relations to Exterior Spaces. Vol. 18, No. 3. S. 42.
32 Beuchert. S. 90.

den Song- und Yuan-Dynastien (960–1368) gefestigt, perfektioniert und durch neue Ideen bereichert. Über ein Stadium der Reife am Ende des späten chinesischen Mittelalters mit einer freier werdenden Verwendung von Pflanzen verflacht die Kunst der Gärten langsam. Kleinliche und schematische Gestaltungen bis hin zu manieristischen Ausprägungen beginnen zu Beginn der Neuzeit in Repetition des Schon-da-Gewesenen zu verlaufen. Gartenbauer versuchen auf kleinstem Raum möglichst viele Effekte zu erzielen und lassen vergessen, was früher die Magie der ›heiligen Berge‹ in Verbindung mit Wasser bewirken konnte. Dabei sind durchaus Unterschiede festzustellen in den einzelnen Regionen. Neben dem Beginn westlicher Einflüsse durch Handel breitet sich die Ideen- und Bilderwelt des Buddhismus aus. Konventionen der Gartengestaltung werden gewichtiger als die Natur, die es einmal zu interpretieren galt. Ein bekannter Maler und Dichter Li Gonglin (Li Kung-Lin, ca. 1041–1106) belächelt die Bemühungen um echte oder künstliche Berge, wenn er auf das Verhältnis anspielt zwischen den realen Hügeln und Bergspitzen, die hinter dem Garten sichtbar sind und den ›falschen Bergen‹ im Garten. Er freut sich an seinen zackigen Felsspitzen im Hintergrund seiner Zeichnung – eine ist nur ein schemenhafter Umriss, eine andere ragt aus einer Hügelgruppe heraus wie ein riesiger Zahn. Sind beide außerhalb oder beide innerhalb des Gartens? Repräsentiert der eine den anderen Berg, oder sind in der Tat beide ›wild‹? Oder, wenn man so will, sind beide falsch?[33] Ähnliches klingt in einer Beschreibung von Einzelgärten in Chengde an: »Hier und da strebte das Erdreich in künstlichen Erhabenheiten empor und Felsstücke häuften sich wild übereinander.«[34] Warum ausgerechnet die Leere als gestalterischer Kunstgriff der chinesischen Maler während der Tang- und Song-Dynastien die Gestaltung von Gärten nicht zu beeinflussen vermochte, liegt vermutlich in der festgefügten Tradition, den Garten mit dem Berg-Wasser-Symbol als Chiffre des Kosmos zu sehen. Auch in den späteren chinesischen Gärten lässt sich nichts feststellen, was einen Bezug zur Leere solcher Tuschebilder erlauben würde. Dies steht ganz im Gegensatz zum Konzept der Leere, die im Zen-Garten Japans einen so dauerhaften Eindruck hinterlässt, sich jedoch auf solchen chinesischen Landschaftsbildern begründet, auf denen die Leere zwei Drittel bis zu drei Fünftel der Malfläche einnimmt. Maler wie Dong Yuan (Tung Yüan, ca. 943–962) oder wie Muqi Fachang, Yujian und Xia Gui (aktiv zu Ende des 12. und zu Anfang des 13. Jahrhunderts) fanden ihre Nachahmer in den Zen-Malern Japans, etwa in den immer wieder neu interpretierten »Acht Ansichten der Xiao und Xiang Flusslandschaften«.

33 Keswick, S. 101.
34 Hüttner. S. 140.

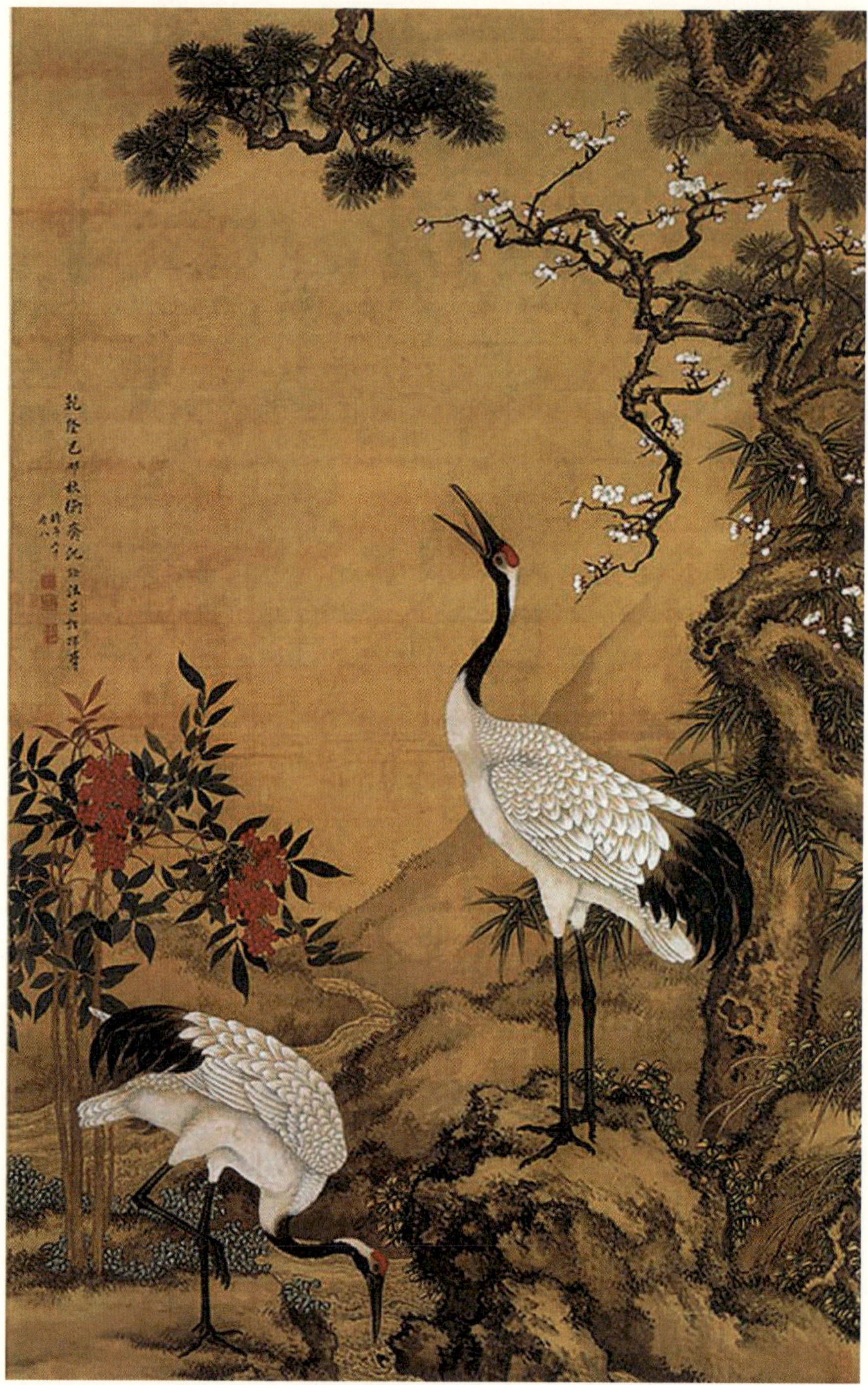

15 Fels und Wasser, Kranich und Pflanzen

Diese klassische Gruppe mit Fels, Wasserlauf, einem Paar des mongolischen Kranichs, Kiefer, mit blühendem Paeonienstrauch und Pflaumenzweig, ist ein beliebter symbolischer Ausdruck für gestaltete Landschaft in chinesischen und japanischen Gärten. Shĕn Quáns Bildkomposition von 1759, in Tusche und Farbe auf Seide, gibt auf sehr naturalistische Weise wider, auf welche Symbole konfuzianische Werte und die Gesamtheit von Natur im Garten reduziert werden können. Standort: Palastmuseum Peking.

Chinesische Gärten lassen sich grundsätzlich in drei Kategorien einteilen: Bei der ersten Kategorie ist reale Natur auf symbolhafte Weise nach der Berg-Wasser-Formel transformiert, der Mensch bleibt hier im Hintergrund. Eine zweite Kategorie, in der die bildhafte Umsetzung von Natur nach gefühlten Grundsätzen, nach Empfindung und Atmosphäre erfolgt, bestimmt der Gartenbesitzer durch Inschriften und Tafeln. Diese stellen über und neben dem Eingangstor seine poetische Sicht von Natur dar; der Mensch steht hier neben der Natur. Die dritte GartenKategorie entspricht einer dekorierten Schein-Natur, in welcher der Mensch der Hauptakteur ist.

Ein Tang-Poet (Wang Changling, 690–757) verkürzt diese Sicht auf zwei Kategorien:

1. Der Garten ohne mich
2. Der Garten mit mir

In Wahrheit ist es kompliziert – die Dichter scheinen das so zu werten –, wie man die objektive Realität von Natur, mit den Augen gesehen, von der Subjektivität trennt, wie das Gemüt sich im Garten einbringt.[35] Guo Xi (ca. 1020–ca. 1090), Landschaftsmaler der nördlichen Song-Dynastie zeigt am Beispiel seines Bergbildes ›Frühlingserwachen‹ oder ›Vorfrühling‹ (s. Abb. 10), eine mentale Durchdringung des Shan Shui auf sehr emotionale, fast andächtige Weise, die wenig von dem früher üblichen Gehalt an symbolhaft-mythischer Darstellung spüren lässt. Karge Bäume an den zerklüfteten Felsen zeigen ein erstes Grün, eine Quelle entspringt aus einer Felsspalte und oben im Hintergrund ist ein Kloster sichtbar. In einer Zeit, in der Gärten ›gegenständlicher‹ werden, zeichnet sich in der Landschaftsmalerei eine Tendenz der Auflösung ab, die mit dem Maler Song Di alias Fugu (ca. 1015–1080) mit Stimmungsbildern ohne reale örtliche Bezugnahme beginnt und später zur Tuschemalerei der südlichen Song-Dynastie führt.[36] Dort deutet die Leere, die oft bis zu drei Fünftel der Bildfläche ausmacht, das Vorhandensein eines Geschehens im Bild an. Rhythmisch durchgezogene Pinselstriche, mit wenig Tusche benetzt, unterstützen den Eindruck von Leere. »Wenige Striche definieren einen Bergkamm, sonst nichts. Es erscheint wie eine Membran zwischen Himmel und Erde. Die Erde ist so wenig belebt wie der Himmel. Keine Menschen und Tiere, kaum Vegetation, nur die Knochen der Gebirge. [...] Diese konsequente Reduktion auf das innerste Gerüst, auf das Rückgrat der erkennbaren Welt, lenkt die Aufmerksamkeit auf das Ungestaltete, auf die Leere als Voraussetzung für jeden schöpferischen

35 Chen, Gang: Landscape Architecture; Planting, Design, Illustrated. Irvine, CA 2011. S. 178.
36 Brinker 2002 lässt sich darüber auf S. 320 näher aus.

Ausdruck.« Markus Brüderlin (1958–2014) zeichnet dieses Bild im Hinblick auf das Schaffen des israelischen Künstlers Raffi Kaiser und deckt damit den Kern der Tusche-Maltechnik dieser Song-Zeit und der späteren Zen-buddhistischen Malerei auf.[37] Diese Betrachtungsweise der Natur wird dann von den japanischen Zen-Institutionen bei der Anlage von Tempelgärten neu interpretiert.

Wirtschaft, Handel und blühendes Handwerk lassen im Südosten Chinas Hunderte von neuen privaten Gärten entstehen, vor allem in Suzhou und Hangzhou nahe Shanghai, da diese Städte durch ihre schönen Landschaften mit reichlich Wasser eine gehobene Bürgerschicht anziehen. Diese Region war in der Vergangenheit kaum von Bürgerkriegen und Rebellionen erfasst worden und blühte seit dem Bau des Kaiserkanals im 6. Jahrhundert und weiteren Kanälen in der Folge wirtschaftlich auf. Zu nennen sind dort ferner Nanjing (Nanking), auch Yangzhou als Hochburgen der Künstler und Dichter. Yangzhous drei berühmte Gärten sind von dem Gartenstil aus der Tang-Zeit inspiriert. Shouxihu gongyuan, der Garten des Schmalen West-Sees mit seiner dreibogigen überdachten Pavillon-Brücke von 1757, den vielen Pagoden und Trauerweiden, ist eine grüne Insel innerhalb des Stadtbildes. Ge Yuan, der Bambusgarten aus den frühen Jahren des 19. Jahrhunderts, wendet sich neben den hellgrauen Taihu-Felsen und gelblichen Granitfelsen auch mit einer dritten Felsenart merklich von dem mythisch begründeten Felsen-Garten ab.

Der dritte berühmte Garten in Yangzhou, He Yuan, ist gegen Ende des 19. Jahrhunderts entstanden und nähert sich als ehemaliger Privatgarten mit landschaftlichen Gestaltungsmerkmalen einem westlichen Landschaftsgarten an. Daneben konzentrieren sich die wichtigsten Gartenregionen Chinas um die alten Hauptstädte mit kaiserlichen Parkanlagen. Dazu zählen Xi'an, Luoyang, Kaifeng im mittleren Bereich des chinesischen Ostens und nördlich davon Peking und Chengde mit den Sommerpalästen.

Was wir heute von diesen alten Gärten sehen, ist vielfach verändert, neu bepflanzt, verkleinert und baulich ergänzt worden. Gleichwohl haben viele dieser Gärten ihren Nimbus einer alten gestalterischen Idee behalten. Die Mongolen, die neuen Herrscher während der Yuan-Dynastie (1260–1368), waren klug genug, sich die chinesische Kultur anzueignen, hatten aber weder den Müßiggang noch den Ansporn, sich besonders für Gärten zu interessieren. Einzige nennenswerte Ausnahme ist der Beihai-Park bei Peking, der im 5. Jahrhundert schon begonnen wurde, im 10. Jahrhundert Teil einer kaiserlichen Residenz war und durch Kublai Khan 1274 auf eindrückliche Weise ausgebaut worden ist. Marco Polo hat diesen Palast-Park als unvorstellbar groß

37 Brüderlin, Markus u. a.: Japan und der Westen. Ausstellungskatalog Kunstforum Wolfsburg 2008. S. 273.

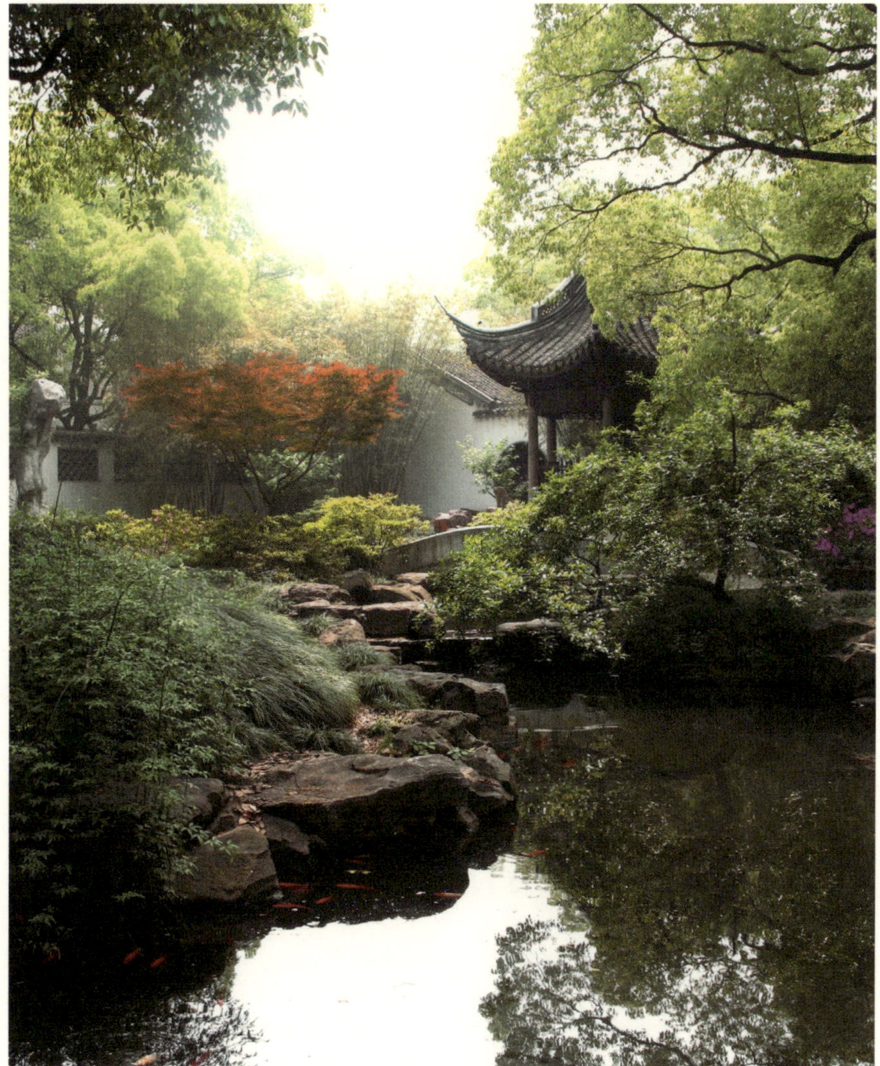

16 Garten der Zerstreuung, Ji Chang Yuan

Zu Anfang des 16. Jahrhunderts wurde dieser berühmte private Garten Ji chang Yuan in Wuxi auf einer Fläche von etwa 2,5 Hektar erschaffen und dient seither als Vorbild für viele spätere Gärten. Dank der Bemühungen renommierter Gartenspezialisten konnte die Anlage im 18. Jahrhundert vor dem Verfall gerettet werden. Schäden während der Kulturrevolution wurden 1952 behoben, sodass der Garten in der Folge der Öffentlichkeit zugeführt werden konnte.

und phantastisch bezeichnet und bewunderte, wie unzählige, schon große Bäume verpflanzt werden konnten. Khan hörte auf die Anregungen seiner Astrologen, wie Marco Polo berichtet, dass »alle Menschen, die Bäume pflanzen, mit einem langen Leben belohnt werden«. Daher wurden in seinem Reich auch die Straßenränder, wo immer möglich, mit Bäumen bepflanzt. Diese spenden Schatten im Sommer und markieren im verschneiten Winter den Weg.[38] Der Beihai-Nordsee ist Teil einer Gruppe künstlich angelegter und miteinander verbundener Seen. Bei einer Gesamtgröße von etwa 68 Hektar fallen auf Wasserflächen alleine mehr als 35 Hektar. Die heutige Situation mit ihren Bauten resultiert aus einer Ausbau- und Erweiterungsphase von 1736–1795. Die Gebiete um den Mittel- und Südsee, die ursprünglich Teil der verbotenen Stadt waren, sind heute Sitz der Regierung und der Partei und nicht öffentlich zugänglich. Was man von allen größeren landschaftlich betonten chinesischen Gärten etwa seit der Yuan-Dynastie sagen kann, betrifft auch den Beihai-Park: Bauten haben immer einen höheren Stellenwert als das sie begleitende Beiwerk von Natur, einschließlich der künstlichen Hügel und Wasserflächen. Selbst der (neue) Sommerpalast (Yiheyuan) mit einer Ausdehnung von 290 Hektar, unweit des hauptsächlich von den britischen Truppen 1860 zerstörten und 1900 endgültig geschleiften Alten Sommerpalasts (Yuanming Yuan) mit seinen drei Teilen von alles in allem 350 Hektar, machen keine Ausnahme. Obwohl man das Grundprinzip erkennt, wie Baukunst und Natur harmonisch zusammen wirken sollen, entsteht hier kein Dialog zwischen diesen beiden Sphären, wie man ihn etwa durchaus am Beispiel der kaiserlichen Villa Katsura in Kyoto, in einer anderen Größenordnung zwar, wahrnehmen kann. Das Bauliche und das Natürliche bedingen sich dort gegenseitig.

Gärten der Ming-Zeit

Während der Restaurationszeit und dem aufgeblühten Neo-Konfuzianismus in der Ming-Dynastie (1368–1644) wird zu Anfang alle Energie darauf verwendet, die Lebensumstände des Volkes zu verbessern. Erst im letzten Drittel der Epoche, als mit den Jesuiten westliches Wissen Einzug hält, Kunst und Kultur einen neuen Höhepunkt erreichen, entstehen wieder neue Gärten. Dazu zählt der berühmte Yu Yuan (Garten des Glücks) in Shanghai, der von Pan Yunduan zwischen 1559 und 1577 als ein über 4,5 Hektar großer Privatgarten für seinen alternden Vater Pan En angelegt worden ist. Pan En diente als hoher Beamter unter Kaiser Jiajing. Der ursprüngliche Garten wurde im Laufe der Zeit unter zwei neuen Besitzern aufgeteilt und verfiel später. Der heute restaurierte Garten ist kaum zwei Hektar groß und belegt den ursprünglichen nordöstlichen Teil des Gesamtgartens, der aus den Zerstörungen während des Opiumkriegs hervorging. 1956 entschied sich der Staat, den Garten mit seinen vielen Höfen, Galerien, Gebäuden, Hallen, Pavillons und Teichen mit Bachläufen, die sich

38 Berrall, Julia: Die schönsten Gärten. Econ Verlag, Düsseldorf, Wien 1969. S. 329.

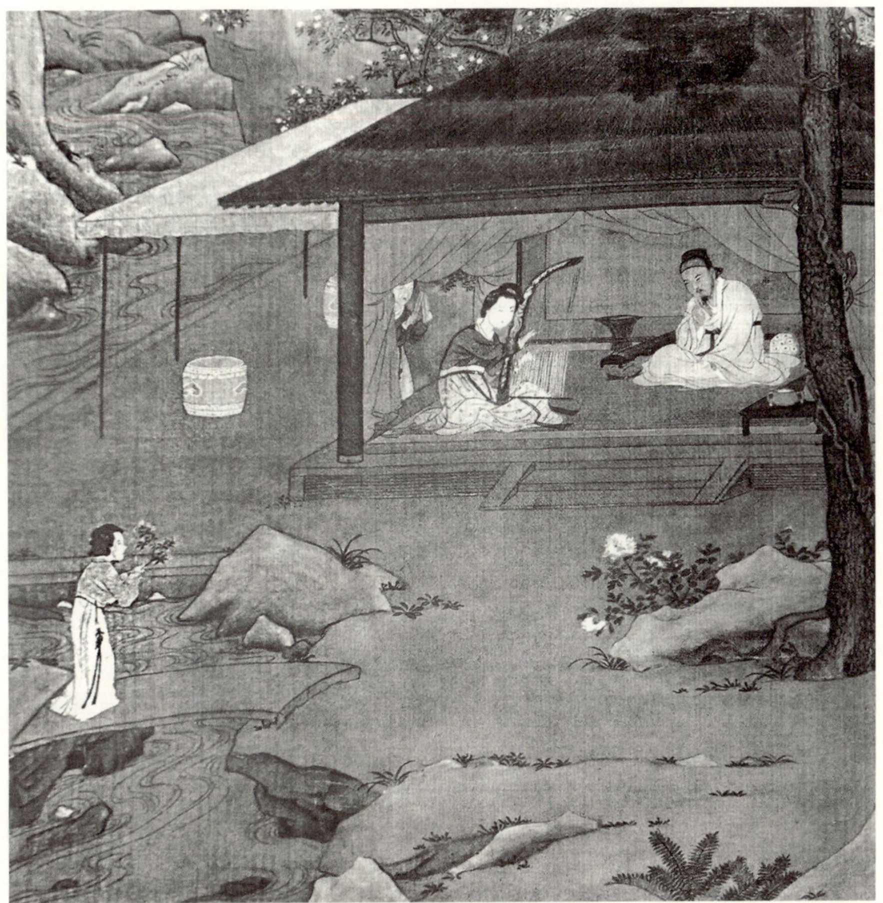

17 Die Harfenspielerin, Pavillon als Rückzugsort in einem Privatgarten

Das Gemälde in Farbe aus dem frühen 16. Jahrhundert von Qiu Ying beschreibt eine beschauliche Gartenszene im Frühjahr. Hier Abbildung ohne Farbe.

durch die Anlage winden, zu restaurieren, sodass er heute als gültiges gartenkünstlerisches Erbe nachempfunden werden kann. Erkennbar ist eine Unterteilung in sechs durch Hauptgebäude bestimmte Abteilungen, welche durch einen mit Ziegeln bedeckten Drachen als Mauer voneinander getrennt sind. Drachenkopf und Schwanz sind markant ausgebildet. Ein Ginkgo- und ein Magnolienbaum sollen noch aus der späten Ming-Zeit stammen.

Unzählige Gärten verfielen im Laufe von Jahrhunderten durch Vernachlässigung oder durch die Unbill der Zeit. Die Zerstörungen während der Kulturrevolution überlebten zahlreiche alte Gärten nicht. Umso erstaunlicher ist es, dass wir heute wieder hunderte Jahre alte Gärten, meist nur teilweise wieder hergestellt, besuchen und bewundern können. Zumindest sehen sie in unseren Augen authentisch aus.

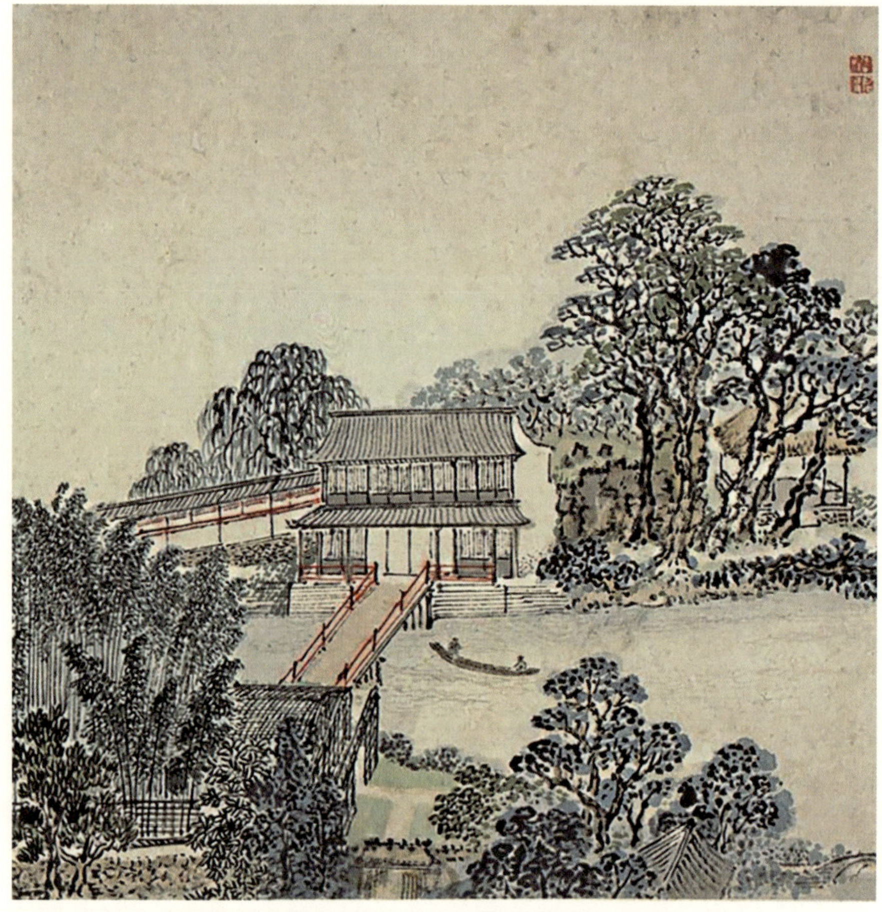

18 Landschaftlicher Garten mit Teich und Gartenbauten (Ming Dynastie)

Dieses von Zhang Hong um 1627 aus einer Vogelperspektive gemalte Bild in einer Serie von zwanzig, die heute über viele Museen verstreut sind, führt den Betrachter über verschiedene Tore bei einem Bambushain und über eine Brücke mit roten Geländern zu einem einstöckigen Gebäude an einem Bootsteich. Daneben sieht man eine überdachte Galerie, auf der Seite gegenüber hochgewachsene Bäume mit Buschwerk, die einen kleinen strohgedeckten Pavillon und eine kantige Felssetzung verdecken. Zhi-Garten in Hengxi. Standort: Los Angeles County Museum of Arts.

Man kann nur ahnen, welche Einstellung die ursprünglichen Besitzer zu ihren Gärten hatten. In dieser kulturellen, vor allem von dem Handwerk getragenen Hochblüte, verfeinert sich die Innendekoration. Möbel, darunter hochbeinige Hocker, Stühle und Tische, setzen eine Entwicklung fort, die bereits in der Tang-Dynastie begonnen hat. Erlesenes Porzellan zeigt, wie sich der Lebensstil neu artikuliert. Gleichzeitig geht das Innen der Wohnung mit dem Außen des gestalteten Gartenhofs – auch wenn dieser oft nur der Zurschaustellung von Kübel- und Topfpflanzen dient – über Fenster- und Türöffnungen eine neue Verbindung ein.

Qiu Ying (ca. 1494–1560), einer der vier berühmten Maler der Ming-Zeit, widmet neben dem Kopieren alter Meister aus der Tang- und Song-Zeit seine Bildthemen den Blumen, Gärten, Landschaften sowie figürlichen und architektonischen Studien. Er arbeitet in verschiedenen Techniken in Farbe und Tusche und lehnt sich in Stil und Bildthemen an Wen Zhengming an (1470–1559), einen Maler der Wu-Schule in Suzhou. Im Farbbild der Harfenspielerin in einem Gartenpavillon (hier in schwarzweiß abgebildet) kommt der musische Charakter eines Gartens als Rückzugsort seiner großbürgerlichen Bewohner zum Ausdruck. Gleichzeitig sind hier all die emblematischen Gartenelemente des Shan Shui vereinigt. Ein von Felssetzungen gerahmter Bach mit einer Steinbrücke windet sich durch den Garten, dessen Hintergrund von aufgetürmten Felsen bestimmt ist. Eine Besucherin mit einem Päonien-Blütezweig in der Hand nähert sich dem strohgedeckten Pavillon über die kleine Brücke. Eine Päonie wächst aus dem löchrigen Fels unter einer dekorativ gewachsenen Kiefer, die von einer Kletterpflanze berankt ist. Hinter dem Pavillon leuchten die weißen Blüten eines Baumes hervor. Das Bild ist eine Referenz an das Atmosphärische eines Gartens mit Bewohnern während der Ming-Zeit. Zhang Hong (Chang Hung 1580–ca. 1652), ein Maler des ausgehenden Ming, hinterließ 1627 mit dem Album seiner zwanzig Papierbilder in Tusche und leichter Farbgebung ein interessantes Zeugnis über die Gartenkultur seiner Zeit. Das Album dieses Zhi Yuan, also eines Gartens, der zum Innehalten einlädt, ist heute leider nur in einzelnen Blättern auf viele Museen verteilt. Sie beschreiben den heute nicht mehr existenten, ausgedehnten Garten eines Literaten in der Nähe von Suzhou. Bild für Bild beleuchtet er eine jeweils andere Gartenpartie auf recht naturalistische Weise, ohne sich althergebrachter Klischees zu bedienen. Cahill stuft diese Arbeiten von Zhang als bedeutend ein: »Das Zhi-Garten-Album besticht als eines der besten Zeugnisse, die wir über ausgedehnte chinesische Gärten dieser Epoche haben – in einer Zeit nur wenige Jahre bevor Ji Cheng sein Yuanye, ›Die Kunst, Gärten zu bauen‹, zwischen 1631 und 1634 erstellt hat.«[39]

In der Ming- und darauf folgenden Qing-Dynastie tritt die Notwendigkeit einer künstlerischen Umsetzung einer Gartenidee vermehrt ins Bewusstsein. Nicht nur muss auf die Qualität der Artefakte, auf ihre richtige horizontale und vertikale Ausrichtung im Garten geachtet werden. Li Liweng (Li Yu) betont in seinen Schriften immer wieder, dass auch eine gute Balance gefunden werden muss zwischen Fülle und lockerer Gestaltung. Die Komplexität eines Gartens sollte immer den Gegebenheiten entsprechen.[40] Man sieht hier die Distanz, die der

39 Cahill, James: Exploring the Zhi Garden in Zhang Hong's Album. In: Cahill Lectures and Papers CLP 22, 1995.

40 Métailié, Georges: Scholar Gardens and Plants in Traditional China: S. 241. In: Studies in the History of Gardens. Vol. 18, No. 3, 1998.

Garten zu seiner ursprünglichen Idee als Ausdruck für den Kosmos ›Natur‹ eingenommen hat.

Unter den drei Mandschu-Kaisern der Qing-Dynastie (1644–1911) ist es Qianlong, der die Gartenbegeisterung seines Vaters und Großvaters noch übertrifft. Alle drei haben aus dem Schatz der vorgefundenen Motive geschöpft. Die geförderten Künste und das Handwerk sowie eine kluge Staatsführung mit Ausbau der Landwirtschaft heben den Lebensstandard in China am Ende des 18. Jahrhunderts über das Niveau in Europa. Der Selbstbescheidung seiner Vorgänger mit einfachen Gebäuden wollte Qianlong nicht folgen. »Nur ein von dem Gartenwahnsinn Besessener kann so umfangreiche Anlagen ausdenken und bauen lassen, wie es Kaiser Qianlong tat«[41]. Es sind deutsche und französische Jesuiten, welche mit ihren hydraulischen Künsten und Wasserwerken in Qianlongs Gärten europäische und chinesische Gartenkunst verbinden. Alles, was dann spätere Gartenkultur in China zustande brachte, war ein Schöpfen aus beiden ›Töpfen‹.

41 Beuchert. S. 111.

4. Kapitel

Ikonografie und Konzepte

Die kosmologische Konzeption des Gartens

In der Analyse alter chinesischer Gärten zeigt sich, dass der Akt der Eingrenzung eher eine Betonung des Zentrums als der Peripherie ist. Letztere hat in westlichen Gärten einen anderen Stellenwert. Die Begrenzung kontrolliert den Raum und die Zeit. In den antiken kaiserlichen Parks steht der wichtigste Bau im Zentrum, von dem aus der Kaiser das Fortschreiten der Zeit im Jahreszyklus kontrolliert. Hier fügt sich der Kreis als Emblem des Himmels mit dem Viereck, dem Zeichen der Erde zusammen. Wie das Landschaftsbild in Vordergrund, Mittelgrund und Hintergrund unterteilt ist, wird im Garten der Fokus auf den Mittelgrund gelegt. Die meisten der alten chinesischen Gärten lassen die Deutung zu, dass eine Unterscheidung zwischen Natur und künstlicher Schöpfung nach traditioneller Anschauung nicht von Bedeutung ist, denn Natur und menschliche Kultur liegen nach dem Prinzip des Tao auf der gleichen Entwicklungsebene, Kunst wird daher nicht höher gewertet. Daraus folgt, dass der Garten als ›rhetorische Landschaft‹ eine Welt in sich selbst ist, die auf Augenhöhe mit der realen Landschaft und der Natur ist. Eine grundsätzliche Unterscheidung zwischen Natur und Künstlichkeit fehlt im chinesischen Garten daher, obwohl er weniger ›organisch‹ als vielmehr organisiert ist. Aber im taoistischen Sinn entsprechen sich beide, Natur und ihre Nachbildung, wie Yin und Yang gegenseitig. In dieser komplementär zusammengesetzten Struktur des chinesischen Gartens liegt der Fokus auf der harmonischen Verbindung seiner Teile, in die der Mensch als Mittler zwischen Himmel und Erde fest eingebunden ist.

In anderen Worten: Der Garten als Mikrokosmos repräsentiert dem Menschen die reale Welt draußen, deren Natur essentiell aus dem Lebenselixier Wasser und dem Symbol für verfestigte Substanz, ›Berg‹, besteht. Schon in Zeiten der Han-Dynastien (206 v. Chr.–220 n. Chr.) ist der Berg Wohnort taoistischer, unsterblicher Gottheiten. Das chinesische Ideogramm für Unsterblichkeit setzt sich aus den Zeichen für ›Person‹ und für ›Berg‹ zusammen und dokumentiert die Bedeutung der Berg-Metapher im Garten. Während im Westen Natur eher kausal,

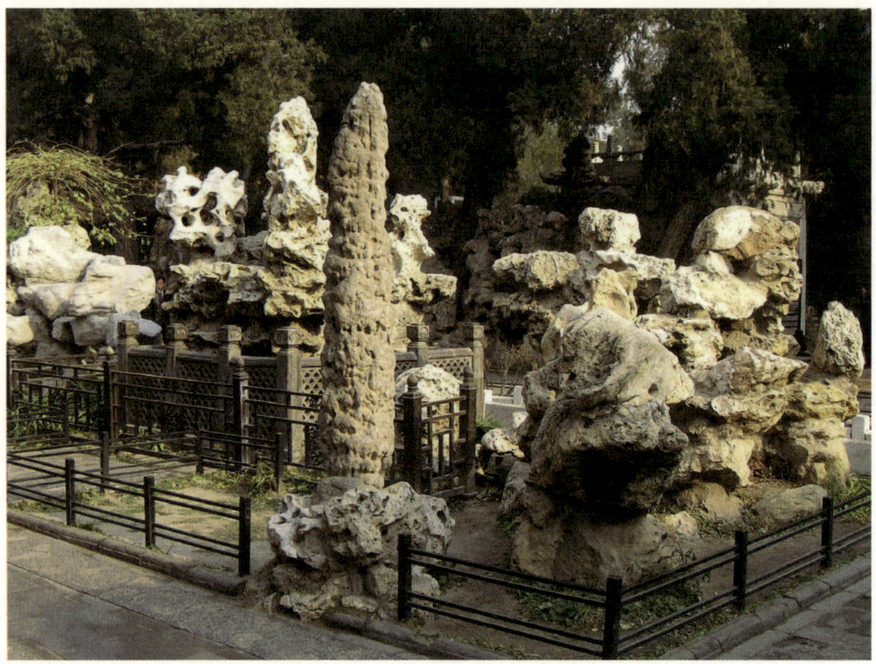

19 Felsen als Metapher für Einheit von Zeit und Raum im Garten

Das Sammelsurium von einzelnen Fels- und Steinindividuen in einem der Innenhöfe der Verbotenen Stadt in Peking lässt sich in seiner Bedeutung, die es für die damaligen Gestalter hatte, für den westlichen Besucher nicht mehr erschließen.

biologisch und dynamisch begründet wird, bleibt diese in der fernöstlichen Gartenkultur mythologisch von einem voneinander abhängigen harmonischen Beziehungsgefüge bestimmt. Auch im Garten spielt der Rhythmus der Natur in den Gegensatzpaaren (Yin und Yang) wie wässrig und fest, dunkel und hell, aufrecht und flach, warm und kalt eine wichtige Rolle für das Streben nach steter Harmonisierung. Obwohl im chinesischen Altertum medizinisches Wissen mit Einsichten in natürliche Zusammenhänge weit verbreitet ist, gründet das nicht auf Kausalität wie im Westen, vielmehr liegt die Betonung etwa für eine individuelle Heilung auf Harmonisierung unter Zugrundelegung der Fünf-Elemente-Theorie. Trotz des viel tieferen Naturbezuges in der chinesischen Medizin wird dieser in der Gartenkultur nicht dienstbar gemacht. Doch die prägende Syntax einer jahrtausendalten chinesischen Garten-Idee hat sich bis heute fortgeschrieben und bleibt bestimmend.

Seit der Neuzeit wird Zeit als eindimensionale Vorwärtsbewegung innerhalb eines statisch-dreidimensionalen Raums verstanden. In der klassischen chinesischen Philosophie wie auch in einfachen bäuerlichen Gesellschaften sind Raum und Zeit nie getrennt. Der Garten stellt im Jahresverlauf räumlich eine Einheit dar. Felsen im Garten zeigen ein raumzeitliches Kontinuum an. Intervalle zwischen verschiedenen Wegabschnitten mit unterschiedlichen Perspektiven in der räumlichen Konstruktion des Gartens werden als Raum-Zeit erlebbar. Aus diesem Grund ist im chinesischen Garten eine lineare Anlage nie gerade, wenn man sie gekrümmt anlegen kann, nie symmetrisch, wenn sie asymmetrisch zu realisieren ist, nie offensichtlich und auf den ersten Blick erkennbar, wenn man sie durch Methoden des Verschleierns und Versteckens nur Zug um Zug entdecken kann.[42] Wichtiges Ziel in allen gartenbaulichen Maßnahmen ist es, eine Harmonie zwischen gegensätzlichen Erscheinungen zu erreichen. Dabei wird nicht zwischen Form und Materie unterschieden, denn diese sind wie Schwanz und Kopf (eines Tieres). Der Einfluss von Wind und Wasser (Fengshui) identifiziert sich in den zwei Erscheinungsmustern des Yin und Yang und ist auf der Oberfläche der Erde mit der symbolischen Zuordnung in den westlichen und östlichen Teil des Himmels repräsentiert. Hier erscheinen der Weiße Tiger und der Grüne Drachen auf der rechten beziehungsweise auf der linken Seite einer jeglichen Wohnstatt der Lebenden und der Toten. Solche Einflüsse müssen ausbalanciert werden, um das richtige Verhältnis von Dreifünfteln gegenüber Zweifünfteln (etwa das Verhältnis des Goldenen Schnitts) einer gegebenen Lage zu erhalten.[43] Viele der alten Gartenanlagen standen in einem Flächenverhältnis von Dreifünfteln gegenüber Zweifünfteln der eigentlichen Wohnanlage, als diese noch abgesondert von dem eigentlichen Gartenbereich eine eigene Welt darstellte.

Berg und Wasser

Schon in grauer Vorzeit wurden Bergen heilige, magische Kräfte zugesprochen. Mit Beginn der Kaiserzeit wurden daraus die fünf heiligen Gipfel im Zentrum der taoistischen Vorstellungswelt. Diese Berge spielten bereits bei den fünf Gründungsvätern der chinesischen Schöpfungsmythen eine Rolle, in einer Zeit, wo ersten Kaisern auch Opfer dargebracht wurden. Auf den vermuteten drei Berginseln im östlichen Meer wohnten die acht Unsterblichen. Schon in frühen Gärten stellen drei, mitunter fünf künstliche Hügel oder Felssetzungen im Garten diesen Bezug her. Nach Festigung des Buddhismus in China in den ersten Jahrhunderten der neuen Zeitrechnung wurde der hinduistisch-buddhistische Götterberg Shumi Sen (chin. Xumishan), auch Berg Sumeru genannt, in die kosmologische Konzeption aufgenommen. In Landschaftsbildern erscheint er als markanter Einzelfelsen

42 Hall, David L. u. Ames, Roger T.: The Cosmological Setting of Chinese Gardens. Studies in the History of Gardens & Designed Landscapes. Vol. 18, No. 3, 1998, S. 175–186.

43 Needham, Joseph (Hg.): Science and Civilisation in China, Vol. II, History of Scientific Thought. Cambridge University Press 1956. S. 360.

und übernimmt bei den japanischen Felsen setzenden Mönchen eine wichtige Rolle in der Gartenkunst. Für den chinesischen Mythos ist der Huang Shan (Tai Shan) der ›Berg der Berge‹, ein Nationalsymbol, den sie wegen seiner bizarren Felsformationen des Granitgesteins, seiner knorrigen alten Kiefern und der mystischen Stimmungen mit wolkenverhangenen Spitzen verehren. Unweit der Stadt Tai'an in der Provinz Shandong gelegen, ist dieser Berg einer der fünf heiligen Berge des Taoismus. Er ist Natur schlechthin und steht für moralische Integrität und ist stellvertretend für alle Berge, die im kosmologischen Konzept Mittler und Vermittler zwischen Himmel und Erde sind. Die Legenden um den ›Gelben Kaiser‹ Huang Di, einen der fünf mythischen Gründungsväter, der hier die Kräuter für sein Unsterblichkeitselixier gefunden haben und zum Himmel aufgestiegen sein soll, befeuern die Phantasien, ähnlich wie der Berg die Maler und Poeten in ihrer Kunst beflügelt. Der chinesische Ausdruck Shan Shui, der für den Begriff Landschaft steht, heißt buchstäblich Berg-Wasser, womit die wichtigsten Elemente in den Schöpfungsmythen bezeichnet sind. In einem Garten ohne diese beiden Elemente kann Natur nicht zum Ausdruck gebracht werden. Felsen und aufgeschüttete Hügel ersetzen den Berg im Garten. Meist sind Hügel terrassenartig angelegt als Aussichtsort mit einem Pavillon. Die variantenreiche Gestaltung mit Felsen nimmt Bezug auf den zyklischen Charakter der Zeit. Im Mikrokosmos des Gartens repräsentieren Einzelfelsen und Felsgruppen nicht nur berühmte mythische Bergspitzen und Bergmassive der realen Welt, sie repräsentieren konfuzianische Tugenden und Geradlinigkeit. Quellen, Bäche, Teiche und Pflanzen nehmen den harmonischen Bezug zur reinen Natur auf und sind mit dem taoistischen Weltbild der Natur verbunden. Das Große wird durch das Kleine im Garten gezeigt. Li Deyu (759–818), ein einflussreicher Minister und Poet der ausgehenden Tang-Zeit, widmete all seine verfügbare Zeit seinen Gärten und seinen Dichtungen. Sein Stadtgarten in Chang'an mit seinen wild verformten Felsen und verwachsenen Kiefern war Vorbild für Maler wie für andere Garten-Enthusiasten. Die meiste Zeit verbrachte er später an seinem Rückzugsort in den Bergen nahe der Stadt Loyang, wo er über Jahre den berühmten Garten *Pingquan* anlegte und ausbaute. Zeitzeugen beschreiben diesen Garten als ein Paradies, das göttergleichen Wesen einen angemessenen Aufenthalt verspricht. Mit einem Umfang von fünf Kilometern Lauflinie beherbergt der Garten Pflanzen aus allen Teilen des Reiches und eine Sammlung von seltenen Fels-Individuen, darunter eine Nachbildung einer Schlucht des Yangtse-Flusses. Auf seinen Einfluss geht die Mode zurück, massive Einzelfelsen im Garten als Repräsentanten eines taoistischen Berg-Paradieses zu inszenieren.[44]

44 Schafer. S. 113.

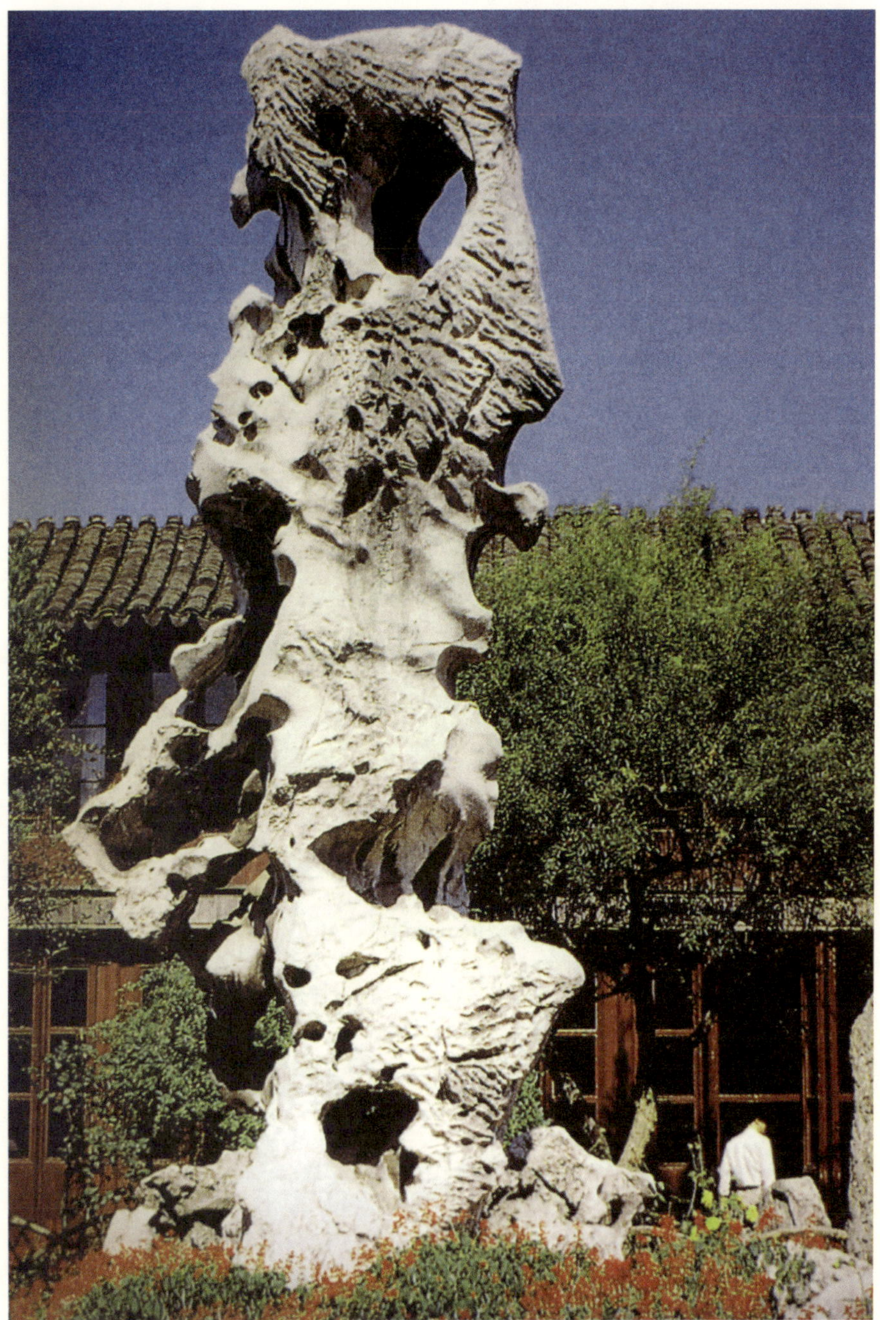

20 Sonderstellung von Verwitterungsfelsen im Liu Yuan, Garten des Verweilens

Das Symbol für Shan Shui (Berg-Wasser) drückt den Kosmos Landschaft aus. Dort, wo Wasser die Auswaschungen jener Kalkfelsen aus dem Taihu-See bewirkt, manifestiert sich die aufgestellte bizarre, natürliche Felsskulptur Shan Shui augenfällig. Darum sieht man häufig schlanke, kompakte Stalagmiten wie hier hinten im Garten aufgestellt, die das Berg-Wasser-Symbol in seinem raum-zeitlichen Bezug hervorheben. Dort, wo man diese Steinsäulen aus den chinesischen Höhlensystemen geborgen hat, muss das mythische Erleben der Bergwelt, die über Jahrmillionen diese Stalagmiten durch Tropfwasser wachsen ließ, eindrücklich gewesen sein. Leider hat man hier durch den roten Blütenteppich von *Salvia splendens* vor diesem Felsindividuum unpassende Konzessionen an das Gartenverständnis heutiger Besucher gemacht.

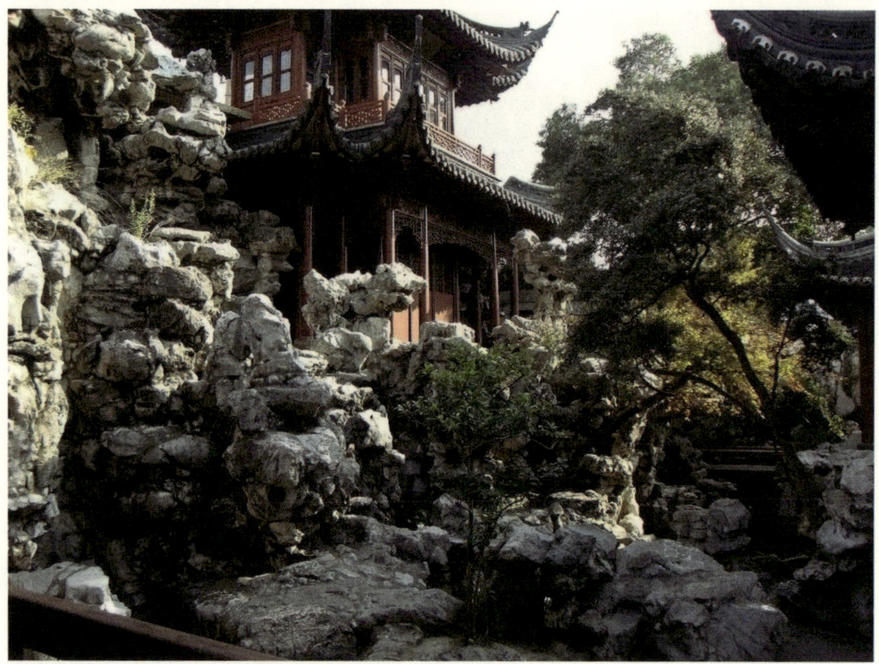

21 Klassische Gartenszene im Yu Yuan in Shanghai

Im chinesischen Garten fehlt die Darstellung von Fläche oder Leere; die Versinnlichung der Idee ›Garten‹ geschieht hier im Garten Yu Yuan in Shanghai durch Dichte und Zusammenstellung typisch prägender Elemente der Natur-Symbolik.

Je ausdrucksvoller Steine durch Zeichen der Verwitterung sind, umso begehrter sind sie. Insbesondere trifft dies auf Sedimentgestein zu, das über Jahrhunderte aus den Tiefen des Taihu-Sees geborgen wurde und wilde phantastische Auswaschungen und Zerklüftungen aufweist. Da dieser See unweit von Shanghai, Hangzhou und Suzhou liegt, einer Region mit dem dichtesten Vorkommen alter klassischer Gärten, finden sich in diesen besonders viele solcher Felsskulpturen. Je bizarrer die Natur sie geformt hat, desto exponierter werden sie als Einzelexemplare aufgestellt und bewundert. Für unser Auge oft unverständlich, werden sie, manchmal bis zu drei Meter hoch, so im Boden verankert, dass das breitere Ende den Kopf bildet. Dieser ›wolkige Kopf‹ soll an den Huang Shan Berg erinnern, der gerne seine Gipfel in den Wolken versteckt. In diesem Zusammenhang sind Felsdarstellungen von Malern bemerkenswert, die mehr den mutmaßlichen Granitzinnen dieses Berges gleichen, als den löchrigen Kalksteinexemplaren aus dem Taihu-See. In einer solchen Zurschaustellung der formwilden Felsen steht ihr Symbolcharakter als Repräsentant einer mythischen Natur im Vordergrund. Sie dienen nicht dazu, ein ästhetisches Gartenbild zu formen. Literaten und Poeten empfehlen, solche Fels-Individuen vor eine helle Mauer zu stellen, dabei hebt die Mauer das Objekt hervor wie der Malgrund in einem Bild. Pflanzt man daneben dann eine möglichst unregelmäßig gewachsene Kiefer, eine ausgesuchte Bambuspflanze oder einen gut gewachsenen Pflaumenbaum, so erhält man ein Bild-Ensemble, wie es die alten Meister darstellten. »Blickt man auf diese Szene durch ein rundes Fenster, ist es, als bewege man sich in einem Spiegel.«[45] Überhaupt waren es die Maler, die mit ihren Werken den größten Einfluss auf die Entwicklung der Gartenkunst ausübten. Einen gewissen Einfluss auf die Landschaftsmalerei in der Qing-Dynastie (1644–1912) und folglich auch auf die Verwendung von Felsen im Garten hatte das Malerei-Handbuch des ›Senfkorngartens‹ mit seinem ersten Band über Steine und Berge von 1679.

Im 11. Jahrhundert waren diese Felsen für Sammler und Bewunderer so begehrt, dass eine Steinmanie ausbrach. Sogar ein Katalog aller wichtigen Steine und ihrer Besitzer wurde erstellt. In der Folge entwickelte sich eine Kunst, die richtigen Steine einzeln wirksam zu platzieren, als Gruppe zu arrangieren oder möglichst naturgetreu als Felsmassiv aufeinander zu schichten. Neben dem Taihu-See als Herkunftsort sind eine Vielzahl von Fund- und Ausgrabungsstellen bekannt, deren Ideal-Steine geborgen wurden. Je ausgeprägter die Verwitterung war, ohne dass Steine nachträglich bearbeitet werden mussten, desto wertvoller waren sie. Ein anderes positives Merkmal war ein metallischer Klang, den der Stein als Zeichen von Festigkeit und Dichte von sich geben sollte. Mitte des 11. Jahrhunderts baute sich der Dichter, Kalligraf und Maler Mi Fei (Mi Fu, 1051–1107) mit solch ausgesuchten Steinen einen Garten, den er von seinem Stein-Bewunderungspavillon *Baishi xuan* aus betrachten konnte. Er besuchte seinen Garten täglich und begrüßte ihn jedes Mal wie einen Bruder, so sehr waren ihm seine Felsen ans Herz gewachsen. Vor besonderen Felsen soll er sich jedes Mal verbeugt haben, denn solche Felsen hätten eine Persönlichkeit und passten, wie er meinte, in eine angenehme Gesellschaft. Mi Fei ist für seine Tuschebilder von nebeldurchwobenen Berglandschaften bekannt. Fünfhundert Jahre später baute Li Liweng in einem der damals schönsten chinesischen Gärten von Peking wieder einen *Baishi xuan* – einen Pavillon mit den zugehörigen unterschiedlichen Steinsammlungen. Dieser Garten trägt den Namen Banmou Yuan. Die schönsten dieser Steine sind später für die Ausgestaltung des kaiserlichen Gartens der Hauptstadt konfisziert worden.

Zu Anfang des 15. Jahrhunderts baute der Ming-Kaiser die Palastanlagen der Verbotenen Stadt mit ihren Gärten, Wohnhöfen, kleinen Zwischenhöfen und Wandelgängen. Besonders die Innenhöfe sind Ausdruck der Felsen-Verehrung, in denen Grün zwischen den dominanten Palastbauten kaum in Erscheinung tritt. Li Liweng hat über die richtige Platzierung oft gemutmaßt. So schreibt er, dass dieses Heran-

45 Sirén, Osvald: Gardens of China. Ronald Press Company, New York 1949. S. 22.

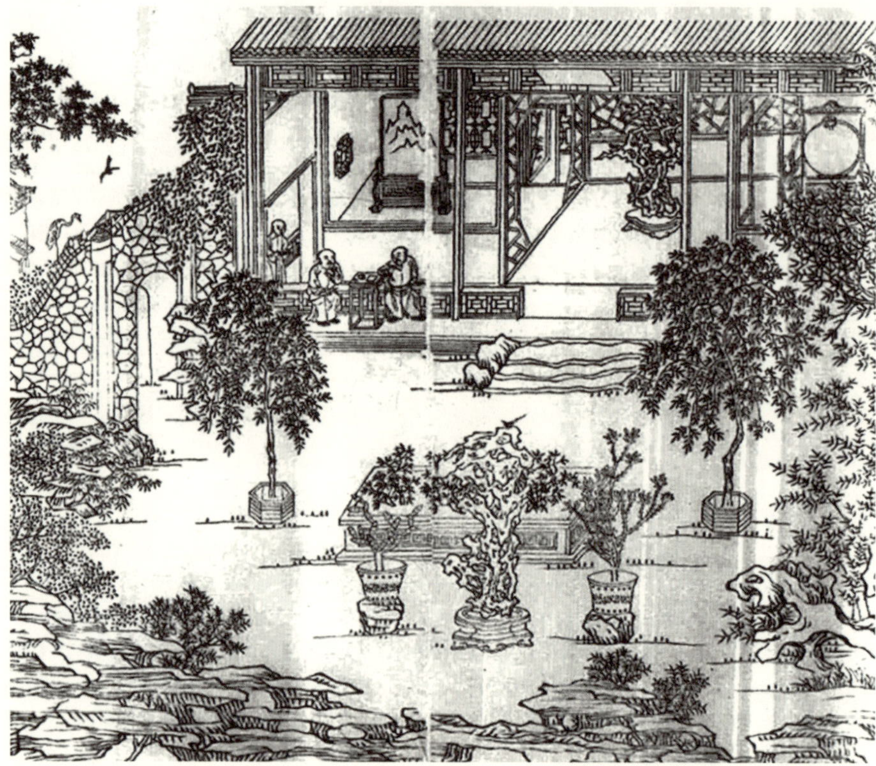

22 Pavillon, der zur Bewunderung der Gartenfelsen dient

Li Liwengs Gartenszene um 1840 (nach Sirén) zeigt einen Garten mit Pavillon, in dem Natur nur über die Symbolik der Felsen und über die Mikronatur der Kübelpflanzen (penjing) rezipiert wird.

gehen an eine solche Aufgabe in erster Linie von der inneren Einstellung, der Einfühlung in die Gegebenheiten abhänge, aber auch von Tradition und den Beschreibungen anderer Literaten, welche dazu Erfahrungen aufzuweisen hätten. Es liegt in der Natur solcher gestalterischen Aufgaben, dass bei den aufgetürmten Felsen für einen künstlichen Hügel, dem Aufstellen von Uferfelsen entlang der Seen, der Teiche und Bachläufe andere Anforderungen gelten als bei den seltsam geformten Einzelfelsen, die unterschiedliche Botschaften zu vermitteln haben.

Während die Qualität für alle Felssetzungen, seien es Hügel-, Ufer- oder Einzelfelsen, gleich hoch sein muss, werden sie ganz unterschiedlich eingesetzt. Ein künstlicher Berg wird entweder in Lagen von Felsen mit Höhlungen dazwischen aufgebaut, die mit Erde zu verfüllen sind, wobei diese mit Gesträuch und Bäumen begrünt sein können. Manchmal ragen Felsspitzen heraus wie ein Ellenbogen oder Zähne eines unterirdischen Biestes. Felsberge können auch ohne Erde und Grün sein, wie jene felsigen Uferbänke. Man muss auf die einem Berg angemes-

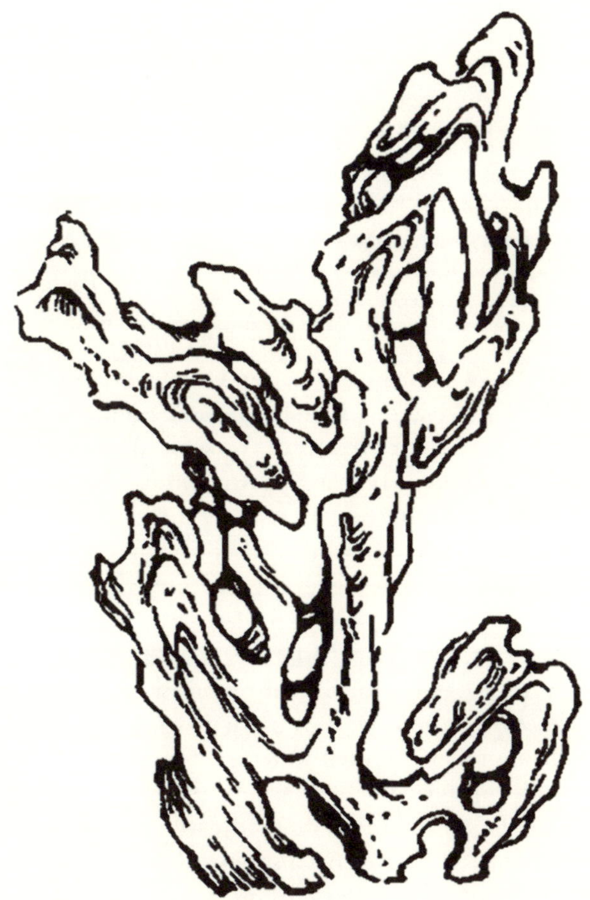

23 Der Taihu-Fels

Repräsentant einer lebendigen Erde, deren Berge ihr Knochengerüst sind. Dieser Verwitterungsfels aus dem Taihu-See wird als Skulptur im Garten bewundert und bedient mythische Spekulationen.

senen Steinlagen achten, um sie nicht in gleichmäßig symmetrischen Reihen erscheinen zu lassen. Eher sollten sie sich bis nach oben winden mit ihrem Auf und Ab und mit Licht- und Schattenwurf spielen.[46] Felsverbauungen mit übereinander geschichteten Steinen bilden meist steile Uferwände entlang von Teichen und Seeabschnitten. In Attirets Bericht befindet sich eine Passage, die mit einer gewissen Bewunderung über die felsigen Ufer entlang der Seen und Bäche im Sommerpalast Yuanming Yuan spricht: »Die Ufer von Kanälen und Bächen sind nicht wie bei uns ganz gerade und mit bearbeitetem Steinwerk befestigt. Ihr Anblick hier erscheint wild und rustikal mit verschiedenen Felsformen, wobei einige wie ungebändigt hervorschauen, andere sind mit so viel Kunstfertigkeit

46 Keswick. S. 158.

nach innen zurückgesetzt, als ob die Ufer auf natürliche Weise entstanden wären. Dieser natürliche Eindruck wird noch durch viele Pflanzen und Blumen verstärkt, welche aus den Felsnischen und über die Böschung hinaus wachsen.«[47] Hier steht das Steile des Felsufers (Yang) dem Flachen der Wasseroberfläche (Yin) gegenüber und verdoppelt durch Spiegelung die im Garten immer gesuchte Yin-Yang-Harmonie. An flachen Ufern wird dieser Effekt durch die Anpflanzung von Sträuchern erreicht. Diesen Grundsatz der Verdoppelung einer paarbildenden antithetischen Betrachtungsweise findet man immer wieder. Obwohl Chinas große Flüsse von Westen kommend ins östliche Meer fließen, nimmt der Wasserlauf von der Quelle her im Garten seinen Kurs von Osten nach Westen, wie der Lauf der Sonne als Ausdruck von Harmonie und himmlischer Ordnung. Wasser, als das erste in der chinesischen Fünf-Elemente-Theorie, nimmt daher einen zentralen Platz im Garten ein und verbindet den Menschen mit dem Himmlischen, das sich mit den Wolken, dem Mond und den Sternen im Wasser spiegelt. Im Pavillon sitzend über das Jenseitige der mythischen Berg-Natur zu sinnieren, ist wie das geistige Hereinholen einer fernen Landschaft in die eigene Seelenwelt. Der Teich oder See ist das Auge des Gartens. In diesem Sinne wird Wasser dem Blut im Körper als Träger der Lebenskraft, der Seele, zugeordnet. Dadurch wird Wasser im Garten figurativ und tatsächlich die lebenspendende Kraft.[48] Im taoistischen Verständnis sind ober- oder unterirdische Wasserläufe die Adern der Erde und die Berge ihr Knochengerüst. Bereits in ältesten Zeiten ist der Bezug zur Natur charakterisiert durch den Glauben, dass sie durch Geistwesen beseelt ist. Die Erde mit ihren Bergen und Wasserläufen steht daher auf gleicher Stufe wie der Mensch als lebendiger Organismus und inspiriert dazu, den Garten als einen Mikrokosmos zu betrachten. Dabei ist es Aufgabe von Geomanten und Fengshui-Experten, dieses spirituelle Gewebe im Garten zu lesen und zu ordnen. Die Abbildung eines dieser berühmten formwilden Felsen aus dem Taihu-See erinnert an ein fiktives Knochengerüst und symbolisiert die Verbindung zwischen Mensch und Natur. Kein Garten illustriert eine solche Bezugnahme zwischen Garten und kosmischem Organismus so eindrücklich wie der Shizilin Yuan von 1342 in Suzhou. Das Gerüst dieses ehemals privaten Löwenhain-Gartens aus der Yuan-Dynastie, dessen Vorläufer ein Tempelgarten gewesen sein soll, besteht eigentlich nur aus Felsen und wenigen Bambushainen bei einer Fläche von etwas über 0,6 Hektar. Felsen – mehrheitlich aus dem Taihu-See – wurden zu Grotten, Höhlen und Hügeln verbaut und sind durch verschlungene Wege mit stetem Auf und Ab erschlossen. Ein zentraler kleiner See mit Brücke und ein Wasserfall mag zur ursprünglichen Anlage mit Teehaus, Wohnbauten und Pavil-

47 Attiret, Jean Denis/J. Spence. S. 10. (Übersetzung aus dem Englischen ins Deutsche von dem Autor)
48 Sirén, Osvald: Gardens of China. Ronald Press Company, New York 1949. S. 17.

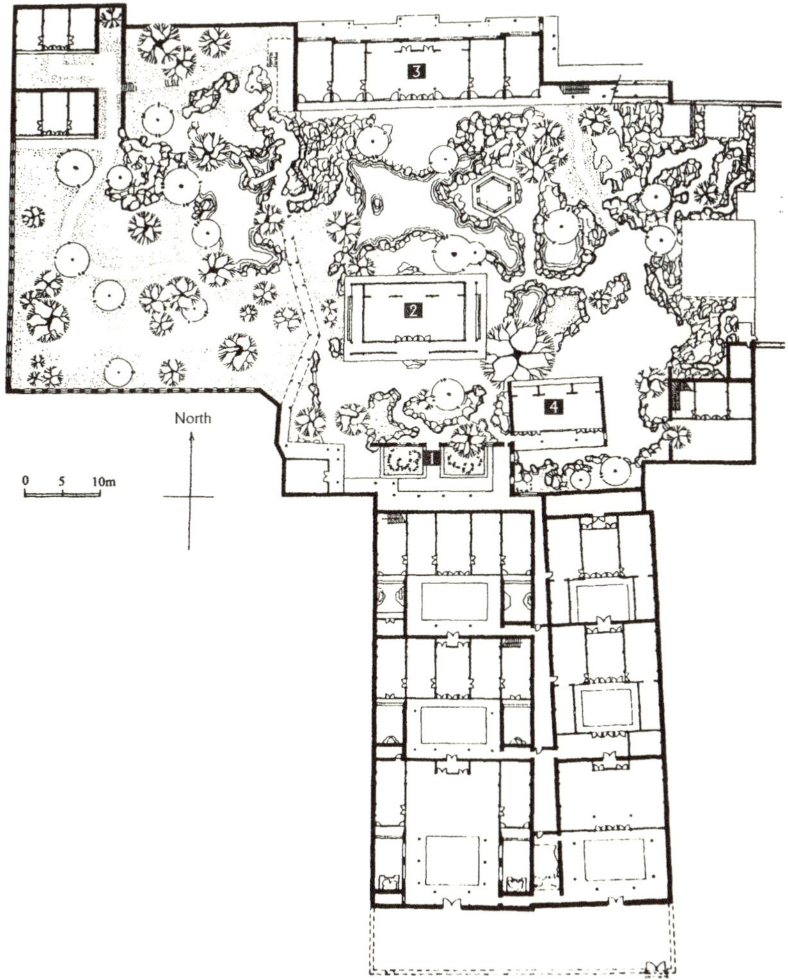

24 Ge Yuan, Garten der Einzigartigkeit

Plan des Ge Yuan-Gartens von 1818 in Yangzhou mit Garten und den ehemaligen Wohnquartieren der Huang-Familie. Neben den erhöht angesiedelten drei Pavillonbauten sind das wichtige Gäste- und Empfangsgebäude, offene Hallen für spezielle Anlässe und andere Bauten hier unter folgenden Nummern aufgeführt: 1-Eingangsbereich mit dem Mondtor. 2-Die Guihua-Halle. 3-Das Baoshan-Gebäude. 4-Die Tuofeng-Louyue-Halle.

lons gehört haben. Eine gewisse Berühmtheit erlangte Shizilin durch die Bildrollen des Malers Ni Zan (Ni Tsan 1301–1374). Verschiedene Stadien des Verfalls, Wiederaufbaus, von Erweiterungen und Restaurierungen markieren die Jahreszahlen 1586, 1771 und 1926. Dies ließ den heutigen Garten knapp zur doppelten Größe anwachsen mit einem zweistöckigen Teehaus, insgesamt 22 Gebäuden mit einigen Innenhöfen und einem Mondtor. 1949 gelangte der Garten in die Obhut der Regierung und wurde 1956 öffentlich zugänglich.

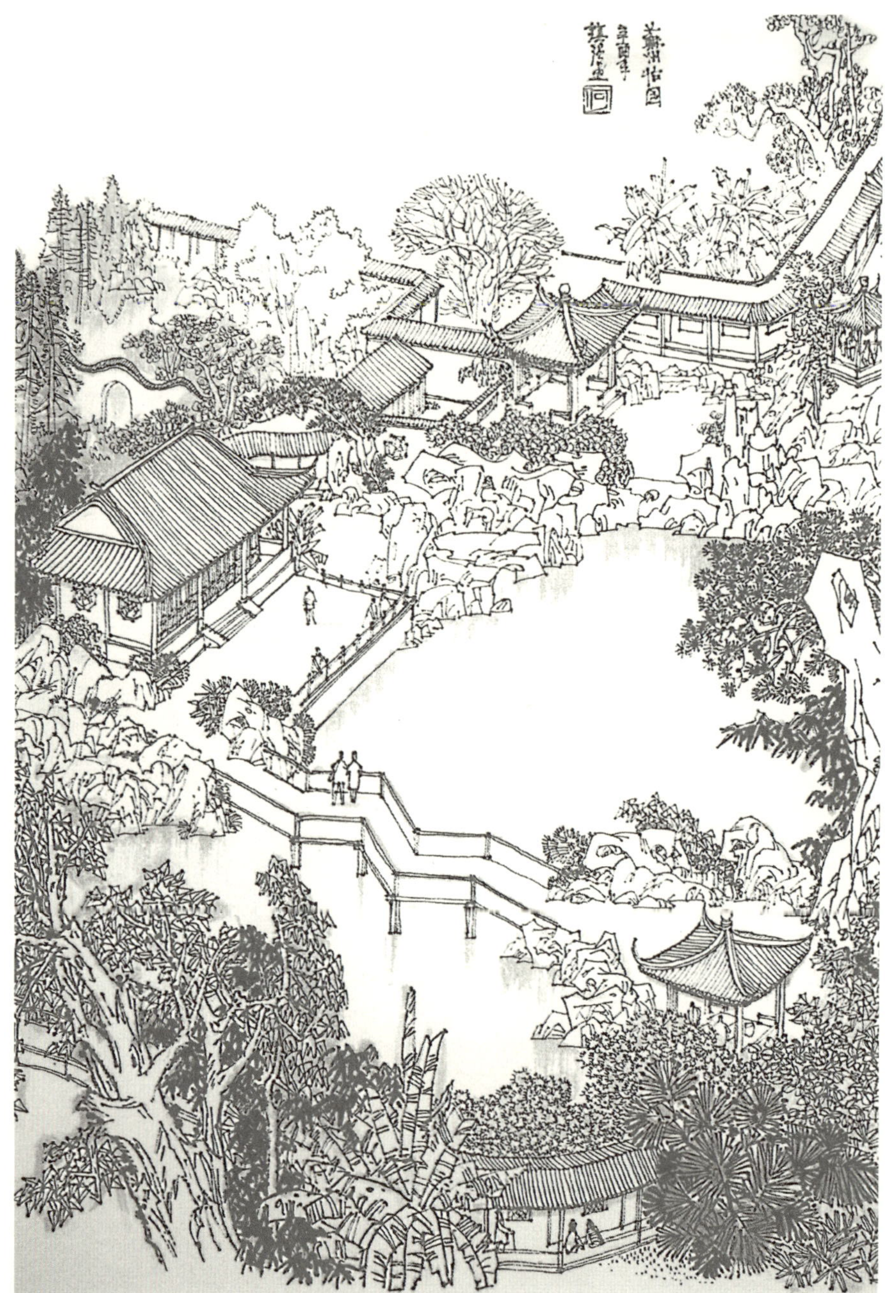

25 Yi Yuan, Garten der Harmonie

Dieser Garten der Zufriedenheit (oder der Harmonie) ist zu Ende des 19. Jahrhunderts einer der letzten in Suzhou von dem begüterten hohen Beamten Gu Wenbin gebaute klassische Garten. Er soll auf eine Vorgängeranlage zurückgehen, die dem Minister Wu Kuan (1435–1504) als Wohnanlage gedient haben mag. Da hier viele der gestalterischen Höhepunkte älterer Gärten in Suzhou ergänzt, nachgebaut und harmonisch versammelt sind, repräsentiert diese ehemals private Anlage Höhepunkte der klassischen chinesischen Gartenkunst in einer von Wasser und Wohlstand bevorzugten Gegend. Augenfällig in diesem Plan sind die Zickzackbrücken und die teilweise das Gelände abschließenden, zweiseitig offenen, überdachten Korridore. Diese sind berühmt durch die vielen dort versammelten historischen Kalligrafien und die stets wechselnden Blickachsen. Vogelschau-Zeichnung von He Zhengqiang, erschienen bei M. Beuchert, ›Die Gärten Chinas‹, Eugen Diederichs Verlag 1988.

Chinesische Maler und Literaten zogen oft eine Parallele zwischen den unterschiedlichen Erscheinungen der Bergwelt in den verschiedenen Jahreszeiten mit der Gemütslage der Gartenbauer und Gartenbesitzer. Sie glaubten, dass sowohl die lebende als auch die tote mineralische Welt beseelt wäre. Unter dem Pinsel der Maler entstanden so der lächelnde Berg im Frühling, der aufgeschlossene Berg im Sommer, der Herbstberg im schönen Kleid und der schläfrige Berg im Winter, um einen Wechsel von Empfindungen auszulösen. Der Maler Dong Qichang (Tung Ch'i-ch'ang 1555–1636) drückt solche Empfindungen 1620 in seiner Bilder-Serie ›Die acht Ansichten herbstlicher Stimmung‹ aus. Bei Lan Ying (1585–1664), seinem Zeitgenossen, weist sein Bild »Betrachtung eines Wasserfalls« noch emphatischer in eine gefühlsträchtige Atmosphäre. Hier ist der Pavillon von einer gigantischen, fast mystischen Bergkulisse umgeben. Gartenbauer bemühen sich daher, diesen Gemütslagen im Garten Ausdruck zu verleihen, wie es der Ge Yuan-Garten von 1818 zeigt. Der zu Reichtum gekommene Salz-Kaufmann Huang Yingtai in Yangzhou hat dies mit seinen Felskonstruktionen, welche die vier Jahreszeiten ausdrücken sollen, auf innovative Weise umzusetzen versucht, ähnlich wie ein Dichter den jahreszeitlichen Wandel der Berge einst beschrieben hat:

Ein Berg im Frühling –
ist wie ein herausgeputztes Mädchen mit einem Lächeln im Gesicht.
Der Sommerberg –
erscheint wie ein dunkles jadegrünes Kristall und klares Wasser.
Im Herbstkleid –
zeigen sich Berge wie feine Damen mit hellem makellosem Makeup.
Winterberge –
sind wie schlafende alte Männer, trübsinnig und frierend.

Huang hat dafür vier verschiedene Gesteinsarten in seinem Garten verwendet. Den Frühling symbolisieren Stalagmiten, die er schlank und aufrecht stehend in einem Bambushain am Eingang des Gartens zeigt, was an eine freundliche Berglandschaft erinnern soll. Drei mit Pfaden erschlossene, sechs bis sieben Meter hoch mit Felsgestein aufgetürmte Berge, oft mit einem Pavillon bekrönt, erinnern an den Lauf der Jahreszeiten. Der Sommerberg Xiashan nördlich des zentralen Teiches mit Höhlen, die zum Abkühlen einladen, besteht aus dem löchrigen stahlgrauen Taihu-Kalkstein und lässt eine Mikro-Bergwelt erahnen. Aus gelblichem Sandstein aufgeschichtet erglüht der Herbstberg Qiushan in der untergehenden Abendsonne. Das helle Weiß aus quarzhaltigem Xuan-Fels bestärkt seine Wirkung als Winterberg mit Namen Dongshan. Er ist nach Süden hin orientiert und von einer der Gartenhallen aus besonders gut zu betrachten. Ein zentraler buchtenreicher Teich, wie der L-förmige Teich westlich davon, beide mit Inseln und

Brücken erschlossen, sind durch ihre Fels-Einfassungen eng mit den Hügeln der Jahreszeiten verflochten. Ein mäandrierendes Wegsystem, das beim Durchschreiten eines Mondtors beginnt, mit ständig wechselnden Ein- und Ausblicken, lässt die etwas über ein halbes Hektar große Gartenanlage wesentlich größer erscheinen, zumal heute eine lockere Begrünung durch Bambusarten verschiedene Baumsorten, Strauch- und Hängepflanzen die Anlage bereichern. Ausdruck des Reichtums dieser Besitzergeneration, die verstand, sich in Szene zu setzen, sind die Gartengebäude, Gartenhallen, Pavillons mit exquisiter Möblierung und ein sorgfältig komponiertes Wegsystem, was sowohl den Ge Yuan und den etwas späteren Yi Yuan auszeichnen. Schon der berühmte Maler und Dichter Guo Xi (oder Kuo Hsi, ca. 1020–ca. 1090) fasste für seine Zeit der Song-Dynastie sinngemäß zusammen, auf welche Bedürfnisse hin ein Garten gestaltet sein und welchen Anforderungen er genügen sollte:

»Seine Bildhaftigkeit ist mit vielen szenischen Blickpunkten auszudrücken; Ein ausgeklügeltes Wegsystem, das den sicheren Tritt gewährleistet, muss für Überraschungen sorgen; Schaffung von Räumen soll einen vergnüglichen Aufenthalt gewährleisten können; Der Wohnbereich sollte auf praktische und angenehme Weise einbezogen sein.«[49]

Yi Yuan, wenig größer als 0,5 Hektar, wird durch einen langen Korridor in einen Ost- und Westteil gegliedert. Das Zentrum bildet der buchtenreiche Teich, der nördlich davon von dem sechseckigen Pavillon aus auf einem Felsenberg bewundert werden kann. Dort, auf Kalligrafietafeln von Literaten verschiedener Epochen, können Sprüche entziffert werden wie jener von Zhu Yunming alias Zhu Zhishan:

»Mondschein inmitten des Bambus allenthalben – zwischen den Kiefern säuselt der Wind.«[50]

Da diese Bauherren des Ge Yuan und des Yi Yuan es gleichzeitig verstanden, aus dem traditionellen Schatz klassischer chinesischer Gärten zu schöpfen, gelten diese Gärten als Vorzeigebeispiel klassischer chinesischer Gartenkunst trotz ihrer späten Entstehungszeit. Die heraustretenden Merkmale dieser kleinen urbanen Privatgärten sind in ihrer Geschlossenheit kondensierte Interpretationen solcher Prototypen raumgreifender Gärten der Tang- und Song-Dynastien.[51] Der Ge-Garten hat drei Ein- und Ausgänge, wird aber hauptsächlich durch den Wohnbezirk betreten. Über den historischen Hintergrund dieses Ge Yuan-Gartens ist wenig bekannt, obwohl Huang seinen Garten auf den Resten einer Vorgängeranlage gebaut hat, einer Fläche, welche angeblich in direktem Anschluss zum alten Familiensitz der Huang steht.

49 Cho Wang, Joseph: The Chinese Garden. Oxford University Press. Hongkong, Oxford, New York 1998. S. 20.

50 Yun, Qiao (Hg.): Alte Chinesische Gartenkunst. Koehler & Amelang, Leipzig 1988. S. 124.

51 Inaji, Toshiro. The Garden as Architecture. Form and Spirit in the Gardens of Japan, China and Korea. Kodansha International, Tokyo, New York, London 1998. S. 108.

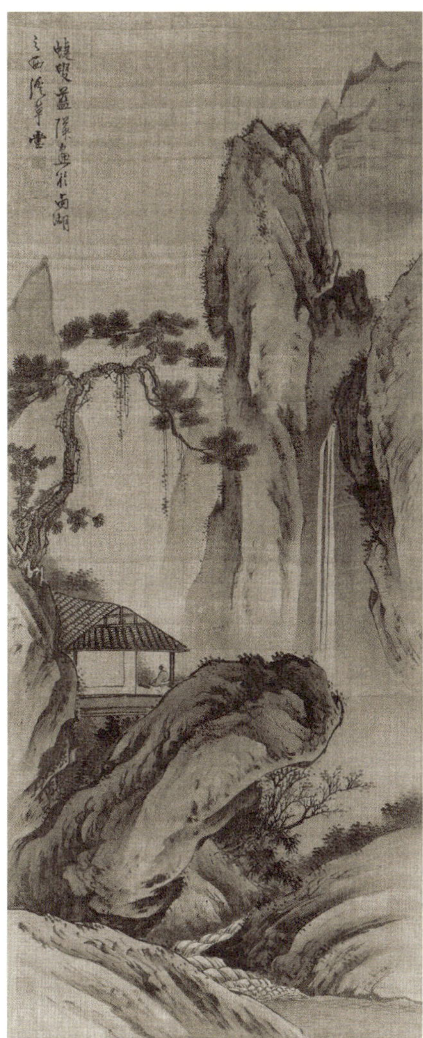

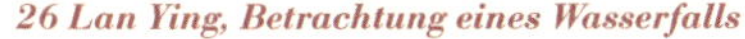

26 Lan Ying, Betrachtung eines Wasserfalls

Dieser professionelle Maler der Ming-Dynastie übernahm viele seiner Motive und Themen aus literarischen Vorlagen. Besonders dieses fast mystische Bild einer überwältigenden Bergkulisse spricht in eindrücklicher Weise die Shan Shui Berg-Wasser-Metapher an, die der Betrachter aus seinem Pavillon mit Blick auf den riesigen Wasserfall verinnerlichen kann. Hängerolle, Tusche auf Seide.

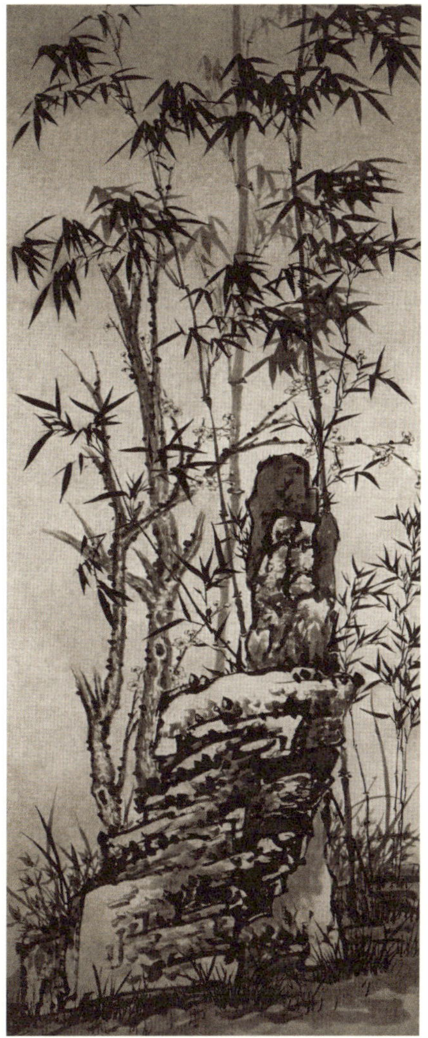

27 Ein klassisches Bambus-Felsmotiv

Der Maler-Mönch Shi Tao hat mit seinen Bambusbildern mutmaßlich den Erbauer des Ge Yuan-Gartens inspiriert, von dem auch der Name des Gartens abgeleitet wird. Bildrolle, Bambus, Fels mit Pflaumenblüte; Tusche auf Papier 205,9x94,8 cm von 1679. Standort: Shanghai Museum.

Kolportiert wird die Verbindung des Gartens zum bekannten Mönch, Kalligrafen und Maler Shi Tao (Shih-t'ao, 1642–1707), der als Waisenkind einer hochstehenden, während der Mandschu-Invasion ermordeten Ming-Familie in einem Kloster versteckt war. Dort befähigte er sich des Schreibens, Lesens, der Kalligrafie und der Tuschemalerei. 1651 wurde er Mönch und stand dem Chan-Buddhismus nahe.

1692 kehrte er zurück ins bürgerliche Leben unter seinem Geburtsnamen Zhu Ruoji und wurde als bedeutender Maler seiner Zeit anerkannt. Nach seinen Wander- und Lehrjahren ließ er sich 1697 in einem Außenquartier von Yangzhou nahe des Ost-Stadttors in einem einfachen Haus nieder, wo er sich mit der Philosophie des Taoismus beschäftigte.[52] Eine Verbindung mit dem Ge Yuan-Garten lässt sich aufgrund der Quellenlage nicht herstellen. Seine sensiblen Tusche-Darstellungen von Landschaften, Blütenzweigen, Orchideen und vor allem von Bambus weckten vermutlich in Huang Yingtai seinen besonderen Bezug zur Bambuspflanze, die den Garten ursprünglich in vielen verschiedenen Sorten und Exemplaren geziert haben soll. Huang sah sich selbst als aufrechte zuverlässige Person, was dem Symbolcharakter des Bambus entspricht. Das halbierte Schriftzeichen für Bambus, ein stilisiertes Bambusblatt, bedeutet jedoch ›Ge‹, was so viel wie einzigartig heißt und so dem Garten den Namen gegeben hat.

Wege, Brücken und Bauten

Nach chinesischer Vorstellung bezeichnet die Ankunft am gegenüberliegenden Ufer die Erfüllung eines nützlichen Lebens. Um dort ankommen zu können, ist es das Einfachste, die Brücke zu überqueren. Immer, wenn man im Leben eine Brücke überquert, bereitet man sich auf einen neuen Abschnitt vor. So verbindet die Brücke zwei verschiedene Räume harmonisch miteinander. Teiche, Bäche und Seen werden daher so gestaltet, dass Brücken gebaut werden können. Um die Harmonisierung von dem Hier mit dem Dort erzielen zu können, ist es ratsam, die Verbindung nicht schnurgerade, sondern im Zickzack auszuführen. Dies führt unmittelbar dazu, dass man jeden Schritt beachten muss, um nicht ins Wasser zu fallen. Früher wurden meist keine besonderen Geländer an solchen Stegen gebaut. Achtsamkeit am Weg ist im Sinne der taoistischen Vorstellung gefordert, da der Lebensweg niemals direkt und gerade ist. Zudem verhindert der Zickzack das Vordringen ›böser Geister‹ auf die andere Seite, da sich Geister nicht um Ecken fortbewegen können. Gesteigert wird die Erfahrung der Brücke, wenn sie in Bogenform gebaut ist, da sich der Halbkreis des Brückenbogens in der Wasserspiegelung zum vollen Kreis verdoppelt und sich dieses Mondsymbol bei der nächtlichen Durchfahrt mit dem Boot besonders eindrücklich erfahren lässt.

Der chinesische Garten kann nie auf einmal überblickt werden. Wege dienen dazu, Verdecktes in einer mäandrierenden Wegführung um künstlich gesetzte Hindernisse herum zu erschließen. Durch diese

52 Hay, Jonathan: Shi Tao, Painting and Modernity in Early Qing China. NY, Institute of Fine Art. Cambridge University Press 2001. S. 118–128.

Überraschungsmomente erscheinen vielfältige Perspektiven, die den kleinen Raum größer erscheinen lassen. Beim Betreten des Gartens soll der Besucher Teil der Harmonie im Garten werden, ausgeprägt als Einheit von Mensch und Natur. Diese Harmonie erfährt er durch die Lage und Topographie des Gartens im Bezug zu seiner Umgebung (Erde), durch das Licht und die Reflexion des Himmels im Wasser (Himmel), durch Berg und Wasser (unbelebte Natur), durch Wege und Gebäude (gestalterischer Eingriff) und ferner durch die Pflanzen (belebte Natur), welche zwischen den unbelebten Elementen und den gestalterischen Eingriffen vermitteln. Bedeutsam ist die Richtung, in welche die Wege führen und in welcher Reihenfolge Windungen nach links oder rechts aufeinander folgen und welche Haltepunkte zu Ausblicken und Szenerien bestimmt werden. Wege, die nach rechts abbiegen, sind yang, da sie von links kommen, denn nach Chu Hsi/Zhu Xi entspricht Yang einer linken Seite.[53] Eine Abbiegung nach links ist daher Yin, denn die Bewegung kommt von rechts. Die Erlebbarkeit von Kontrast, Gleichgewicht und Rhythmus muss im Sinne des Yin und Yang in harmonischem Wechsel stehen. Wege orchestrieren die szenische Folge von Höhepunkten im Garten in einem Wechsel von Verschließen, Öffnen und verdeckter Sichtbarmachung auf solche Weise, dass unterschiedliche Möglichkeiten zum Erreichen eines Ziels, beispielsweise zu einem Rückzugsort, den ein Pavillon darstellt, offen stehen. Besonderes Merkmal von Plätzen und Wegen in chinesischen Gärten und Höfen sind ihre Oberflächengestaltung aus dekorativen Kieselsteinmustern; sie fordern ein achtsames Begehen heraus. Man erkennt, der Garten ist immer mehr als nur eine Kopie von Natur. Die Punktierung des Gartens mit Gebäuden kann wie eine Akupunktur im Gewebe des Gartens verstanden werden; diese setzt ein sorgfältiges Vorgehen und Abstimmen mit den Energieflüssen (Qi-Energie) im Garten voraus. Gleichzeitig stehen Bauten in einer direkten Verbindung zum Ort und zur Person oder zu Personen und sind nie ohne Zweck im Garten. Üblicherweise befinden sich Pavillons an bevorzugten Orten im Garten, seltener sind es größere Hallen in Verbindung zu Höfen in Nähe von Wohnbauten. Von dem Pavillon aus findet die Kommunikation mit dem Garten und den Himmelsrichtungen statt. Er steht an erhöhter Lage, kann ein- bis zweigeschossig sein, hat oft zwei bis drei offene Seiten oder ist ringsum offen. Manchmal dient ein vorgelagertes Holzdeck zum Sitzen im Freien. Je nach Tages- und Jahreszeit werden von hier aus ganz bestimmte Szenerien beobachtet, über die es zu reflektieren gilt. Das kann alleine oder häufig in fröhlicher Runde geschehen und ist ein Indiz dafür, welche innige Beziehung zwischen Bewohnern und ihren Gärten bestand.

53 Forke S. 206.

Das gerahmte Bild

Chinesische Gartenkünstler entwickelten ein ausgeklügeltes System mit dem Öffnen, Einrahmen, Teilen, Schließen und dem Verkleinern von Elementen und Szenen des Gartens, die Essenz von Natur auf unterschiedlichste Weise erfahrbar zu machen. Natur als szenisches Bild einzufangen, wurde mit dem chinesischen Zeichen *Jing* bezeichnet. Die so ›geborgte Landschaft‹ war *jiejing* (chieh ching). In Gebäudeteilen durch Manipulation von Öffnungen in Mauern die Sichtrichtung zu erschließen wurde *duijing*, und einen bestimmten Ausblick zu rahmen *kuangjing*. Natur im Mikrokosmos zu betrachten war *penjing*, was japanisch mit *bonsai* bezeichnet wird. Unterschieden wird dabei das visuelle Erfassen einer Naturszene von dem gefühlten atmosphärischen Ansatz, wie ihn Dichter beschrieben. Abbildungen von Penjing gehen bis ins 6. Jahrhundert zurück, als viele Gärten einer gebildeten Bürgerschicht entstanden sind. Glücklicherweise gleichen literarische Beschreibungen von Gärten das Fehlen von Theoriewerken über die Anlage von Gärten aus. Das Aufdecken von *jing* spielt hierfür eine bedeutende Rolle, wie Feng detailliert darstellt.[54] In der ersten gartentheoretischen Niederschrift *Yuanye* von Ji Cheng (Chi Ch'eng) aus dem Jahr 1634, die je in China geschrieben worden ist, wird die Technik der ›geborgten Landschaft‹ thematisiert. Ji, ein Gartenpraktiker, stellt keine Regeln auf, wie nun ein Garten angelegt werden sollte. Er vermittelt eher die Bedeutung des ›geistigen Hauchs‹ im Garten, den er an einem geheimnisvollen versteckten Ort sucht. Er schlägt vor, das Offensichtliche nicht zu tun, aber den Effekt des Unendlichen herauszustellen, da der Garten nur eine Illusion der Natur ist. Man soll sich gefühlsmäßig mit den Hügeln in der Ferne verbinden, so als ob man sich in ein Gemälde vertiefen würde. Er warnt davor, im Garten eine Menagerie von Skulpturen aufzustellen. In aller Breite lässt Ji sich über die Verwendung von Felsen im Garten aus – aber ohne je einen Bezug zur gestalterischen Verwendung von Pflanzen im Garten herzustellen. An einer Stelle beschreibt er die emotionale Verbindung, die zwischen dem Garten und seiner Bewohner besteht: »Kurz bevor ein besonderer Baum zu blühen verspricht, richten sie ihre Schlafstätte so ein, dass zu jeder Zeit das Wunder des Aufblühens und Verblühens beobachtet werden kann.« Betont werden die richtige Zuordnung der Wohngebäude zum Garten und die geeignete Inszenierung von Ausblicken und Blickachsen, wie das Außen der Landschaft mit ihren Hügeln und Bäumen als ›geborgte Landschaft‹ hereingeholt werden kann. Interessant ist die Entwicklung von Minilandschaften oder von Einzelbaumexemplaren in Schalen oder Keramik-Töpfen. Nirgendwo sonst im chinesischen Garten wird der Pflanze so viel Pflege und Zu-

54 Feng, S. 339–365.

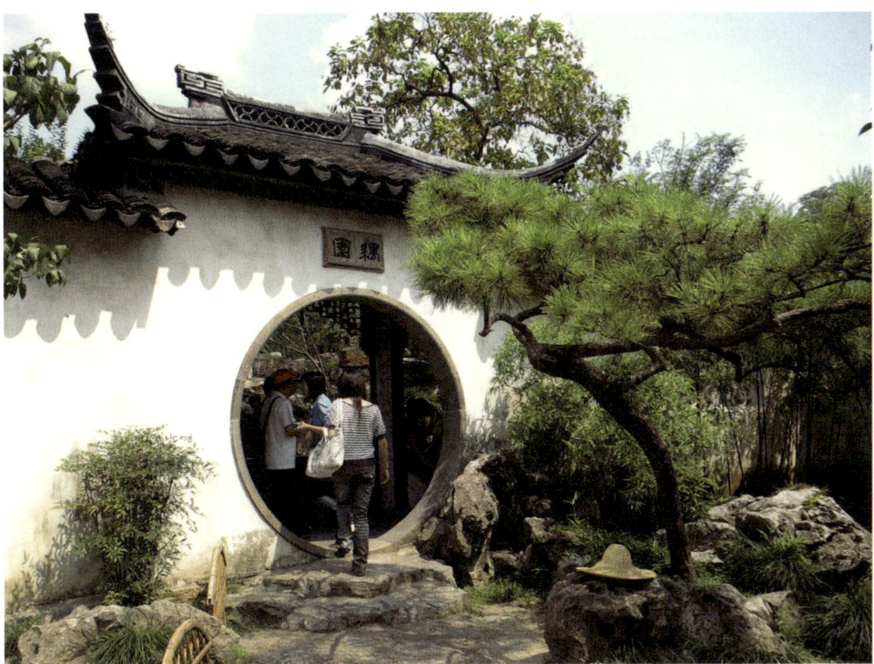

28 Ou Yuan, Garten der Zurückgezogenheit

Das Mondtor als Symbol des Himmels bindet den Menschen in die irdische Sphäre des Gartens ein und fehlt in kaum einem chinesischen Garten. Ou Yuan, kaum ein Hektar groß, liegt in Suzhou und zählt zu den klassischen Gärten dort.

neigung entgegengebracht. Wo die Naturliebe in der tradierten Gartenpraxis nicht ausgelebt werden kann, bietet das penjing (Bonsai) neue Möglichkeiten. Besondere Gartenhöfe dienen dieser neuen Form des Umgangs mit Natur. Stolze Besitzer dieser Mikro-Natur stellen hier ihre Topfpflanzen zur Bewunderung aus. Objekte mit einem Alter über 300 Jahre sind keine Seltenheit und können heute tausende von Euros wert sein.

Über die Jahrhunderte haben sich viele Methoden herausgebildet, wie szenische Ausblicke im Garten instrumentalisiert werden können. In fast keinem chinesischen Garten fehlt das Mondtor, das als Kreis und Himmelssymbol auf archaische Zeiten zurückweist. Geht man durch dieses Tor – man kann diesen geschlossenen Kreis nur einzeln passieren – begibt man sich fast andächtig von einem Gartenhof in den anderen, von einer Gartensphäre in eine andere. Man läuft nicht hindurch, sondern bleibt reflektierend davor stehen, um die Szene auf der anderen Seite bewusst wahrnehmen zu können. Eine Kalligrafie über dem Tor sagt dem Wissenden etwas über den Zweck oder die gewollte Atmosphäre des nahen Gartenhofs, bevor er in ihn betritt. Es kann nur der Schattenwurf der Bambuspflanze auf der weißen Mauer sein oder ein Fels-Ensemble mit einer knorrig-alten Kiefer, die sich als

Bild hinter dem Tor im Gedächtnis festsetzen. Es sind nicht die weit ausufernden historischen Landschaftsparks der Kaiser oder mächtiger Generäle, es sind die Privatgärten der gehobenen Bevölkerungsschicht oder die kleineren Palastgärten, die in ihrer Aufteilung in verschiedene, durch Mauern geteilte Gartenhöfe die Anlage solcher Durchgänge und Durchblicke fördern. Die symbolische Krug-Form als Durchgang erinnert an Laozis Parabel über die Verbindung von Inhalt und Form. Runde, ovale und rechteckige Maueröffnungen, oft mit künstlerischem Lattenwerk verziert, erlauben beim Gang entlang einer Mauerpassage hin und wieder einen Blick auf ein komponiertes Naturbild oder auf ferne Fokuspunkte – sei das ein kleiner Pavillon, ein markanter Einzelfelsen oder die Brücke zu einer der Inseln in einem Teich. Schon zwei Bäume in der Ferne, im richtigen Abstand zueinander gepflanzt, können den Rahmen für ein fernes, ›geborgtes‹ Bild dahinter bilden. Die Wirkung solcher Ansichten wird durch das Einrahmen verstärkt. Als Kaiser Qianlong im 18. Jahrhundert begann, die Gartenleidenschaften seiner Vorfahren zu übertrumpfen, galt ihm vor allem der Park *Gen Yue* in Kaifeng (früher Bianjing) des Song-Kaisers Huizong (oder Hui-tsung, r. 1100–1126) als Vorbild. Dieser genoss den Ruf als berühmtester Felsen-Sammler aller Zeiten und schuf in seinem landschaftlichen Jagd-Park unzählige schöne Blickachsen aus seinen Gartenhöfen. Qianlong ließ viele dieser Fels-Individuen von dort in einige seiner neuen Parks, etwa in den Beihai-Park bei Peking, transportieren und beschreibt dies in seinem Gedicht so:

»Erhabene Steine wurden von dem Garten Gen Yue hierher versetzt.
Viele Gedanken wandern, wenn man die Spuren von tausend Jahren betrachtet.
Über den Abgrund neigen sich Schlangenhautkiefern, grün und üppig.
Wie Phönixschwänze tanzen frische Bambusblätter im Fensterrahmen.
Wer kann sich vor der Freude an diesem wundervollen Ausblick schützen?«[55]

Bei einer Wegverbindung durch mehrere Höfe hindurch stellt sich einem hinter dem Hoftor plötzlich ein kurzer Mauerabschnitt entgegen, der als ›Geistermauer‹ den Durchzug schädlicher Energien (oder Geister) im Sinne des Fengshui verhindern soll. Davor malt ein Bambus gelegentlich seinen Schattenwurf auf die weiße Wand, so als sollte dieser Unterbruch verschönt werden. Eine ähnliche Funktion vor den Eingängen kaiserlicher Paläste und Höfe erfüllen die Neun-Drachen-Wände. Als alleinstehende Wände mit Höhen bis zu 8 Metern und mit einer

55 Beuchert. S. 96.

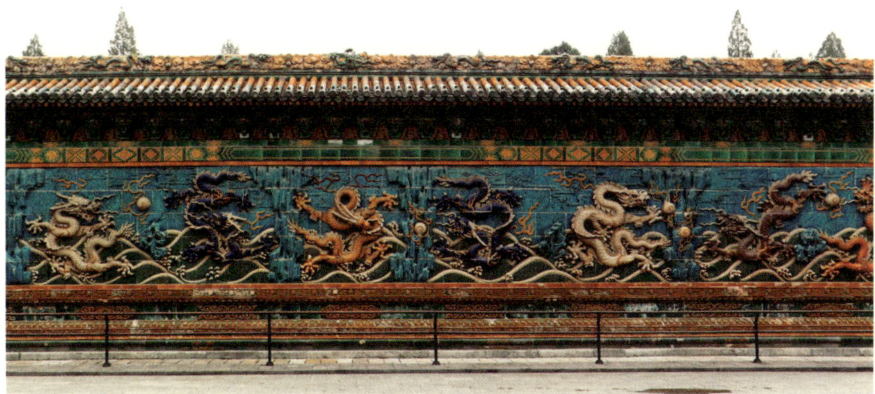

29 Die Schattenmauer der Neun-Drachen

Der Drache ist in China seit je her symbolbefrachtet. Verbunden mit der Zahl Neun bilden die Wände der Neun Drachen einen besonderen Schutz im Eingangsbereich von kaiserlichen Palastanlagen wie hier im Beihai-Park von 1402 und vor dem Palast der ›Ruhigen Unsterblichkeit‹ in der Verbotenen Stadt von 1717, beide in Peking. Die größte und älteste Wand aus dem Ende des 14. Jahrhunderts befindet sich in Datong, Provinz Shanxi. Diese freistehenden Schattenwände sind nicht nur Blickschutz, sondern verhindern vorrangig das Eindringen böser Geister aus dem Schattenreich.

Länge von bis zu 45 Metern sind sie wichtige Bestandteile des architektonischen Ensembles. Von den drei bedeutendsten Abschirmungs- oder Neun-Drachen-Wänden steht jene im Datong-Kaiserpalast in der Shanxi Provinz aus dem späten 14. Jahrhundert; im Beihai-Park des Kaiserpalastes am nördlichen Ende des Sees in Peking misst die Wand 6,90 × 25,50 × 1,40 Meter und ist einige Jahrzehnte später erbaut worden. Vor dem Kaiserpalast Gugong in der verbotenen Stadt entstand zu Anfang des 18. Jahrhunderts die dritte einer solchen Mauer. Die Drachen, hier als Symbole von kaiserlicher Macht, Fruchtbarkeit und männlicher Yang-Kraft, gelten als positiv besetzte Fabeltiere in allen Einflusssphären des Himmels und der Erde, deren Wirkungen durch die Zahl Neun wirksam gestärkt wird. Diese Zahl bedeutet nicht nur Glück und Wohlergehen, sondern ist maßgebende Zahl im Zentrum des chinesischen Kalendersystems und der Geomantie.

Das Kleine im Großen, im Kleinen

So wie sich Yin und Yang als rechteckiges Eingangstor im Wohnbereich zum runden Gartentor entsprechen, so kann auch in den unterschiedlichen Formen von Fensteröffnungen in den Mauern diese Kontraposition abgelesen werden. Es ist die Wahrnehmung von Fülle in der Leere beim Blick durch das Lattenwerk des Fenstergitters auf das dahinter auftauchende Landschaftsbild oder auf den in Szene gesetzten Felsen, es ist die Leere in der Fülle, die sich dem Beobachter durch die Tor- und Fensteröffnungen in der Mauer mitteilen. Fülle und Leere entsprechen sich wie Yin und Yang. Dieser Kontrast vermittelt sich auf andere Weise in der Abfolge von horizontal oder vertikal aufgerollten Bildmotiven. Dort, wo mit dem Aufzeigen landschaftlicher Szenen in den Rollbildern (vertikal) oder mit den seitlich zu entrollenden Bildrollen (horizontal) der Maler dem Betrachter erlaubt, über das, was Natur ist, Abschnitt für Abschnitt zu reflektieren, wird Landschaft in die Wohnstuben hereingeholt. »Schließlich wird in China das Gemälde zusammengerollt und mit einem Band fest verschnürt. Im eingerollten Zustand verkörpert es das undifferenzierte Nichts, während es aufgerollt zu einem in sich selbst eingeschlossenen Universum (Mikrokosmos) wird. Im Ritual des Entrollens verräumlicht es die gelebte Zeit, indem die Rolle jeweils auf Armlänge geöffnet wird. Dem Maler sei es deshalb von jeher darauf angekommen, die gelebte Zeit in einen lebendigen Raum zu übersetzen, wozu die Leere unabdingbar ist, denn sie lässt den Raum sich ausbreiten, lässt ihn gleichsam schweben und bringt die notwendige Diskontinuität in die lineare Entwicklung des Gemäldes. Durch die für den abendländischen Betrachter befremdlich wirkenden Beziehungen zwischen Nah und Fern sowie Innen und Außen, leer und voll, wird ein umkehrbarer Prozess in Gang gesetzt, der die Verwandlung der Dinge versinnbildlicht.«[56]

Die Gewohnheit, Natur als Mikrokosmos in einzelnen Baumexemplaren zu sehen, geht in Ostasien weit zurück. Einzelne in Töpfen herangezogene Gehölze können bis zu zwei Meter hoch und über hundert Jahre alt sein. Sie sind in Form einer verkrüppelten oder verwachsenen alten Kiefer besonders eindrucksvolle Symbole der Einheit und von Zeit und Raum. Sie stehen an bestimmten einsehbaren Punkten im Hof. Der Schritt zu einer weiteren Miniaturisierung von Landschaft ist nicht weit und führt bereits in der Tang-Dynastie zu ersten Topf-Landschaften, den *penjing*, die man auf Steinbänken im Gartenhof aufstellt. Verschiedene Varianten unterscheiden Baum-penjings von Landschafts-penjings mit Pflanzen, Stein- und Wasserdarstellungen. Besonders eindrückliche Findelsteine werden ›trocken‹ auf Tablars im Sand als natürlich anmutende Felslandschaft angeordnet. Diese witterungsunabhängige Miniatur-Landschaft kann im Wohnbereich stehen und bringt hier dem Menschen die Essenz von Natur nahe.

Gegen Ende der Tang-Dynastie werden neben den Miniatur-Landschaften Blumengestecke beliebt und bereichern die Wohnung. Lo Ch'iu, ein Literat der späten Tang-Dynastie, schrieb darüber eine erste Anleitung als Referenz für die Päonienblüte, *Die neun wichtigsten Sachen zum Blumen Arrangieren*. Dazu benennt er einen windgeschütz-

56 Klawitter, Arne: Von der Leere zur Fülle. Rezension über Francois Chengs Buch über Malerei in China. NZZ 9.8.2006.

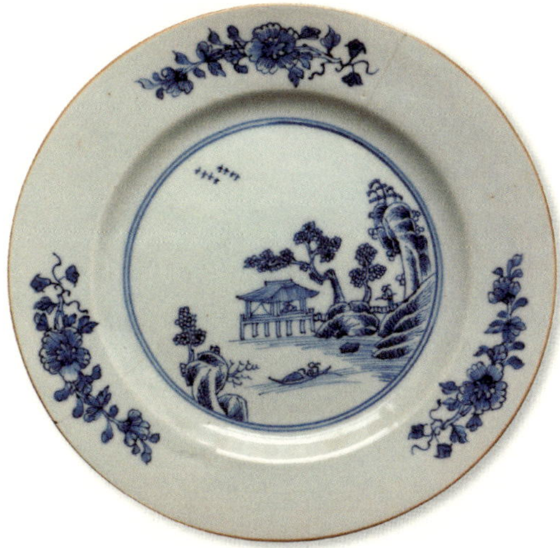

30a Gartenlandschaft als Porzellan-Miniatur

Selbst auf Gebrauchsgeschirr wie auf diesem Teller aus der Qing-Dynastie wurde auf das Berg-Wasser-Symbol (Shan Shui) nicht verzichtet. Felsen, ein durch einen Steg über dem Wasser erschlossener Pavillon, Bäume und Figuren beleben das Bild.

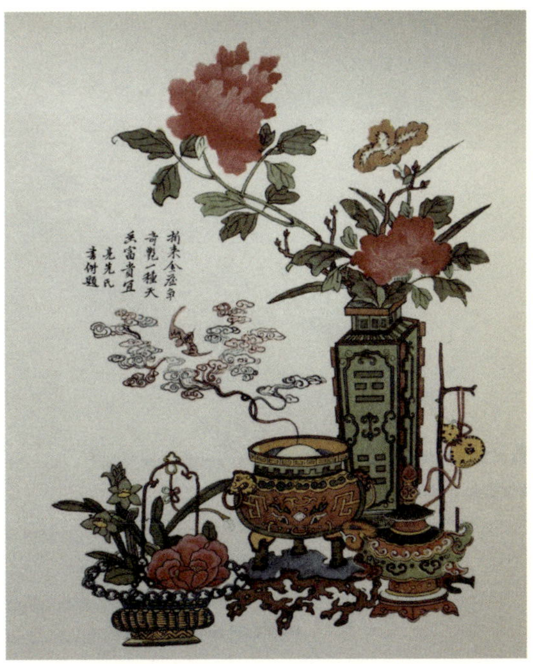

30b Chinesisches Blumengesteck im Frühling als Glückwunschkarte um 1680

Zwei Strauchpäonienblüten mit einer dritten anderen Blüte zieren eine hohe viereckige Ming-Vase mit Strichsymbolen, die Farbe Grün und die Himmelsrichtungen Süden und Osten darstellend. Daneben ein Ständer mit taoistischen Emblemen für Genien. Im Vordergrund steht ein geflochtener Bambuskorb mit Päonienblüte, Tazetten (weiße Strauß-Narzissen) und Irisknospe. Davor ein dreibeiniges Räuchergefäß, in dessen Rauchschwaden eine Fledermaus Glück verspricht. Rechts vervollständigt ein Behälter in Form einer Mandarinente die Gruppe und steht als Symbol für den ehelichen Frieden. Farbiger Holzdruck von Ting Liang-hsien, spätes 17. Jahrhundert. Standort British Museum London, Oriental Art Prints and Drawings.

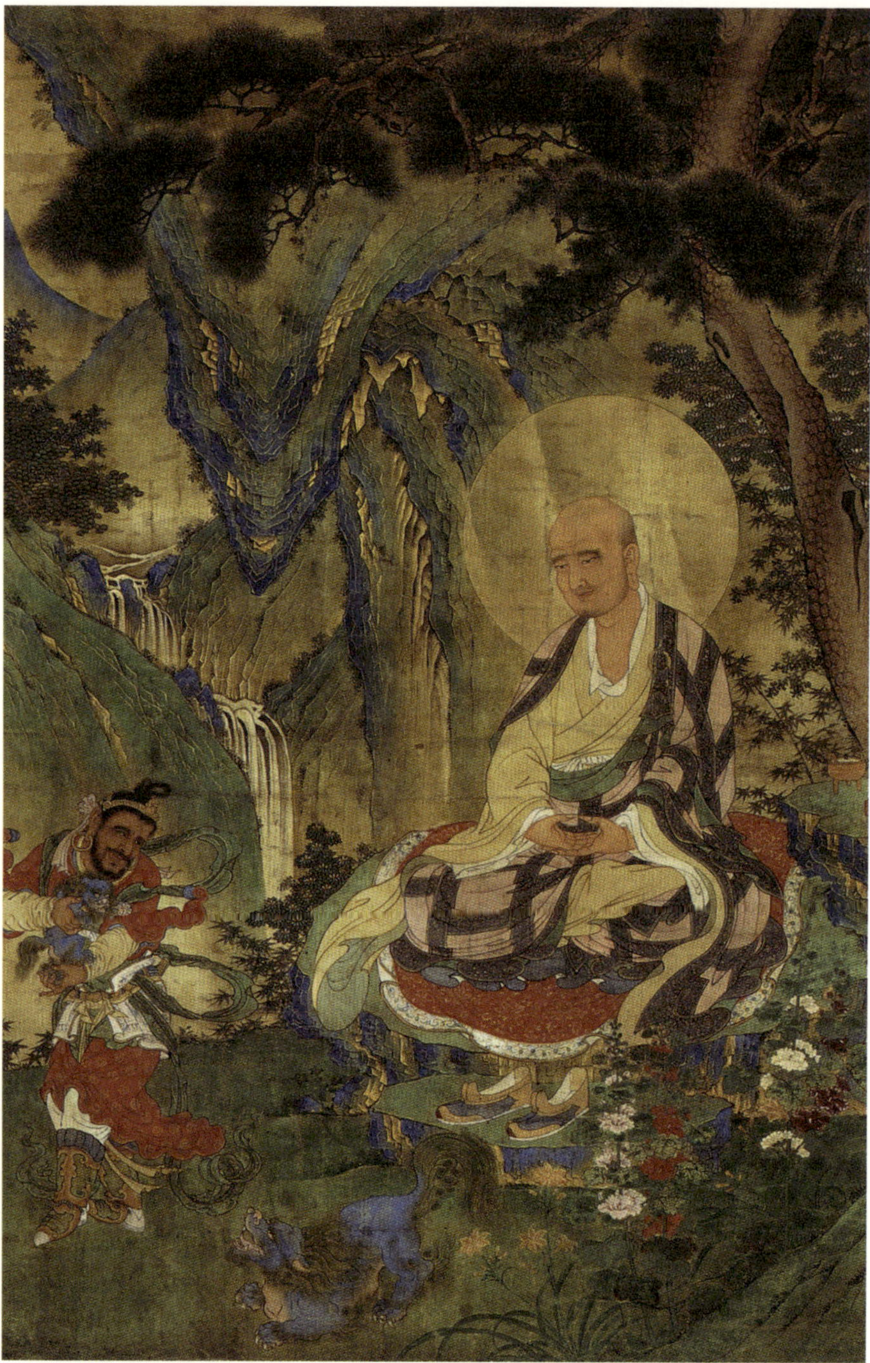

31 Luohan-Darstellung, Auftragsarbeit 1403-1424, Ming-Dynastie, Yongle-Ära

Dieses seltene, auf Seide gemalte Werk mit einer Figur des Buddha-Jüngers Chudapanthaka, sitzend vor einer Felsgrotte, ist mit typisch chinesischen Gartensymbolen bereichert und reflektiert die Shan Shui-Symbolik. Zu erkennen sind blau-grüne Felsen, auf denen Kiefern ihr Leben fristen, ein Wasserlauf schlängelt sich durch die Felsen. Bambus, Pflaumenblüten, ein immergrüner Strauch nebst einigen Blumen bereichern das Bild. Tusche, mineralische und metallische Pigmente auf Seide, Hängerolle 76.30x48,30 cm. Fotostudio Roger Asselberghs – Frédéric Dehaen. Privatbesitz, New York.

ten Raum, eine gute Schere, sauberes Wasser, ein geeignetes Gefäß, einen festen Tisch, ein Wandbild, Musik im Hintergrund, einen guten Wein und die Rezitation eines Gedichtes.[57] Meist gehörte dazu noch Geruch und Rauch eines Weihrauch-Brenners, um diese Wohlfühl-Atmosphäre noch zu steigern. Das zeigt, welch hohen Lebensstil die gehobene Klasse bereits pflegte. Mit dem Aufkommen des Farbholzdrucks in der Qing-Dynastie wurden solche mit symbolischen Aussagen befrachteten Druckblätter, wie jenes Blumengesteck mit Paeonienblüten, gerne als Glückwunschblätter verschenkt. Wenn nicht der Deutsche Engelbert Kaempfer, der ab 1690 einige Jahre in Japan weilte, einen Satz dieser Drucke in der japanischen Hafenstadt Nagasaki gekauft hätte, wären diese Darstellungen wohl nie nach Europa gelangt. Während der Song-Zeit hielten wichtige Städte wie Hangzhou oder Kaifeng bereits Blumenschauen ab als ›Kongregation der zehntausend Blumen‹. Hier zeigt sich langsam eine Vermischung von mythisch betonter Gartenkunst mit einem mehr sensualistischen Naturbezug.

Ab dem 9. Jahrhundert sind Abbildungen bekannt von taoistischen ›Unsterblichen‹ oder von gefeierten buddhistischen Mönchen. Diese segenspendenden Persönlichkeiten werden in einer Berghöhle, unter einem uralten Baum oder auf einem Felsen neben einem Baum sitzend dargestellt. Im 18. Jahrhundert wurden diese legendären Figuren von Erleuchteten bis zu 20 cm hoch in Jadestein gemeißelt, in farbiger Keramik ausgebildet oder in Lackholzware dargestellt. Sie stehen in vielen Studierstuben der damaligen gehobenen Bürgerschicht, um das Nachdenken über ›Gott und die Welt‹ anzuregen. Ursprünglich wurden diese Luohan (Lóhàn, der Würdige) oder Arhat genannten Weisen von dem Chan-Mönch Guanxiu (Kuan-hsiu, 832–912) gemalt.[58]

Namen und Pflanzen

Um dem Garten Bedeutung, Charakter und Atmosphäre zu vermitteln, wird ihm eine Bezeichnung gegeben. In Form einer Kalligrafie – etwa auf einer Tafel über dem Tor – werden wichtige Eingänge zum Garten, zu einem Gartenhof oder in einen Pavillon hervorgehoben. Namen sind Schlüssel für konzeptionelle nicht-physische Elemente des Gartens, welche die Beweggründe für seine Erbauung, den intellektuellen oder sozialen Status des Bauherrn, manchmal sein Verständnis von Natur beschreiben können. Heute noch lebt diese Tradition ungebrochen weiter, wenn Firmennamen mit bildhaften Attributen bereichert werden. Man erinnert sich vielleicht an eine chinesische Garten- und Landschaftsbaufirma aus Hangzhou, einer der wichtigsten histori-

57 Huang, Yung-chuanchan: The flowery ways of old China. In: The Taiwan Review. 5.1.1984.

58 Pearce, Nick: Images of Guanxiu's Sixteen Luohans in Eighteenth Century China. Apollo, Int. Magazine of the Arts. November 2003.

schen Garten-Städte Chinas, die anlässlich der Hampton Court-Blumenschau bei London vor einigen Jahren ausgestellt hat. Die Firma nennt sich ›Landschaftsgruppe des Blauen Himmels‹ – welche Assoziationen an positiv besetzte Bilder man auch immer mit dieser ›wolkenlosen‹ Firma verknüpfen möge. Typisch ist ihr Katalogtext mit literarisch-historischen Anlehnungen. So instrumentalisierten schon vor gut tausend Jahren Gartenbesitzer solche Ideen und Vorstellungen für ihre Schöpfungen. Den Pavillon des Mustergartens der Blauen Himmelsgruppe ziert eine Kalligrafie ›Hoher Berg und Fließender Strom‹ – man würde ihn heute Freundschaftspavillon nennen. Dies nimmt Bezug auf eine Geschichte über einen Musiker und seinen Freund aus der frühen Feudalzeit von etwa 500 v. Chr., die unter diesem Titel verbreitet ist. Die beiden eng Befreundeten – nur der Freund verstand die sonderbare Melodie unter dem Namen des erwähnten Spruchs – konnten sich zur Verbitterung des Freundes nie wieder treffen, weil der Musiker verstarb. Die Melodie drückte die konfuzianische Haltung des Hohen Berges als ›noble moralische Lebensführung‹ und die des fließenden Stroms als ›von Enthusiasmus überfließend‹ aus. Leider versiegte der Strom in der Gefühlswelt des zurückgebliebenen Freundes. Physisch dargestellt hat die Blaue Himmelsgruppe den Pavillon neben einer kleinen Felspartie mit sprudelnder Quelle und den ›drei Freunden des Winters‹, einer Kiefer, dem Bambus und der winterblühenden Pflaume.

Der Gartenname mit oder ohne literarischen Bezug kann eine Absichtserklärung sein, wie sich der Garten einmal entwickeln soll, er kann die Bedeutung ausdrücken, die er in den Augen anderer haben sollte. Ein Ming-Poet sagt das anders: »Ein guter Garten ist gut alleine durch seinen Namen; ein guter Namen ist gut, schon durch die Absicht, die mit ihm ausgedrückt ist.«[59] Auf den Punkt bringt dies eine Gartenbeschreibung von Cao Xueqin (Ts'ao Hsueh-ch'in, ca. 1715–1774) in seinem berühmten Roman »Traum der Roten Kammer«. Cao ist Spross einer verarmten Familie, die einst in Diensten des Kaiserhauses stand. Sein Romanheld erwartet eine ältere Schwester, eine Konkubine des Kaisers, zu einem Familienbesuch nach Hause. Ihr zu Ehren soll ein großer komplizierter Garten angelegt werden und jeder Gartenteil, jeder Pavillon soll einen Namen, einen positiven Titel und Verszeilen erhalten, welche Auskunft über die jeweiligen Empfindungen geben, die der Besucherin die Gartenanlage verständlich machen sollen. Bei einem Rundgang stellt der Romanheld fest: »All diese Ausblicke und Pavillons, ja sogar die Felsen und Bäume werden irgendwie unvollkommen erscheinen ohne den Hauch von Poesie, welche nur das geschriebene Wort einer Szene verleihen kann.« Über viele Seiten dehnt sich dieses Suchen nach geeigneten Beschreibungen

59 Makeham, John: The Confucian Role of Names in Traditional Chinese Gardens. Studies in the History of Gardens & Designed Landscapes, Vol. 18, No. 3, 1998. S. 197.

von Pfaden, Anhöhen und Pavillons aus, welches gleichzeitig ein anschauliches Bild dieses Gartens zeichnet.[60] Caos Vorbild für seine Beschreibungen soll der Garten des ›Bescheidenen Beamten‹ Zhuozheng Yuan, eines der berühmten größeren klassischen Gärten in Suzhou, sein. Erste Bauten dieses Gartens gehen auf das frühe 12. Jahrhundert während der südlichen Song-Dynastie zurück. Zur Tangzeit mutiert der Garten zur Tempelanlage des Dahong, bis diese zu Anfang des 16. Jahrhunderts von dem kaiserlichen Beamten und Dichter Wang Xiancheng wieder restauriert und in einen Privatgarten umgewandelt wurde. Sein Freund und Maler Wen Zhengming (Wen Cheng-ming, 1470–1559) unterstützte ihn dabei nach dem Motto: ›Ein Garten kann das Werk eines gescheiterten Politikers sein.‹ Die Bilder Wens, die zwischen 1533 und 1551 entstanden sind, hatten daher den Titel »Garten eines bescheidenen Politikers«. Seitdem wechselte dieser Garten nicht nur oft seine Besitzer, sondern auch seine Größe. Heute beleben wieder über 45 verschiedene Gebäude, viele Brücken und ein Labyrinth von miteinander verbundenen Teichen und Seen mit ihren Inseln und Felssetzungen die dreigeteilte, mit vielen alten Bäumen bewachsene Anlage mit einem größeren See in der Mitte. Eine Unmenge von penjings (Bonsais) schmücken zahlreiche Innenhöfe. Einer der Eingänge wird vor bösen Eindringlingen durch eine Geister- oder Schattenwand geschützt. Bilder und Gedichte der Freunde erinnern an den Geist, in dem der Garten entstanden ist. Ruhe, Einsamkeit und Distanz zu den Kümmernissen des Alltags sollen erkennbar sein. Selbst die Bezeichnungen der Bauten drücken dies aus: Platz der reinen Meditation, Turm der Träume, Laube der Natur, Anhöhe der fernen Gedanken, Platz, wo die seufzenden Kiefern zu hören sind. Der Fischerfels soll aufzeigen, dass hier beim Fischen manch kontemplative Gedankengänge die Zeit füllen können. Mit solchen Worten kann man auch den berühmten Garten des Verweilens *Liu Yuan* in Suzhou beschreiben, der wie andere heute restaurierte Gärten in Suzhou 1997 als Welterbe der UNESCO ausgewiesen ist. In diesen Gärten besticht das Zusammenspiel von Bauten und Garten, von Hügel-, Fels- und Wasseranlagen sowie ein enges Verwobensein des Innen mit dem Außen über viele Sichtbeziehungen und Wandelgänge. Ende des 16. Jahrhunderts als Privatgarten eines Ministers entstanden, hatte ihn ein gewisser Liu Shu zweihundert Jahre später erweitert. Aber erst 1873, nachdem der Garten von verschiedenen Besitzern immer wieder restauriert worden war, erfuhr der gesprochene Name Liu eine Umdeutung und wurde zum Garten des Verweilens. Seine endgültige Größe erhielt Liu Yuan ab 1888 mit Erweiterungen im Osten, Norden und Westen. Hier, ähnlich wie im Garten Ge Yuan, ebenfalls in Suzhou, kann der findige Besucher in den vielen Felssetzungen die 12 Tierformen des chinesischen Jahreskreises erkennen.

60 Thacker, Christopher: Die Geschichte der Gärten. Orell Füssli, Zürich 1979. S. 50.

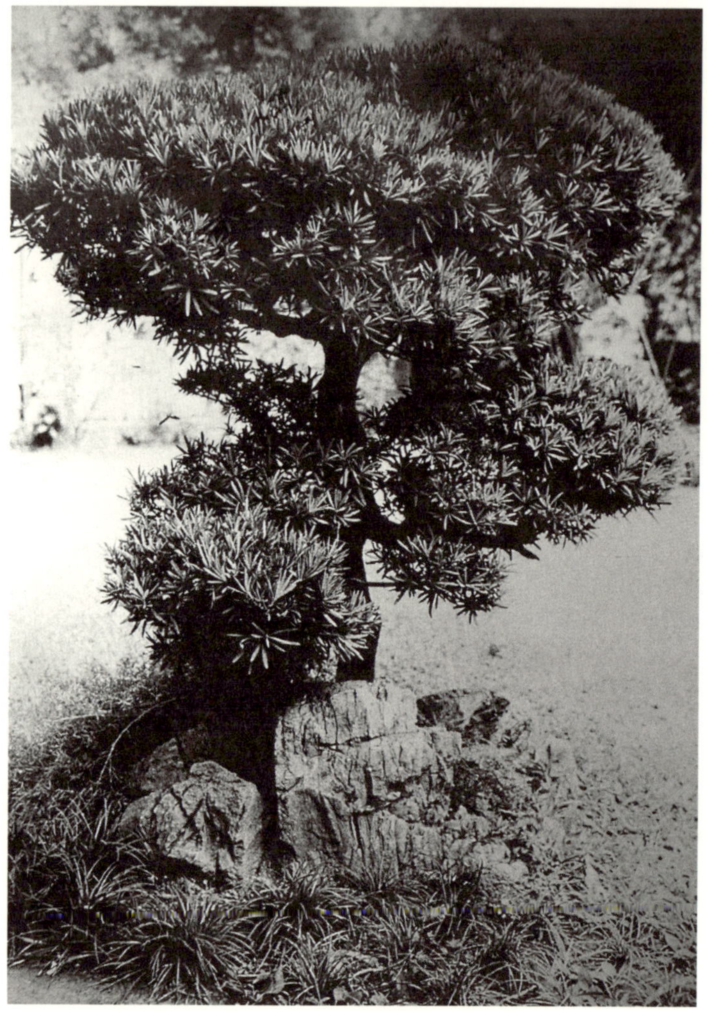

32 Landschaft reduziert

Fels, Kiefer und das immergrüne Mondo-Gras sind die kleinstmögliche Darstellung des Kosmos ›Natur‹ im realen Maßstab und kann den chinesischen wie den japanischen Garten gleichermaßen beleben.

In vielen Gärten wie im Liu Yuan fällt immer wieder ein klassisches Detail als Ausdruck gestalteter Landschaft auf. Es ist die Gruppe aus Kiefer mit einem Felsstück. Nach kriegsbedingten Zerstörungen konnte dieser Garten 1954 restauriert und wieder der Öffentlichkeit zugänglich gemacht werden. 1961 wurde der Garten zum Nationalen Kulturdenkmal erhoben.

Verständlicherweise liegt bei der Beurteilung eines chinesischen Gartens dessen formaler Aufbau im Vordergrund, obwohl die pflanzliche Komponente zunehmend an Bedeutung gewann. Zwei berühmte Personen der späten Tang-Zeit, Li Deyu (787–849) und Bai Juyi (772–846), ihres Zeichens Dichter und öffentliche Persönlichkeiten, haben sich intensiv mit neuen Pflanzen in Gärten auseinandergesetzt. Auf sie geht die Azalee mit ihren rosa und roten Blüten in der Verwendung als Pflanze in chinesischen Gärten zurück, obwohl sie in japanischen Gärten bereits eingeführt war.[61] Das Kultivieren von Pflanzen für Gärten wurde schon damals in bestimmten Zentren des Landes vorangetrieben. Dort konnte man beispielsweise den Hibiskus-Strauch (Rosen-Eibisch) entdecken, der in drei Arten in China mit seinen bezaubernden offenen Blüten vorkommt. Diese Hinwendung zum Reich der Blütenpflanzen ist begleitet von einem langsamen Wechsel von einer Natur-Nachbildung als kosmologisches Symbol, eingezwängt in Gärten, hin zu einer Natur, die nun in der Schönheit individueller Pflanzen im Garten erkannt und geschätzt wird. Erhellend ist in diesem Zusammenhang Bais Gedicht über den Blumenmarkt, auf dem der Preis einer Gruppe tiefroter Blumen die Steuern für die Häuser zehn armer Leute aufwiegen würde. Er spricht hier natürlich die Züchtungen der Strauch-Pfingstrose an, deren Kauf für einen Normalbürger nicht erschwinglich war. Gleichzeitig erkennt man die Bedeutung der Pfingstrosenzüchtung, die im 9. Jahrhundert schon sehr entwickelt gewesen sein muss.

Bai Juyi
Der Blumenmarkt

Das Frühjahr in der Kaiserstadt ist fast vorbei:
Geklingel und Geklirre – Kutschen und Reiter passieren.
Wir rufen uns zu: Das ist die Pfingstrosen-Saison
und folgen der Menge auf den Blumenmarkt.
Billig und teuer – keine einheitlichen Preise:
Die Kosten richten sich nach der Anzahl der Blüten.
Hundert Stück Damast für diese schöne Pflanze.
Diese einfache Blume nur für fünf Stück Seide.
Eine Markise ist über allem ausgebreitet
und wird von einem Flechtwerk-Zaun begrenzt.
Mit Wasser besprüht, die Wurzeln mit Schlamm bedeckt,
werden sie beim Verpflanzen nicht an Schönheit einbüßen.
Jeder Haushalt folgt gedankenlos diesem Geschehen –
Keiner nimmt wirklich etwas wahr.
Da kam ein alter Landarbeiter vorbei
und verbeugte sich mit einem tiefen Seufzer.
Wie sollte diesen jemand verstehen:
Eine Gruppe von tiefroten Blumen
würde die Steuern von zehn Häusern
armer Leute aufwiegen.

61 Schafer, Edward H.: Li Te-yü and the Azalea. In: Asiatische Studien, Vol. 18/19 1965. S. 105–114.

Auffallend ist jedoch, dass der klassische chinesische Garten flächiges Grün wie Rasen nicht kennt. Mit diesem ersten Verwenden von Pflanzen ihrer Schönheit wegen und als Schauobjekte bereichern sie weniger den Garten als vor allem die Innenhöfe. Üblicherweise fanden nur solche Pflanzen Aufnahme im Garten, die wegen ihrer symbolischen Bedeutung, etwa im konfuzianischen Werte-Kanon, eine hervorragende Stellung innehatten. So steht der Bambus für Integrität des Mannes, der auch in stürmischen Zeiten seines Lebens an seiner Haltung, an seinen Idealen und Pflichten festhält. Mit ähnlicher Begründung favorisiert der konfuzianische Gelehrte Zheng Xuan (Cheng Hsüan, 127–200) die grasähnliche Mondo-Pflanze (Ophyopogon) in seinem Garten zwischen den Felsen und entlang der Wege, wo sie zuverlässig und immergrün während des ganzen Jahres eine gute Figur macht. Blühende Bäume waren nicht nur in Gärten geschätzt. Als Schmuck und als Nutzpflanze mit wirtschaftlichem Wert säumen sie viele Landstraßen in China. Dazu gehören neben dem Maulbeerbaum vor allem der Blauglockenbaum (Paulownia tomentosa), der Tulpenbaum (Catalpa bignoioides) oder der Schnur- oder Pagodenbaum (Sophora japonica). Die Trauerweide (Salix babylonica Pendula) begleitete früher alte Handelsrouten und ist heute aus chinesischen Gärten nicht mehr wegzudenken. Vor allem die immergrünen Bäume wie der Kampferbaum (Cinnamomum camphora) sind neben den Kieferarten in alten Gärten häufig anzutreffen. Daneben spielen Blütenbäume besonders in den ausgedehnten kaiserlichen landschaftlichen Gärten eine wichtige Rolle, wie Attiret über den Yuanming Yuan (Alter Sommerpalast) bemerkt: »All die Anhöhen und Hügel sind übersät mit Bäumen, insbesondere solche, die blühen, sind sehr verbreitet.«[62] Naturgemäß sind Bäume in den kleinen Privatgärten eher beschränkt vertreten. Ausgenommen sind kleinere Blütengehölze. Der Rosenlorbeer (Oleander nerum) ist außer dem Mittelmeerraum selbst in China heimisch und wird wegen der Ähnlichkeit seiner Blätter mit dem Bambus und seinen an Pfirsichblüten erinnernden hübschen Blüten gerne verwendet. Der chinesische Ausdruck für den Oleander heißt daher ›die Pflanze dazwischen‹. Einen besonderen Wert besitzt der Lack-Sumach (Toxicodendron vernicifluum), ein Verwandter des Essigbaums. Aus seinem Saft wird der rote Lack gewonnen, der mit Zwischenlagen von Seide als Beschichtung etwa auf kunsthandwerklichen Holz- oder Bambusobjekten eine extrem lange Haltbarkeit verspricht. Das immense Wissen hingegen, das sich in der Pflanzenverwendung für die chinesische Medizin über den Kräuteranbau und ein spezielles Pfanzenverständnis in vielen Jahrhunderten angehäuft hat, lässt sich daher nicht mit der Gartenkultur verbinden.

62 Attiret/Spence. S. 9.

Wang Shi Yuan, Garten des Meisters der Netze

Ein Gartenname dient oft als Vehikel, um das Andenken an den Erbauer oder an einen bestimmten literarischen Bezug aufrecht zu halten. Dabei überlebt der Name oft den Garten, wie man am Beispiel des berühmten Gartens des ›Meisters der Netze‹ in Suzhou, einer der berühmten alt-chinesischen Gartenstädte, nachvollziehen kann. Die Stadt ist durchzogen von vielen Kanälen und seit dem Mittelalter bekannt für ihre vielen Gärten. Dieser ist einer der kleineren hier, von denen noch etwa zwanzig von ursprünglich über 270 Gärten wieder gut instand gesetzt und noch etwa 40 als solche erkennbar sind. Auf einer Fläche von nicht viel mehr als einem halben Hektar vereint der Garten heute wieder all jene typischen Elemente, welche die enge Verbindung zwischen Mensch, Natur und Landschaft einst signalisierten. In der Zweiteilung des Geländes finden sich die Wohnquartiere im Osten mit intimen Gartenhöfen, westlich sowie nördlich davon breiten sich die Gartenzonen aus. Diese sind wiederum dreigeteilt in den mittleren Hauptgarten mit dem Teich und in südliche und nördliche Zonen mit Hallen, Pavillons und Zweckbauten, welche viele Gartenhöfe einrahmen. Ursprünglich während der südlichen Song-Dynastie im 12. Jahrhundert entstanden, wurde aus dem Garten des Einsamen Fischers der Garten des Meisters der (Fischer-) Netze. Er erlitt alle Zustände zwischen völligem Zerfall, Wiederaufbau, Verkleinerung, Vergrößerung und viele Besitzerwechsel, bis die Stadt schließlich den Garten 1958 übernehmen konnte. Er ist heute Weltkulturerbe der UNESCO. Als der Garten 700 Jahre nach seinem Entstehen unter dem neuen in Kultur und Literatur beflissenen Besitzer in eine Phase der Wiederherstellung tritt, unter dem ursprünglichen Namen des Meisters der Netze, stellt der neue Pavillon am Wasser einen neuen Bezug zu diesem Fischer her. Benannt als jener, bei dem das Hutband (ein Statussymbol konfuzianischer Beamten) gewaschen wird, erinnert der neue Pavillon an eine im dritten Jahrhundert v. Chr. geschaffene Analogie über den ungerecht aus dem Dienst entlassenen Beamten. Dieser trifft einen einsamen Fischer am Ufer, der ihm folgenden Rat gibt: »Wenn Canglangs Wasser klar sind, wasche ich meine Hutbänder darin. Sind sie trüb und schmutzig wasche ich nur meine Füße darin.«[63]

Ob es tatsächlich die Geschichte mit dem Fischer am Canglang Fluss in Verbindung mit dem Staatsbeamten ist, jenem Qu Yuan, dessen Rolle im Staat nicht anerkannt worden ist, bleibt unklar. Jedenfalls gibt es in Suzhou noch zwei weitere Gärten, die auf diese Geschichte am Canglang Bezug nehmen. Da ist Canglangting Yuan, einer der ältesten

63 Makeham, John: The Confucian Role of Names in Traditional Chinese Gardens. Studies in the History of Gardens and Designed Landscapes, Vol. 18, No. 3. University of Pennsylvania, 1998, S. 193.

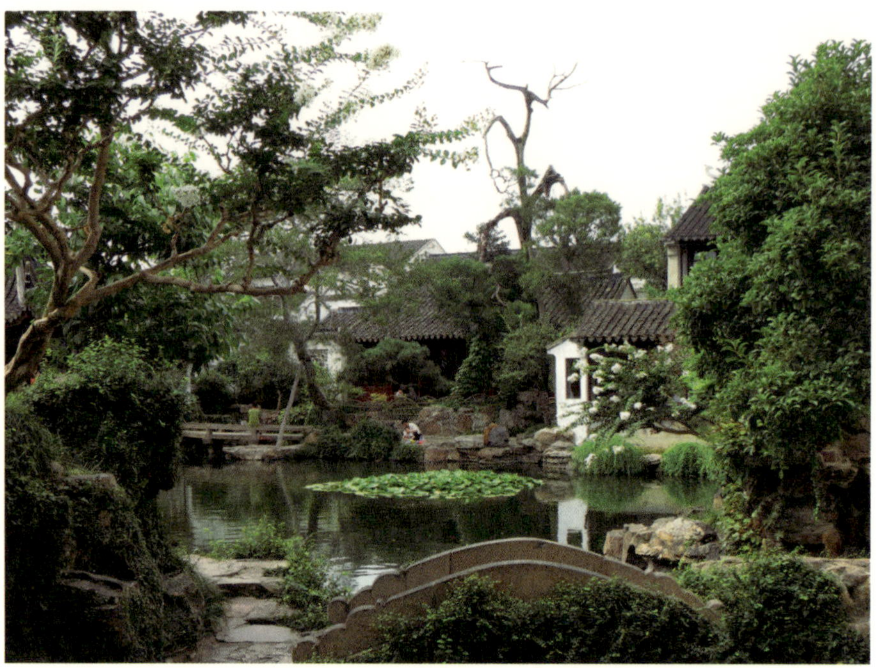

33 Wangshi Yuan, Garten des Meisters der Netze

Der weit über die Grenzen Chinas hinaus gefeierte Garten des ›Meisters der Netze‹ ist einer der kleineren in Suzhou. Er geht auf die Anfänge des 12. Jahrhunderts zurück, wurde bis in die Mitte des 20. Jahrhunderts privat bewohnt, ab dann machte die Stadtverwaltung ihn öffentlich zugänglich. Die auf engstem Raum raffiniert komponierten Gartenelemente schaffen Gartenszenen voller Überraschungen.

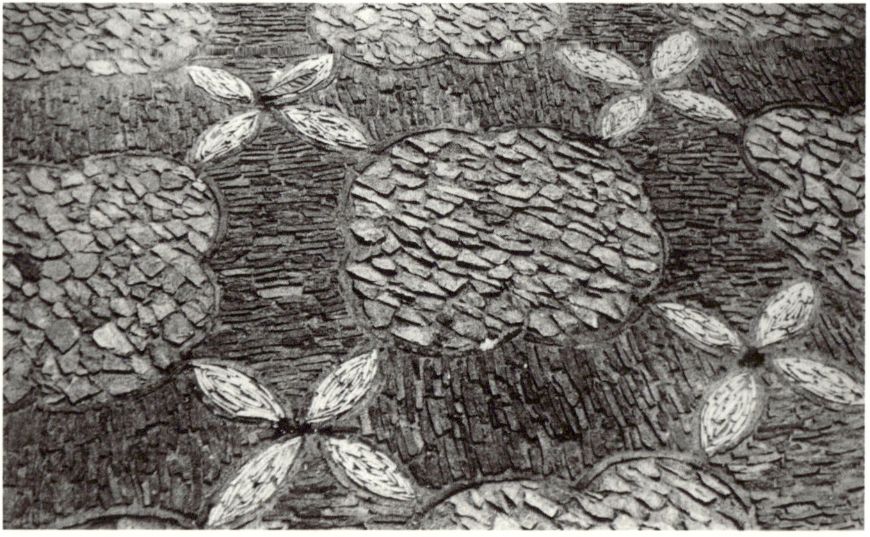

34 Stein-Mosaik als Flächengestaltung

Viele der klassischen chinesischen Gärten zeichnen sich durch ansprechende Boden-Mosaiken aus, die den Gehenden auf ein achtsames Durchschreiten aufmerksam machen wollen. Nicht nur die Bildhaftigkeit von Blatt und Blüte, sondern auch rein grafische Muster aus Rundkiesel sind häufig. In diesem Bild aus dem Garten Liu Yuan in Suzhou beleben Boden-Mosaiken aus kleinem gespaltenem, verschiedenfarbigem Gestein die Vorplätze und Innenhöfe.

Gärten in Suzhou. Darin steht der Pavillon der Blauen Welle, der aus den Zeiten der Nördlichen Song-Dynastie stammt. Der restaurierte luftige Pavillon mit seinen aufgestülpten Dachecken sieht aus, als wollte er gerade abheben. Er steht auf einem von Felsbruch befestigten künstlichen Hügel, umgeben von alten Bäumen. Ein Spruchpaar auf zwei Pfosten ziert den nach allen Seiten offenen Bau: »Die leichte Brise und der helle Mond sind preislos«; »Der nahe Bach und die fernen Berge lassen mich schwärmen.« Bemerkenswert in diesem Garten sind verschiedene Korridore und Galerien, die vielfach geformte fensterartige Öffnungen aufweisen. Dem Besucher gewähren sie Ein- und Ausblicke in und über den Garten, die diesen mit der äußeren Landschaft zu einer Einheit zusammenfließen lassen. Inspiriert von der uralten Prosa um den Fischer und den Beamten ist ebenfalls der Garten des kleinen Canglang-Pavillons (Xiaocanglang ting) im Zhuozheng Yuan, dem Garten des bescheidenen Beamten, von dem bereits die Rede war. Er entstand während der Ming-Zeit und zählt mit einer Größe von vier Hektar zu den fünf bedeutendsten Gärten in Suzhou.

Es war die Zeit, als konfuzianische Themen gerne in Gartennamen verklausuliert wurden. Pflanzen als Metapher für tugendhafte Qualitäten zu verwenden, war schon lange in der Malkunst und Literatur üblich. Aber erst in der Ming- und Qing-Dynastie (1368–1911) fanden Pflanzen in der Form von Grünpflanzen, Blumen, Sträuchern und Bäumen vermehrt Aufnahme in den Gärten. Der Erbauer des Hutband-Pavillons legte den Grundstein für die Erscheinung des heutigen Gartens des Meisters der Netze. Dem westlichen Besucher fallen kurz nach dem Eingang die merkwürdig geformten Felsen auf, deren Löcher, Hohlräume und wolkige Enden sich zur Masse der Felsen wie Yin und Yang verhalten. Erst eine darin verschlungene Kletterrose und der Magnolienbaum daneben beleben das Bild. Geht man weiter, scheint die Begrünung langsam, wie als Übergang, mit immergrünen Pflanzen wie beispielsweise Nandina domestica, dem Himmlischen Bambus, Osmanthus fragrans, der Duftblüte aus der Berberitzen-Familie, Podocarpus macrophylla, der Steineibe, oder mit einer Bambusgruppe belebt zu werden. Bodenbedeckendes Ophiopogon japonicus, als Schlangenbart oder Mondo-Gras bekannt, ist ein grasähnliches Gewächs aus der Familie der Asparagusgewächse (früher Liliaceen) und dient hier flächig als Mittler zwischen der Kieselpflasterung des Hofs und den Felssetzungen. Diese Felsen sind so platziert, dass sich ihr malerischer Anblick einem Besucher nicht erschließt. Nur aus dem Gebäude heraus sieht man die Szene wie ein Gemälde komponiert.[64]

64 Beuchert, S. 192.

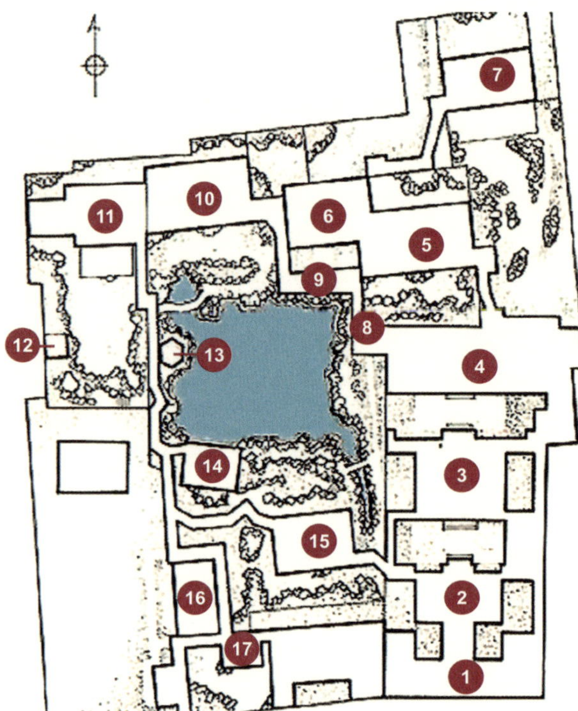

Legende:
1 Haupttor
2 Vorhalle
3 Empfangshalle
4 Turm der gesammelten Errungenschaften
5 Die ›Fünf-Gipfel‹-Bibliothek
6 Studio der gesammelten Leere
7 Der Wolken-Treppen-Pavillon
8 Weg zum Entenschießen
9 Veranda vor dem geneigten Bambuszweig
11 Die Frühlingsgalerie
12 Hof des Frühlingsendes
13 Pavillon, in dem der Mond aufgeht und der Wind kommt
14 Der Hutband-Pavillon
15 Halle der süßen Osmanthus-Hügel
16 Haus der Zurückgezogenheit
17 Musikzimmer

35 Übersichtsplan Wang Shi Yuan

Der Garten des Meisters der Netze, Wang Shi Yuan in Suzhou, besticht trotz seiner Kleinheit durch seine vielseitige Verschachtelung von Gartenelementen, die es dem Besucher schwer machen, sich zurechtzufinden. (Quelle: Offizielle Webseite)

Im ersten Gartenhof mit seinem Bodenbelag aus schön gemusterter Kieselsteinpflasterung lädt die gegenüberliegende, fast schemenhafte grau-silbrige Wand mit einem Mondtor zum Weitergehen ein. Der ganze Garten entpuppt sich als eine Komposition von Innenhöfen, die einen den Orientierungssinn verlieren lassen. Man nimmt ständig wechselnde Kontraste wahr mit ihren unterschiedlichen Qualitäten und erkennt die Bedeutung einer Yin und Yang-Gegenüberstellung. Die Bücherei im ersten Stock, die Halle der (ehemaligen) zehntausend Bücherrollen, kann nur von außen über eine Felsenanlage, jene ›Wolkentreppe‹, erklommen werden. Die hohe Sophora japonica, der Pagodenbaum, scheint zwischen dem Hofraum und der Architektur des Gebäudes vermitteln zu wollen. Auf dem Weg durch alle Nischen und Höfe fordern vor allem gedeckte Passagen zum Innehalten auf, mit Durchblicken auf weitere Gartenbauten und Baumgruppen, sowie Steintafeln mit verewigten Kalligrafien von Versen berühmter Dichter. Diese Dichte von Erfahrungen und Erlebtem lässt die Anlage viel größer erscheinen, als sie tatsächlich ist. Immer tauchen neue Blickwinkel auf, welche den inneren Teich und die Umgebung neu interpretieren.

Durch eine Bambusgruppe hindurch sieht man am südwestlichen Ende hinter einer Mauer einen neuen Gartenteil mit der ›Wolken-Halle‹, der den aufgestellten Topf-Landschaften, den penjings, gewidmet ist. Zurück beim Wasser, dem ›Rosa Wolken-Teich‹, entdeckt man eine Zickzackbrücke, die zu einem künstlich aufgeschütteten Hügel führt, den hoch gewachsene Kiefern bedecken. Südlich von dem Teich erblickt man den Zimtbaum-Hain.

Am ›Kleinen Hügel-Pavillon‹, der dem Einsiedler Yu Xin gewidmet ist, wachsen viele immergrüne Osmanthus-Büsche. Man kommt am Hutband-Pavillon vorbei, der an das historische Lied von dem Fischer erinnert. Eine andere gedeckte Passage führt zum »Der Mond kommt mit einer Brise-Pavillon«. Damit wird an einen Vers des Dichters Han Yu (768–824) erinnert.[65] Ein in den räumlichen Proportionen ansprechender Gartenteil ist der im Westen etwas abgelegene »Das Ende des Frühlings genießende Hof«; dieser ist den Strauch-Päonien (Paeonia suffruticosa) gewidmet, da diese Spätblüher die Frühlingszeit beenden. Der Bodenbelag des inneren, völlig freien Raumes, den früher einmal seltene Zuchtformen der Pfingstrose als Kübelpflanzen bevölkert haben mögen, ist mit einer schachbrettartigen Kieselsteinpflasterung ausgestattet. Kontrastreich wird die Pflasterung ringsum von den wilden Formen der Felsen abgefangen, welche im Abstand von etwas mehr als zwei Metern vor den umschließenden Hofmauern eine erhöhte Fläche schaffen. Auf dieser dient eine Sitzplattform mit einem angebauten Baldachin der musischen Kontemplation. Die restlichen erhöhten Flächen schmücken verschiedene Sträucher wie die Strauch-Päonie und kleine Bäume, die frühlings- und winterblühenden Pfirsich- und Mandelbäume, die japanische Aprikose (Prunus mume), die fälschlicherweise Winterkirsche genannt wird. Seit einigen Jahren wachsen dort Exemplare der Lagerstroemia indica, der chinesischen Kräuselmyrthe mit ihren sommerblühenden rötlichen Blütentrieben. Einen starken Eindruck hinterlässt eine uralte Glyzinie (Wisteria sinensis), die von einer Felsengruppe abgestützt wird. Die Pfingstrose gehört wie die Chrysantheme zu den großen züchterischen Leistungen Chinas in einer Zeit, als in Europa noch niemand an das Kreuzen von Zierpflanzen gedacht hat. Sie kommt auch als Sommerpflanze vor, deren oberirdische Teile im Winter abtrocknen. Als strauchige, verholzende Pflanze fand die Päonie schon zur Zeitenwende Eingang in die frühen kaiserlichen Gärten. Wegen ihrer Schönheit wurde sie durch Dichter verehrt. Symbolisch steht ihre makellose Blüte für Weiblichkeit, Schönheit und Fruchtbarkeit. Erste Veränderungen in der Zucht sollen auf die Sui-Dynastie (581–618) zurückgehen und bald schrieb man dieser Pflanze sagenhafte Kräfte zu. Die Chrysantheme ist wegen ihrer späten Blüte, die sogar dem Frost trotzt, als ein Symbol für Widerstandsfähigkeit und Langlebigkeit geschätzt und ist

65 Keswick. Auf den S. 16–24 werden diese Aspekte näher beschrieben.

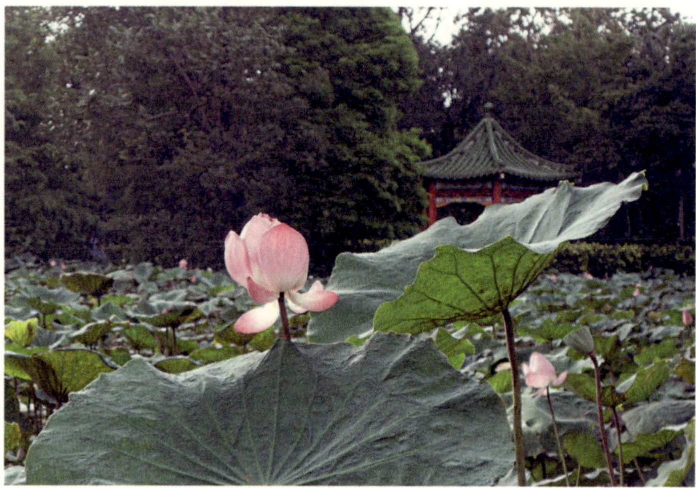

36 Die Lotosblume als Teichpflanze fehlt in fast keinem chinesischen Garten seit frühesten Zeiten. Sie ist die bedeutendste Symbolpflanze in den Lehren von Konfuzius bis Buddha und steht für Reinheit und Unbestechlichkeit. Als Pflanze ist sie gleichermaßen von Bedeutung für die Nahrungsmittel- und Heilmittelproduktion und zählt als Vorbild zu den wichtigsten Dekorformen des chinesischen Kunsthandwerks.

eine jener Pflanzen, die symbolisch aufrichtigen Herren gewidmet ist. Die großen gefüllten Blüten, die ihren Ruhm für Schönheit begründen, kommen erst in Darstellungen während der Tang-Dynastie vor.

Die meisten mit Symbolik behafteten Blütenpflanzen finden erst durch Dichter und Maler ihre gebührende Aufmerksamkeit, bevor sie als Sammel- und Schauobjekte in Gärten auftauchen. Ihre gestalterische Verwendung kann erst in der Neuzeit festgestellt werden, obwohl aus Gärten mit Wasseranteil die Lotosblume schon in den frühesten Beispielen nicht wegzudenken ist. Sie ist die Blume des Sommers. Ihre dekorativen Blätter verändern sich mit dem ersten Aufrollen im Frühling bis in den Herbst. Sie reflektieren in der Sonne, sammeln die Regentropfen und lassen sie wieder wie Perlen ins Wasser rutschen oder wiegen sich anmutig im Wind. Da ihre wunderbare Blüte aus dem schlammigen Grund des Sees heraufwächst, symbolisiert sie Reinheit und Wahrheit trotz aller Widrigkeiten im Leben. Weil das gesprochene chinesische Zeichen für Lotos ähnlich klingt wie Vereinigung oder Harmonie, symbolisiert sie Freundschaft und Anpassungsfähigkeit. Daher bedienen sich sowohl Konfuzius, die Taoisten wie die Buddhisten dieser symbolträchtigen Pflanze. Päonie, Lotos, Chrysantheme und der im Vorfrühling blühende Prunus mume, die japanische Aprikose, gehören zu den vier Pflanzen, welche die Jahreszeiten anzeigen. Diese letztere wird zusammen mit Bambus und Kiefer die ›Drei Freunde des Winters‹ genannt. Sie sind die im chinesischen Garten immer wieder anzutreffenden Pflanzen und symbolisieren Stärke und Widerstandskraft in schwierigen Zeiten, ohne an Schönheit einzubüßen.

5. Kapitel

Das chinesische Gartenkonzept als Vorbild?

Im Winter 1979 begannen 21 Spezialisten aus Suzhou im zweiten Stock des Metropolitanmuseums in New York eine 1:1-Kopie des erwähnten Päonienhofs von dem Garten des Meisters der Netze anzulegen. Im Frühjahr 1981 vollendeten sie das Werk. Die Kopie erlaubt nun als dreidimensionales Bild eine Vorstellung von dem Geist des chinesischen Gartens im Stil der Ming-Dynastie. Seither wurden 35 weitere chinesische Gärten unterschiedlicher Größe und Typen in vierzehn verschiedenen Ländern errichtet, darunter Nordamerika, Europa, Asien, Australien und Afrika. Zwischen 1983 und 1993 entstanden fünf Gärten in München, Düsseldorf, Duisburg, Frankfurt und Stuttgart. 1994 konnte der chinesische Garten in Zürich eröffnet werden.

In seiner Wiederholbarkeit und Austauschbarkeit verliert der chinesische Garten jedoch schnell seine in ihm eingeschriebene geistige Substanz. Nur im engen Bezug auf die Menschen, die ihn täglich benützen und mit ihm geistig verwoben sind, lebt der Garten in seiner Einzigartigkeit. Selbst einzelne Elemente der Gestaltung, aus dem Ensemble des Gartens herausgenommen, wären nicht dazu geeignet, eine völlig andere Gartenidee zu befruchten. Zu eng ist ein jedes seiner konstituierenden Bestandteile mit einem historisch-mythischen Hintergrund verbunden. Dies ist wohl der wichtigste Grund, warum, anders als der chinesische Garten, die Kunst des japanischen Gartens, auch in seine gestalterischen Einzelteile zerlegt, jeden beliebigen Garten immer wieder neu zu inspirieren vermag.

Der Chinagarten in Zürich

Zwischen 1992 und 1994 wurde dieser Garten als eines jener Beispiele exportierter chinesischer Gartenideen geplant und erbaut, welche dieses Kulturgut bekannt machen sollen. Solche Schauobjekte erlauben Einsichten in die chinesischen Kunstfertigkeiten, die ihren althergebrachten Formenschatz immer wieder neu erstehen lassen können.

In ihrem musealen Charakter lassen sich Gedankenwelt und mythologischer Hintergrund, die einst solche Gärten beseelten, bestenfalls erahnen. Da die Stadt Zürich mit Kunming, einer Millionenstadt in der südchinesischen Provinz Yunnan, seit 1982 in einer Städtepartnerschaft eng verbunden ist, ergab sich dort eine Zusammenarbeit für den Ausbau städtischer Infrastruktureinrichtungen. Kunming revanchierte sich mit der Anlage dieses Chinagartens auf einer Fläche von etwa 0,8 Hektar direkt am Zürichsee. Ein tempelartiger Hallenbau im Osten kontrolliert die übrigen Bauten und eine kleine Insel im Teich. Sie bildet den Kern der Anlage und wird durch Wege und Brücken erschlossen. Die fehlende Sinnfälligkeit solcher ›Exportgärten‹ zeigt sich an ihrer Nutzung als Besuchs- und Mietobjekt für gesellschaftliche Anlässe wie etwa für Geschäftsessen und Hochzeiten. Die chinesische Regierung unternimmt viel, ihr Kulturgut ›Garten‹ zu vermarkten und dem Tourismus zugänglich zu machen. Glücklicherweise wurden daher viele fast vergessene und zerfallende Gärten im Land restauriert und teilweise unter Denkmalschutz gestellt. Einen weiteren Schub in diese Richtung bewirkte die Internationale Gartenausstellung in Kunming von 1999. Sie stand unter dem Zeichen »Man and Nature marching into the 21st Century«. Hier konnten 21 chinesische Provinzen und 30 ausländische Beiträge ihr Verständnis von Gärten zeigen. Erstmal kamen hier Bemühungen heimischer Planer zum Ausdruck, wie das Kulturgut ›Chinesische Gartenkultur‹ mit den Bedürfnissen moderner Stadtplanung in Verbindung gebracht werden könnte. Ein Kommentator konstatierte damals »[...] ein Versagen ausländischer Gestaltungszugriffe angesichts einer so fremden Kultur. Unsere Lust an sehr abstrakten, reduzierten Konzepten erweise sich dort als unbrauchbar, weil die Botschaft so nicht herüberzubringen sei«.[66] Ähnliche Probleme zeigen sich mit der Umsetzbarkeit des sogenannten Japan-Gartens im Westen in einem neuen Umfeld, denn hier verlieren diese Gärten, die bestenfalls zu bestaunen, aber nicht angemessen zu nutzen sind, ihren musealen Charakter nicht. Solche nachgebauten Gärten sind weder der Teezeremonie, den Betrachtungsgärten der Mönche noch den späteren Wandelgärten zuzuordnen, sie tragen jedoch von all diesen deren typische Versatzstücke und Stilmittel in sich. Jede Sprache besitzt ihre besondere Bildhaftigkeit im Ausdruck, die der Übersetzer nicht wortwörtlich, aber in Anpassung an die Ausdrucksformen seiner Sprache anpassen muss. Auf ähnliche Weise muss das Vokabular und die Bildsprache beispielsweise des japanischen Gartens in den Ausdrucksformen des westlichen Gartens aufgehen, um lebendig und nutzbar bleiben zu können. Exportieren lässt sich der fernöstliche Garten daher nicht ohne Weiteres.

66 Blatter, Marie-Luise: Die Internationale Garten-Expo in Kunming, China. Magazin Basler Zeitung Nr. 22, 1999. S. 9.

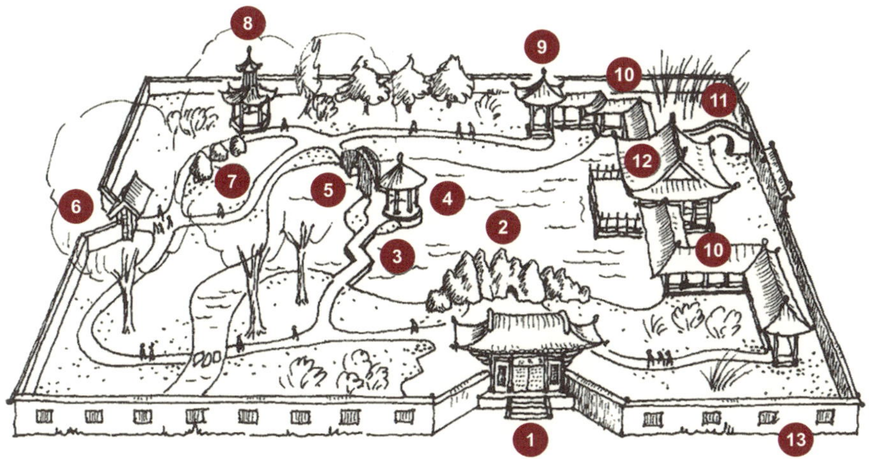

Legende:

1 Haupttor	2 Berg	3 Zickzackbrücke
4 Insel und Rundpavillon	5 Bogenbrücke	6 Nebentor
7 Felsen	8 Sechseck-Pavillon	9 Viereck-Pavillon
10 Offene Galerien	11 Mondtor und Bambushain	12 Wasserpalast mit Terrasse

37 Der Chinagarten in Zürich

Er wurde im Rahmen einer Städtepartnerschaft mit Kunming gebaut, 1994 eröffnet und dient nun für öffentliche und private Anlässe. (Quelle: Offizielle Webseite)

Aber in der Analyse seiner Bildhaftigkeit lassen sich Ansätze entwickeln, auf welche Weise diese so fremde Gartenkultur in die westliche integriert werden könnte.

Wenn man davon ausgeht, dass im traditionellen Chinesischen Garten jahrtausendalte Weisheiten dieses Volkes verklausuliert sind, so sind diese für den westlichen Menschen nicht so leicht entschlüsselbar. C. G. Jung meint in seinem Kommentar zu Richard Wilhelms *The Secret of the Golden Flower*, dass das geistige Wissen in China über tausende von Jahren gewachsen ist. Dieses kann der suchende Europäer nicht im ›Vorbeigehen‹ verinnerlichen und dabei achtlos seine eigenen kulturellen Wurzeln vernachlässigen. Östliche Weisheit – hier ist an erster Stelle das Yijing zu nennen – kann dem Westen nur Impulse und Anregungen geben, wie unsere eigenen realen Probleme anzugehen sind.[67] Jungs Meinung lässt sich sinngemäß auf die unterschiedlichen kulturellen Hintergründe von chinesischer und westlicher Gartenkultur übertragen und verdeutlicht, warum die Ikonografie des chinesischen Gartens mit ihren im Gartenbild verschlüsselten philosophischen Gedanken nicht ohne Weiteres in einen europäischen Garten

67 Wilhelm, Richard: The Secret of the Golden Flower. A Chinese Book of Life. Vorwort und Kommentar von C. G. Jung. Penguin, Harmondsworth 1984. S. 156.

übertragbar ist. Dass Matteo Ripa 1724 während seines einmonatigen Aufenthalts in London mit seinem Album von Kupferstichen über kaiserliche Landschaftsgärten in China auf viel Interesse gestoßen ist, überrascht nicht. In England befand sich zu dieser Zeit die Diskussion um den neuen natürlichen Gartenstil in vollem Gange. Man kann sich daher vorstellen, dass diese Bilder sorgfältig interpretiert worden sind, zeigen sie doch wenig von den bis dahin in chinesischen Gärten vermuteten fantastischen, sagenhaften Darstellungen. Man entdeckte gewisse Ähnlichkeiten mit Landschaftsgärten, wie sie die spätbarocken Gärten in England abzulösen begannen. Von den detailreichen kleinen chinesischen Gärten ahnte man noch wenig. Es wäre jedoch übertrieben, wenn man den Bildwerken Ripas einen direkten Impuls auf die im Entstehen begriffene Kunst des Englischen Landschaftsgartens zugestehen würde.

6. Kapitel

Japan lernt von China

Japans Aufbruch

Wie in ganz Ostasien, so stützt sich auch die Kultur Japans in all ihren Ausprägungen auf die chinesische, ohne dass dieses Fremde durch Gewalt, Besetzung oder Kolonialisierung einem andern Land aufoktroyiert worden wäre. Die Zivilisation Chinas ist um viele Jahrhunderte älter als etwa die Japans, obwohl dieses Land auf seine ureigene Entwicklung zurückblicken kann, bevor erste Kontakte zwischen diesen beiden Ländern, meist durch nicht staatlich gelenkten Handel, zustande gekommen sind. Bedingt durch die Nähe der koreanischen Königreiche zu China mit direkter Landverbindung, gelangte ein früher Import chinesischen Wissens aus allen Bereichen von Technik, Produktion, Kunst, religiöser Anschauungen und natürlich auch von materiellen Gütern über diesen Weg nach Japan. Dazu gehört vor allem die Übernahme des chinesischen Schreibsystems mit der Anpassung an das gesprochene Japanisch, welches erst die Voraussetzung dafür schuf, tiefer in dieses noch fremde Wissen eindringen zu können. In dieser ersten Phase von Kontaktaufnahmen während Japans Kofun-Zeit (250–600) wurde jener Grundstock an Wissen, technischen Fähigkeiten und kulturellem Bewusstsein geschaffen, welcher den führenden Familien-Klans der Yamoto im Laufe der Asuka-Zeit (600–710) zur besseren wirtschaftlichen Entwicklung des Landes und Ausweitung ihres Einflussgebietes verhalf, was staatliche Strukturen über die einzelnen japanischen Inseln festigen konnte. Selektiv übernahm Japan in seinen damaligen heterogenen staatlichen Strukturen fremdes Kulturgut, oft über den Umweg von Korea, um es auf geschickte Art und Weise mit ihrer eigenen Kultur zu verschmelzen. Bereits im siebten Jahrhundert unterschied sich japanische Geomantie und Weissage-Kunst von der chinesischen, indem es heimische magische Elemente einbezog. In der Funktion als kaiserliches Hofamt führte Kaiser Temmu ab 630 das *Onmyōryō* ein, um mit dem Weg des Yin-Yang (*onmyōdō*) und der taoistischen Theorie der fünf Elemente für die Belange von Weissagung ein brauchbares Instrument zu haben, das für zeitliche und räumliche Planung von Regierungsaufgaben

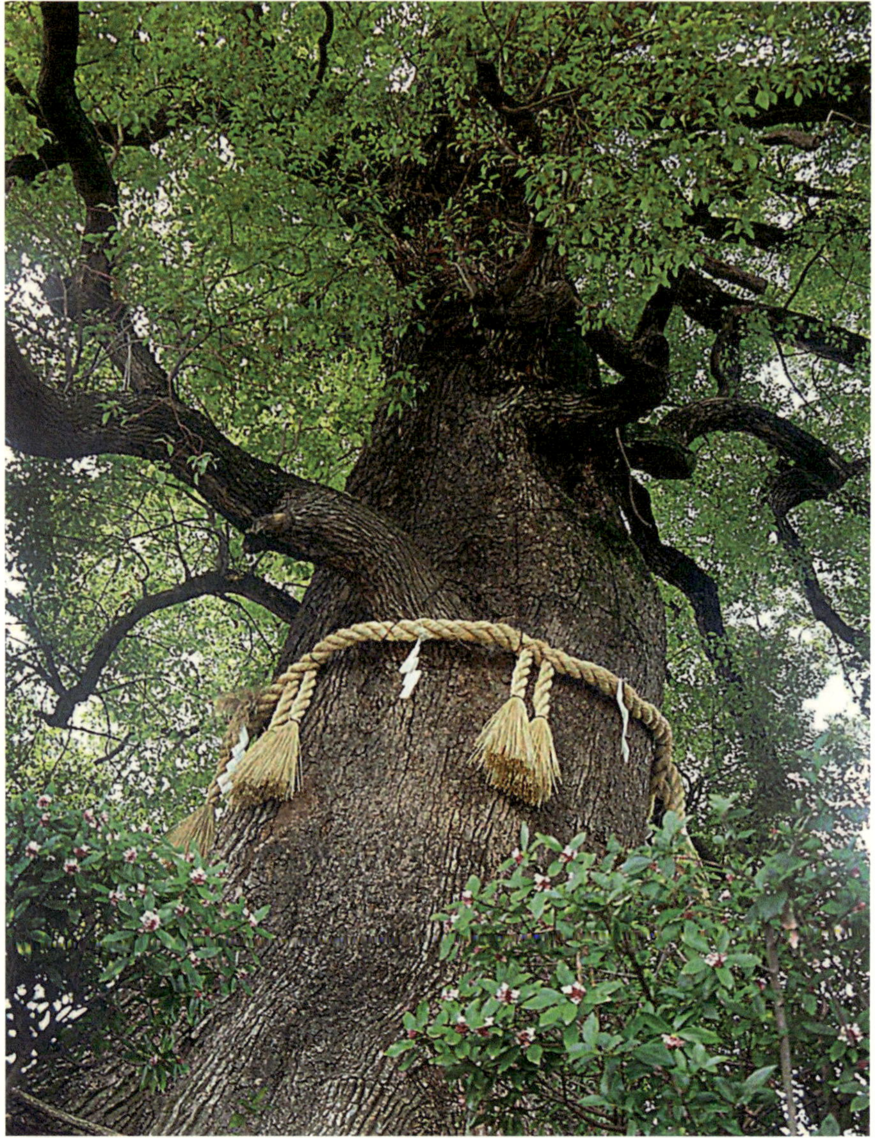

38 Heiliger Baum mit Shichigosan-Gehänge

Mit einem zeremoniellen Strohseil drapierte Alt-Bäume in Japan sind Ausdruck dafür, dass Naturobjekte beseelt sind. Im Verständnis der Naturreligion ›Shintō‹ finden sich Gottheiten (Kami) gerne in besonderen Naturobjekten ein. Diese spirituelle Grundlage erleichtert den japanischen Mönchen beispielsweise den Zugang zum chinesischen Naturverständnis und strahlt mittelbar, so lässt sich vermuten, auf das Entstehen von Gärten aus.

dienstbar gemacht werden konnte. Das japanische onmyō, auch in den Begriffen on'yō oder in'yō gebraucht, steht für Yin und Yang und für alle zyklischen Interaktionen im Bereich menschlicher oder natürlicher Sphären.[68] Der Onmyōdō-Lehrer Kanroku, gleichzeitig ein hoher aus Korea um 602 eingewanderter buddhistischer Priester, deutet an,

68 Eliade, Mircea (Hg.): Chih-I. In: Encyclopedia of Religion. Simon & Schuster, New York 1995. S. 76.

wie dieses esoterische Wissen beide Lehren verbindet. Während der Heian-Zeit ist Abe no Seimei (ca. 921–1005) ein bekannter Onmyoji, ein Yin-Yang Magier und Angehöriger dieses höfischen Amtes.

Die Heian-Gesellschaft (794–1185) tolerierte und verband unterschiedslos die religiösen Praktiken des Shintō, des Yin-Yang Systems der Taoisten, des Konfuzianismus und des Buddhismus.[69] Buddhistische Religion und Formen seines Kunstschaffens wurden ab etwa Mitte des sechsten Jahrhunderts zu einer eigentlichen Triebfeder für den chinesischen Kulturimport und für dessen Ausbreitung in allen Bevölkerungsschichten. Die eigene Shintō-Religion blieb davon unberührt und existierte nebenher; Shintoismus als Naturreligion hat eine Sonnengöttin und viele Naturgötter oder Naturwesen, die in speziellen Schreinen verehrt werden. Zentral veranlagt sind der Ahnenkult und die Identifizierung von Naturgeistern in Bergen, in bestimmten Felsen und alten Bäumen, welche mit einem aus Stroh geflochtenen Band hervorgehoben werden. Einzelne Tiere besitzen bestimmte Kräfte, die dem Menschen schaden können oder ihm förderlich sind, wie etwa Fuchs oder Schlange.

Es sind die politischen Leistungen der Yamoto-Klans, mit denen die Grundlagen geschaffen worden sind, auf denen die nächsten folgenden hundert Jahre aufbauen konnten. In dieser japanischen Neuorientierung nach dem chinesischen Vorbild vollzieht sich etwa von dem siebten bis ins neunte Jahrhundert eine enge Amalgamierung dieser beiden Kulturen, ohne noch typisch japanisch zu sein. Als sich gegen Ende der Tang-Dynastie ein gewisser Niedergang der Entwicklung abzeichnete, reiste im Jahr 838 vermutlich die letzte von dem japanischen Hof geförderte Gesandtschaft in kultureller und wirtschaftlicher Mission an den chinesischen Hof. Dies kann als der Neubeginn einer Entwicklung betrachtet werden, in der im Laufe der Zeit ein emanzipiertes Japan seine eigenen gartenkulturellen Leistungen hervorbringen sollte.

Gesandtschaften an den chinesischen Hof

Nach langen Vorbereitungen und einem gewachsenen Selbstbewusstsein am japanischen Hof konnte im Jahr 607 eine erste Gruppe von Schiffen aufbrechen, um dem Sui-Hof in Luoyang die Aufwartung zu machen. Prinz Shōtoku Taishi (574–622), der de facto Regierungschef unter Kaiserin Suiko, seiner Tante, ernannte Ono no Imoko als Delegationsleiter für diese nun offizielle erste Kontaktaufnahme zwischen beiden Ländern. Die Bauten des Regierungssitzes in Luoyang von Kaiser Sui Yangdi (569–618) und der riesige Landschaftspark außerhalb der Stadt müssen für die Besucher eindrücklich gewesen sein, gab es

69 Kitagawa, Joseph M.: Religion in Japanese History. Colombia University Press, New York 1990. S. 57.

doch nichts Vergleichbares daheim, bestenfalls erste Hallenbauten im chinesischen Stil in Nähe von Suikos Palast. Ono no Imoko sind wohl die vielen blühenden Päonien oder zumindest deren häufige Abbildungen aufgefallen. Luoyang hatte seit altersher einen Ruf für die besten Päonien-Züchtungen. Dass Imoko nicht nur Eindrücke über diese so neue Gartenkunst mit zurück nach Japan nahm, sondern dass ihm Blumen so gefallen haben, erstaunt etwas. Shōtokus Zugewandtheit an den Buddhismus muss Imoko, nach der späteren Aufgabe seiner offiziellen Ämter, dazu bewogen haben, sich als Priester-Mönch beim buddhistischen Rokkaku-dō Tempel neben einem Teich im späteren Kyoto zurückzuziehen. Dort pflegte er vor dem Buddhabildnis in einer engen hohen Vase Blumen und blühende Zweige zu Ehren Buddhas aufzustellen und später Novizen in dieser Handlung zu unterweisen. Bald wurde daraus der Begriff *ike-no-bō* und allmählich die Kunst des Ikebana. Die erste offizielle Ikebana-Schule der Ikenobō-Stilrichtung gründete ein direkter Nachfahre, Senkei Ikenobō, im Jahr 1450 in Kyoto.

Warum chinesische Emissäre mit der Delegation zurück nach Japan fuhren, mag Spekulation sein – aber im Hintergrund geisterte in der chinesischen Vorstellung immer noch der Gedanke herum, die Inseln der Unsterblichen finden zu können. In Japan angekommen, werden die Gesandten aus China die Kaiserin Suiko davon überzeugt haben, dass ein kaiserlicher Palast eindrucksvoller Bauten und umfangreicher Parkanlagen bedarf, um der Macht des Hofes Ausdruck verleihen zu können. Schon ein Jahr später reiste Imoko wieder zurück mit der chinesischen Delegation, aber diesmal mit einer ausgesuchten Gruppe von Gelehrten und Spezialisten, die erst ein Jahr später den heimatlichen Boden wieder betreten sollten. Bei den insgesamt etwa vier Reisen bis 614 muss die Kunde über den notwendigen Bau eines Teichgartens mit Inseln beim Hof der Kaiserin einen koreanischen Gartenspezialisten erreicht haben. Die Geschichtsschreibung berichtet von einem gewissen Michiko no Takumi, der wegen seiner Gesichtsentstellungen erst auf Ablehnung stieß, aber letztlich von seinen Qualitäten als Gartenbauer im Stil koreanischer und chinesischer Gärten überzeugen konnte. So wurde er beauftragt, im südlichen Hof des Palastes vor der Haupthalle einen künstlichen Berg zu bauen, der als *shumisen* an den buddhistischen Weltenberg *sumeru* erinnern soll. Sein Auftrag schloss den Bau einer kaiserlichen Brücke ein, die sich im Stil einer chinesischen Bogenbrücke über die wohl schon vorhandenen Wasserflächen spannen sollte.[70] Eine archaisch anmutende, etwa mannshohe Steinstruktur aus zwei ineinander verdrehten Figuren, aus denen ursprünglich Wasser herausgetreten sein muss, wie Öffnungen vermuten lassen, wurde 1903 ausgegraben. Der Fundort unweit von Suikos vermutetem Palast in Nara soll zum Anwesen von Suikos Onkel, dem einflussreichen

70 Kuck. S. 68.

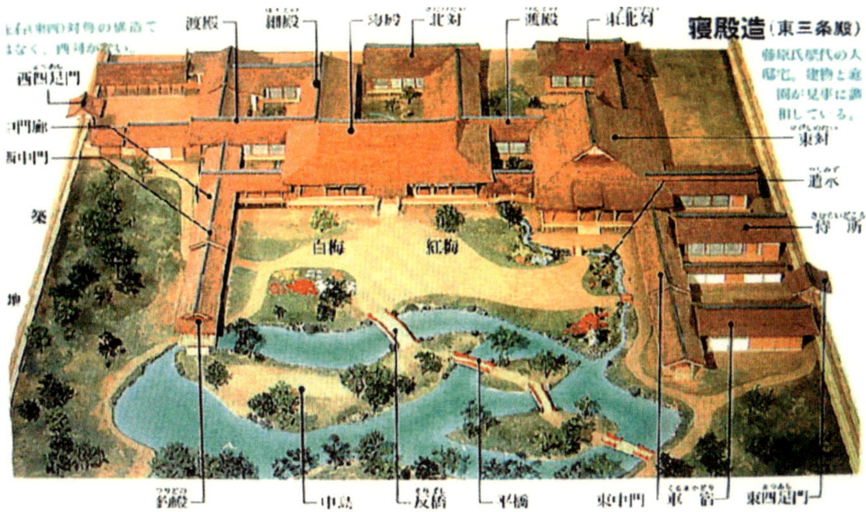

39 Das Hufeisenform-Bauprinzip früher Gärten der Adeligen in Japan

In den sogenannten Paradiesgärten während der Heian-Zeit (8.–12. Jahrhundert), welche in der Shinden-zukuri-Architektur die konfuzianisch-formale Baustruktur mit der taoistisch-buddhistisch freien Formgebung im Garten verbinden, erlebt die japanische Gartenkunst der Adeligen an kaiserlichen Höfen eine erste Blüte. Die Hufeisenform der Bauten beruht auf Prinzipien des Fengshui.

Soga no Umako am Asuka-Fluss, mit einem ausgedehnten Teich und seinen Inseln gehört haben. In den Annalen wird dieser Bau acht Jahre nach dem Auftreten des Koreaners Michiko datiert, seine Mitwirkung kann daher vermutet werden. Da Soga in seinem Nachruf als ›Herr der Inseln‹ (*shima no ō omi*) betitelt wurde, liegt es nahe, diesen Teich mit Inseln als eine ungewöhnlich ausgedehnte eindrucksvolle Anlage zu bezeichnen, die Erinnerungen an Yangdis Park in Luoyang wachruft. Welche Bedeutung der Bau von Inseln schon damals im Bewusstsein der Menschen hervorrief, ist mit dem Wort *shima* belegt. Bereits damals war Shima (oder Jima) als Wort für Insel gleichbedeutend für ›Landschaft‹ oder später Landschaftsgarten. Jun'ichiro Suwa definiert das so: Eine Insel/Shima ist neben einer naturgegebenen Landschaft auch Ausdruck einer sozial-kulturellen Ausformung.[71] So wie eine Insel innerhalb einer weiten Wasserfläche hervorsticht, bezeichnet Shima ganz allgemein einen Fokuspunkt innerhalb einer gestalteten Umgebung, was einen neuen Sinn für einen freien Raum, ja, für Leere impliziert. In einer Untersuchung von 184 historischen japanischen Gärten und ihren Daten durch Mirei Shigemori (1896–1975) kommt das Element Shima real oder abstrahiert in 78 Prozent dieser Gärten vor.[72]

71 Jun'ichiro Suwa: The Space of Shima. In: The International Journal of Research into Island Cultures. Sydney 2007. Vol.1, No. 1. S.1.

72 Tschumi, Christian: Mirei Shigemori – Rebel in the Garden. Birkhäuser, Basel, Boston, Berlin 2007. S. 60.

Für die insgesamt 19 überlieferten Gesandtschaften, die der japanische Hof bis 838 nach China einschiffte, wurden oft vier oder mehr Boote benötigt, um bis zu fünfhundert Mitglieder transportieren zu können. Neben den Diplomaten und Übersetzern befanden sich viele Mönche und Priester, die sich durch besondere Fähigkeiten ausweisen. Eine ungeheure Menge an Wissen über das chinesische Denken, seine Mythologien, Kunst, Kunsthandwerk, Technik und Wirtschaft wird in den Perioden der Asuka- über die Nara- bis in die Heian-Zeit kopiert, verarbeitet und für die japanischen Bedürfnisse adaptiert. Dies ist ein Wissensschatz, der heute als rein japanisch gilt. Die Studienreisen nach China, vor allem von japanischen Mönchen, dauerten bis gegen Ende des 9. Jahrhunderts an, bis dann offiziell geförderte Kontakte mit China für längere Zeit abbrachen.[73] Die Gründung der frühen Hauptstädte nach geomantischen Regeln fiel mit Nara auf das Jahr 710 und mit Kyoto auf das Jahr 794. Aktivitäten in diesen Städten waren noch von fremden Einflüssen geprägt, während die aufwendigen neuen buddhistischen Tempel neben jenen des Shintō-Glaubens entstanden. Gärten der Noblen mit ihren Teichen, Inseln und aufwendigen Wohnbauten suchten nach immer neuen Ausdrucksmitteln. Die 32 Hektar große, zu Ende des achten Jahrhunderts entstandene Gartenanlage von Heian-kyō (dem späteren Kyoto), Shinsen-en (Garten zur Gottesquelle), könnte noch all die Attribute eines chinesischen Jagd- und Teichparks aufgewiesen haben. Um 1602 wurde dieser Garten verkleinert und Teil des neuen Schlossbaus Nijō-jō für den Shogun. Er ist heute außerhalb der eigentlichen Schlossanlage nur noch in Resten vorhanden, zu denen drei kleine Shintō-Schreine, eine rote Bogenbrücke über den kleinen Teich sowie ein Restaurant gehören. Die Damen der gehobenen Schicht schmückten sich damals in farbigen Seidenkleidern, interessierten sich für Malerei und Dichtung. Gleichzeitig ging das Volk außerhalb dieser Zentren seinem gewohnten Arbeitsalltag nach im Bestellen der Reisfelder, der neuen Pflege von Seidenraupen, vielleicht noch im Fischfang. Erst ab dem 10. Jahrhundert etablierte sich eine gereifte japanische Kultur, die allmählich breitere Volksschichten einbezog.

Architektur und Garten

Bestimmend für den Anfang des chinesischen Gartens, aus dessen Quellen sich der japanische nährte, sind die kosmogonischen Prinzipien von Yin und Yang, welche dem Taoismus zugeschrieben werden. Sie sind Ausdruck von Gleichgewicht, Harmonie und Entsprechung von zwei Seiten gleicher Gegebenheiten. So entsprechen sich die Begriffe Ruhe-Bewegung, Weichheit-Härte, Schatten-Licht, weibliche und

73 Needham II. S. 429.

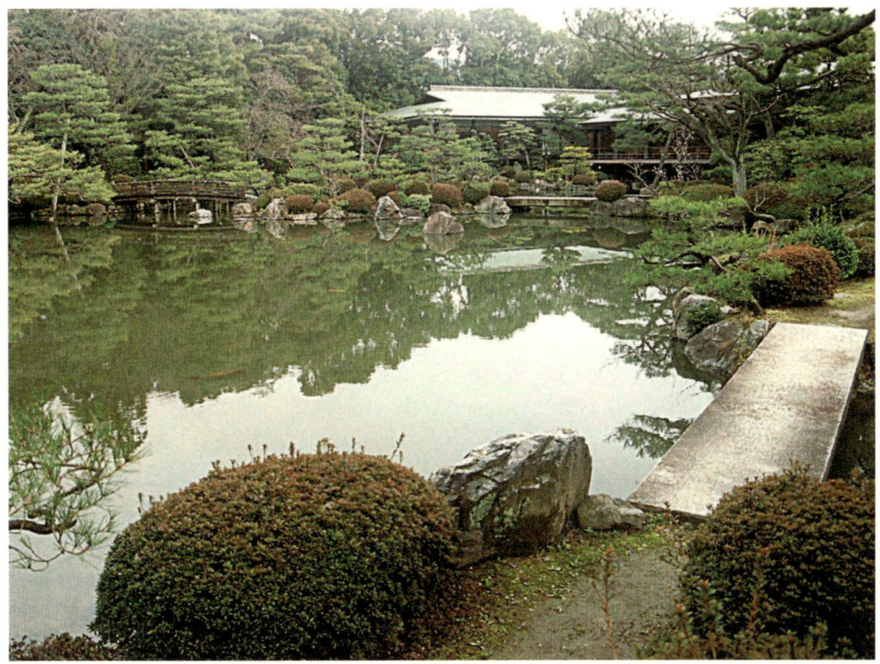

40 Teichgarten, an frühe Paradiesgärten erinnernd

Viele der späteren ausgedehnten Teichgärten, die mit Booten befahren werden konnten, erinnern an die Jō-do-Paradiesgärten des Amida-Buddhismus.

männliche Wesenheit. Der Begriff Berg-Wasser als Ausdruck der bipolaren Natur von Landschaft (jap. *San Sui)* wird in seiner chinesischen Bezeichnung Shan Shui der Terminus technicus für die Landschaftsmalerei in der Tusche-Lavis-Technik vor allem während der südlichen Song-Dynastie (1127–1279).

Im Unterschied zur klassischen chinesischen Gartenkultur, die einem eher kosmogonisch-mythologischen Diktum folgte, entwickelte sich in Japan frühestens gegen Ende der Nara-Zeit (710–794) eine freiere Form künstlerischer Umsetzung von Natur im Garten, in der sich eine enge Verbindung von Architektur und Garten auszudrücken begann. Die weitläufigen Erbauungsgärten mit großen Teichanlagen, Vergnügungsstätten der herrschenden Klasse, wurden von den Teichgärten der Jō-do-Shū-Institution (Schule des Reinen Landes) abgelöst. Paradiesische Szenerien dieser Landschaftsgärten gaben den Anhängern der buddhistischen Lehre des Reinen Landes eine Vorahnung des Westlichen Paradieses. Architekturstil und Verbindung von Bauten und Garten dieser Erbauungs- und Paradieslandschaften waren noch stark geprägt von geomantisch-kosmogonischen Vorstellungen aus dem China der Tang-Dynastie (680–960) mit der hufeisenförmigen Orientierung des Shinden-Baustils. Eine schrittweise Veränderung erfolgte mit den neuen Impulsen des Chan- (Zen-) Buddhismus, der über viele Klostergründungen in bergigeren Gebieten um Kyoto zu angepassten Bauformen des Shoin-Baustils führte. Shoin ist das Schreibzimmer in Wohnstätten, wo der niedrige Schreibtisch in einer Fensternische eingebaut ist mit direktem Blick in den Garten. In einem veränderten soziopolitischen Umfeld, das zur Stärkung der Zen-Schulen führte, trat die Nutzung des Gartens zurück zugunsten einer räumlichen Konzentration für die ästhetische und meditative Betrachtung von symbolisch repräsentativer Natur. Im Stil der Shoin-Architektur wird der Garten selten in seiner Totalität wahrgenommen. Inszenierte Blickbegrenzungen und Bildflächengliederung in den Nah- und Fern-Aspekt (*shakkei*, geborgte Landschaft) dienen der Choreografie von Bild-Rezeptionen. Die Kultur des Zen hat wesentlich zu diesem Trend beigetragen. So hat der Shoinstil über die Gartenkultur um die Teezeremonie ›cha-no-yu‹ in der späten Muromachi-Zeit (1338–1573) schließlich die Gestaltung kleiner Innenhöfe städtischer Kaufmannshäuser, *tsubo-niwa*, befruchtet, die sich am Ende einer über 300 Jahre währenden Zeitspanne kriegerischer Auseinandersetzungen während der Edo-Zeit (1603–1868) auszubreiten begannen. Dem Geist des Zen entsprechend, greift der Mensch bei der Gestaltung von Natur im Garten nicht beherrschend ein, etwa mit einer vorgefassten Idee. Er wirkt vielmehr unterstützend bei der Herausarbeitung eines Gleichgewichts zwischen gegenpoligen Standortfaktoren aus Yin- und Yang-Sphären, wie sie sich in der Verbindung von Bauten mit einer Garten-Natur ergeben.

7. Kapitel

Einfluss der Klöster

Mit der Einführung des *Insei*-Systems ab 1086 durch den 72. Tennō (Kaiser) Shirakawa in Heian-kyō (Kyoto) sollte die Macht adeliger Familien am Hof eingeschränkt werden. Meist zog sich ein abgedankter Tennō dann in ein Kloster zurück und dirigierte von dort weiterhin die Maßnahmen der Regierung. Shirakawa beispielsweise tat dies in weiteren 43 Jahren nach seiner Abdankung. Seine Familie besaß seit 1087 das Landgut *Toba Rikyū*, das man sich mit einem ausgedehnten Teich-Park vorstellen kann. Kaiser Toba regierte noch 27 Jahre nach seiner Abdankung und zog sich 1156 auf dieses Landgut zurück. Mit dem Insei waren nicht nur finanzielle Vorteile verbunden, sondern es wertete die Instanz von Klöstern als Ort von Bildung und Lehre auf. In dieser Zeit hatte sich der Einfluss eines orthodoxen Buddhismus der Narazeit bereits abgeschwächt in eine oberflächliche visuelle Form, so wie es die höfischen Eliten verstanden. Hier besaß Buddhismus nur noch eine weltliche Ausdrucksweise und wurde mit gesellschaftlichem Treiben in ihren Teichgärten zelebriert. Welche Bedeutung der Frau in ihrer Funktion als Kaiserin und der weiblichen Intelligenz am Hof zukam, lässt sich etwa durch das Werk *Genji Monogatari*, die Geschichte des Prinzen Genji, erkennen. In diesem, heute zur Weltliteratur gezählten Werk der Hofdame Murasaki Shikibu (ca. 970–1030), geschrieben etwas nach dem Jahr 1000, wird das wirklichkeitsfremde Leben der Gesellschaft am Hofe in einer Atmosphäre ausgebreitet, die den Garten der Heian-Zeit als Ort der Liebesspiele, als romantischen Rückzugsort melancholischer Stimmungen und als Ort höfischer Feste beschreibt.

Diese detaillierten Darstellungen von Seen und Teichen, ihren kurvigen Ufern, ihren Brücken, Inseln und Felsgruppen, in Gärten, wo Dichterwettbewerbe stattfanden, wo Menschen im Genuss von Natur schwelgten und diese ästhetisch würdigten, all das wurde in der Folge von Malern auf Bildrollen, Wandschirmen und anderen Gebrauchsgegenständen bildhaft festgehalten. Noch heute erinnern die volkstümlichen Sakurafeste *hanami* im Frühling während der

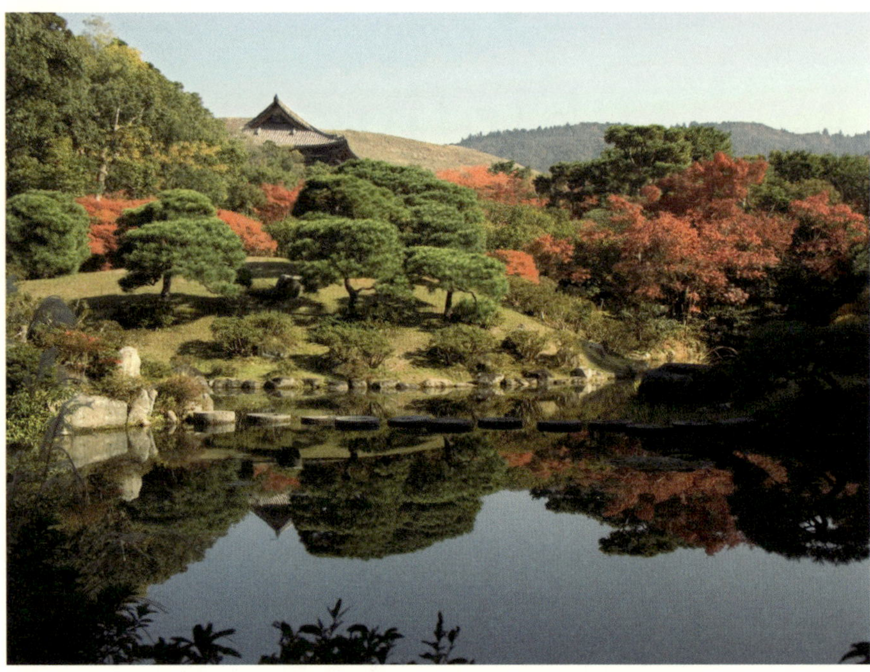

41 Geborgte Landschaft, Niwaki und Schrittsteine im Teich

Verschiedene Gestaltungstechniken kommen im Isuien-Garten in Nara aus dem 7. Jahrhundert zur Geltung. Mit einer Fläche von 13,5 Hektar verbindet er sich mit der Tempelbaukunst des frühen 8. Jahrhunderts. Das Nandaimon-Haupttor des ehemaligen Tōdai-ji-Tempelkomplexes ist im Hintergrund zu sehen. Wie wichtig im japanischen Garten kontrollierte Form ist, kommt an den Kiefern mit ihrem stets beschnittenen und kontrollierten Nadelwuchs zum Ausdruck und wird mit *Niwaki* bezeichnet.

Pflaumen- und Kirschblüte und der Herbstfeste im Farbenrausch des Ahorn-und Ginkgolaubes an die Natur- und Blütenverehrung damaliger Zeit.

Mit einer Rückbesinnung auf den Kern der buddhistischen Lehre sollte dem Garten im Sinne des Amida-Buddhismus als ›Westliches Paradies‹ eine neue Bedeutung zukommen. Mönche wie Saichō (Dengyō Daishi, 767–822) oder Kūkai (Kōbō Daishi 774–835), die noch anfangs des 9. Jahrhunderts Teil der China-Delegationen gewesen waren und bis zu zwei Jahre in China verbracht hatten, führten mit ihren Bemühungen und Klostergründungen wieder in eine neue, auf Schrifttum basierende Richtung der buddhistischen Heilssuche. Kūkais Credo und Wahrheitskonzept im Shingon ist die gegenseitige Bedingtheit von Leere und der Welt der Phänomene, wobei der Welt-Schöpfer mit Leere gleichgesetzt ist, was sich an die Schöpfungsdoktrin der Taoisten anlehnt. In Kūkais Shingon- und Saichōs Tendai-Lehre ist die Heilssuche von innen auf persönliche Bemühungen, etwa durch Meditation angelegt; anders bei Amida-Buddha, der Lehre des Westlichen Paradieses. Hier wird das persönliche Heil nur von außen erreicht, das es aber zu verdienen galt. Dies mag insofern für die Gartenkultur von Bedeutung sein, da die höfischen Teichgärten der Nara- und frühen Heian-Zeit den ›Gärten des Westlichen Paradieses‹ zugeordnet werden müssen und die meisten später entstehenden Klostergärten als Ausdruck einer inneren Heilssuche gewertet werden können.

Wichtigster Tempelkomplex in Nara war das Tōdai-ji mit seiner damals 16 Meter hohen Buddhastatue in Bronze. Von diesem Zentrum aus breitete sich der japanische Buddhismus über leicht unterschiedliche Schulen aus, wie dem *Kegon* des gelehrten Mönchs Rōben, dem *Shingon* des Mönchs Kūkai, dessen Richtung mit dem Kegon verschmolz und dem *Tendai* des Mönchs Saichō. Der Mönch Kūya (903–973) machte es sich zur Aufgabe, die Lehre des Amida-Buddha *Jōdo* des Reinen Landes oder des Westlichen Paradieses ins Volk zu tragen. Nicht nur die gehobene Gesellschaft des Heian-Hofes sollte von diesem Paradies schwärmen können. Konflikte zwischen Mönchwesen und Adel waren vorprogrammiert. Mit Beginn der Heian-Zeit hat sich der Einfluss dieser neuen buddhistischen Schulen, vor allem der Tendai und Shingon, den sogenannten esoterischen Schulen, durch viele private Tempel-und Klostergründungen auf dem Berg Hiei (durch Saichō) und auf dem Berg Kōya (durch Kūkai) als Zentrum des Shingon gefestigt. Durch den Staatsstreich der Minamoto unter Kiyomori kam es 1179 jedoch zum abrupten Ende des Insei-Systems. Weitere Auseinandersetzungen zwischen Familien-Klans, zwischen den Tempelmilizen von Nara und Kyoto mit Tempelbrandschatzungen, machten Kiyomori bald zum mächtigsten Mann Japans, mit dem aber auch die Heian-Zeit zu Ende ging. Kluge Heiratspolitik, durch die er sich mit dem Fujiwaraklan verbündete, wie er sich auch der Gunst des mächtigen Tempels des von Saichō gegründeten Tendai-Zentrums Enryaku-ji auf dem Berg Hiei versicherte, festigten seine Macht.[74] Mit den kleinteiligen unsymmetrischen Bauten ihrer Bergklöster begann ein Wandel in der Tempel- und Klosterarchitektur. Eingeführt wurden separate kleine Mönchsquartiere mit eigenem kleinen Gartenhof zur Meditation, verstreut im Gelände des Hauptklosters liegend. Aus diesen entwickelten sich im Laufe der Zeit die vielen Untertempel innerhalb des Bezirks eines Haupttempels. Schließlich befanden sich über 400 klösterliche Bauten auf diesem Berg, der maßgebend für die Gründung Kyotos war. Nicht nur schützt der Berg die Stadt gegen Nordosten, dem potentiell schädlichen Einfallstor unliebsamer Geister aus Gründen des Fengshui, sondern sie wird zusätzlich durch die Anhäufung religiöser Zentren geschützt.

Bei allen Anlagen dieser Zeit waren die Richtlinien und Gebote chinesischer Geomantie (Fengshui) maßgebend. Tendai und Shingon symbolisieren in ihren pagodenartigen Bauten die buddhistische

74 Brasch, Heinz: Kyoto. Die Seele Japans. Walter Verlag, Freiburg i. B. 1974. S. 62.

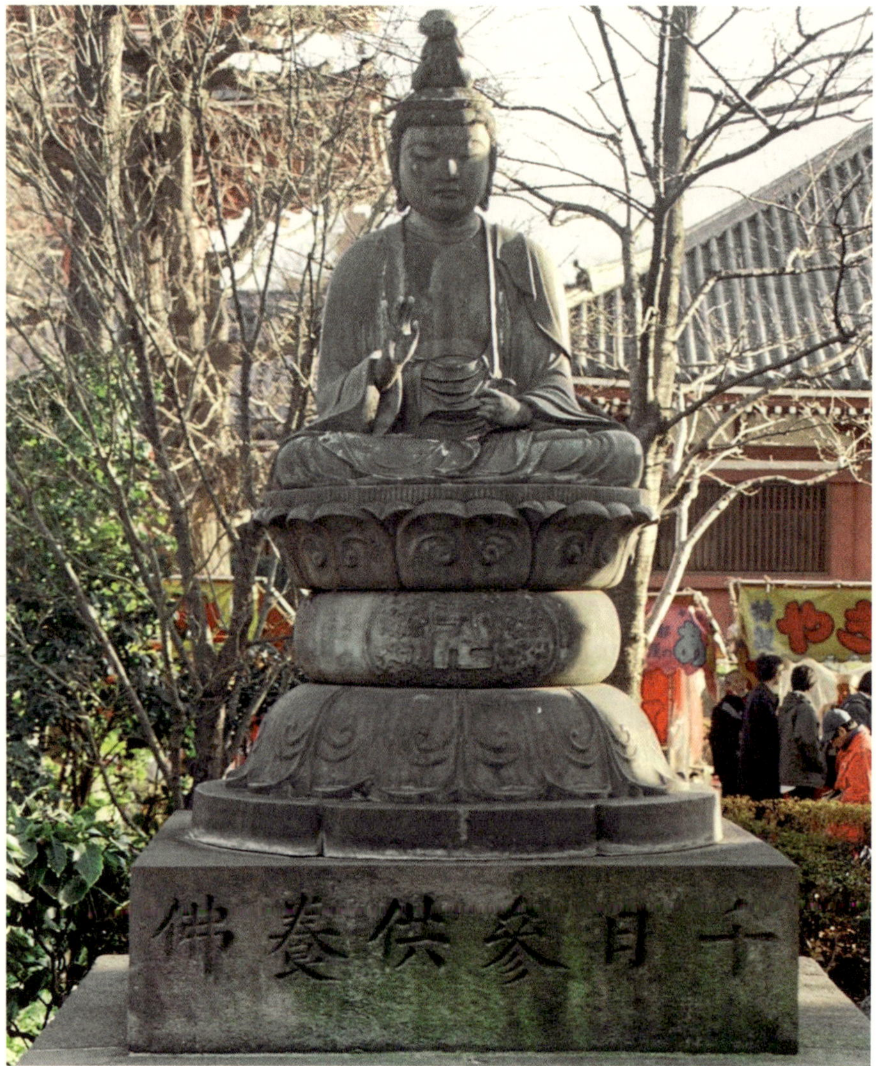

42 Symbolik buddhistischer Sakralkunst

Eine Buddha-Statue vor einem Tempel in Asakusa, Tokyo, versinnbildlicht die Verbindung der himmlischen mit den irdischen Sphären durch die Kreisform des Lotos-Sitzes mit dem Quadrat des Sockels.

Kosmologie mit zwei Hauptaspekten des Universums. Unverkennbar deuten diese auf altindische und taoistische Herkunft: *Kongō-kai* ist die Diamanten-Welt des unzerstörbaren, in seinem Potential noch nicht entwickelten Geistes und ist meist durch das Kreissymbol ausgedrückt. *Taizō-kai* ist die Welt im Schoß der Mutter-Erde, des dynamischen materiellen Wandels und wird oft als Quadratsymbol dargestellt.[75]

75 Eliade, Mircea (Hg.): The Encyclopedia of Religion. Vol.1–10: Shingonshu S. 275. Macmillan. New York 1995.

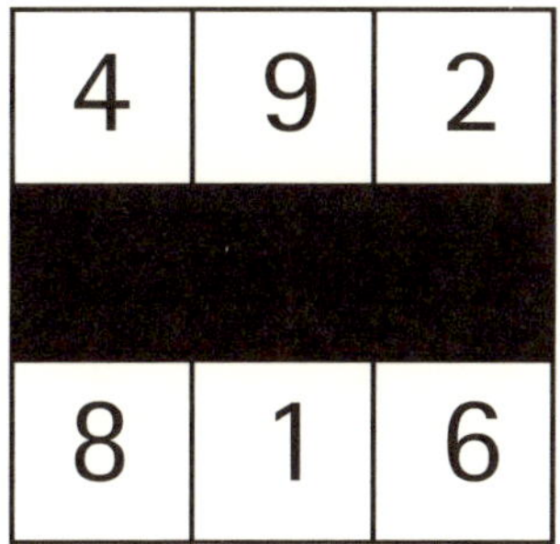

43 Das Magische Quadrat

Gleiche Summen aller Zahlenreihen und das Shichigosan der 7-5-3 Zahlenreihe verweisen auf älteste chinesische Symbole des Lo-Shu.

Hier scheint eine Übereinstimmung mit jenen enigmatischen Strich- und Trigramm-Symbolen des Ho-t'u und des Lo-shu aus ältester chinesischer Zeit vorzuliegen. In der Verbindung mehrerer Bedeutungsebenen, über die Trigramme des Yijing, die Yin-Yang Polarität und die fünf evolutiven Elemente, entspricht das Ho-t'u dem unveränderlichen geistigen Prinzip kosmischer Wirkungskräfte.

Das Lo-Shu hingegen ist Ausdruck von Evolution, des steten Wandels und der steten Bewegung, und findet in den Zahlen der neun Häuser des Magischen Quadrats seine Entsprechung, dessen Zahlenreihen alle die Quersumme 15 ergeben. Es weist in der horizontalen Mittelachse – in der Lesart von rechts nach links – die Zahlenreihe 7-5-3 auf. -7- gilt als mythische Zahl des kreativen Kosmos; sie vereinigt die heilige Drei des Göttlichen mit der Zahl Vier des Weltlichen. -5- ist die Zahl des Menschen und seiner fünf Sinne; sie vereinigt die Zwei des weiblichen Prinzips mit der Drei des männlichen; sie ist Prinzip der Wechselwirkung von Gleichem und Ungleichem, von Yin und Yang. -3- ist die Integrationszahl und Schlüssel des Weltganzen und dynamisches Energieprinzip von Trennung und Neuordnung; sie entspricht der Einheit, aus der die Zwei der Polarität von Yin und Yang erwächst. Auf diesen himmlischen und irdischen Ordnungssystemen baut die chinesische wie die japanische Geomantie und Weissagekunst auf. Im *Ming T'ang*, dem Kalenderhaus mit neun Sälen, angeordnet nach dem Muster des Magischen Quadrats, wurden in der Han-Dynastie kurz vor und nach Beginn unserer Zeitrechnung rituelle Handlungen zelebriert, welche der Verbundenheit von Zeit und Raum Ausdruck verliehen. Die Zeremonie ist durch den Gestus der 7-5-3 Zahlen getragen und gibt nach uralter Tradition den Rhythmus der Zeit an. Außer dem Raum 5, der in der Mitte liegt, hat jeder mit einer ungeraden Zahl bezeichnete Raum eine einzelne und jeder geradzahlige eine doppelte Estrade, insgesamt also zwölf – eine für jeden Monat. In diesem neunhäusigen Kalenderhaus, dem Abbild des Kosmos, wirkt der Kaiser in archaischen Zeiten als Mittler zwischen Himmel und Erde. Dieser Bau mit einem runden Dach steht auf quadratischem Fundament. Nach konfuzianischer Ordnung hält sich ein Regierungsbeamter an die vorgeschriebene rhythmische Ordnung, wenn er mit 30 Jahren Verantwortung übernimmt, bis 50 Regierungsgewalt ausübt und mit 70 diese an seine Nachfolger abtritt. Die 7-5-3 Zahlenreihe ist im japanischen Denken fest verankert und äußert sich als Begriff des *shichigosan* (shichi:7, go:5, san:3) auf vielfache Weise, um der Einheit von Raum und Zeit Ausdruck zu geben. Der Meditations- und Tempelgarten Ryōan-ji in Kyoto ist dafür berühmtestes Beispiel in der japanischen Gartenkunst. Bereits in der Heian-Zeit zeigte sich, in welche Richtung sich japanische Gartenkultur entwickeln wird. Im Gegensatz zu China, wo sich Gartenkultur maßgeblich in den Gärten einer gehobenen, meist gelehrten Bürgerschicht auszudrücken vermochte, sind es in Japan neben einer elitären Aristokratie vornehmlich Tempel- und Klostergärten, die dann später erst den Gärten der Samurai-Kriegerklasse und jenen der Kaufmannschicht ihren Stempel aufdrückten. Diese Gartenkultur ist von dem Prinzip des San Sui (Berg-Wasser) beeinflusst mit Elementen wie Teich, Berg und Inseln, bleibt jedoch in erster Linie ästhetisch ausgerichtet. Der chinesische Garten hingegen hält – wie schon erläutert – lange an mythisch-symbolischen Inhalten fest.

Klösterliche Institutionen, vor allem jene mit kaiserlicher Anerkennung, bildeten Mönche entsprechend ihrer Begabungen in drei Klassen aus. Man muss dabei berücksichtigen, dass es in diesen Zeiten des Umbruchs üblich war, dass sich hohe Mitglieder der kaiserlichen Familie oder mächtiger Familienklans in Klöster zurückzogen und sich unter strenger Disziplin Studien hingaben. Im Kloster verblieben in der Regel Mönche, die als Lehrer, Forscher und Wegbereiter in Theorie und Praxis für die kulturelle Bereicherung des Landes vorgesehen waren. Sie waren die Lehrer der Nation. Eine zweite Gruppe von Mönchen verließ beispielsweise den Berg Hiei und diese traten meist als Berater in Dienste des Staates oder wichtiger Familienklans ein. Eine dritte Gruppe von Mönchen, die nicht auf Dauer in den Klöstern des Berges blieben, diente als Lehrer des Volkes und als Berater in wirtschaftlichen und technischen Belangen. Es sind die Mönche aus der zweiten Gruppe, welche die Tradition japanischer Gartenkultur etwa ab Ende des 12. Jahrhunderts, dem Beginn der Kamakura-Zeit, weiter trugen. Aus ihren Reihen traten die *ishitate-sō* Priester hervor, welche die Felsensetzenden genannt werden. In einer zeitlichen Überlappung gewannen Priesterpersönlichkeiten an Bedeutung, die ihre erste Ausbildung im Tendai-Zentrum auf dem Berg Hiei oder im Zentrum der Shingon-Sekten bekamen. Sie trugen zu einer gewissen Verschmelzung geistiger Inhalte mit dem Shintoismus bei und regten zu neuem Diskurs über die Bedeutung des Buddhismus an. Hōnen (1133–1212) wie Shinran (1173–1262), Anhänger des Amida-Buddhismus, lösten sich als Volksprediger von den Machtstrukturen der Klöster und den weltlichen Obrigkeiten. Eisai (1141–1214) gründete nach Rückkehr von seiner zweiten Chinareise im Jahr 1191, wo er die Schriften des Chan- (Zen-) Patriarchen Chih-i studieren und das Teetrinken kennen lernen konnte, die Schule des Rinzai-Zen in Japan mit den Zentren Jufuku-ji in Kamakura und Kennin-ji in Kyoto. Er war es auch, der den Gebrauch von Tee in Japan einführte. Seine rätselhafte Frage-Antwort-Technik *kōan*, die dem Novizen die Aufgabe gibt, hinter einer widersprüchlichen Fragestellung Wahrheiten zu finden, wurde vor allem von hochrangigen Samurai gefördert, welche in machtvollen Positionen saßen. Unter ihrem Einfluss wurden die sogenannten Fünf Tempel (*gozan)* als Zentren des Zen-Studiums und chinesischer Schriften in Kyoto und Kamakura erbaut. Go-zan bedeutet fünf heilige Berge in Anlehnung an buddhistische Tempel in meist bergigen Regionen Chinas, wobei die Fünf eine zentrale Zahl in Chinas Denken ist. Diese Anspielung auf fünf Berge wurde in Klostergärten immer wieder aufgenommen und inspirierte Maler wie Dichter. Eine ähnlich positive Aufnahme fand dreißig Jahre später das aus dem südlichen Song Chinas eingeführte Sōtō-Zen von Dōgen Kigen (1200–1253), einem Tendai-Mönch. Grundlage dieser Zen Schule ist *Zazen*, eine gegenstandslose Sitzmeditation, um eine Einheit des eigenen Geistes mit den Dingen der Erscheinungswelt zu erlangen.[76] Inspiriert von der Song-Kultur übte Sōtō-Zen Einfluss auf die kulturelle und künstlerische Entwicklung in Japan aus und förderte die Ausbreitung von Meditationsgärten, obwohl Dōgen Kunst und Ästhetik in der Suche nach Erleuchtung eher als Hindernisse sah und mehr spartanisch ausgerichtet war. Zu dieser gegenstandslosen Konzentration auf die Aufmerksamkeit des Jetzt gehören beispielsweise das Nō-Theater, die Tuschemalerei, das Bogenschießen und auch die Gartenkunst. Zur Überwindung der Müdigkeit beim Meditationssitzen trank man Tee in den Zen-Klöstern, woraus sich im Laufe der Zeit die Teezeremonie entwickelte, wobei viel Kunst darauf verwendet wird, um Kunstlosigkeit zum Ausdruck zu bringen. Im Sinne von Dōgen sollte hier eher das Natürliche als das Künstlerische zum Ausdruck kommen. Wenn bis dahin das Andachtsbild im Mittelpunkt buddhistischer Verehrung stand, wurde es in der Lehre des Zen zurückgedrängt. Nun offenbarte sich Buddha in allem Existierenden, in der Natur, vor allem im Berg, im Wasser, in Fels, Baum und Pflanze, was sich in einem, dem Rationalen oft entziehenden, tiefgehenden Verhältnis zum Wesen von Natur ausdrückt.[77] Zen vereinigt im zunehmenden Einfluss der verschiedenen Schulen taoistische Kosmologie mit konfuzianischer Disziplin und Ethik und buddhistischer Bilderwelt, ohne den altjapanischen Pantheismus einer mit Gottheiten belebten Natur der Felsen und Wasserfälle abgelegt zu haben. Es ist daher naheliegend, dass der

76 Dumoulin, Heinrich: Der Erleuchtungsweg des Zen im Buddhismus. Fischer Verlag, Frankfurt a. M. S. 122.

77 Schaarschmidt-Richter, Irmtraut: Der Japanische Garten – Ein Kunstwerk. Office du Livres, Fribourg 1979. S. 182.

Berg-Wasser-Begriff in seiner japanisierten Form *San Sui* schon in der Kamakura-Zeit (1185–1333) als Ganzheitssymbol für Natur im Denken der Zen-Schulen festgeschrieben wurde. Ob man heute noch von einer Zen-Gartenkunst sprechen kann, die auf einer allmählichen Reifung ästhetischer Prinzipien und einer religiös-philosophischen Sichtweise auf Natur basiert, mag fraglich sein. Aber den historischen Gärten Japans den gestalterischen Impuls des Zen abzusprechen, wie es beispielsweise Wybe Kuitert (* 1955) als Zen-Gartenmythos abtut und dazu besonders Musō Soseki als Zeugen benennt, ist nicht haltbar.[78]

Gartenkultur zur Heian-Zeit

Murasakis Geschichte über den Prinzen Genji, die um das Jahr 1000 oder 1010 geschrieben worden ist, beschreibt die ästhetisch-emotionale Verbindung der Menschen dieser Zeit zu ihrer gestalteten Garten-Natur. Das Werk enthält den Begriff *mono no aware* unzählige Male und bedeutet so viel wie Gefühl zeigen oder empfinden. Wenig später, Mitte des 11. Jahrhunderts, wurde das erste theoretische Werk über die Anlage von Gärten geschrieben. Es ist unter dem Namen ›Sakuteiki‹ bekannt, hat keine Bilder und besteht aus zwei Schriftrollen. Auf recht nüchterne Weise beschreibt es, welche Umstände bei der Anlage von Gärten zu beachten, welche Vorsichtsmaßnahmen zu treffen sind und in welcher Reihenfolge man vorgehen sollte. Kern der Aussagen sind Anweisungen zum Aufstellen von Felsen sowie ein Ausdruck, der in eine ähnliche Richtung zeigt wie *mono no aware*, nämlich *kohan ni shitagu*. Es wird übersetzt mit ›den Bitten Folge leisten‹, die ein Geländeabschnitt, ein Bach- oder Teichufer, Felsbrocken oder andere Gartenelemente zu erkennen geben, wenn man nur genau hinsieht, hinhört, sich hineinfühlt und so die innere Zusammengehörigkeit aller Dinge erkennt. Denn im Sinne des Shintoismus und des Buddhismus sind all diese Dinge belebt und haben eine Seele.[79] Dabei wird unterschieden nach *Ujō*, also solchen, die (wie Tiere, Menschen) Wünsche haben, und nach *Hijō*, also solchen, die keine Wünsche haben, wie etwa Pflanzen und Steine. So berichtet zumindest L. Hearn.[80] Ähnlich wird mit dem im Japanischen heute nicht mehr geläufigen Ausdruck *tayori* im Sakuteiki gefordert, den zu gestaltenden Bereich eines Gartens nach subjektiven Kriterien, also weniger durch den Verstand als nach dem Herzen zu beurteilen. Dann erschließen sich Fragen des Maßstabes, der richtigen Proportionen, der Anpassung an das Gelände in ihren geistigen Strukturen fast

78 Kuitert, Wybe: Themes, Scenes and Tastes in the History of Japanes Garden Art. S. 81 f und S. 158 f. Grieben 1988.

79 Nietschke, Günter: Japanische Gärten. Taschen Verlag, Köln 1993. S. 61.

80 Hearn, Lafcadio: Izumo, Bicke in das unbekannte Japan. Rütten & Loening, Frankfurt a. M. 1921. S. 16.

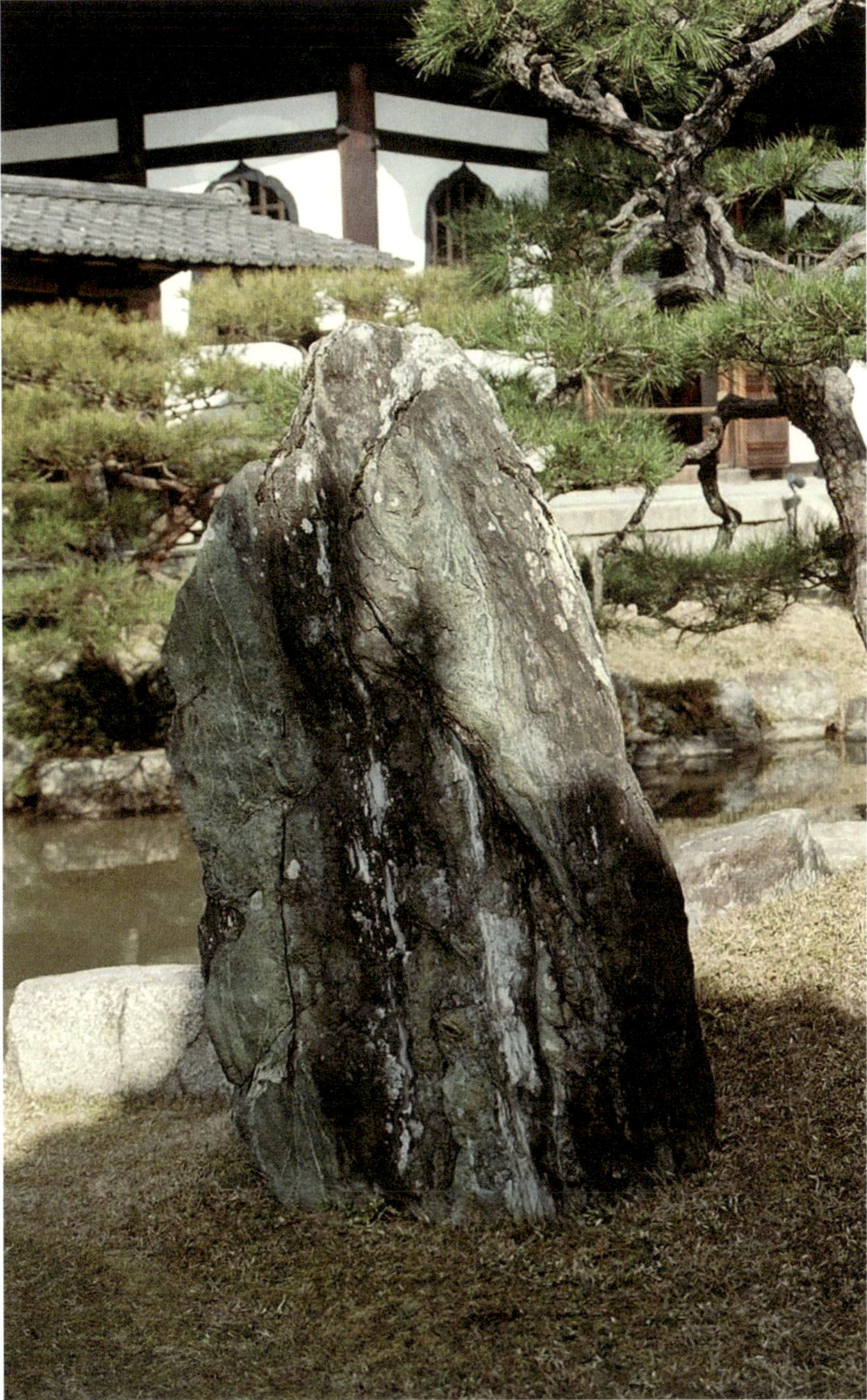

44 Der Einzelfelsen im japanischen Garten

Im Unterschied zur chinesischen Verehrung löchriger Verwitterungsfelsen im Garten wird in den Rissen, Adern und Verwitterungsspuren eines Urgesteins im japanischen Garten die Ästhetik und Symbolik von Natur und Landschaft besser vertreten und verehrungswürdig gesehen. Auffallend ist, dass ein solcher Stein nicht kerzengerade, sondern immer in leichter Neigung in Erscheinung tritt.

von selbst.[81] In diese Kategorie des gefühlsmäßigen Erfassens von Natur gehört der Ausdruck *fuzei* im Sakuteiki. Es bedeutet, die Essenz von Natur im Atmosphärischen, das Poetische im Garten zum Ausdruck zu bringen. Dabei geht es weniger um eine bildhaft dargestellte Naturszene, als vielmehr um die Perzeption, wie der Mensch das Besondere einer dargestellten Szene nicht nur in seiner Ästhetik und Atmosphäre, sondern auch als verschlüsselte Aussage begreifen kann. So entsprechen Felsen in Flankierung eines Wasserfalls, in der Platzierung als einzelne Objekte oder in Gruppen, vielleicht noch mit Kieferbäumen verbunden, welche den Blick über eine dunstige Wasserfläche führen, dem Konzept des *fuzei*. Es ist ein poetisch-qualitätsorientiertes Konzept des Designs.[82] So kann es dem Vorbild Natur in der Nachbildung möglichst nahe kommen – und dem Geist des Ortes, dem Genius loci, Ausdruck verleihen.

Mit diesen kurzen Darstellungen ist zusammengefasst, welchen Zugang zur Natur man in Japan meist heute noch hat. Dieser auf taoistischem Gedankengut aufbauende Weg einer sino-japanischen Naturinterpretation unterscheidet sich von jenem, den die westliche Gartenkultur genommen hat. Diese fand mehr als 700 Jahre später als Japan zu einer naturnahen Gartenform. In Japan bildet sich im Unterschied zur Entstehung der chinesischen Gartenkultur eine andere Richtung heraus, ohne mythischen Naturvorstellungen nachzuhängen. Sie findet in dieser engen Identifikation mit Natur andere Ausdrucksweisen. Mangels Gärten aus dieser frühen Zeit müssen wir heute auf nur wenige Bildwerke, auf theoretische Schriften und insbesondere auf die Geschichte über den Prinzen Genji zurückgreifen, in der die Autorin, eine Dame bei Hof, bildhaft das Treiben dort und die Gärten beschreibt. Beides, Genjis Geschichte und der Ort, auf dessen Erfahrung das Sakuteiki begründet ist, verweisen auf die adeligen Sitze oder auf kaiserliche Paläste in einer Zeit, als die Fujiwarafamilie und deren Ableger zu Macht und Ruhm gekommen sind. Damals war das Zusammenspiel der Persönlichkeiten aus heutiger Sicht unübersichtlich. Wann welcher Kaiser oder welche Kaiserin, welcher de facto Regent oder Shogun tatsächlich die Macht in Händen hatte, weiß man nicht. Michinaga (966–1028) beispielsweise war nur kaiserlicher Regent und Verwalter, aber er kontrollierte seinen Einfluss über vier Töchter, die nicht-amtierende Kaiserinnen waren, als Onkel von zwei Kaisern, als Großvater von drei weiteren Kaisern. Zwei kaiserliche Gemahlinnen waren seine Schwestern. Sein Sohn Yorimichi (992–1074), ebenfalls ein Fujiwara, übernahm die Regierungsgeschäfte im Jahr 1017 und war wie sein Vater und Großvater Bauherr mächtiger Tempelanlagen, wie beispielsweise des 1052 erbauten Byōdō-in bei Uji , dessen Phönix Halle heute im restaurierten Zustand mit vorgelagertem Teich Besucherströme anzieht.

81 Rambach, Pierre u. a.: Sakuteiki ou Le Livre Secret des Jardins Japonais. Skira, Genf 1973. S. 256.

82 Slawson, David A.: Secret Teachings in the Art of Japanese Gardens. Kodansha, Tokyo, New York, London 1987. S. 70.

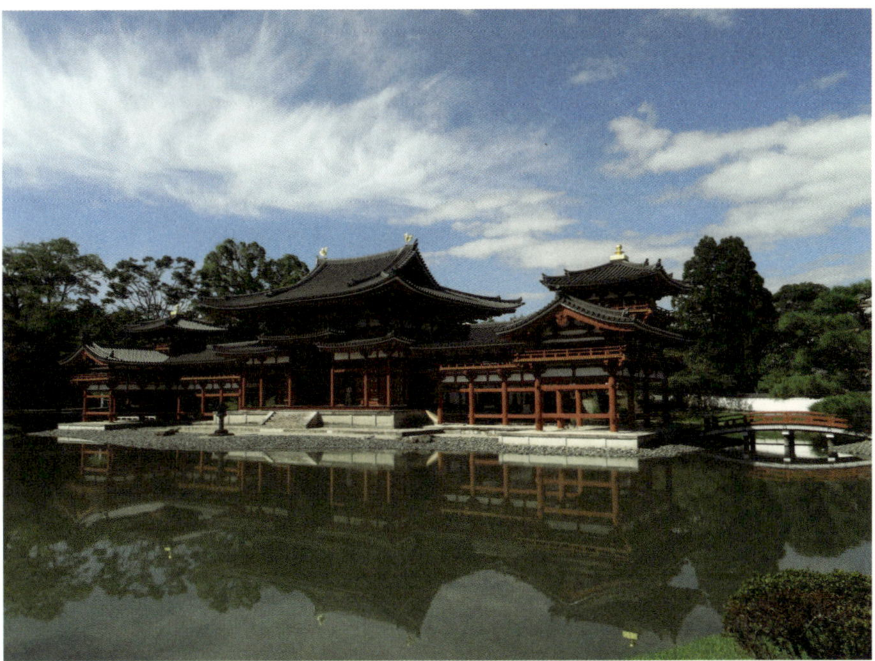

45 Byōdō-in. Tempelhalle von 1052

Mit der 1052 auf dem Landsitz eines Feudalfürsten errichteten Phönix-Tempelhalle Byōdō-in in Uji nahe Kyoto ist eine der wenigen Original-Holzarchitekturen überliefert, die Fujiwara no Yorimichi als Tempel einweihen ließ. Die Einbettung in eine Teichlandschaft erinnert vage an die Gartenvorstellungen der damaligen Zeit.

Man kann sich vorstellen, welche dominante Figur Michinaga am Hof immer noch war, nachdem er sich 1019 von den aktiven Regierungsgeschäften zurückgezogen hatte, wie er den Paradiesgarten genoss und sich von den Hofdamen bedienen ließ. Dort wird er sein Tagebuch geschrieben haben, dessen Originalschrift nun als Weltkulturerbe gilt. Es wird daher davon gesprochen, dass die Hofdame Murasaki ihn als Vorbild für ihren Geschichtshelden Prinz Genji nahm. Yorimichi, sein Sohn, der die Geschicke des Landes fast ein halbes Jahrhundert lang in seiner Eigenschaft als Regent neben dem Kaiser leitete, hatte selbst aktiv in die Gestaltung von Gartenanlagen eingegriffen. Einer von Yorimichis Söhnen, Tachibana Toshitsuna (1028–1094), war trotz eines anderen Familiennamens ein Fujiwara. Er gilt heute als Autor des Sakuteiki-Gartentraktats aus der Mitte des 11. Jahrhunderts mit den sogenannten geheimen Texten. Diese haben zwar einen esoterischen Hintergrund mit ihren Geboten, Verboten und Androhungen von Missgeschick, sollte ein Fels einmal völlig falsch aufgestellt werden. Geheim waren sie nur insofern, dass eine Weitergabe dieses Wissens nur an mit dieser Materie Vertraute erfolgen sollte. Tachibana hat dieses Wissen aus mündlicher Tradition zitiert, daneben konnte er die gestalterischen Tätigkeiten seines Vaters genau verfolgen. Er sprach aber auch von Dokumenten, die ihn aus anderen Quellen erreicht haben sollen. Gewisse Kenntnisse über das Anlegen von Gärten erfuhr Tachibana nach seinen Angaben von Mönch En'en Ajari aus der Tendai-Schule von dem Berg Hiei, der als begabter Maler bekannt ist und wohl auch ein Spezialist für das Aufstellen von Felsen gewesen sein mag. Als Baubeauftragter bei Hof leitete oder beeinflusste Tachibana die Anlagen vieler Aristokraten und wurde von Kaiser (Tennō) Shirakawa um seine Meinung gefragt, wie er den kaiserlichen Garten Tobadono (auch Toba Rikyū) im Vergleich zu anderen fände. Tachibana antwortete selbstbewusst, er fände drei andere Gärten, darunter seine eigene Gartenanlage, schöner, da Tobadono nicht so eine schöne Umgebung aufzuweisen habe.[83] Auch an anderer Stelle im Sakuteiki betont Tachibana die Bedeutung der ›geborgten Szenerie‹, jene, die von jenseits der Gartengrenze als wichtige Aussicht hereingeholt werden könne und so Teil der Gestaltung sei. Auch die Gestaltung der Felsen erhalte ihre natürlichen Qualitäten als beseelte Individuen. Jeder Stein besitze ganz eigene Ecken und Kanten. Die frühen Gartenbauer suchten sie wegen ihrer natürlich entstandenen Form aus, die sich nicht nur durch Farben, Einschlüsse und viele Risse mitteilen, sondern auch durch ihre Energieausstrahlung. Je besser solche Steine in Bezug zueinander und in einer gewissen Ausbalanciertheit aufgestellt würden, umso mehr käme dieses Gefühl von Kraftflüssen zur Geltung. Erst dann bewirke die Schönheit solcher Stein-Arrangements jene Einzigartigkeit eines jeden Gartens. Die richtige mentale Einstellung sei Voraussetzung, um etwa durch die Symbolik einer Steinsetzung in ihrer Form, Größe und Zusammenstellung die Schönheit einer Gartenszene auf eine Art und Weise zum Ausdruck bringen zu können, die dem Betrachter innere Ruhe und ästhetische Ausgeglichenheit vermittele.[84] Obwohl Gartensteine nicht selten von weit her geholt wurden, war sich der Gartenkünstler sehr wohl bewusst, welche Lage ein bestimmter Stein mit Bezug zu seiner natürlichen Umgebung vorher eingenommen hatte. Dem versuchte er durch geschickte Gruppierung und durch die wesensgerechte Aufstellung am neuen Standort bestmöglich zu entsprechen.

Man erkennt in der Pfeilgrafik die drei Hauptrichtungen von Kraftvektoren einer Felssetzung. Für diese drei Kräfte benutzt die japanische Sprache den Ausdruck *oshakei.* Je nach der Neigung eines Felsens (Diagonale) nimmt der Kraftvektor ab oder zu. Die aufstrebende Gerade symbolisiert geistige, kosmische Kräfte oder Energien, die liegende Gerade hingegen Erdkräfte. Die Diagonale als dritte Kraft entspricht dem vermittelnden und gestaltenden Einfluss des Menschen.

83 Keane, Marc P.: Japanese Garden Design. Tuttle Publishing. Tokyo, Rutland, Vermont, Singapore 1996. S. 8.

84 Fukuda, Kazuhiko: Japanese Stone Gardens. Tuttle Publishing. Tokyo 1970. S. 12.

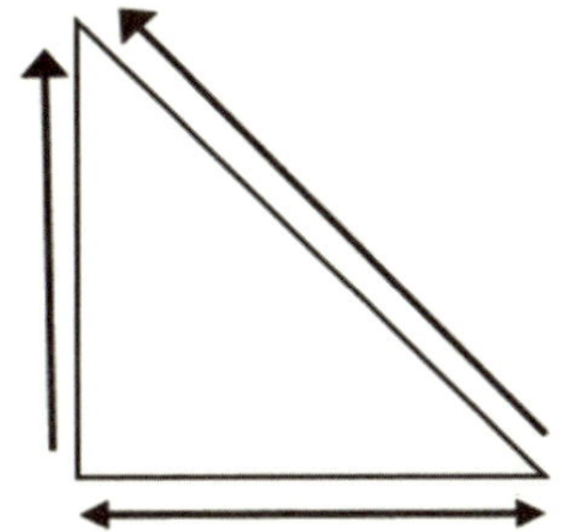

46 Die Kraftvektoren des Dreiecks

Besonders in Felssetzungen von Dreiergruppen ist der energetische Ausdruck von Vertikale, Horizontale und Diagonale spürbar.

Sowohl in der Bau- und Gartenkunst als auch in den Schönen Künsten dient die Dreieckform vielfach als Mittel, um einen Kraftvektor und Energiefluss sichtbar zu machen. Augenfällig ist dies in vielen Dreier-Felskompositionen mit einem aufrechten Hauptstein, zusammen mit einem kleineren, leicht geneigten Nebenstein und einem untergeordneten, eher flachen Stein.

Die Dominanz eines aufrechten Fels-Individuums (Vertikale) bedarf der ausgleichenden, dienenden Wirkung eines liegenden Steins, um die Yin- und Yang-Sphären zu harmonisieren. Die Kunst der japanischen Felssetzung liegt besonders bei Dreiergruppen darin, trotz Variabilität der Anordnung stets eine ausbalancierte Proportionalität zu erreichen. Ob nun ein Stein dicht am Nachbarstein oder im genau richtigen Abstand dazu liegt, hängt von dem Volumen und von der Ausstrahlung des dominanten Steins ab, der wiederum durch Profil, Form, Größe und Neigung der Gruppe eine neue Gewichtung vermittelt. Der Hauptstein gliedert sich in Kopf, Körper, Hüften und Fuß, und kann schlank oder von körperlicher Fülle sein. Der dienende Nebenstein weist meist zwei Drittel an Volumen des Hauptsteins auf, kann leicht geneigt sein, wenn er aufrecht steht, und ist in der Regel oben abgeflacht. Als Variante kann der Nebenstein in liegender Position der Gruppe eine ganz andere Note geben. Der dritte Ergänzungsstein besitzt weniger als ein Drittel an Volumen gegenüber dem Hauptstein und ist plattig flach oder leicht körperlich und dient wesentlich dem dynamischen Ausgleich der Gruppe. In ästhetisch austarierter Harmonie befindet sich eine Felsengruppe dann, wenn ein Kräfte-Gleichgewicht herrscht, die Abstände zueinander dem Volumen der Steine entsprechen und der Bezug zur Gartenfläche hergestellt ist. Neben diesem sensorischen Erfassen einer Steingruppe kommt der tradierten Symbolik, die eine Drei-Stein-Gruppe vermittelt, eine ortsspezifische Bedeutung zu. Da gibt es die Wasserfallgruppe, die Gruppe der hei-

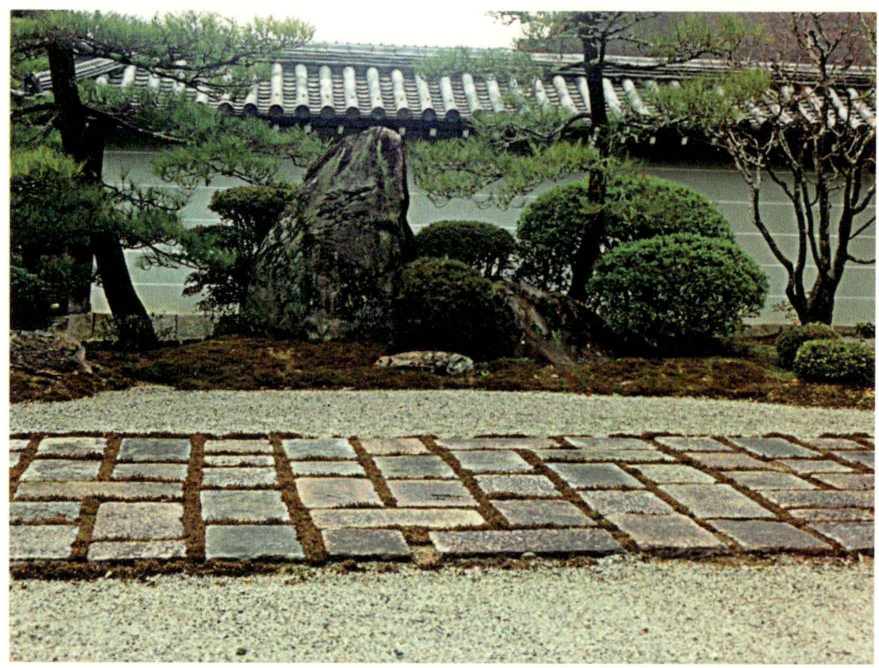

47 Ästhetik von Felssetzungen

Es sind die japanischen Klostergärten, welche in ihrer Ästhetik, in ihrem Gestaltungsreichtum und Naturinterpretationen durch Felssetzungen, Formbüsche und Symbolgehölze die Entwicklung der Gartenkultur von früh an prägen. Auffallend sind in dieser Felsgruppe Neigung, Gegenbewegung und ausgleichender Ruhepol.

ligen Berge oder die Triade mit Bezug auf die buddhistische Trinität. In den meisten klassischen japanischen Gärten, vor allem jene des Typs Trockengarten, ist dieses feinfühlige Herangehen einer Flächengestaltung spürbar. Die Natur eines Ortes muss aus dem Zusammenwirken ihrer Energiefelder verstanden werden, wie *R. Sheldrake* im Zusammenhang mit dem Aspekt morphogenetischer Felder 1990 bemerkt. Isamu Noguchi schrieb 1978 mit Bezug auf das Phänomen von Spiegelung und Widerhall sinngemäß dazu: »[…] es entsteht eine Art von Summen aufgrund von […] Schwingungen zwischen den Dingen und den Räumen und dann entwickelt sich eine Art magnetischer Wirbel, in den man hineingezogen wird.«[85] Gestalterische Finessen mit Fels-Platzierungen wurden bereits mit der theoretischen Schrift des Sakuteiki angedeutet. Diese zeichnen sich aber erst deutlicher in den frühen Teichgärten seit dem 13. Jahrhundert ab. Bildlich werden diese Fragestellungen um das Gestalten mit Felsen im Garten erst um Mitte des 15. Jahrhunderts wieder aufgenommen. Die auf den Priester Zōen zurückgehende illustrierte Garten-

85 Il Kim: Isamu Noguchi, Ausstellungskatalog Vitra Design Museum Weil a. Rh. o. J. S. 163.

Theorie über die Gestaltung von Landschaften mit Bergen und Wasser *Senzui narabi ni yagyō no zu* wurde von Priester Hōin Shingen überliefert. In diesem Werk wurden besondere Felsen in ihrer Funktion und Ort der Verwendung beschrieben. Sie haben Namen, die dem szenisch gewollten Effekt Rechnung tragen. So gibt es Berg-Felsen, Bach-Felsen, Teich-Felsen; wichtig ist der Tabu-Felsen, der Gast-Felsen. Weitere 57 Namen-Felsen tauchen in dem Werk auf. Interessant sind die dort aufgeführten sogenannten namenlosen Felsen, die als Beigabe einer komponierten Szene offensichtlich das Gefühl von Natürlichkeit bestärken sollen. Das Original trägt den Stempel des Untertempels Shinren-in, das zur Klosteranlage des Ninna-ji, einem Haupttempel der Shingon-Sekte, gehört. Von diesem sollen die Tätigkeiten der Fels-setzenden-Priester *ishitateso* ausgegangen sein. Slawson weist in seiner Übersetzung dieser bebilderten Schriftrolle nach, welche Bedeutungen Form, Neigung und Ort der Aufstellung von Felsen, aber auch namentlich von Kiefern haben.[86] Diese Bäume werden immer in Verbindung von Felsen im Garten gesehen. Im Ganzen strahlt diese Garten-Theorie eine gewisse Natürlichkeit aus, die den Geist des Ortes anspricht und so in den Kern der Zen-Philosophie weist.

Shinden und die Paradiesgärten

Gärten der Heian-Zeit muss man sich im Kontext mit der Shinden-Architektur vorstellen, eine Architektur, die sich von dem Haupthaus (Shinden) aus der Garten- und Teichanlage zuwendet. Ähnlich sind die Amida-Hallen gegen Süden auf den ›Garten des Westlichen Paradieses‹ ausgerichtet. Das Hōjō-ji 1020 von Michinaga, ein Jahr nach seinem Rückzug von offiziellen Diensten in Kyoto gebaut, setzt den Hallenkomplex, eher ungewöhnlich für diese Zeit, in die Mitte eines umfriedeten Bezirks. Die Gartenanlage mit Teich, Inseln und Brücken ist auf das Zentrum orientiert, das ringsum von Bauten umschlossen ist. Anders die Amida-Halle (Phönixhalle) von Uji, sie orientiert sich nach Shinden-Stil gegen Süden auf die Gartenanlage hin. Der Shinden-Baustil wurde in Hufeisenform nach geomantischen Regeln und Schutzfunktionen angelegt, wobei der südlich vorgelagerte Hof, meist 15–20 Meter tief, zwar Platz für gesellschaftliche Aktivitäten schafft, aber im Wesentlichen ein freier und geschützter Bereich ist. Seine Funktion ähnelt daher derjenigen des archaischen Reinheitsplatzes *niwa* vor einem Schrein des Shintō-Glaubens, auf den sich die Götter herablassen können. Dieser offene Gartenhof wird im Sakuteiki *nantei* genannt. Bei vielen Variationsmöglichkeiten und unterschiedlichen Größen wird das

86 Slawson. S. 92–96.

Grundprinzip des Shinden-Stils beibehalten. Niwa, das als Begriff für den frühen Garten gebraucht wird, ist in erster Linie ein offener freier Bereich in Verbindung mit einer Behausung, der erst in einer weiteren Entwicklung zu einem Garten mutiert.

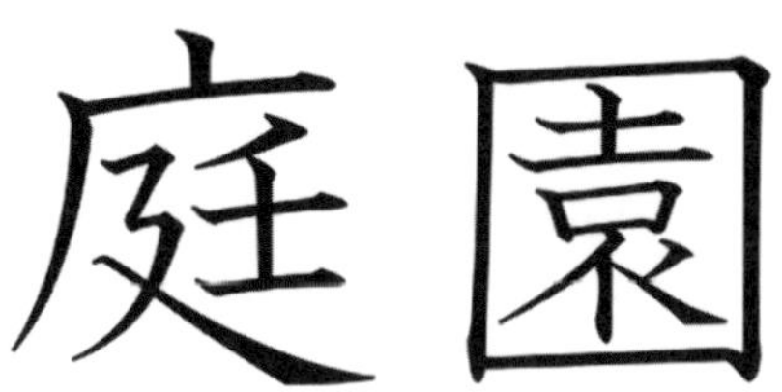

Diese beiden japanischen Schriftzeichen werden heute üblicherweise für den Ausdruck ›Garten‹ *teien* verwendet. Dabei wird das Schriftzeichen für *niwa* vorangestellt und impliziert, dass zum Garten ein offener und freier Raum gehört. Links und rechts neben dem freien Raum vor der Haupthalle Shinden schließen sich Nebenbauten an, von denen man auf überdachten Korridoren bis zum Endpunkt nahe am Teich zu einem Pavillon gelangen kann. Der bauliche Komplex ist in konfuzianischer Bauweise symmetrisch angelegt mit ineinander geschachtelten Wohn-, Haushalts-, Lager- und Schlafquartieren. Letztere sind nach Frauen und Männern getrennt. Das Quartier des Wachpersonals liegt im Norden oder Nordosten, um dieses besonders gefährdete Einfallstor gegen böswillige Mächte zu schützen. Dadurch ergeben sich mehrere kleine Innenhöfe, die meist begrünt und gepflastert sind und einen Bereich mit dem anderen verbinden. Je nach Lage und Begrünung der Höfe werden sie Jahreszeiten zugeordnet oder sind nach einem dominanten Baum oder nach einer Pflanze benannt. So gibt es den Paulownien-Hof, den Glyzinen-Hof, den Winterkirschen-Hof. Manche Höfe haben Kübelpflanzen, wie man aus den Beschreibungen über den Prinzen Genji entnehmen kann. In Anspielung auf den Shinden-Baukomplex berichtet das Sakuteiki von einem Bach, der im Osten entspringen soll, manchmal kleine Wasserfälle überwindet, von Norden her durch den Shindenbezirk in südlicher Richtung fließen soll, um dann in südwestlicher Richtung den Bereich zu verlassen. Hier klingt an, womit Richtlinien des Fengshui einen guten Energiefluss sichern sollen: Wasser, das von Nordosten kommt, führt wasserbezogene Probleme fort.[87] Es ist nicht gesichert, auf welche Weise Aristokraten dieser Zeit sich ihrer Notdurft entledigten. Vielleicht besitzt der Bach dafür eine bestimmte Funktion und reinigende Wirkung. Man mag sich dieses Szenario aber nicht wirklich vorstellen in Hinblick auf die Bedeutung, die Teichanlagen dieser Paradiesgärten einnehmen. Ein solcher Bach mäandert gemäß einer Beschreibung entlang des östlichen Korridors, teilweise unter diesen hindurch, um sich dann in den Teich zu ergießen. Die Teichanlage weist in der Regel und analog von Vorbildern aus China meist drei bis fünf Inseln aus, deren erste man über eine zinnoberrote Bogen-

87 Slawson. S. 147.

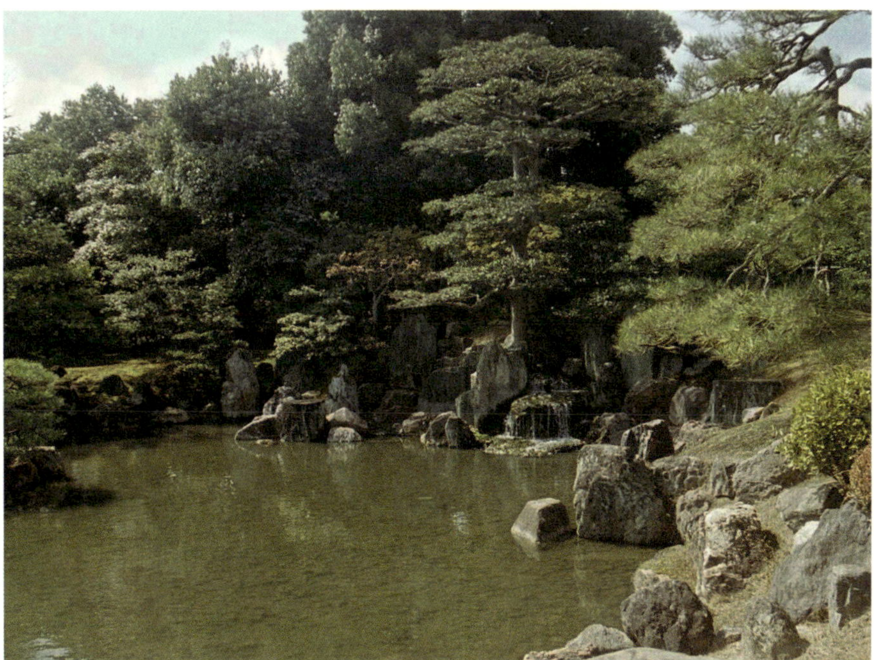

48 Geist des Ortes

Wie in China wird auch in Japan die Typisierung von Landschaft im Garten durch die variantenreiche Gestaltung mit Wasser, Felssetzungen und Symbolbäumen wie mit Kiefer und immergrünen Gehölzen bestimmt und ist stets eine Gegenüberstellung von Yin und Yang. Die Szene mit Wasserfall beschwört die Beseeltheit von Naturgeistern herauf. Die Gärten mit der Schlossanlage Nijō-jō in Kyoto, erbaut ab 1601 für Shogun Tokugawa Ieyasu, wurden unter der Aufsicht von Kobori Enshū für den Shogun Tokugawa Iemitsu um 1626 ergänzt und erweitert. Die eindrucksvolle Teichanlage mit den drei legendären Inseln ist Teil des Ninomaru-Gartens des Nijō-Schlosses.

brücke erreicht. Zwei Inseln sind untereinander mit flachen Stegen verbunden, während bei einer der hinteren Inseln zum Ufer hin ein Brückenteil entfernbar ist, um Boote passieren lassen zu können. Die Inseln weisen Bäume wie Kiefern und Gruppen von Steinsetzungen auf. Entlang der Bach- und Teichufer sieht man kleine und hohe Felsen; verschiedene Pflanzen und Bäume sind auf natürliche Art und Weise gepflanzt. Rechts, außerhalb des einen Korridors, besteht ein Garten, der für die Anzucht von Pflanzen und Blumen dient.[88] Mit Bezug auf die Platzierung von Steinen und Felsen liest man im Sakuteiki: »Wenn du dir über die Art der Steine und wo du sie stellen möchtest klar geworden bist, lass dich von deinem Gefühl leiten und beobachte, wie das Land liegt.« Über das Positionieren von Felsen haben sich bestimmte Konventionen herausgebildet, wie das Saku-

88 Ishizawa, Masao (Hg.): Architecture & Gardens: Pageant of Japanese Art. Toto Shuppan, Tokyo 1957. S. 31–32.

teiki betont. Es sollten immer mehr horizontale als vertikale Felsen zu sehen sein; sie sollten sich meist an etwas anlehnen, so etwa gegen den Fuß eines Baums, neben einen Hauspfosten oder bei einem Hügel; dort, wo der Berg die Ebene trifft, sollten Steine wie liegende Hunde aussehen, so, als ob sie zur Ruhe gekommen wären.[89] Am Ufer eines Sees oder Baches setzt man Felsen am besten paarweise, einer davon steht aufrecht, der andere daneben ist der flache dienende Stein, sodass sich ein Paar wie Yin und Yang ergibt. In ausgedehnten Gärten müssen besonders massive gewaltige Felsen proportional zur Größe der Anlage passen, sodass man ihre Bedeutung auch aus der Entfernung ermessen kann. Steine dürfen nie bearbeitet aussehen. Besonders große werden aus Transportgründen gespalten und am Ort der Verwendung wieder zusammengesetzt.

Eine spezielle Form von Inselsteinen werden nach einer chinesischen Legende Schildkröten- oder Kranichsteine genannt, denn diese beiden Tierzeichen stehen für Beständigkeit und langes Leben.[90] Als drei legendäre Inseln werden sie Kame-Jima (Schildkröteninsel), Tsumu-Jima (Kranichinsel) und Hōrai-Jima (Insel der Glückseligen) genannt. Schwärmerisch wird in Genjis Geschichte von Wasserfällen und Kaskaden im Bachlauf berichtet, wo Felsblöcke sorgfältig gesetzt sind, sodass man sie immer von einer bevorzugten Seite sehen und sich über das Geplätscher des Wassers erfreuen kann. Sakuteiki gibt weitere Angaben zur Anlage von Wasserfällen und Kaskaden: »Den Bereich unterhalb eines Wasserfalls markieren zwei links und rechts eingebaute wohlgeformte Felsen, die etwa die halbe Höhe der den Wasserfall flankierenden Felsen einnehmen und die Breite des Bachlaufes bestimmen. Unterhalb davon verteilen sich kleinere Felsbrocken, die der Anlage einen guten Zusammenhalt geben.« An anderer Stelle wird das Größenverhältnis zwischen Höhe und Breite einer kleineren Kaskade ins Verhältnis von Drei-Fünftel (Höhe) zu Zwei-Fünftel (Breite) gesetzt und entspricht so einer harmonischen Beziehung wie Yang zu Yin. Was Wasserfälle mehr voneinander unterscheidet, ist die Art und Weise, wie das Wasser die Felskanten verlässt. Wenn diese Stellen etwas versteckt sind, gewinnt der Wasserfall immer an Tiefe.[91] Nun stehen Quellen und Wasserfälle eng in Verbindung mit den mythischen Geistern der Erde, wodurch ihre Gestaltung einen direkten Bezug zu diesem zu verinnerlichenden Geist von Natur herstellen.

89 Earle, Joe (Hg.): Infinite Spaces. The Art and Wisdom of Japanese Gardens. Based on the Sakuteiki. Tuttle Publishing. Tokyo, Singapore 2000. S. 25–30.

90 Conder, Josiah: Landscape Gardening in Japan. Kodansha, London, Neuauflage 2002. S. 52–55.

91 Earle. S. 48–54.

Der Moostempel Saihō-ji

Eindrücklich können die drei unterschiedlichen Felssetzungen in der Tempelanlage von Saihō-ji dieses Gefühl vergeistigter Natur vermitteln. Gleichzeitig sind sie eine rein japanische Interpretation nachempfundener Natur. Damit deutet sich bereits der Übergang in die Zeit der Kamakura-Epoche von 1185–1333 an. Saihō-ji wird im Volksmund Kokedera, Moostempel, genannt. Er liegt in einer Hügelfalte südwestlich von Kyoto, ist heute meist mit Ahornbäumen bewaldet, ein Unterholz fehlt fast, hier und da taucht ein Bambushain auf. Die Gegend ist eher schattig und wegen des lehmigen Bodens mit einer Vielzahl unterschiedlicher Moosarten überzogen. Das Gelände teilt sich in einen unteren Bereich mit zwei Teichen und Inseln darin, der noch am ehesten an einen Garten ›des Reinen Landes‹ (*jōdo*) erinnert. Der größere Teich mit seinen buchtenreichen Felseinfassungen hat die Form des chinesischen Zeichens für Herz. Hier sieht man Dreier-Steingruppen, die aus einem Vertikal-Stein und zwei niederen Nebensteinen bestehen, welche auf die taoistische Mythologie von Inseln der Unsterblichen Bezug nehmen können. An einer Stelle fällt der Yogoseki-Stein auf, ein mächtiger Felsbrocken, der im Geist des Shintō-Glaubens als Ort göttlicher Präsenz mit einem dicken aus Reisstroh geflochtenen Strick drapiert ist. Er erinnert an den Shintō-Tempel, der vor langer Zeit in der Nähe existiert hat. Steigt man weiter hinauf über Schrittsteine und durch ein Mauertor hindurch, wird man von einem Wald mit seinen Moosteppichen in einer Atmosphäre von andächtiger Stille empfangen.

Eine Gruppe von Felsen, die auf den ersten Blick wie ausgestreute Felsbrocken auf einem Moosteppich aussehen, als ob geologische Zeiten sie dort hinterlassen hätten, entpuppt sich als eine raffiniert platzierte Einheit des Schildkrötentyps, so wie Sakuteiki das formuliert. An anderer Stelle erkennt man die künstlerische Felsfassung einer Quelle ganz nach der Beschreibung im Sakuteiki. Hier stützen Flügelsteine die Anlage seitlich ab und der kaum 30 cm tiefe Teichgrund ist mit Felsplatten ausgelegt. Den Rand der kleinen Wasserfläche begrenzen flache Felsen, hoch genug, um zum Wassertrinken einzuladen. Neben dem schmalen Abfluss durch den Moosteppich hindurch erscheinen weitere flache, von Moos überzogene Felsen, die zum Meditieren in dieser geheimnisvollen Landschaft einladen. Die letzte der drei bedeutenden Felsplatzierungen findet man in Nähe eines Schreins. Der Wasserfall dort ist und war wohl immer trocken. Wie eine Stufen-Kaskade bauen sich die Felsen auf. Auch hier hat man den Eindruck, als ob die Natur die kantigen und meist abgeflachten Granitfelsen zufällig hinterlassen hätte. Die Anlage ist dreistufig angelegt mit zwei moosbedeckten Zwischenpodesten und ist horizontal betont, da

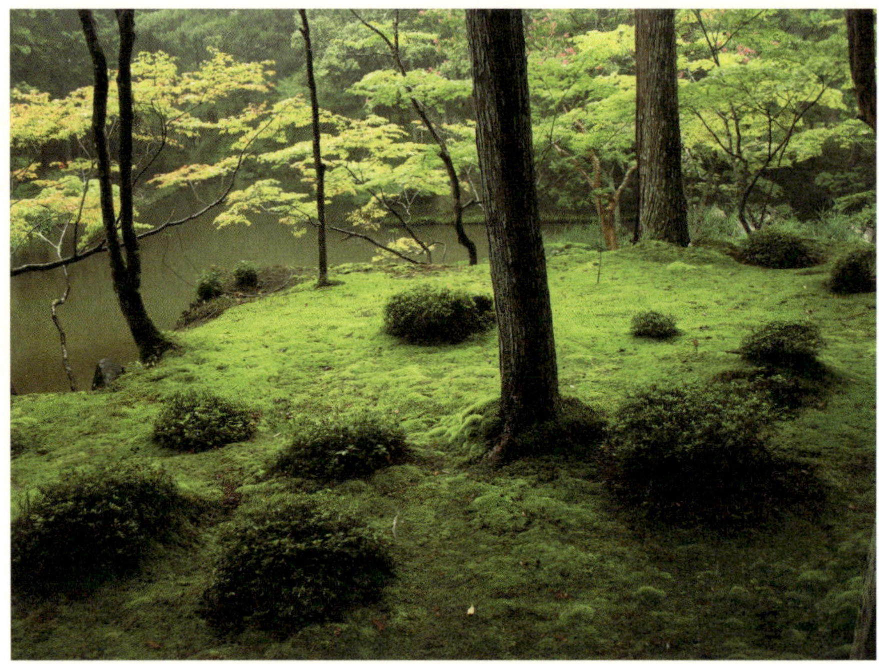

49 Geheimnisvoller Wald des Moosgartens

Der Moosgarten *kokedera* in der Saihō-ji-Tempelanlage nahe Kyoto aus dem 14. Jahrhundert gilt bei vielen als die schönste naturbetonte Gartenanlage. Sie wurde ursprünglich dem Mönch Musō Soseki zugeschrieben.

dominante Vertikalsteine fehlen. Dass sie von Menschenhand erstellt ist, zeigen einige bloßgestellte Fundierungen unter diesen Felsen, welche in dieser Art in näherer Umgebung natürlich nicht vorkommen. Von dem Sakuteiki, dem klassischen Handbuch der Gartenkunst aus der Heian-Zeit, wissen wir, dass es Gärten gibt, in denen man Felsen aufstellt, ohne dass Teiche oder Wasserläufe vorhanden sein müssen. Diese nennt man Karesansui, Trocken-Landschaftsgärten. »[…] In einem solchen Garten ist ein Teil des Hügels als Felsenkliff geformt […]«[92] Wörtlich übersetzt bedeutet *kare* trocken, *san* bedeutet Berg, und *sui* ist Wasser. Es ist also ein trockener Berg-Wasser-Garten, wobei Berg durch die Felssetzung und Wasser durch die Lage des Sandes mit wellenförmigen Strukturen symbolisiert werden. Die Steinwerke im Saihō-ji fallen in diese Kategorie, obwohl sie in ihrer natürlichen Ausstrahlung fern jeglicher Abstrahierung noch kaum als ein Werk der von dem Zen beeinflussten Gartenkunst bezeichnet werden können und keine Sandlage aufweisen. Wie oft kolportiert, werden die beschriebenen Felssetzungen im Saihō-ji dem Zen-Mönch Musō Soseki (1275–1351) zugeschrieben. Er hat sie aber weder geplant noch er-

92 Nietschke. S. 68.

stellt.[93] Er stand diesem ehemaligen Jōdo-Kloster als Abt von 1339 an vor, um es in eine Rinzai-Tempelanlage umzuwandeln. Gleichzeitig wurde er Gründungsprälat des Klosters Tenryū-ji. Er wandelte dieses Zentrum des Amida-Glaubens im unteren Teil der Gesamtanlage von Saihō-ji in eine angesehene Zen-Institution um und nahm sich der Instandsetzung der Gebäude und der Gartenareale an. Teichanlagen und Felssetzungen weisen eher auf das Ende der Heian- oder auf den Beginn der Kamakura-Zeit hin. »Dem von tiefem Ernst beseelten Zen-Meister Musō Soseki (Mönchsname Chiyo, während seiner Zeit im Tendai-Kloster) ging es indes nicht allein um die künstlerische Landschaftsgestaltung seiner Klöster. Ihm lag stets daran, auch durch ein beseeltes Naturbild Grundideen seiner Zen-Auffassung mitzuteilen und gleichsam auf Schritt und Tritt die Gegenwart der Buddha-Natur in allem Sein spürbar werden zu lassen.«[94] Dieses beseelte Naturbild lässt sich eher im unteren Teichgarten des Saihō-ji ausmachen, dort, wo Musō im Alter von fast 65 Jahren den Geist der Natur zum Strahlen bringen konnte. Die Erklärung, warum sich Saihō-ji in den unteren Teich- und Jōdo-Garten und einen oberen Hügelgarten mit den Steinsetzungen teilt, liegt an der Gründung von Jodo-Zwillingstempeln, veranlasst von Fujiwara Morokazu, einem Hauptpriester des Matsuo-Taisha-Schreins unweit des Saihō-ji. Zwischen 1190 und 1198 wurde wohl erst der obere, heute nur als Shitō-an-Tempelhalle existierende, unter dem Gründungsabt Hōnen (1133–1212) gebaut; und erst anschließend der untere Saihō-ji-Tempel. Dies muss eine der frühen Anlagen zu Ehren des Amida-Buddhas sein, wie der Name Saihō-Jōdo (Westliches Paradies) andeutet. Die beschriebenen Felssetzungen müssen daher vor 1198 datiert werden.[95] Im Jahr 1994 wurde Saihō-ji in die UNESCO Welterbe-Liste aufgenommen.

In den kriegerischen Auseinandersetzungen gegen Ende der Heian-Zeit verlieren die Fujiwara um 1160 ihren Einfluss an den Taira-Klan. Diese werden durch die Moritomo unter Yoshitsune, dem späteren Nationalhelden, besiegt. Sie können so die Macht wieder für sich festigen. Mit der Einrichtung des Shogunats in Kamakura ab 1185 leiten sie den Beginn einer neuen Epoche ein, die den Shogunen während fast siebenhundert Jahren die Macht auf dem Inselreich in die Hände gibt. Es sind die auf diese Kriegerkaste zurückgehenden Eigenschaften wie Disziplin und Ehrgeiz, welche eine spezielle Ästhetik fördern und verbunden sind mit einem gewissen Purismus. Dies öffnet den Zugang zum Zen-Buddhismus in einem dieser Kriegerkaste eigenen Asketentum und letztlich den Zugang in das Reich der Entspannungskultur des Tee-Weges.

93 Kuck, S. 109.
94 Brinker 1993, S. 72.
95 Kuck, S. 110.

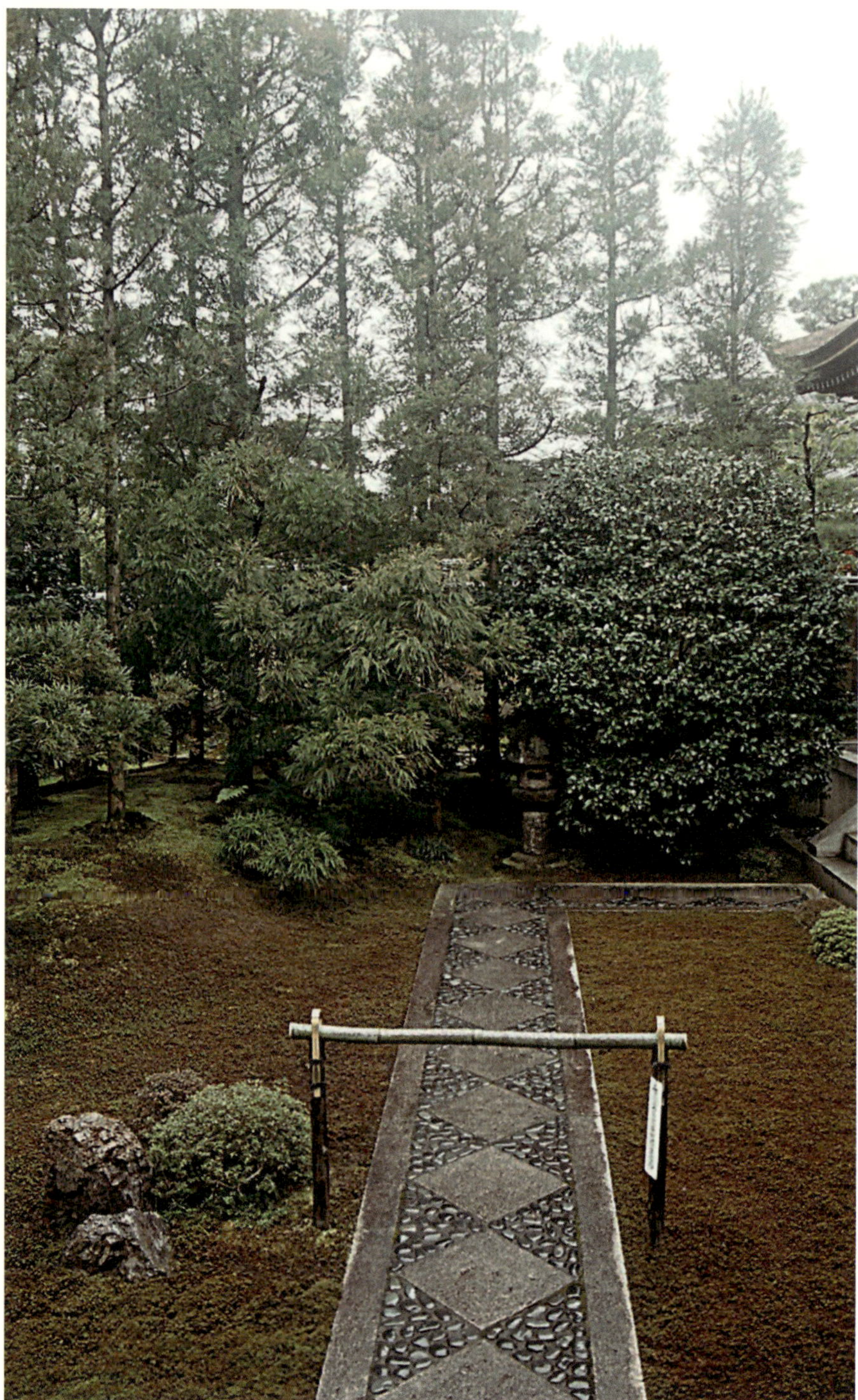

50 Die Leere des Moosteppichs

Detail aus dem Tempelkomplex Ninna-ji in Kyoto: Die gestalterische Kraft der mönchischen Gärtner zeigt sich in kleinsten Details. Akkurate Pfadführung, eingebettet in einen Moosteppich und gerahmt durch kompakte Gehölzpflanzung; der Haltepunkt am Pfad ist durch eine Fels-Pflanzengruppe hervorgehoben. Ninomaru-Gartens des Nijō-Schlosses.

8. Kapitel

Shogune und ihre Gärten

Eine Übergangszeit

Das Ende des 12. Jahrhunderts ist überschattet von kriegerischen Auseinandersetzungen zwischen den Familien-Klans der Fujiwara, der Taira und der Minamoto. Der siegreiche Yoshitsune der Minamoto wird später als Nationalheld gefeiert. Welche Beweggründe sein Bruder Yoritomo (1147–1199) gehabt haben mag, Yoshitsune mit Frau und Kind in den Tod zu treiben, ist ungeklärt. Dies macht ihn zum mächtigsten Feudalfürsten und Shogun, der die Militärherrschaft (Bakufu) im neuen Regierungssitz Kamakura begründet. Diese Stadt liegt etwa 480 km östlich von Kyoto, wo der Kaiser seinen Hofstaat hält. Die Adeligen dort führen nun eine Scheinexistenz in romantischer Rückbesinnung auf ihr gesellschaftliches Treiben in den Paradiesgärten. Wenig Macht ist dem kaiserlichen Hofstaat geblieben. Als Verwalter der kaiserlichen Gewalt hat der Shogun nun alle Fäden in der Hand und lässt sogar die Kaiserstadt Kyoto durch seine Gouverneure verwalten. Es ist eine Übergangszeit in der Gartenkultur, die etwa bis Mitte der Kamakura-Zeit, also bis um 1275 dauert. Alte Garten-Schemata gelten noch. Es werden teure Gartenanlagen mit Teichen gebaut, die aber kleiner sind und Bootsvergnügungen meist nicht mehr erlauben.

Es ist die zweite Welle chinesischer Einflüsse, die sich beispielsweise mit einer Anlehnung an die umfangreichen Wandelgärten der bis 1279 dauernden chinesischen Song-Zeit zeigen. Diese Gärten sind *chisen kaiyū teien*, was etwa See-Quell-Wandelgarten bedeutet. Nur Shogune oder Feudalherren können sich solche leisten. In einer Zeit, als sich in Europa die Ritter um den dritten Kreuzzug sammeln, scharen der Shogun und seine Feudalherren ihre Ritter, die Samurai, um sich. In einer Atmosphäre eines einfachen Lebensstils, die geprägt ist von Disziplin und Pflichterfüllung, wächst das Bedürfnis nach Entspannung, das zum Tee-Weg führt. Diese neue Ordnung erlaubt dem Einzelnen in begrenztem Umfang ein selbstbestimmtes Leben, das nicht mehr von Abhängigkeiten seitens der Klöster oder des Kaiserhauses begrenzt werden kann. Gleichzeitig bahnt sich in den folgenden 50–60 Jahren in dieser kriegerischen Kaste eine Zuwendung an die von Saichō und seinen Mönchbrüdern eingeführten Meditationstechniken des Zen an, womit sie in Berührung mit dessen geistig-philosophischem Verständnis von Natur kommen und Neigungen für die Anlage eigener Gärten entwickelt werden. Viele Portraits, auch Skulpturen berühmter japanischer und chinesischer Zen-Meister sowie Bildrollen mit Begegnungen mit diesen Meistern stammen aus dieser Zeit. Enni Ben-en (1202–1280) beispielsweise ist einer jener Zen-Priester, die zur Erstarkung des Zens in Japan beitragen. Er war von einem Schüler Eisais unterrichtet und um 1273 als erster Abt des um 1240 begonnenen Baus des Tōfuku-ji Tempels ernannt worden. Dieser Tempel wurde zum einflussreichsten Zentrum des Rinzai-Zens in Japan und gehört zur Gruppe von Hauptklöstern der ›Fünf heiligen Berge‹ (*gozan*). Posthum wurde Enni der Titel Shoichi Kokushi, Lehrer der Nation verliehen. Das Bildnis Ennis auf einem Felsen sitzend, als Typus eines Außenraum-Portraits, gilt als die informellste Form Zen-buddhistischer Bildniskunst, die im Unterschied zum offiziellen Portraitschema Landschaftselemente zutage treten lassen.[96] Mönche dieser Zeit, die zum Erstarken der japanischen Kultur und der Naturinterpretation des Zen beitragen, sind unter anderen der gelehrte Ensho (1220–1277), Haku un Egyō (1228–1297), ein Maler-Mönch und 4. Abt des Tōfuku-ji. Zu nennen sind auch Chikotsu-Dai'e (1229–1312), Gründungsabt von Daifuku-ji 1280 und Abt von Tōfuku-ji von 1311, neben Mukyoku Shigen (1282–1359), der 2. Abt des Tenryū-ji. Besondere Spuren, die wir noch näher beleuchten werden, hinterlässt Musō Soseki (1275–1351), der von mehreren Kaisern den Ehrennamen Kokushi, Lehrer der Nation, erhielt.

In einem von Fujiwara noch nicht eroberten Gebiet im Norden des Landes, traf Yoritomo den wunderschönen Tempelgarten Moetsu-ji mit einer von vielen Cryptomerien (japanische Zedern) bestandenen Teichanlage an, die ihn tief beeindruckte. Er entschied sich sofort zu einem Nachbau dieser Tempel- und Gartenanlage in Kamakura. Daraus entstand ab 1189 der Tempelgarten Eifuku-ji mit Nikaidō, der zweistöckigen Tempelhalle, in einer von Kiefern bestandenen Hügelmulde. Da dieser Bau gut dokumentiert ist, weiß man, wie Yoritomo von seinen Vasallen Arbeitskräfte bestellte und Felsen und Bäume aller Art zusammentragen ließ, um diese dann nach seinen Vorstellungen und unter der Leitung eines Tendai-Mönchs namens Jogen aus Kyoto ausführen zu lassen. Dieser Mönch muss ein ausgewiesener Spezialist für das Aufstellen von Felsen gewesen sein, wie der Chronist berichtet. Interessant ist indes, dass das Bepflanzen der Anlage mit Sträuchern oder Bäumen, deren mit Reisstroh-Stricken gesicherte Wurzelballen, die irgendwo seitlich gelagert auf das Verpflanzen warten, gar

96 Brinker 1993, S. 142.

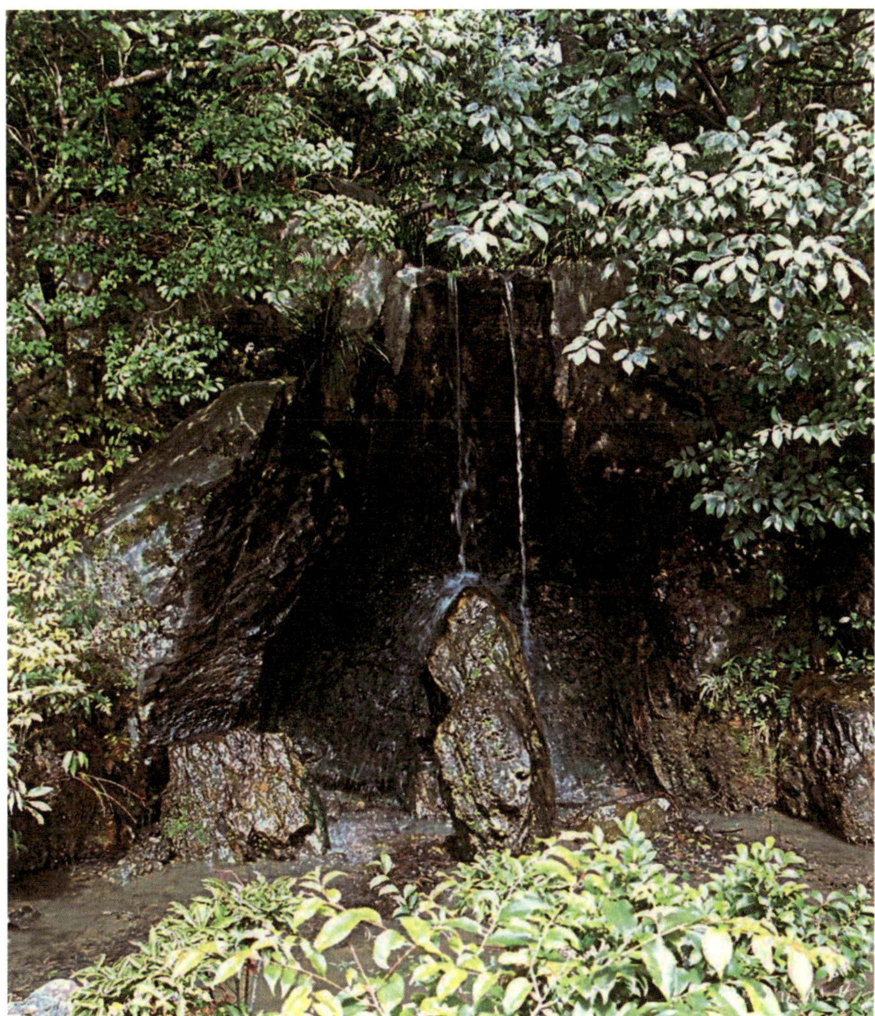

51 Wasserfall mit Karpfenstein

Hangseitig hinter dem Goldenen Pavillon Kinkaku-ji findet man den Drachentor-Wasserfall mit dem legendären Karpfenstein: Seine Aufwärtsbewegung dem herunterstürzenden Wasser entgegen wird durch die Formgebung der seitlichen Felsen betont. Wie ein Karpfen gegen die Strömung ankämpfen würde, symbolisiert der Stein das Streben nach spiritueller Entwicklung allen Widrigkeiten des Lebens zum Trotz. Das Motiv weist auf eine bekannte chinesische Legende hin, ist dort als Gartenelement aber nicht bekannt. Als Gartenmotiv erscheint der Wasserfall mit Karpfenstein erstmals um 1340 im japanischen Tempel Tenryū-ji.

nicht besonders erwähnt wird. Demnach scheint sich die Kreativität beim Bau von Gartenanlagen hauptsächlich im Realisieren der Teiche und Inseln, der Aufstellung der vielen Felsgruppen und der markanten Einzelfelsen zu erschöpfen.[97]

97 Kuck, S. 99–100.

Manchmal intervenierte Yoritomo bei Jogen, um einen dominanten Vertikal-Stein neu positionieren oder ausrichten zu lassen. So frugal, wie der Shogun sein eigenes Leben führte, so freigiebig scheint er mit den Finanzmitteln gewesen zu sein, die er in den Tempelbau und die Gartenanlage investierte.[98] Der Tempel stand 200 Jahre lang und wurde nach einem Brand bis vor dem Zweiten Weltkrieg nicht wieder aufgebaut. Für die Gartenanlage bemühte sich der Staat erst ab den 1980er- und 1990er-Jahren wieder um Restaurierungsarbeiten.

Die Kriege gegen die Mongoleninvasionen zwischen 1274 und 1281 bescherten dieser ersten Kamakura-Zeit schließlich ein Ende. Die in vielen Schlachten siegreichen Kämpfer Japans sahen mit einem neuen gestärkten Selbstbewusstsein der Zukunft entgegen. Leider waren die Kassen leer und das Volk verarmt. Wegen der Kriegsbelastungen und wegen weiterer Kosten für zwei Jahrzehnte Wachsamkeit vor möglichen neuen mongolischen Invasionen, war das Shogunat nur auf seinen eigenen Machterhalt konzentriert. Der Kaiser Go-Daigo (1288–1339), der erst ab 1318 regierte, nutzte die Schwäche aus, um das Kamakura-Bakufu auszulöschen. In den daraus entstandenen Kämpfen zwischen Zweigen des Minamoto-Klans, den Hōjōs und Ashikagas und der kaiserlichen Armee wurde das Kaiserhaus zwar gerettet, obwohl Takauji den Kaiser Go-Daigo hintergangen hatte und dadurch seine Machtbasis verlor. In der Folge sind zwei Kaiserhäuser entstanden, ein südliches und ein nördliches, die sich gegenseitig schwächten. Ashikaga Takauji (1305–1358) ging daraus als neuer Machthaber und Gründer eines neuen Shogunats der Muromachi in Kyoto hervor, das von 1333–1568 Bestand haben sollte.

98 Kuck, S. 103.

9. Kapitel

Kunst und Kultur des Zen

Erste Blütezeit

Noch 1325 berief der Kaiser Go-Daigo Musō Soseki als 39. Oberhaupt in die Leitung des auf den baulichen Resten der Villa von Kaiser Kameyama ab 1280 errichteten Nanzen-ji Klosters. Es steht hierarchisch über den fünf Hauptklöstern des Zen, jenen religiösen Zentren der Rinzai-Sekte des Gozan, die wesentlich Einfluss nehmen auf die kulturelle und künstlerische Entwicklung Japans. Von Go-Daigo wurde Musō erneut der Ehrentitel Lehrer der Nation *kokushi* verliehen. In welch enger Verflechtung das Klosterwesen mit dem Kaiserhaus seit frühesten Zeiten stehen, zeigt sich in Go-Daigos Sohn, dem Priester namens Kōhō Kennichi (1241–1316). Dieser Zen-Mönch wurde Musōs Mentor während vieler Jahre. Als Takauji die Macht übernommen hatte, konnte er Musō als persönlichen Berater verpflichten, was diesem den Status einer Art Staatspriesters verschaffte. Er übertrug Musō 1339 die Verantwortung für die Begleitung des Neubaus im Kloster Tenryū-ji, das sich als religiöser Mittelpunkt der Hauptstadt Kyoto, als Kunstzentrum sowie als Drehscheibe handelspolitischer Institutionen vor allem für die gestärkten Beziehungen mit China entwickeln sollte. Musō war hier geschickt genug und nicht ohne Opportunismus, jede sich bietende Gelegenheit für seine Einflussnahme zu sichern. Dabei ist nicht zu verkennen, dass neben dem offiziellen Aufbau neuer handelspolitischer Beziehungen mit den nun etablierten mongolischen Machthabern in China um die Wende ins 14. Jahrhundert viele hochgebildete Chan-Priester von dort fliehen mussten und in Japan sehr willkommen waren. Dies löste in der Folge eine Stärkung der Zen-Schulen aus und machte sie zu den wichtigeren religiösen Institutionen im Land. Sogar manche gartenbauliche Errungenschaften Chinas aus der Song- und Yuanzeit mögen auf diese Weise die Gartenkultur Japans befruchtet haben.

Einer der Gärten von Tenryū-ji bei der Abthalle wird als einer der wenigen direkt von Musō gestalteten oder zumindest beeinflussten und noch heute erhaltenen Gärten bezeichnet, in dem Musō die Idee des *shakkei*, der geborgten Landschaft mit Bezug auf den Berg Arashiyama, realisiert hat. Darüber hat er ein Gedicht verfasst, das Ausdruck seiner feinfühligen Naturbetrachtung ist:

»Arashiyama –
weiß von Schnee
als ob in Wolken getaucht –
Kiefern sind wie von magischer Hand
in blühende Kirschbäume verwandelt.«[99]

Beim Blick von der Abthalle über den Karesansui und den Teich sieht man im Hintergrund den Berg über bewaldeten Hängen. An der linken Ecke des Teichs erblickt man das Schildkrötensymbol mit Steinsetzungen und kleinen Kiefern. In der rechten Ecke erscheint der spitze Fels, der die Lage der Kranich-Felssetzung markiert. In kaum einem bedeutenden Garten dieser Zeit fehlen diese Symbole wie jenes der chinesischen Fabelinsel mit dem Berg Hōraisan, auf der die unsterblichen Weisen im östlichen Meer wohnen sollen. Die Zen-Philosophie deutet die Symbole nun um: Die Meeresschildkröte schwimmt bis tief auf den Meeresgrund, bis zu welcher Tiefe der menschliche Geist vordringen kann. Der Kranichflug zeigt, in welch geistige Höhen sich ein Mensch aufzuschwingen vermag.

Ashikaga Yoshimitsu (1358–1408) übernahm 1367 von Ashikaga Takaujis Sohn die Macht als neuer Shogun. Der Neffe, Schüler und spätere Biograf von Musō Soseki, der Mönch Shun'oku Myōha (1311–1388), wurde geistiger Vertrauter und wahrscheinlich auch künstlerischer Berater des Shogun, der am Gipfel seiner politischen Macht 1392 die Zusammenführung der getrennten Kaiserhäuser bewerkstelligte. Myōha war der erste Zen-Meister des von Yoshimitsu gebauten, oft abgebrannten und wieder aufgebauten Tempels Shōkoku-ji. Dank der reichlich fließenden Geldmittel aus dem florierenden Handel mit China, mit dem man nach 600 Jahren wieder offizielle Beziehungen knüpfte, entschloss sich der Shogun 1397 zum Bau einer neuen Villa, die nach seinem Tod zum buddhistischen Tempel Rokuon-ji wurde und heute Kinkaku-ji (Tempel des Goldenen Pavillon, oder Kitayama-dono, die Villa am Nord-Berg) genannt wird. Yoshimitsu war der Schirmherr der Kitayama-Kultur seiner Zeit. Man muss einen Besucher dieses berühmten Gartens, der auf Resten einer Teichanlage aus der Heian-Zeit erbaut wurde, aus den 1960er-Jahren sprechen lassen, um den Geist der Natur und des Zen, der diese Anlage durchströmt, fassen zu können:

»Im Norden von Kyoto, wo die schönen Hügelzüge bis in die westliche Ecke der Stadt vordringen, steht der Berg Kinugasa-yama. An seinem Fuß, eingebettet zwischen dem saftigen Grün der Ausläufer

99 Teiji Itoh, Space & Illusion, S. 27.

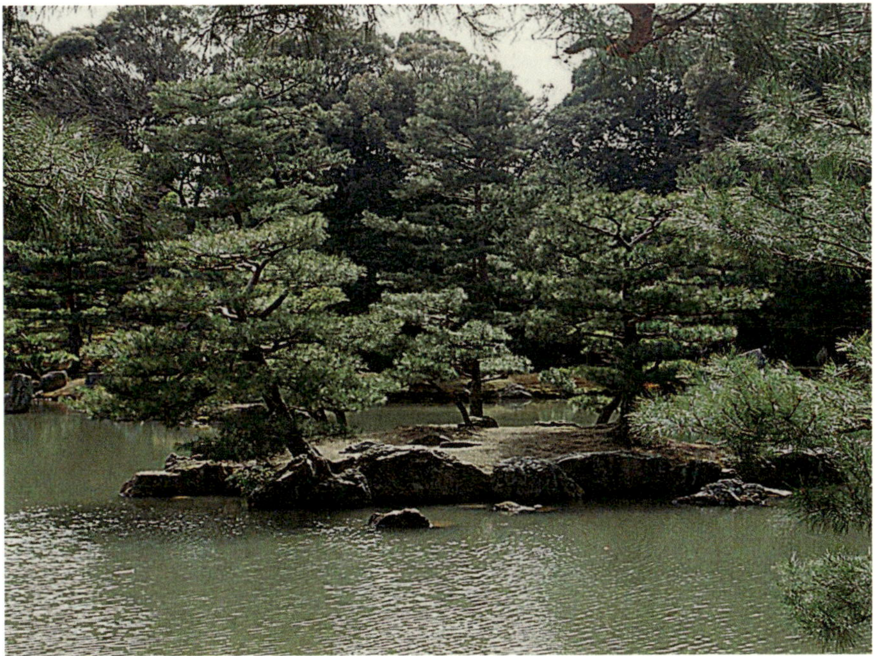

52 Schildkröten- und Kranichinsel im Teich

Ur-Weisheit, Beständigkeit und hohes Alter werden im Garten symbolisch etwa durch eine Schildkröten-Insel wie hier in Kinkaku-ji dargestellt, meist angezeigt durch Felsgruppierungen inmitten einzelner Kiefern.

des Berges, liegt ein paradiesisches Fleckchen Erde. Vollkommen von der Welt abgeschieden, ruht hier wie vergessen ein schöner Teich mit kleinen, von niedrigen Kiefern bewachsenen Inseln und bemoosten, zum Teil kahlen, aber wohlgeformten Steinen. Eine andere Welt tut sich hier vor uns auf, eine Welt der Miniaturen, in der wir wie im Geiste mit einem winzigen Kahn hin und her fahren, von einem Felsblock zum anderen – lauter Welten für sich – und von den Inselchen, die alleine schon eine Landschaft darstellen, zu der Landzunge und zu den Ufern und Buchten mit herrlichen Kiefern. Unser Blick schweift über die Baumkronen hinweg zum Kinugasa-Berg mit seinem sanft geschwungenen Kamm, von dem sich die grünen Silhouetten der zerstreut stehenden Kiefern wie kleine aufgespannte Schirme gegen den blauen Himmel abheben. Die weißen Wolken, die im Azur dahinsegeln, spiegeln sich mit den Bäumen und ihren roten Stämmen in der stillen Wasserfläche, auf der sich hin und wieder Punkte bilden, die sich in konzentrischen Wellen auflösen und verschwinden: Es sind die Fische, die durch ihre Bewegungen an der Wasseroberfläche die Kreiswellen erzeugen. Nicht umsonst heißt der Teich Kyo-ko-chi, ›Der Teich des spiegelnden Sees‹.[100]

100 Brasch, S. 124.

Man kann sich vorstellen, wie Yoshimitsu nach seiner Abdankung als Shogun sich von diesen gefühlsträchtigen Bildern bewegen ließ, die er in vollkommenem Einklang mit der Umgebung und mit überlegenem Gefühl für Schönheit erstellen lassen konnte. Der Pavillon, etwas über dem Wasser hängend, steht auf Pfählen und lädt ein, in geistiger Versenkung über dem Wassergarten sich der Bedeutung des Gartens im Kosmos anzunähern. Yoshimitsu förderte diese Kunst, die aus den Übungen der Zen-Meditation erwächst, auch um sich von den turbulenten Tagesgeschäften erholen zu können. Selbst aus einer Kriegerdynastie stammend, aber in Kyoto geboren und mit den Gepflogenheiten der Aristokraten bei Hof aufgewachsen, verband sich seine Disziplin mit der Feinfühligkeit der kunstbeflissenen Aristokraten, ohne romantischer Sentimentalität zu verfallen. Kinkaku-ji ist ein Erzeugnis jener neuen Periode, in der sich der Geist der Kriegerklasse mit dem heiteren Schöpfergeist der Aristokraten verband.[101] Dieser diesseitige Sinn für das Schöne öffnet dabei einen Zugang für das Geistige eines Jenseits, das durch die Strenge der Zen-Übungen erschlossen werden kann.

In der über hundert Jahre dauernden Zeit des Shogunats, in der Kunst und Kultur aufblühen können, trugen neben Yoshimitsu auch der 8. Shogun Ashikaga Yoshimasa (1435–1490) mehr als Förderer der Künste bei als zur politischen und finanziellen Stärkung des Landes. Eine Folge davon waren aufkommende Querelen um die Shogun-Nachfolge und Unruhen unter der Landbevölkerung, die den hohen Finanzbedarf des Shogunats und des Hofes zu tragen hatten. Der resultierende Ōnin-Bürgerkrieg zwischen den Jahren 1467 und 1477 zwang den Shogun schließlich zur Verschiebung seines Bauvorhabens am Ost-Berg, dem Higashiyama in Kyoto, was der Kunstperiode bis Ende des 15. Jahrhunderts den Namen gab. Yoshimasa, nicht gewillt, sich mit den Tagesproblemen auseinanderzusetzen, flüchtete sich aus der rauen Wirklichkeit, indem er sich voll und ganz ab 1482 dem Bau seines Villengartens, des sogenannten Silbernen Pavillons, widmete und sich von Künstlern aller Couleur umgab. Er soll sich bis ins kleinste Detail um die Gartengestaltung gekümmert haben. Es ist umstritten, ob der Künstler- und Maler-Mönch Sōami an der Gestaltung mitgewirkt hat. Bekannt ist er als Berater des Shoguns in allen Fragen der Kunst. Bis zu 3000 Arbeiter haben Felsen und Bäume teilweise aus zerstörten Gärten herbeigeschafft, um die Gartenpartien um den Teich realisieren zu können. Bei den schwierigen gestalterischen Arbeiten, wie dem Errichten der Felsen, griff Yoshimasa auf die Erfahrung der Kawaramono-Leute zurück, jener Gruppe der untersten Gesellschaftsschicht, die sich mit dem Aufbereiten von getötetem Vieh am Fluss ihren Lebensunterhalt verdienen mussten. Schon seit Jahren hatte der Shogun einen dieser mit Steinsetzungen so erfahrenen Leute,

101 Brasch. S. 117.

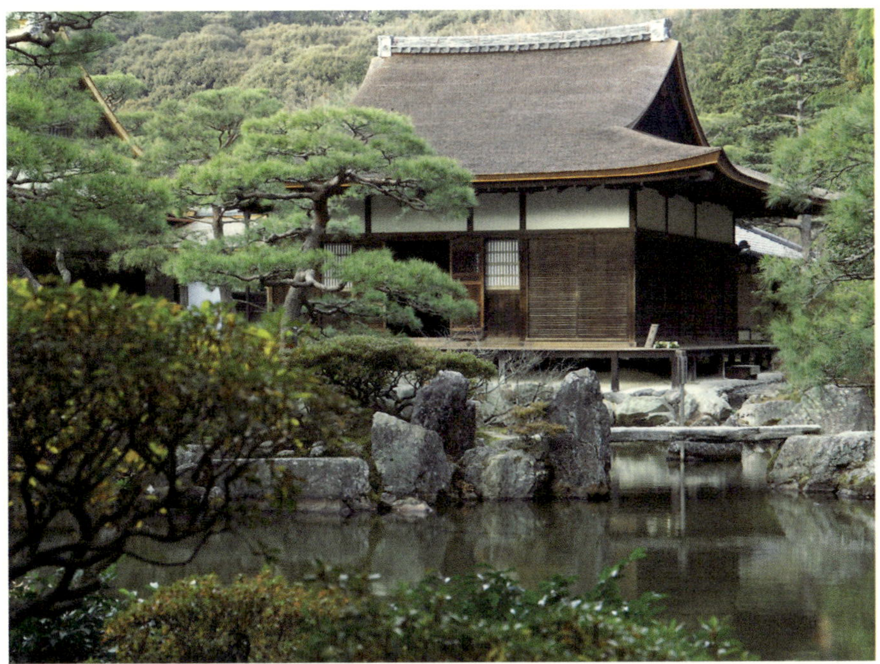

53 Das Togudo-Haus des Silbernen Pavillons Ginkaku-ji

Dieser Silberne Pavillon im Nordosten von Kyoto war 1482 erst als Alterssitz für den Shogun Ashikaga Yoshimasa geplant worden, wurde aber später zur Zen-Tempelanlage Jishō-ji umgewandelt. Im Bild sichtbar das Toguden, eins der ältesten Beispiele der Shoin-Architektur mit der frühesten Form eines Teezimmers im hinteren Teil des Gebäudes. Der vordere zum Teich orientierte Raum war Yoshimasas Altar- und Meditationsraum. Im Teich ist die mit einer Steinbrücke erschlossene Kranich-Insel sichtbar.

einen gewissen Zen-ami (ca. 1396–1483)[102] und vermutlich später dessen Enkel Matashiro, der sich auch in theoretischen Fragen zur Gartengestaltung hervorgetan hat, zur Beaufsichtigung der Arbeiten in Gärten eingesetzt. Dank ihrer Fähigkeiten und Talente konnten sich solche Leute in eine anerkannte Gesellschaftsschicht emporarbeiten und langsam die Basis für eine professionelle Gärtnerkaste legen, obwohl bis dahin die Patrone selbst ihre Gärten geplant hatten.[103] Yoshimasa, der seit 1460 den Saiō-ji Tempelgarten immer wieder besucht hatte, nahm dort offensichtlich gestalterische Anregungen besonders von den Felssetzungen, wie die Felsen am und im Teich mit ihren kantigen und abgeflachten Formen vermuten lassen.

Die Ginkaku-ji-Bergvilla in Kyoto, Silberner Pavillon genannt, wurde später als Jishō-ji Tempel in Erinnerung an den Shogun und mit Bezug auf seinen geistlichen Mönchsnamen umbenannt. Heute fallen in dem

---

102 Dieser ist nicht zu verwechseln mit Zeami (ca. 1363–1444), der mit seinem Vater Kan'ami das Nō-Theater begründete.

103 Kuck. S. 141.

in der frühen Edo-Zeit umgewandelten Trockengarten-Teil der Anlage die zwei großen kegelförmigen Sandhügel auf, die unwillkürlich Fragen aufwerfen, welche Zen-geistigen Bezugnahmen hier wohl zu machen sind, aber wohl an den Berg Fuji erinnern sollen. Der Shogun hat sich zu Lebzeiten intensiv mit dem Zen-Kult beschäftigt und sich für die einfache natürliche Ästhetik dieser Gestaltungsweisen interessiert. Zugunsten seines Sohnes dankte er 1473 ab und hatte nun Zeit, sich neben den anderen Künsten wie der Kalligrafie, der Dichtkunst und der Teezeremonie zu widmen, die sich wie die Tuschemalerei in dieser Zeit unter seiner Schirmherrschaft entfalten konnten. In dem ersten kleinen Gebäude, das Yoshimasa für die Teezeremonie errichten ließ, spielt sich vieles ohne den später aufkommenden Formalismus ab, denn es diente neben dem Genuss des Tees hauptsächlich zur Betrachtung und Erörterung der Künste. Sicherlich hat er sich mit einer von Musō Sosekis schriftlichen Hinterlassenschaften beschäftigt. Dessen Dialoge im Traum »*muchū mondō*« von 1344, die er mit Tadayoshi, dem Bruder des Shogun Takauji geführt haben soll, geben Aufschluss darüber, wie Muso Landschaft im Geiste des Zen sieht: Das Ich sollte sich in die Buddha-Natur der Erscheinungen einbringen.

»[…] Und das (Anlegen von Gärten) gilt nicht nur für die Liebe zur Landschaft und zum Tee. Auch bei der Dichtung und der Musik, bei allen Dingen des Lebens ist es so […], sie halten ebenfalls das Böse im Herzen der Menschen im Zaum und machen edler und feiner […] Echte Wahrheitssucher lieben die Landschaft. Es gibt nun auch Menschen, bei denen der Anblick von Berg und Wasser (also Landschaft) die Schläfrigkeit weicht, ihre Einsamkeit getröstet und ihr Weg zur Wahrheit unterstützt wird. Hier unterscheiden sie sich von der Liebe der allermeisten zur Landschaft. […] Solche hingegen, welche Berge, Flüsse, die große Erde, Gräser, Blumen und Felsen als ihr eigenes Wesen empfinden, scheinen, wenn sie einmal die Landschaft lieben, weltlichen Gefühlen verhaftet […] und dieses echte Wahrheitsstreben und Erkennen der Verwandlungen vitaler Energien *shiki*, ist *kufu* (das Streben nach dem Erleuchtungsweg).«[104]

Die Gartenanlagen des Kinkaku-ji und des Ginkaku-ji sind die wenigen aus dieser Zeit, welche einigermaßen unverändert bis heute überdauert haben, obwohl viele ihrer Bauten abgebrannt und die meisten davon immer wieder detailgetreu aufgebaut worden sind. Mit dem zunehmenden Machtverfall des ineffizient geführten Shogunats Bakufu in der Hauptstadt verlagerten sich die Kräfte auf diverse Feudalherren im Land. Die Linie der Ashikaga-Shogune endete mit jener des von dem Feldherrn Nobunaga (*1534) erzwungenen Abdankung des letzten dieser Shogune im Jahr 1573. Mit dem Tod von Nobunaga 1592 übernahm sein General, der Reichseiniger und Militärstra-

104 Brinker 1993. S. 73.

tege Hideyoshi Toyotomi, der Korea 1592 und 1597/98 überfiel, die Macht. Nach seinem plötzlichen Tod im Jahr des Korea-Feldzuges übernahm Tokugawa Ieyasu (1542–1616) in einem Militärstreich ab 1600 die Macht und wurde wenig später von dem Kaiser als neuer Shogun ernannt. Bereits 1603 verlegte er den Regierungssitz nach Edo, dem heutigen Tokyo. In der Folge setzte er die Politik seines Vorgängers zur Machtkonzentration schrittweise um und leitete eine 250 Jahre dauernde Periode ohne größere kriegerische Unruhen ein.

Grammatik und Vokabular des Japanischen Gartens

Raum und Zeit

Es ist heute noch in Japan weit verbreitet, sich innerlich mit einem bestimmten Ort zu verbinden und sich an der Natur im Wechsel der Jahreszeiten zu erfreuen. Das kann das Zelebrieren des aufgehenden Vollmondes in der Wasserspiegelung oder das Blühen eines Pflaumenzweiges bei der Tee-Hütte sein. Die buddhistisch-taoistische Gedankenwelt des Zen ist seit den frühen Anfängen von der Vorstellung einer Einheit von Raum und Zeit geprägt. Dies hat die traditionellen Künste nachhaltig geprägt. Kitamura zeigt auf, wie sich das in vielen Lagen des japanischen Lebens heute ausdrückt. Es ist die Konzentration auf den Moment, den Ort, das Moment der Stille, der Leere, in dem sich die zielgerichtete Bewegung, die Handlung, die Kraft auf wirkungsvollste Weise wie die Zeit im Raum manifestiert.[105] In den Kampfsportarten ist der Einsatz ›gebändigter Kraft‹, das ›kata', ein auf das wesentlichste reduzierter Bewegungsablauf. Im Nō-Theater aus der Muromachi-Zeit (1392–1573) oder im Kabuki-Theater aus der Edo-Zeit (1603–1868) ist der Moment der Stille, der Erstarrung, des Innehaltens einer darstellenden Person der eigentliche Hinweis auf den Kern der Handlung. Im symbolisch-rituellen Handeln überschreitet der Teemeister den begrenzten Raum des Diesseits und dringt so in eine zeitlose Dimension ein. Auf äußerst suggestive Art erlauben die dreiteiligen Haiku- oder die fünfteiligen Waka-Gedichte in ihrer straffen Konzentration des bildhaften Ausdrucks die Wahrnehmung einer atmosphärisch geprägten Raum-Zeiteinheit. Am augenfälligsten offenbart sich diese Einheit in den klassischen Gartenschöpfungen der Muromachi-Zeit. In den abstrakten Steinsetzungen eines ›leeren‹ Gartens wird dieses Raumzeitliche in der Vorstellung einer Einheit von Mensch-Natur, Mensch-Kosmos, assoziiert.

105 Kitamura, Kazuyuki u. a.: Japan heute. Mondo, Lausanne 1983. S. 99 f.

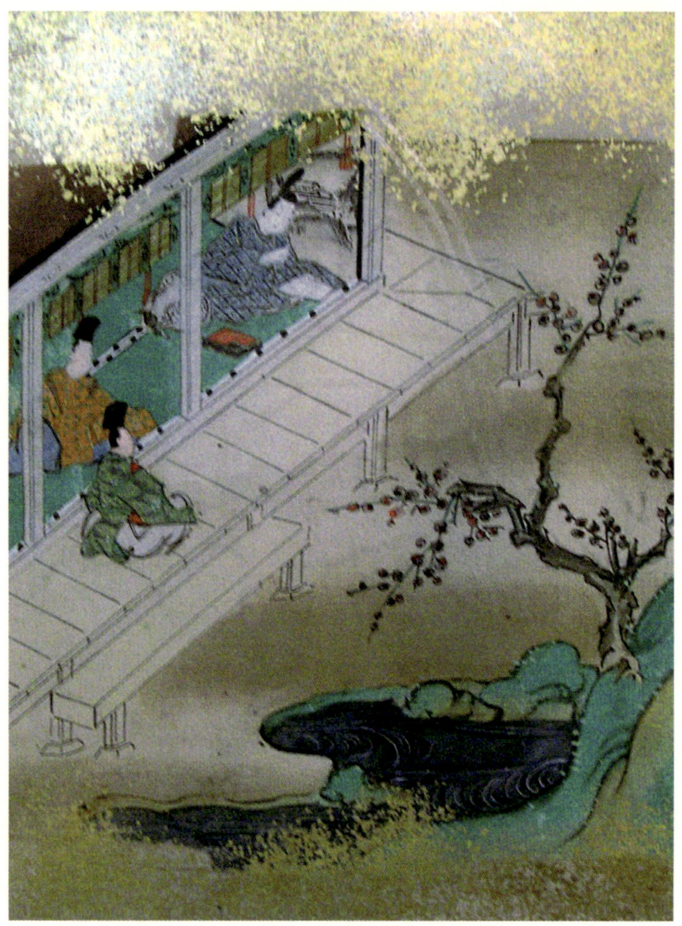

54 Fusion von Haus und Garten

Eine innige Beziehung der Bewohner dieser Shoin-Architektur zu ihrem Garten beschreibt dieses Bild aus Farbe mit Gold auf Papier. In dem sonst leeren Garten spricht nur die Felsengruppe mit dem Kirschbaum kurz vor dem Aufblühen vom Nahen des Frühlings. Momoyama-Zeit, Künstler unbekannt. Nationalgalerie Prag.

Es ergibt sich eine Wechselbeziehung zwischen Objekt und Raumausdehnung, in der scheinbar getrennte Dinge plötzlich als Einheit zusammenfließen – der leere Zwischenraum überwindet das Stoffliche und wird zum Träger der Aussage. Dabei ist für den Zen-Buddhisten der Garten ein Ort der Interaktion zwischen ihm und der Natur, um in der Welt der äußeren Erscheinungen auf seiner Heilssuche hinter den Dingen sein eigenes wahres Selbst zu finden. Dem japanischen Garten Zen-künstlerischer Prägung zu eigen ist die symbolische Umsetzung von Gesetzmäßigkeiten des natürlichen Wachsens, Vergehens und Verwitterns. Obwohl allgemein beliebte Flecken und Szenerien heimischer und auch chinesischer Landschaften gerne als Gartenmotiv angedeutet sind, fehlt diesen Zitaten ein Realismus, denn die historisch gewachsene Konvention bleibt von höchster Wichtigkeit. Gesucht wird immer der Idealtypus eines Naturbildes, um in bestimmten Felsanordnungen eines Wasserfalles, im Wuchs einer alten, sorgsam im Nadelwuchs kontrollierten Kiefer etwa, deren raum-zeitliche Interdependenz erahnen lassen zu können.

In dieser Choreografie eines Gartens tendiert die Auswahl solcher Leitcharakteristiken eher zu Überzeichnungen und führt namentlich in den Epochen nach 1650 (oder in den vielen westlichen Nachbildungen japanischer Gärten) zu manieristischen Anhäufungen. Die ursprünglich Zen-inspirierte Idee setzte voraus, die Wesenheit von Natur in ihrer kosmischen Gesetzlichkeit zu verinnerlichen, um dann Wesentliches durch Abstraktion, Reduktion und Weglassen herausstellen zu können. Durch Wegschneiden und Kürzen, dem Andeuten von Leitlinien und richtigen Proportionen werden nicht nur am Arrangement eines Ikebanas oder an einem bedeutenden Gartenmotiv durch die Betonung der alles zusammenhaltenden Leere Zeichen gesetzt. In diesem Arbeitsprozess verwischen sich plötzlich die Grenzen zwischen dem Ego und dem Objekt, sodass jene gesuchte Verbundenheit mit Natur auf einer höheren Ebene erfahrbar wird.

Die Form

Ein fundamentaler Begriff in der japanischen Kultur ist *kata*, Form (bewahren). Es betrifft alle Lebensbereiche, die Gestaltung von Gegenständen, körperliche Bewegungen, sowie die Art, wie man sich gesellschaftlich begegnet. Form finden ist eng damit verbunden, wie man Zeit und Raum in der richtigen Weise zum Ausdruck bringen kann. Noch dem heutigen Besucher Japans kann auffallen, wie sehr Schönheit der Form in den Zufälligkeiten natürlicher Erscheinungsformen erkannt wird. Dies bringt seit jeher den Gestalter von Gärten dazu, diese Idealformen in seinen Gartenkreationen immer wieder neu zu interpretieren und Landschaft dabei zu überhöhen und zu idealisieren. Sein Garten ist ein Ergebnis dieses Formbewusstseins, was dazu führt, dass die Komposition einzelner Gartenbilder in der Statik einer einmal gefundenen Form einer ständigen Überarbeitung bedarf. Die Veränderlichkeit der Vegetation wird daher oft mehrmals pro Jahr durch Beschneiden, Einkürzen und Formgebung in Zaum gehalten. Der Situation entsprechend kann die Form etwa einer einzelnen Kiefer durch bestimmte Techniken des Einkürzens einen kompakten und geschlossenen oder einen lockeren und durchlässigen Eindruck hervorrufen. Dies kann dem Atmosphärischen einer Bildkomposition – etwa einer Kiefer mit Fels am Wasser – besonderen Ausdruck verleihen. Kleinwüchsige, immergrüne Gehölze wie Azaleen bieten sich für ein Beschneiden an, das kompakte Formen betont.

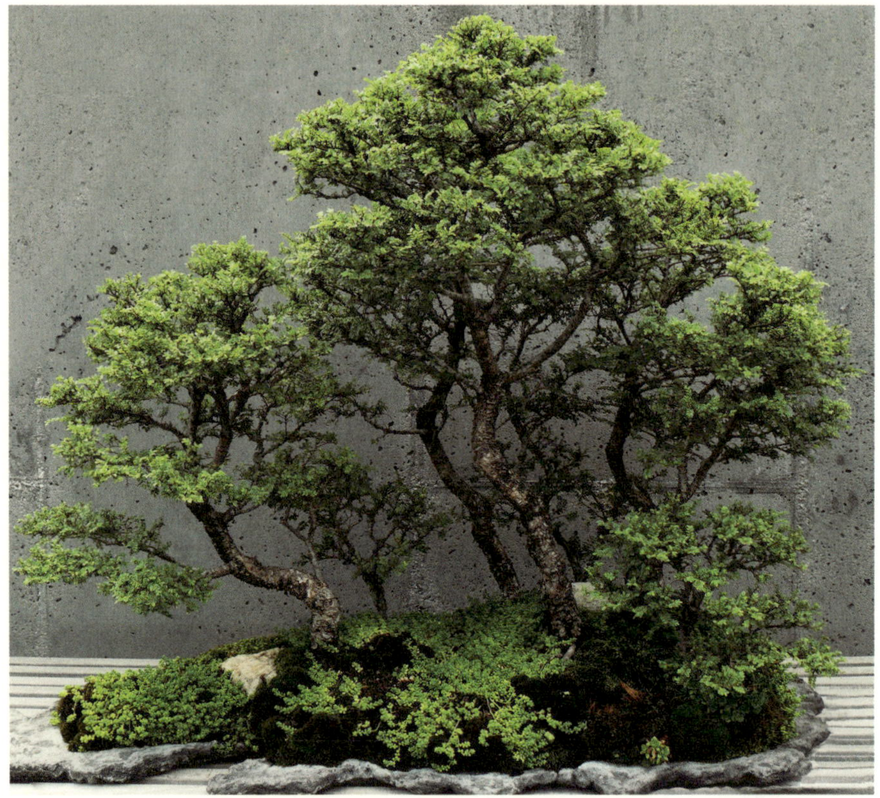

55 Bonsai, Symbol der Einheit von Zeit und Raum

Unter den unterschiedlichen Arten der Naturbewunderung steht in China wie in Japan die Tisch-Landschaft im Vordergrund. Hier lässt sich der Rhythmus der Natur in ihren raumzeitlichen Erscheinungen aus nächster Nähe meditativ ergründen.

Natur als religiös inspiriertes Thema, als Meditationsobjekt, drückt sich schon in den frühesten buddhistischen Klöstern Japans im Andachtsobjekt von Altarblumen aus. Natur im Mikrokosmos des *bonseki*, die aus Sand und Mini-Felsen eine natürliche Landschaft in einer runden oder ovalen Schale symbolisiert, ist bereits im achten Jahrhundert bekannt. Unter Yosimasa im 15. Jahrhundert wurde diese Kunstbetrachtung von breiten Kreisen betrieben. Das *bonsai*, ein Zwergbaum, auch *chabo-hiba* genannt, oder ein Miniaturwald in einer Schale, entwickelte sich seit dem Bekanntwerden aus chinesischen Berichten in der späten Heian-Zeit über die Jahrhunderte zu einer typisch japanischen Kunst des Zen, die den raum-zeitlichen Aspekt der Natur im Kleinformat andeutet. Der Shogun Tokugawa Iemitsu war ein Bewunderer dieser Kunst; besonders ein Bonsai mit einer fünfnadeligen Kiefer in einer exquisiten Keramikschale lag ihm am Herzen. Dieser knorrige Baum soll heute nach über dreihundert Jahren noch am Leben sein und wird im kaiserlichen Garten gepflegt und aufbewahrt. Eine winzige Schalen-Landschaft, die *Tokoniwa*, beschreibt Hearn, die er in dürftigen kleinen Behausungen in Wandnischen gesehen hat. In Behältern, kaum größer als eine Obstschale, bilden winzige Hügel und Häuschen eine japanische Landschaft mit einem Teich und Bächlein, über das sich eine mikroskopisch kleine Brücke spannt. Zwerggewächse figurieren als riesige Bäume und seltsam geformte Steinchen als Felsen versinnbildlichen dieses lebende Modell einer landschaftlichen Idylle.[106]

Anders als in chinesischen Vorbildern wird so ein Bäumchen schon in jungen Jahren auf eine bestimmte Korrelation zur Schalengröße gezogen. Es wird korrigiert und idealisiert, um möglichst nahe dem Art-Typus seines frei wachsenden Bruders hoch oben am Berg in den Felsen entsprechen zu können. Wichtig bleibt, dem Zeit-Raum-Aspekt durch Altersandeutung, Einbußen an Wuchskraft, durch den Einfluss von Wind, Wetter und fehlendem Wurzelraum Ausdruck zu verleihen. Das Ziel ist, durch ständige Pflege und Beobachtung jene Form zu erreichen, die dem Ideal-Typus einer Kiefer, die am Felsen in den Bergen den Widrigkeiten ihrer Lebensumstände trotzt, entsprechen würde. Schon damals wurden wertvolle bepflanzte Bonsai-Schalen von einer in die nächste Generation vererbt, waren in der Muromachi-Zeit hoch geschätzt und inspirierten Zen-Meister und Tee-Meister wie Sen no Rikyū.

Im Tuschebild eines Zen-Künstlers erlangt die Abstrahierung der Wirklichkeit oft in auffälliger Zeitlosigkeit höchste Bedeutung – aber nicht im dargestellten Objekt, sondern in der kraftvollen, jedoch form-, farb- und eigenschaftslosen Leere *ku*. Zen bedeutet, das Wesentliche im Nicht-Dargestellten, in der »Nichtheit« des leeren Gartens *kutei (ku-tei)* zum Ausdruck zu bringen. In der chinesisch-taoistischen Kosmologie ist das absolute Nichts *wu* der Anfang allen Geschehens. Dem entspricht das japanische *mu*. Hisamatsu Shin'ichi (1889–1980), ein bedeutender Zen-Philosoph, drückte in den Begriffen des Mu den Kern des Zen aus, der sich in der wahren Leere *shin ku* manifestiert, denn hier sah er ›die Fülle des Nichts‹. Es scheint einleuchtend, dass das japanische Schriftzeichen für Himmel mit dem für ›wahre Leere‹ identisch ist. Diese Begriffe des Mu können frei übersetzt etwa folgende Bedeutung haben:

Muho: frei von der Formbindung; offene Balance in der Asymmetrie; Pflege des in-yō Prinzips; das Fehlende ist so wichtig wie das Vorhandene

Musatsu: nicht alles darstellen, Komplexität auf einfachsten Nenner bringen; Reduktion auf das Wesentliche

Mushin: leeren Herzens sich einer Aufgabe hingeben. Im Ausdruck nicht übertreiben; Kargheit in den Andeutungen; Pflege schmuckloser Erhabenheit;

106 Hearn, Lafcadio: In a Japanese Garden. In: The Atlantic Monthly, Vol. 70, No. 417, pp 14–33. July 1896. Cornell University.

Mutei: Unergründliches nicht auf den Boden zerren; das Wesen wahrer Natur in eleganter Zurückhaltung offenbaren, den Garten nicht überfrachten

Muge: nicht an der Form haften bleiben, aber schwebende Losgelöstheit suchen; in der Schönheit des leeren Raumes das Unvollständige veranschaulichen

Mudō: Nichtbewegung; Nicht nach dem Effekt streben; den Weg ohne Ziel beschreiten, aber die unerreichbare Vollendung suchen; mit der Ruhe den Lärm ausschließen; in der Stille Bewegung verursachen

Mu'i: ›ohne Rang‹, keine Zurschaustellung persönlicher Meriten

Munen Musō: ›kein Gedanke – keine Form‹, ein Loslösen von dem Ego und allen Konventionen; dies entspricht dem Ausdruck shinkū musō: wahre Leere ohne Form.[107]

Hier klingt an, was mit den bekannten Begriffen der Zen-Kunst *wabi* und *sabi* gemeint ist. Atmosphärisch entspricht Wabi dem gedämpften Gefühl heiterer, stiller Lebensfreude in geistiger oder räumlicher Weite. Als Qualitätsmerkmal verweist der Begriff auf verborgene, natürliche, eher ernste Schönheit eines Objektes mit klarer Funktionalität, das wegen seiner Einzigartigkeit und Individualität, aber auch wegen der Unvollkommenheit seiner Form aus der Masse heraussticht. Sabi hingegen ist eine Referenz an das Alter, an die Schönheit der Alterspatina eines handwerklich schnörkellosen Objektes, das durch perfekte Machart und schlichte Eleganz besticht. Sabi entspricht einem Umfeld von stiller, zurückhaltender Eleganz, ohne laute Geräusche und Farben, das man etwa auf dem Weg zu oder während einer Teezeremonie bewundert. Welche Kategorie von Zen-Kunst man auch nimmt, im Kern ist sie Suche nach Wahrheit, nach einer Einheit von perfekter Technik und Material. Der Künstler steht hier nie im Vordergrund.

Wie wichtig die Form beim Gruppieren von Pflanzen ist, beschreibt Harada von dem kaiserlichen Haushaltsmuseum in Tokyo. Es ist das stete Streben nach Ausgleich und Harmonie. Allgemein pflanzt man eine Dreiergruppe. Zu einem einzeln stehenden Baum werden daher zwei Bäume gesellt. Fünf Pflanzen erhalten ein Gegengewicht mit Zweien, in einem gewissen Abstand daneben gestellt. Das 3-5-7 Schema ist auch hier erkennbar. Eine Pflanzung sollte nie zu dicht, aber winddurchlässig sein. Jeder Baum, jede Baumgruppe sollte sich mit der eigenen Schönheit dem Ganzen harmonisch unterordnen, indem Räume gefällig ineinander fließen und gerade Linien immer nach Ausgleich mit kurvigen suchen. In diesem rhythmischen Verlauf von Massen, Räumen, Linien und Flächen erfüllen sich die Gesetze der Natur.[108]

107 Schaarschmidt-Richter, Irmtraut: Der Japanische Garten – Ein Kunstwerk. Office Livre. Fribourg 1979. Die Angaben im Sinne der Aufzählungen auf S. 75 sind hier entsprechend erweitert.

108 Harada, Jiro: The Gardens of Japan. The Studio Limited. London 1928. S. 31.

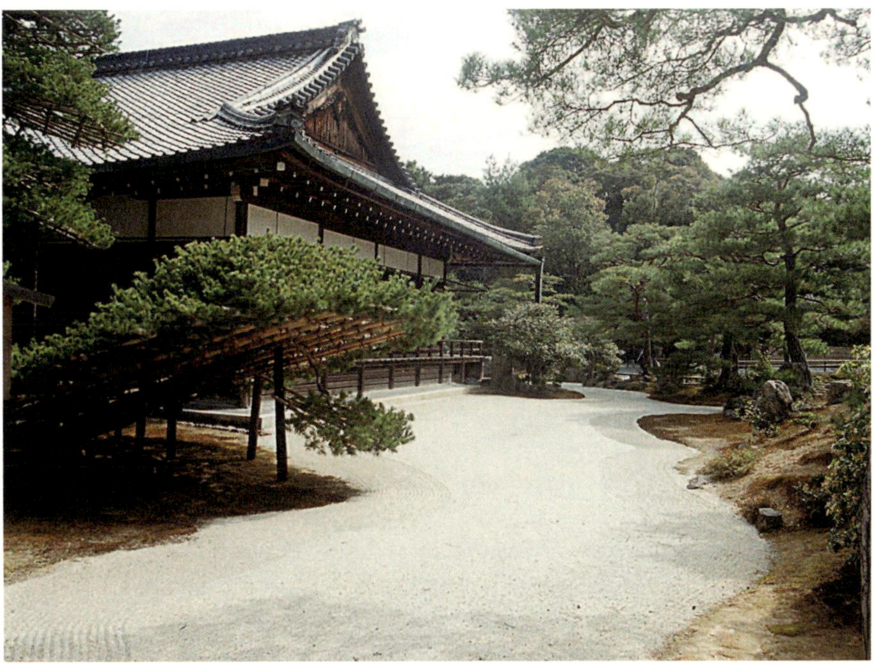

56 Leere als Reinheitszone

Die Leere vor dem Tempel ist dort, wo sich Götter herablassen. Sie hinterfragt in ihren verschiedenen Facetten Zen-künstlerischen Ausdrucks das Wesen von Natur. Die Tempelanlage Rokuon-ji ist Teil des 4.5 Hektar großen Gesamtparks der Kinkaku-ji Villa, Kyoto.

Die westliche Vorstellung von Leere als Vakuum, wo nichts ist und nichts stattfindet, lässt bestenfalls die Interpretation als Zwischenraum zu. Im Verständnis der Japaner ist die Leere hingegen der Ort, wo sich Kräfte auf neutralem Boden treffen. Dieser Zwischenraum definiert beispielsweise den Abstand von einem Bereich zum anderen. Wo im Design dieser Abstand die Qualität von Proportion erhält, berühren sich westliches und fernöstliches Verständnis von Leere als Kraftimpuls für etwas Neues, Verbindendes. Leere definiert daher Form und Funktion seiner Begrenzungen, so wie die Form des leeren Behälters seine Funktion bestimmt. Diese Überlegungen münzte der Haiku-Dichter Bashō (1644–1694) in den Ausspruch:

»Gehe in die Form – komme aus der Form, und du erreichst Freiheit.«

Wo der Westen sich bemüht, den Geist einer Sache durch die Form zu ergreifen, ist der Osten genau gegenteiliger Ansicht, wie Suzuki betont. Dort wird erst der Geist erfasst, um sich die Form zu erschließen.[109]

109 Suzuki, Daisetz Taitaro: Der westliche Weg und der östliche Weg. Ullstein Verlag. Berlin 1960. S. 37.

Das Konzept der Leere

Nur Orte, die nicht vollständig determiniert sind, die ihre ›offenen Stellen‹ haben, lassen ein Ahnungsvolles, Wahrhaftiges, das sich hinter dem Sein erschließen lässt, durchsickern. Diese offenen Stellen richten sich gegen das verordnete Sehen und öffnen die Tore für das zu Erforschende. »Zwangsläufig erscheint der Ort nicht als Form-Materie-Komposit, sondern als prozessuale Kristallisation sich verschlingender und verzweigender Bewegungen.«[110] Im asiatischen Denken ist Leere das Gegenteil von ›Nichtheit‹ im nihilistischen Sinne. Sie ist ein Symbol für etwas jenseits von Zeit, da diese im Augenblick des Gegenwärtigen nicht wahrnehmbar ist, gleichwohl repräsentiert die Leere Vergangenheit, Gegenwart und Zukunft und steht für das Unabänderliche, Absolute. Das Nichtvorhandene ergibt sich aus dem Wegnehmen, bis alles stimmt. Hingegen führt das Hinzufügen dazu, dass immer weniger zu erkennen ist. Das sanskritische Wort *sunya* bezeichnet den Wert Null und bedeutet gleichzeitig die Leere. In Indien wie im China des 3. und 4. Jahrhunderts v. Chr. etablierte sich der Begriff Leere (chin. *wu*) als Bezeichnung für das Non-Duale, die absolute Einheit allen Seins und Nicht-Seins. Sie ist Ausgang aller Entwicklung. Dies ist ein Kerngedanke taoistisch-kosmogonischer Weltsicht. Über die Lehrtätigkeit und Schriften des dritten Patriarchen des Chan-Buddhismus (jap. Zen), Chih-I (538–597), verbreiteten japanische Mönche diese esoterische Kosmologie und das buddhistische Weltverständnis. Die japanischen Tendai- und Shingon-Sekten begründeten sich aus diesen Lehren und Meditationstechniken, die der japanische Mönch Saichō (767–822) in Japan eingeführt hatte. Der Begriff der Leere wurde fester Bestandteil japanischer Philosophien. Er nährte sich aus einem Konglomerat buddhistischer, taoistischer und konfuzianischer Lehren, wobei die eigenen Bräuche des Shintoismus einbezogen wurden. Im vergrößerten Maßstab eines Gartens lässt sich diese religiös motivierte Ikonografie der Natur an Beispielen von Steinsetzungen, vertikalen und horizontalen Proportionen raffinierter räumlicher Staffelungen von Sichtebenen und nicht zuletzt an den sparsam eingesetzten pflanzlichen Mitteln näher verfolgen. Im klösterlichen Garten boten sich dem Mönch drei Möglichkeiten, über die Annäherung an die Natur-Wesenheit seine von dem Ego gezogenen Grenzen überschreiten zu können. Er kann das in der Verrichtung von Gartenarbeit erreichen, etwa mit dem Holzrechen in der Sandfläche des Trockengartens die unterschiedlichen Wellen des Wassers andeutend, sorgfältig die Triebspitzen einer Kiefer in die gewünschte Form einkürzend, meditativ den Garten (Wandelgarten) begehend, oder meditativ sitzend sich in die Geheimnisse der Natur versenkend (Betrachtungsgarten). Im völ-

110 Ott, M.: Essay, in: Basler Zeitung, Nr. 12 vom 23.3.2002.

ligen Eintauchen in eine geschlossene Vorstellungswelt, in welcher die physische Realität des Gartens von der virtuellen eines Naturganzen nicht mehr getrennt ist, löst sich die Yin-Yang Polarität (jap. in-yō) zwischen Subjekt und Objekt auf. C. G. Jung nennt diesen Vorgang »Auflösung einer unbewussten Identität zwischen Subjekt und Objekt, wodurch sich das Selbst von allen möglichen Verstrickungen befreit«.[111] Hier entsteht eine harmonische Konstellation zwischen einer Person mit den zeitlichen und örtlichen Gegebenheiten, wenn nicht in die Prozesse des Geschehens eingegriffen, nicht gegen den Fluss der Natur gearbeitet wird und die Zeichen ›von Himmel und Erde‹ richtig gedeutet werden. Der Gärtner-Mönch übereignet sein Werkzeug wie der Zen-Künstler sein Instrument und der Zen-Athlet seinen Bogen einem höheren Prinzip, seinem höheren Selbst. Dadurch wird Gärtner und Arbeit eine Einheit im Beschneiden von Kiefern, Azaleenbüschen, im Harken von Sandflächen, im Pflegen des Moosteppichs. Er stimmt sich so in diese Verrichtungen ein, dass sie sich so selbstverständlich vollziehen, wie sich die Wellen auf dem Wasser ausbreiten, die ästhetisch keine Fehler machen. Dieses ›Niemandsland‹ zwischen Subjekt und Objekt ist wie der undifferenzierte leere Raum, in dem Wichtiges geschieht. Die ersten westlichen Besucher alter Gärten in Japan zum Ende des 19. Jahrhunderts müssen fasziniert gewesen sein von diesem neuen räumlichen Erleben dieser transformierten Natur. Man muss sich daher heute nicht wundern, dass eine unreflektierte Nachbildung japanischer Gärten im Westen zu einer Mystifizierung führte, die diesen Gärten jedoch in keiner Weise entspricht.

Hermann Muthesius (1861–1927), einer der Begründer des Werkbundes und des Neuen Bauens in Deutschland, weilte von 1887–1890 für Planungsaufgaben im Auftrag der Regierung in Tokyo. Als er Einblick in die japanische Wohnkultur bekam, stellte er mit Erstaunen und fast mit Erschrecken fest: »Das japanische Zimmer ist tatsächlich leer und das Ideal des japanischen Zimmers ist absolute Leere.«[112] Im Laufe seines Aufenthalts bekam Muthesius ein Verständnis für das Konzept von Leere in Japan und nahm es später in sein Reformprogramm des Neuen Bauens auf. Er prägte dafür den Begriff ›der stolzen Leerheit‹, als einer Leere, die nicht als modische Abstraktion verstanden werden sollte, sondern Ausdruck einer selbstbewussten Lebensform sein kann. Der philosophisch-buddhistische Grundsatz aus dem Herz-Sutra bekommt auch hier im praktisch-physischen Sinn seine Berechtigung: Leere ist Form – Form ist Leere, denn gute Form muss der Leere immer Raum lassen.

111 Wilhelm, Richard: The Secret of the Golden Flower, A Chinese Book of Life. Mit Vorwort und Kommentar von C. G. Jung. Penguin, Harmondsworth 1984. S. 123.

112 Brüderlin. S. 258.

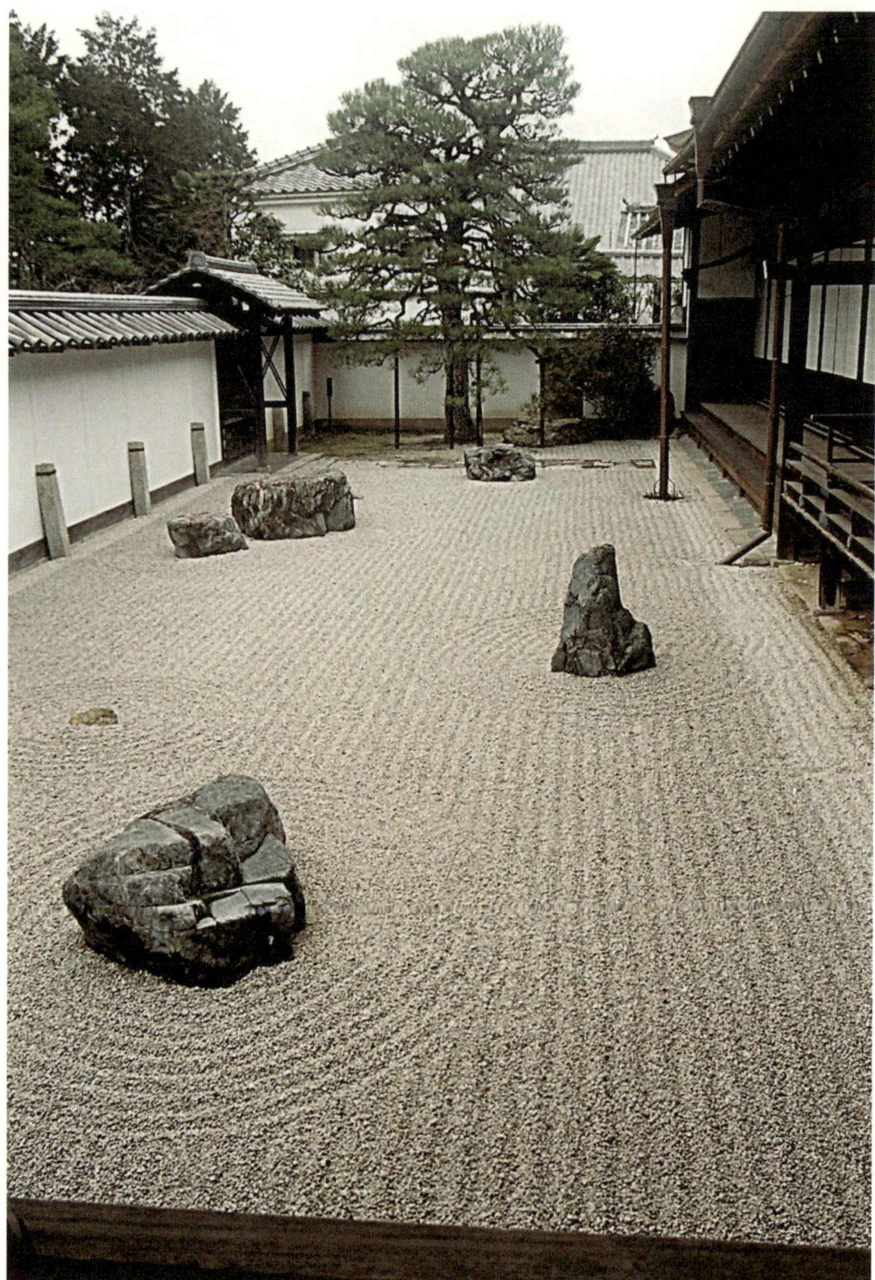

57 Sieben Felsen in einem Nanzen-ji Klostergarten

Für den Besucher in den Kloster- und Tempelbezirken, etwa des Daitoku-ji oder Nanzen-ji, ist es nicht leicht, sich in den vielen Nebentempeln zurechtzufinden. Viele der Trockengärten (Karesansui, hier im Nanzen-ji-Kloster) sind in ihrer Abstraktheit vergleichbar, aber laden gerade durch die vermittelte Leere ein, sich tiefer mit diesen Zen-Gärten auseinander zu setzen.

Das Ikebana

Im Gegensatz zur Permanenz eines Bonsais schätzt man in der Ikebana-Kunst die Auseinandersetzung mit der Leere im Augenblick des Geschehens beim Arrangieren von Zweigen und Blumen in einem Gesteck. Mit Asymmetrie und Leere erzielt man ästhetische Proportionen nach Maßgabe des Phi-Verhältnisses (1:1,618 ...). In diesen Eigenschaften des Goldenen Schnitts richten sich die Höhenverhältnisse eines Ikebana nach der Größe der verwendeten Vase, wobei sich der Aufbau ab Vase im Idealfall an die Proportionalität des *shichigosan* im Verhältnis von 7:5:3 des ästhetischen Dreiecks annähert (nächste Seite, rechte Skizze). Die ästhetische Erscheinung ist nun nicht einer Berechnung geschuldet, sondern wird durch grobe zwei-Fünftel-zu-drei-Fünftel-Verhältnisse der einzelnen Punkte zueinander erfühlt. Im Nageire-Gesteck (nächste Seite, linke Skizze) in einer hohen Vase ergibt sich die Leere zwischen den um etwa 15° und 45° geneigten Zweigen. Der Tee-Meister Rikyū bevorzugte ein Gesteck im Nageire-Stil in der Wandnische des Teeraumes. Nageire heißt so viel wie ›Hineinwerfen‹, denn das Gesteck soll spontan in seiner Natürlichkeit erscheinen, aber das kunstvolle Austarieren von Zweigen, Blüten und wenigen Blättern nicht hervortreten lassen. Diese Kunst des Blumensteckens gründet auf dem Prinzip der Harmonie zwischen Himmel, Erde und Mensch, wobei die Vorstellung der Einheit von Mensch und Natur durch die Darstellung von Leere veranschaulicht wird. Über die Jahre und mit regelmäßigem Üben dieser Kunst in der Arbeit mit natürlichen Materialien stellt sich ein tiefes Verständnis für Aspekte des Lebens mit seinen Höhen und Tiefen ein. Gleichzeitig baut sich eine innige Beziehung zur Natur und zu den geistigen Inhalten Zen-buddhistischer Prinzipien auf. An der Dreiheit von ›Linie-Masse-Leere‹, lässt sich ein Ikebana-Gesteck erkennen. Ein Arrangement ist auch formal als Dreiheit mit großer Symbolkraft aufgebaut, wie es etwa die neueste, 1927 von Sōfū Teshigahara gegründete, Sōgetsu-Ikebana Schule vermittelt. Ein hohes dominantes Element, das ›Shin‹› symbolisiert Himmel als die höchste Sphäre; ein Basis-Element ›Hikae‹ steht für Erde als unterer Sphäre, zwischen beiden Sphären vermittelt das ›Soé‹, was für Mensch und das menschliche Tun steht. Diese drei Elemente stehen in vorgeschriebenen Verhältnissen zueinander, sodass diese Proportionen mit den Linien der Zweige, der Masse von Blumen und Blättern mit dem gestalteten Leerraum eine vollkommene Harmonie bilden. Die Maßverhältnisse ähneln Proportionen des Goldenen Schnitts.

Erst in der Einheit des Gestecks mit dem richtig ausgewählten Gefäß und dem zugeordneten Standplatz erfüllt sich die Idee eines Ikebanas, was an diesem Beispiel eines Bonsai erkennbar ist, dessen Zweige nach den Prinzipien eines Ikebana erzogen worden sind. Es ist daher eine

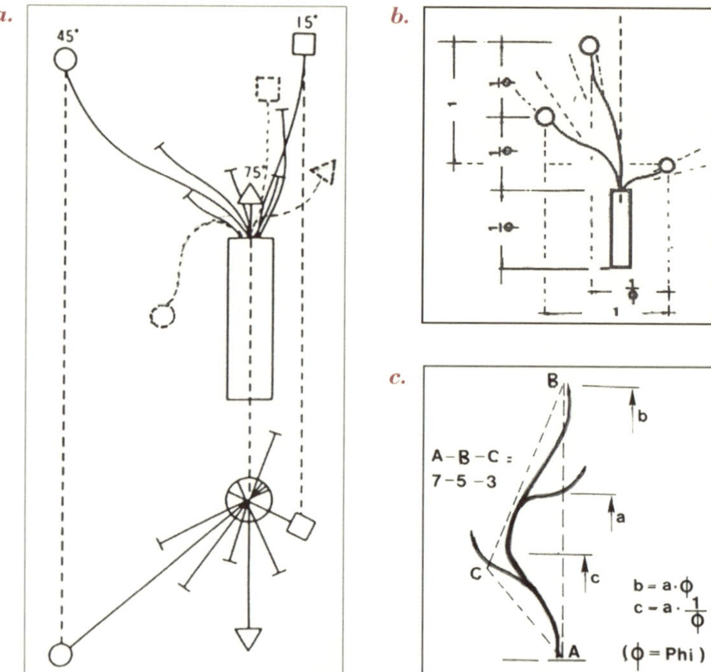

58 Schematischer Aufbau von Ikebana-Gestecken

Proportionalität in Verhältnissen des Goldenen Schnitts, des ästhetischen Dreiecks mit den 7-5-3 Seiten-Proportionen und die Darstellung von Leere bilden das Grundgerüst eines solchen Gestecks. Skizze a) zeigt die Proportionsverhältnisse zwischen Vase und einem Nageire-Gesteck. Skizze b) deckt Proportionsverhältnisse innerhalb eines hohen Gestecks auf. Skizze c): Der Hauptast eines Gestecks ist in Proportionen gegliedert. Ein Ikebana zu arrangieren gehört auch heute noch zur Lebenswelt vieler japanischer Haushalte.

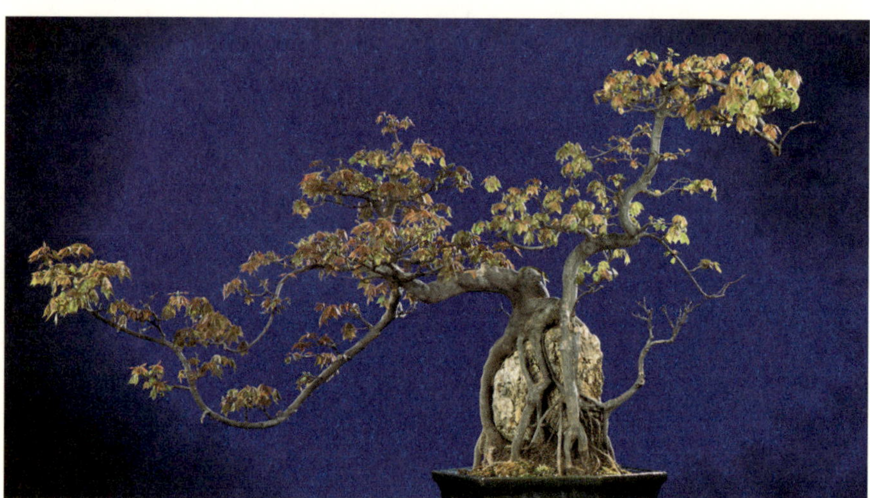

59 Bonsai im Ikebana-Format

Dieser japanische Ahorn (Acer buergerianum) ist als Bonsai über einem Felsstück in Form eines Ikebana erzogen, wie die Stellung der Zweige andeuten. Hier sind die Künste des Bonsai und des Ikebana zusammengeführt. Setzt man sich in Japan (und heute in aller Welt) mit der Frage der Ästhetik und der Leere auseinander, so erkennt man, wie mit Wenigem die optimale ästhetische Form gefunden werden kann. Bonsai, Ikebana und Gartenkunst sind ähnliche Wege, wie in Japan die raum-zeitliche Erscheinung von Natur künstlerisch umgesetzt werden kann.

Raumkunst, die in ihre Umgebung ausstrahlt und diese mit Energie erfüllt. In seiner zeitlichen Begrenztheit erinnert ein Ikebana im Sinne des Zen daran, dass seine Bedeutung im Weg des Entstehen-Lassens und nicht im fertigen Werk liegt. Ursprünglich ein Altargesteck, das in den chinesischen und in den späteren japanischen Chan-Klöstern als Andachtsobjekt diente, ist die Blumensteckkunst heute unter dem Begriff Ikebana in verschiedenen Stilrichtungen weltweit verbreitet und mit den verschiedenen Ikebana-Schulen im Ikebana-International zusammengeführt. In dieser Kunst werden die Beziehungen zwischen Zweigen, Blumen und Gefäß als Linie, Masse und Leere minutiös herausgearbeitet. Der Entstehungsprozess ist ein meditativer Akt, bei dem der Trinitätsgedanke von Göttlichkeit – Erde – Mensch, bezeichnet als *ten-chi-jin*, was auch die Ecken des Dreiecks benennt, verinnerlicht wird. Haupt- und Nebenzweige formen in der Regel ein Dreieck in Proportionen 3:5:7. In der Abweichung von der Senkrechten stehen die Zweige annäherungsweise in Winkelfunktionen zueinander wie Sinus 18° (0,5 : j), Cosinus 36° (0,5 × j) und Cosinus 72° (0,5 : j). In einer derart austarierten proportionalen Anordnung von Zweigen, Blättern, Blumen entsteht eine Gesamtkomposition aus Gesteck, Gefäß und Standplatz, dessen asymmetrische Massenschwerpunkte durch einen gestalteten Leerraum energetisch zusammengehalten werden. Ikebana unterscheidet sich von einem Blumenarrangement westlicher Art, wie es Floristen praktizieren, in der Art und Weise, wie Leere als ein Gestaltungselement herausgearbeitet ist. Hier wird nämlich durch ein Weniges von Material ein Mehr an Ausdruckskraft erzielt. Durch bewusste Linienführung, Betonung der Leere und Asymmetrie wird ein solches Gesteck gleichsam energetisiert. Dieser Aspekt von Leere mag für unser unvoreingenommenes Verständnis etwas paradox erscheinen, dass dort, wo ›nichts‹ ist, sich Kraft und Energie entwickeln. Nach den Worten eines französischen Gartendesigners sind auch in Gärten und Parks freie, leere Flächen das wichtigste Gestaltungselement; sie drücken das nicht Sichtbare, ja das Geheimnisvolle aus, denn sie, die leeren Flächen, sind ein zentraler Ort, auf den sich alles bezieht. Er vergleicht dies mit der Redepause, der Stille, als wichtigstem Mittel von Eloquenz. Erst der freie Zwischenraum, wie etwa in einem Gemälde, lässt Spannung zwischen den Teilen entstehen. Im Gestalten nach Kriterien des Zen-Buddhismus, eines Sich-Hinein-Fühlens in eine Aufgabe, bedeutet Leere, das Wesentliche im Nicht-Dargestellten zum Ausdruck zu bringen. Neben einem gewissen philosophischen Unterbau ist Ikebana jedoch immer ganz nah an der Natur und ihrem steten Werden und Vergehen. Symbolhaft entspricht ein Gesteck dieser Vergänglichkeit und dem jahreszeitlichen Geschehen in der Natur. Eine bestimmte zeitgemäße Auswahl von Zweigen, Blättern und Blumen verdeutlicht das. So ist nun das Ikebana-Gesteck selbst ein vergängliches Kunstwerk. Seine Bedeutung liegt daher nicht im Endergebnis, sondern im oft mühevollen Weg zu diesem Ziel, in dem, wie so oft, im Bemühen persönliche innere Konstellationen frei gelegt werden. Der Sōgetsu-Ikebana Stil, den Teshigahara eingeführt hat, bricht mit alten Konventionen, obwohl er in der japanischen Tradition der Zen-Philosophie verwurzelt bleibt. Gleichzeitig erreicht diese Schule durch ihre Aktivitäten, dass diese Kunst außerhalb Japans bekannt wird. Teshigahara benutzte neben natürlichen Materialien bisher nicht verwendbare Stoffe wie Metall, Holz oder Papier, die ihn in seiner Eigenschaft als Bildhauer auswiesen. Seine Schule ist heute international eingeführt und ist neben den schon lange etablierten eine der bedeutenden Schulrichtungen des Ikebana.

Der Blick über den Zaun

Die Suche nach dem richtigen Weg beginnt nicht mit der Demarkation des Pfades. Der Weg entsteht, indem man ihn betritt. In diesem Sinne können die klösterlichen Wandelgärten, solche des Teehausbezirks und die später entstandenen kleinen Shogun- und Kaufmannsgärten verstanden werden. Teehausgärten offenbaren sich beim rituellen, achtsamen Durchschreiten, wobei der Gehende auf ein Ziel hin vorbereitet wird. Die choreografische Grammatik bedient sich hier vieler kontrastierender Elemente, welche das Sensorium der fünf Sinne ansprechen. Unvermittelt eingeschobene Haltepunkte dienen etwa der symbolischen Reinigung, der Selbstreflektion. Der Wegabschnitt von dem inszenierten Haltepunkt bis zum nächsten ist Ausdruck einer Zeitreise (Yang) und stellt in der Wahrnehmung des durchschrittenen Raumes (Yin) eine dynamische Subjekt-Objekt-Beziehung her. Jeder Blickausschnitt, jede in Szene gesetzte Steinlaterne oder Felskomposition am Schöpfbecken wird jedes Mal neu rezipiert. Im Begehen einer geländerlosen schmalen Steinbrücke oder eines Holzsteges ist Achtsamkeit gefordert, die nur das Hier ins Auge fasst. Dieser Garten ist immer nach innen orientiert. Das *shakkei*, also einen landschaftlichen Aspekt von außen herein holen zu wollen, ist im Tee-Garten kein Gestaltungselement. Der Blick wird für das Wesentliche geschärft. Wo Grenzen überschritten werden, tauchen neue Aspekte auf – sei das nun über Trittsteine hinweg an einer Richtungsänderung oder durch eine Torpassage hindurch. Der Wandelgarten hingegen ist nach innen und außen orientiert. Ein plötzlich sich öffnender Fernblick in die jenseitige ›geborgte Landschaft‹ ist Teil der Raum-Zeit-Erfahrung und erinnert, wie das Eine zum Ganzen gehört und nur der eigene Geist Grenzen überwinden kann. Die Natur in der Innenwelt des Gartens soll das Wesen der Außen-Natur in abstrakter Formgebung widerspiegeln.

Der Garten japanischer Aristokratie und später der monastischen Institutionen lebt stets zwischen diesen beiden Polen des Innen und des Außen. Ebenso gehören Begrenzungen aller Art zu dieser räum-

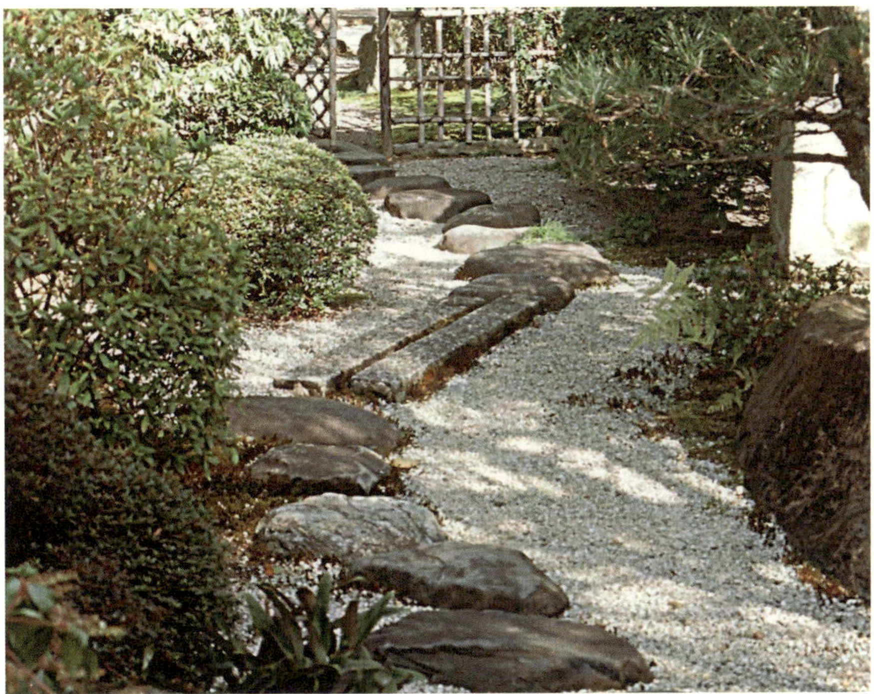

60a Die Kunst der Tobi-Ishi

Immer neue virtuose Naturstein-Anwendungen vor allem in der Gestaltung von Wegen mit den ›fliegenden Steinen‹, den Schrittplatten, bereichern alle Arten späterer japanischer Gärten.

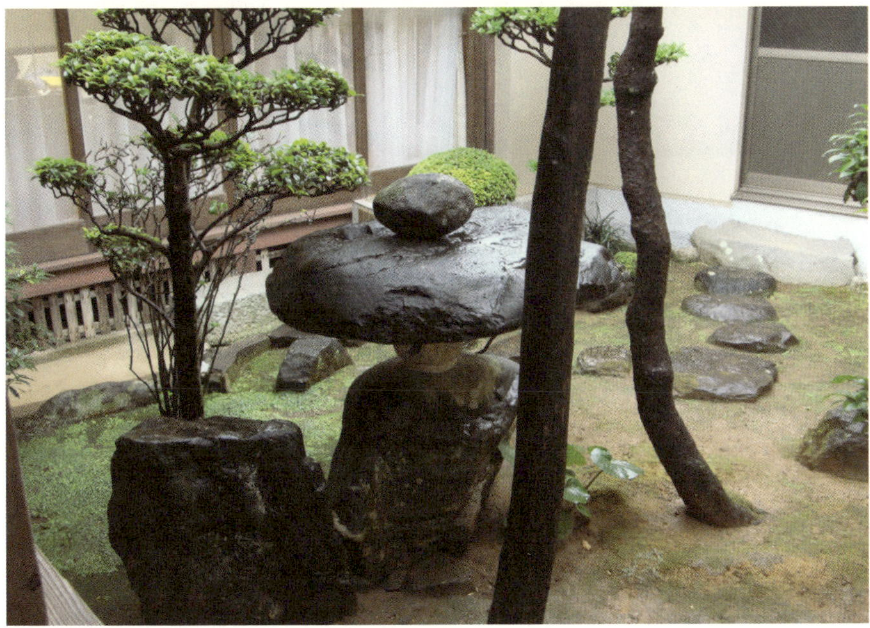

60b Minigärten

Besonders kleine Innenhöfe (Tsubo Niwa) profitieren von der Verwendung rustikaler Natursteine in Form von kleinen Laternen und lassen sich in Verbindung mit kleinen Felsen, Schrittplatten und sparsamer Bepflanzung ansprechend gestalten. Sie bringen die Idee von Landschaft in den Wohnbereich. (Privatgarten in Nagasaki)

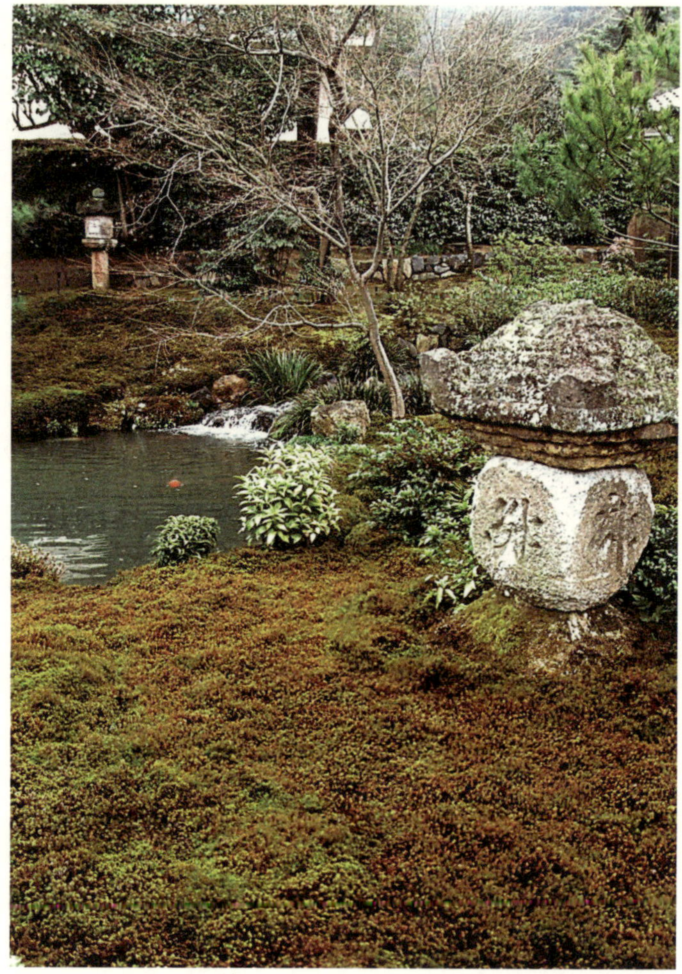

61 Ein Teehausgarten spricht die Sensorik aller Sinne an

Der abgegrenzte Teehausbezirk ist mit Achtsamkeit zu durchschreiten, um die Besonderheit rustikaler Steinlaternen, und die spärliche, aber gezielte Bepflanzung mit dem Moosteppich in Vorbereitung zur Teezeremonie verinnerlichen zu können.

lichen Erfahrung. Schon ein raffiniert platzierter Fels oder eine Felsen-Gruppe kann den Übergang in einen anderen Gartenteil signalisieren. Ein künstlerisch gebundener oder geflochtener Bambuszaun mit unterschiedlicher Durchlässigkeit, kann dem Auge als integraler Teil des Gartens erscheinen. Er kann die Begrenzung durch seine dichte vertikale oder horizontale Struktur betonen und auf das Hier und das Dort verweisen. Er kann die Grenzfunktion aber auch nur andeuten durch die Transparenz der diagonal oder vertikal mit weitem Abstand gebundenen Bambusstäbe und damit in den angrenzenden Gartenteil überleiten. Ein kurzes Zaunstück, direkt am Hausende anschließend, führt den Blick hinaus in den Garten auf einen

Fokuspunkt und begrenzt ihn seitlich. Ähnlich rahmt das Schiebetor eines japanischen Hauses den Blick hinaus in den Garten, der motivisch genau auf diesen Bildrahmen komponiert ist. Hier stellt man Unterschiede fest in der raum-zeitlichen Erfahrung, je nachdem, ob ein Garten erwandert oder begangen wird oder ob sich ein Betrachtungsgarten, beispielsweise von der Abthalle und seinem Vordeck aus, in meditativer Sitzhaltung erschließt. Hier sind von altersher Mauern die Begrenzung, denn Holz-, Bambus- und andere Flechtzäune erscheinen häufig in mehrschichtigen Gärten erst während der Edo-Zeit. Im Prozess der meditativen Betrachtung etwa eines Trocken-Landschaftsgartens verwischen sich die Grenzen zwischen dem Ego und dem Objekt, sodass jene gesuchte Verbindung mit Natur, losgelöst von Raum und Zeit, erfahrbar wird. Die Mikro-Welt des Gartens transzendiert in die Makro-Welt jenseits der Grenzmauer. In Japan werden Naturerscheinungen in den entsprechenden Jahreszeiten auf unterschiedliche Weise zelebriert. Von den geographischen Gegebenheiten her prägt sich das zu unterschiedlichen Zeiten aus und zeigt sich etwa während der Kirschen- und Pflaumenblüte im Frühjahr, der Chrysanthemen-Blüte oder der Färbung des Ahorn- oder Ginkgo-Laubes im Herbst und ist dann Anlass zu Festen in der Natur mit gesellschaftlichen Zusammenkünften. Dies wird oft von Kunst und Ritualen wie etwa durch die Teezeremonie begleitet.

Die Verbindung einer Innen- und Außenwelt in den Gärten wird seit den frühesten Zeiten Japans intuitiv beim Bau des Gartens berücksichtigt. Eine ferne Landschaftsform als Gestaltungsmittel bewusst mit der Gartengestaltung zu verbinden, taucht hingegen erst gegen Ende des 17. Jahrhunderts auf. Dies zeigt sich auch im berühmten chinesischen Gartentraktat Yuanye von 1634, das auf Ji Cheng zurückgeht. Es blieb während der Mandschu-Invasion in China verschollen. Ein einziges Exemplar auf Chinesisch taucht wohl gegen Mitte des Jahrhunderts in Japan auf und wird die Quelle aller späteren Übersetzungen und Neuausgaben.[113] Die äußere Szenerie *shakkei* – Ji Cheng verwendete dafür den Begriff *jiejing* – wird nun bewusst praktiziertes Mittel der Gestaltung mit einer geborgten Landschaft. Man fand dafür die Bezeichnung *ikedori*, lebendig eingefangen. Je nach Gartensituation bildeten sich verschiedene Techniken des Shakkei heraus. Ob das nun ein Berg in der Ferne ist, der wie in einer Bildrolle von links her im Bildausschnitt den Garten belebt oder durch eine freigestellte Waldlücke hindurch erscheint, es ist immer eine bewusste Inszenierung. Die Technik des *mikiri* definiert den gewollten Bildrahmen durch Beschneiden einer Hecke, durch die Nutzung einer niederen Mauer oder durch andere rahmen-

113 Chen, Gang: Landscape Architecture. Planting, Design. Illustrated. Irvine, CA 2011. S. 153.

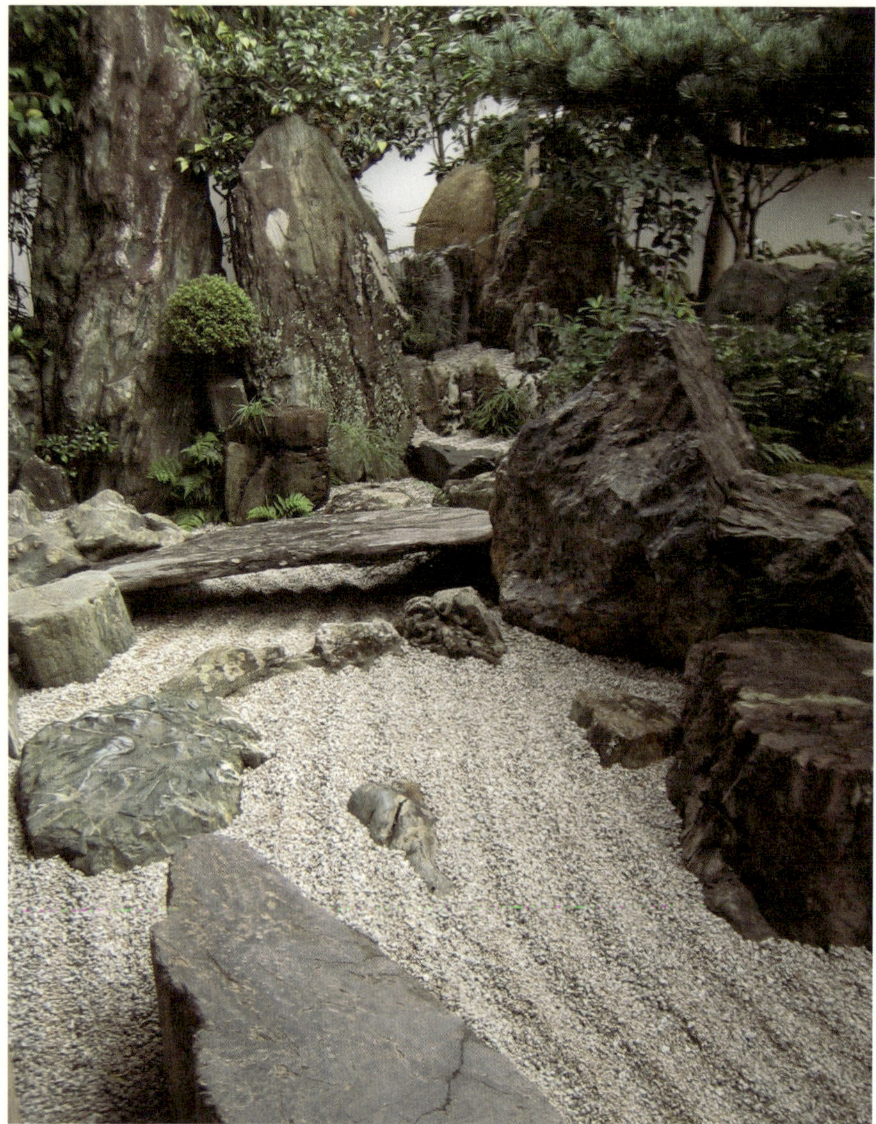

62 Die berühmte Felsenlandschaft von Daisen-in

Daisen-in, einer der bedeutenderen Nebentempel im Komplex des Daitoku-ji, selbst wieder gegliedert in verschiedene Teil- und Trockengärten, vermittelt mit den eindrücklichen Felskompositionen die Symbolik und die Reduktion auf Wesentliches in der Zen-Gartenkunst.

gebende Bau- oder Geländeformationen.[114] Ein Bildrahmen wird oft durch einen bewussten Fenster- oder Türausschnitt im Gebäude erstellt und kann so einen gewünschten Blick freigeben, der den meist etwas tiefer liegenden Garten mit einer außerhalb des Gartens lie-

114 Itoh, Teiji: Space and Illusion in the Japanese Garden. Weatherhill/Tankosha, Tokyo, New York 1973. S. 31.

genden landschaftlichen Szene verbindet. Shakkei bedeutet auch einen direkten gestalterischen Bezug von Gartenelementen, wie Felsen oder geformte Buschgruppen mit einer ähnlich geformten Berg- oder Hügelform im Hintergrund zu verbinden. Dem gegenüber wird der Begriff *shukkei* für die symbolhafte Darstellung realer oder fiktiver Landschaftsszenen im Garten selbst verwendet.

Die Wasserfallszene im Daisen-in Landschaftsgarten beispielsweise, oder jene, die einen Fluss oder ein Meer nur als Sandfläche darstellt, sind *shukkei*.[115] Hier stellt die symbolische Mikro-Landschaft die reale Makro-Landschaft dar. »Symbol und dargestellter Gegenstand sind sich nicht ähnlich, der Bezug kann nur dann hergestellt werden, wenn man um die Konvention weiß, die ihn festgelegt hat. Die eher ikonische Darstellungsweise der Dinge heißt auf Japanisch *shukkei*, was man mit »maßstäblich verkleinerte Replik eines in der Wirklichkeit vorkommenden Gegenstandes übersetzen könnte«.[116] Shukkei, ähnlich wie Bonsai, ist eine im Mikroformat nachempfundene Ideal-Szenerie, die in sich die Kraft trägt, den Betrachter in eine Bild-Imagination zu entführen. Es ist die Fähigkeit der frühen Gartengestalter Japans, auf ästhetische Art und Weise Realität mit einer Analogie, manchmal mit der Metapher eines Naturideals auf einen Nenner zu bringen, sodass im Dargestellten beides verschmilzt. Es ist die Kunst der Anspielung auf etwas hinter dem Offensichtlichen Liegendes, wodurch in einer Blicklenkung hintergründige Schönheit plötzlich in den Fokus gerät. Der japanische Garten ist voll dieser inszenierten Motive, die das Überraschende, das Unerwartete ins Blickfeld rücken und dem Betrachter neue Assoziationen seines Verständnisses von Natur ermöglichen. So kann eine einzelne Kiefer neben einem ausgesuchten Felsen stellvertretend für die Schönheit der Gesamt-Natur stehen. Wo viele Schichten von Bedeutungsebenen übereinanderliegen, wie Symbol-Natur, Mikro-Natur, ästhetisches Ideal, ist *mitate* im Spiel, wie dies in der Gartenkunst, aber auch im Theater, in der Dicht- und Malkunst zum Ausdruck gebracht werden kann.

Die leere Landschaft

Die Zen-Malerei versucht das jenseits aller Farbe und Form Liegende, das absolute Nichts, auf das die Leere zielt, darzustellen. In einer im Einzelnen kaum definierten Freiheit von Regeln, Systemen und Darstellungskonventionen werden Begriffe wie Asymmetrie, Schlichtheit, Natürlichkeit markante Merkmale. Die Zen-Malerei hat es verstanden, ihre Bildgegenstände ohne entscheidende Rückstufung des Realitätsgrades

115 Fukuda. S. 21.
116 Nitschke. S. 185.

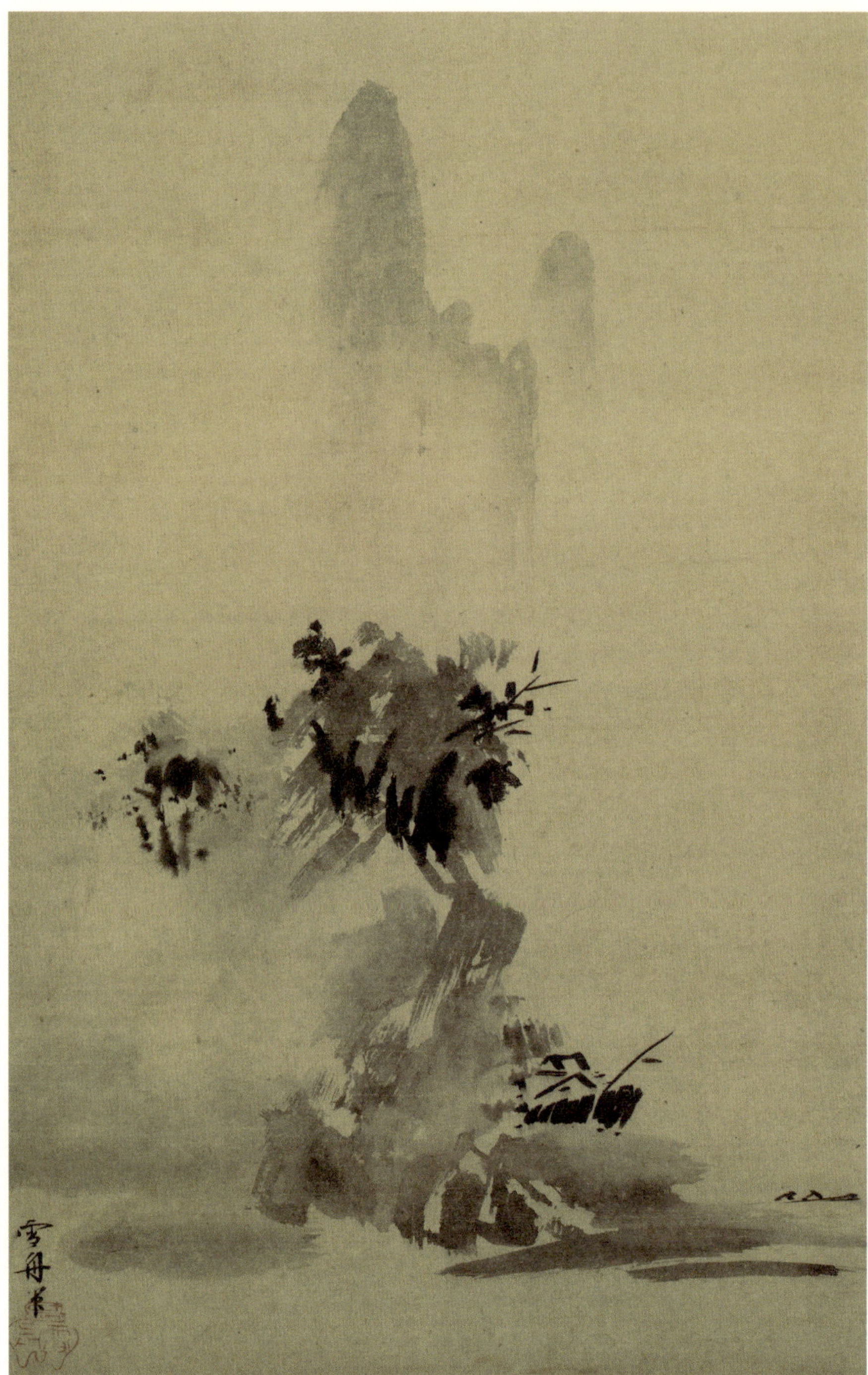

63 Die Bedeutung des Nicht-Dargestellten in der Kunst des Zen

Verschiedene Pinseltechniken mit Tusche, die Sesshū Tōyō meisterlich beherrschte, drücken sich im Titel dieser geheimnisvollen Landschaft von 1495 aus: »Hatsuboku-San Sui«, Landschaft der gebrochenen Tusche. Zu diesem Bildausschnitt gehört ein hier nicht dargestellter oberer Teil der Hängerolle, der mit Gedichten anderer Mönche und mit Sesshūs Bemerkungen über sein Studium in China unter Li Zai beschriftet ist. (Tokyo Nationalmuseum)

auf das Wesentliche zu reduzieren.[117] Instinktiv wurde schon in der Tusche-Malerei der Südlichen Song-Dynastie eine asymmetrische Gewichtung von Flächenverhältnissen zwischen den dargestellten und den nicht dargestellten Bildinhalten eingehalten. In den vom Zen beeinflussten japanischen Bildnissen wurde die Leere im Bild noch dramatischer instrumentalisiert, indem die hochstilisierten Elemente der Natur in einem kaum angedeuteten Volumen mit der Leere zu verschmelzen schienen. Dem zustatten kam, dass die monochrome Tusche-Lavis-Technik mit trocken auslaufenden Pinselstrichen, Tusche-Spritzern oder mit wässerigen Tusche-Wischern dieses Hintergründige, Verborgene, nicht Darzustellende noch verstärkte und dem Maler erlaubte, eine aus dem Augenblick geborene Empfindung auszudrücken.

1495 schuf der Zen-Künstler Sesshū Tōyō (1420–1506) ein solches ausdruckstarkes Landschaftsbild aus Tusche-Wischern und Tusche-Klecksen. Bergspitzen tauchen im Hintergrund aus dem Nebel auf, im Vordergrund wird der Blick auf eine kantige Felsengruppe mit stilisierten Kiefern gelenkt. Das Tiefgründige, Mysteriöse, Geheimnisvolle, das Verborgenes zeigt und Gemeintes in einer Art konzentrierter, zeitloser Schönheit verkörpert, ähnelt dem japanischen Zen-Begriff Yūgen, welcher das Wesen der Tusche-Malerei, der Dichtkunst und des Nō-Theaters dieser Zeit beschreibt. Hearn sagt mit Bezug auf die Gartenkunst in Japan: »In diesen uralten Gärten [...] war eine Naturstimmung ausgedrückt, und zugleich auch irgendeine individuelle orientalische Seelenstimmung.«[118] Immer deutet Yūgen versteckte sanfte Eleganz, stille Tiefe oder erfüllte Leere an – es liegt eine Abstrahierung und Reduktion eines Wesenszuges vor – die, nachdem beispielsweise die Malerei diese künstlerische Haltung perfektioniert hatte, schließlich in der Gartengestaltung Einzug hält. Ein Repräsentant dieser Malerei ist Oguri Sōtan, dessen Themenbreite von zerklüfteten Felsen bis zu idyllischen Blumen- und Vogelmotiven reicht. In der Person des Priester-Mönchs Sesshū Tōyō (1420–1506), einem Alleskönner in vielen Künsten, der namhafte Bildwerke, selbst einige Gärten, darunter den für die Tempel Joei-ji bei Yamaguchi und den für den Funda-in in Kyoto geschaffen hat, zeigte sich das Abstrakte in den Künsten des Zen. Er war 1449 von seiner ersten Chinareise zurückgekehrt und verbrachte nach seinen Wanderjahren während der kriegerischen Unruhen viel Zeit am Ginkaku-ji unter dem Patronat von Yoshimasa. Es liegt nahe, dass Sesshū dort während der intensiven Bauzeit als Maler und Innendekorateur und als Berater für den Bau der Gartenanlage tätig war. Die drei Generationen der Künstlerfamilie Nōami (1397–1471), Geiami (1431–1485) und Sōami (ca. 1472–1525) dienten al-

117 Brinker 1993. S. 105–107.

118 Hearn, Lafcadio: Izumo, Blicke in das unbekannte Japan. Rütten & Loening, Frankfurt a. M. 1921. S. 14.

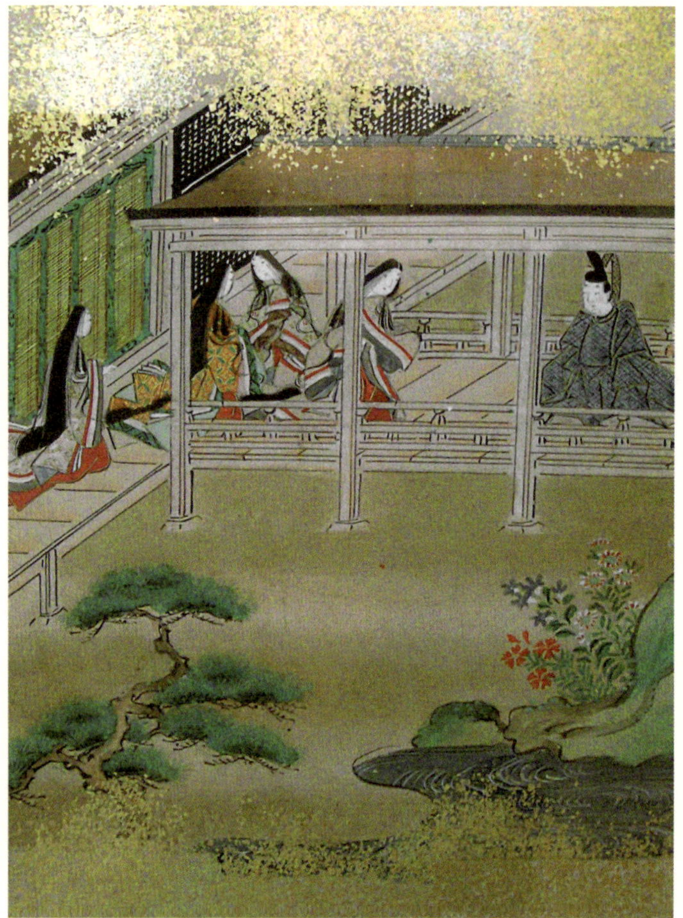

64 Erste Blumenreferenz im Pavillongarten der späten Muromachi-Zeit

Kleine private Shogungärten der Muromachi- und Momoyama-Perioden lösen sich von der Abstraktheit der Zen-Trockengärten. In deren gestalterischem Flair nimmt man noch die Idee von Leere im Garten wahr, die nun bereichert ist mit Symbolpflanzen wie der Kiefer und durch Felssetzungen, verstanden als Nukleus einer Landschaft, nun ergänzt mit manchen Blütenpflanzen. Gold und Farbe auf Papier; Künstler unbekannt; Nationalgalerie, Prag.

le ihren Shogunen als Berater in Ästhetik und waren zuständig für die wertvollen Ashikaga-Kunstsammlungen. Ihre Hauptaufgabe war das Begutachten und Bewerten importierter Kunstschätze und neuer Akquisitionen. Gleichzeitig betätigten sich die drei ›Ami‹ (ein Kürzel, das sie als Nationalhelden ausweist und auf Amida-Buddha Bezug nimmt) als talentierte selbstständige Tuschemaler, die zu einer realistischeren Darstellungsweise tendierten. Typisch sind schroffe Felsen mit einem bedrohlichen Wasserfall. Einsame Kiefern klammern sich mit ihren Wurzeln an Felsen fest, Nebelwolken hüllen die aufragenden Berge ein.[119]

119 Brinker 1993. S. 310.

Sowohl Sesshū als auch Sōami, die sich mit der abstrakten Gestaltung von Trockengärten gegen Ende des 15. Jahrhunderts beschäftigt haben sollen, zeigen die enge Verbindung zwischen den Tusche-Landschaften und Trocken-Landschaftsgärten auf. Vor allem Sōamis Mitwirkung an dem berühmten Karesansui im Daisen-in Untertempel des Daitoku-ji und des Ryōan-ji wird immer wieder kolportiert, weil er dem Abt Kogaku Sōtan des Daitoku-ji Tempels nahestand und dort Landschaftsbilder an Schiebetüren gemalt hatte. Seine Autorenschaft für den Trocken-Landschaftsgarten aus Sand und die berühmten Felssetzungen ist jedoch nicht erwiesen. Kogaku bezog diesen Bauteil des Daisen-in ab 1509 und beaufsichtigte den Umbau bis 1513 selbst. Es ist überliefert, »Kogaku habe spezielle Bäume gepflanzt und sonderbare Felsen gesetzt, um eine Landschaft zu gestalten«.[120] Diese abstrakte und doch natürlich erscheinende Felsen-Komposition ist L-förmig, direkt östlich an den Korridorweg außerhalb der Abthalle angelegt. Sie vereinigt ikonographische Elemente wie den Hōrai-Berg, eine Felsgruppe mit Wasserfall, die an ein Bild des Song-Malers Li T'ang aus dem 12. Jahrhundert mit klüftigen Felsen und Wasserfall erinnert. Dieses befindet sich im Besitz des Sub-Klosters Kōtō-in in Daitoku-ji. Weitere Elemente sind der fiktive Flusslauf, in den sich der Wasserfall bei einer Steinbrücke ergießt, um flussabwärts durch eine felsige Landschaft, bewachsen mit skurril geformten Kiefern, den schiffbaren Fluss zu erreichen. Dort ist ein ominöses Schatzschiff in Felsenform dargestellt, was zu manchen Spekulationen Anlass gegeben hat. Die Tuschemalerei im Zen bildet ein direktes Bindeglied zur abstrakten und symbolbefrachteten Gestaltung von Gärten, die am Ende des 15. Jahrhunderts im Klostergarten des Ryōan-ji gipfelt.

Der Weg des Tees

Trotz abnehmender künstlerischer Originalität in den pompösen Gärten der Momoyama-Zeit (1573–1615) unter dem Reichseiniger und Despoten Hideyoshi und danach unter Tokugawa Ieyasu, war es dem Einfluss der Zen-Schulen zu verdanken, dass die schon weit verbreitete Sitte des Teekonsums allmählich zu einer synkretistischen Gestaltungsweise der Gärten rund um die Teezeremonie führte. Als deutlicher Gegensatz zur aufwendigen Lebensweise der Mächtigen wurde in der Teezeremonie *cha no yu* der einfache Stil gesucht. Künstler und Mönche wie Murata Jukō (1422–1503), Takeno Jōō (1504–1555) Sen no Rikyū (1520–1591), Furuta Oribe (1543–1615) oder Kobori Enshū (1579–1647) schufen dazu die schöpferischen neuen Impulse mit dem *cha-dō* (Weg des Tees). Diese haben die ästhetische Kraft des

120 Kuck. S. 161.

Zen-künstlerischen Handwerks in die Neuzeit herübergerettet. Ausdrücken konnte sich dies in den kleinräumigen Anlagen der Teehausbezirke im *roji*-Stil des taufeuchten Pfades, von dessen motivischer Vielfalt der japanische Garten im Westen häufig Anleihen nimmt. Dem Geist des Zen entsprechend dient der Zugangsbereich vom inneren Gartentor bis zum Teehaus, einem einfachen, ländlich gehaltenen kleinen Bauwerk, der atmosphärischen Einstimmung auf den Gedanken der Einheit von Zeit und Raum. In Verinnerlichung über das Wesen von Natur in ihren Zyklen des Wachsens und Vergehens geht der achtsame Schritt über die rohen, sorgfältig verlegten Schrittplatten. Ein Haltepunkt am Schöpfbecken dient der rituellen Reinigung. Wahrnehmung einer ästhetisch in Szene gesetzten Steinlaterne oder der plötzlich frei werdende Blick über einen kleinen Platz, der mit wenigen herabgefallenen Blättern bedeckt ist, stellt bis zur kleinen Wasserfläche mit bemoosten Uferfelsen eine choreografische Steigerung dar. Damit werden alle Sinne angesprochen: Man riecht den feuchten, frisch benetzten Boden, Vogelstimmen und das Rascheln von Blättern dringen an das Ohr, das frische Quellwasser im Mund aus der Schöpfkelle erinnert an den klaren Bergbach. Mit absicherndem Schritt über die fliegenden Steinplatten nähert man sich dem Teehaus mit selbstloser Bescheidenheit. Eine kleine Bank außerhalb lädt zum kurzen Verweilen ein. Noch müssen Treppenstufen überwunden werden, bevor man einzeln in gebückter Haltung den Teeraum durch eine sehr niedrig gehaltene Öffnung betreten kann. Dort, befreit von allen äußeren Attributen des eigenen Selbstwertes (ohne Schuhe, ohne Schwert), wird man sich, auf den Reisstrohmatten sitzend, dem Teemeister anvertrauen. Zuerst jedoch wird man die einzige künstlerische Ausstattung im Raum bewundern, über die dann später gemeinsam zu reflektieren sein wird. Es ist die Wand-Nische *Tokonoma*, die mit einer aktuellen Kalligrafie, einem Tuschebild oder mit einem der Jahreszeit entsprechenden Ikebana-Gesteck *chabana* in einer Vase geschmückt ist.

65 Das Bonseki von Rikyū

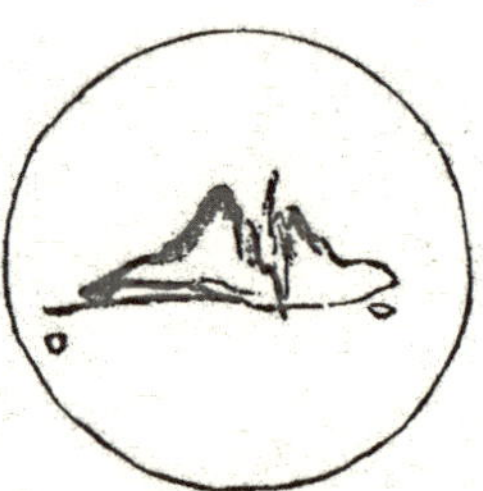

Diese von Sen no Rikyū überlieferte Skizze eines *bonseki* (Betrachtungsstein) mag einmal die Nische des Tokonoma während einer Teezeremonie von Rikyū selbst geschmückt haben. Der kaum angedeutete Vordergrund nimmt auf die Felsgruppe Bezug, die als Insel im Meer oder als Synonym für Landschaft in einem undifferenzierten Hintergrund gedeutet werden kann. Sie ist eingefangen im Kreis des Zyklischen, Immerwährenden.

Ein Chabana kann am Haken von der Decke oder an der Wand hängen oder entsprechend der Vase, des Stils und den Konventionen des Teemeisters auf einem Untersatz stehen. Um den Anlass der Tee-Zusammenkunft (meist für nicht mehr als fünf Personen) betonen zu können, werden beispielsweise Vase und Blumengesteck zwischen formal *shin*, ausgewogen *gyō* und informal *sō* unterschiedlich ausgestaltet. Ein formales Arrangement besteht etwa aus einer besonders wertvollen, oft chinesischen Vase, wobei der pflanzliche Teil eher ein Understatement ist. Rikyūs Einstellung zum Chabana entspricht dem Geist des Zen, wenn er festhält: »*Hana wa no-nohana no gotoku*«: Blumen sollten in ihrer Schönheit dem natürlichen Wachstum entsprechen, hervorgeholt durch das geschickte Arrangieren. »*Hana wa chaseki no koyomi*«: Blumen sind der Kalender im Teezimmer und sollten der Jahreszeit entsprechen. »*Chabana wa ashi de ireru*«, buchstäblich: Arrangiere die Tee-Blumen mit den Beinen. Gemeint ist: Gehe hinaus in die Natur und suche die unscheinbaren Pflanzen, um sie durch deine Arbeit zur Schönheit zu erheben. Diese Beachtung des Unscheinbaren ist ein Wesenszug von Rikyū, das er im Ideal des Unprätentiösen im Tee-Weg *wabi-cha* zu verfolgen sucht. Der Teemeister und buddhistische Mönch Sen Sōtan (1578–1658), ein Enkel von Sen no Rikyū, hat diesen Weg in seinem Sinne weiter verfeinert. Die verschiedenen Teeschulen haben leicht unterschiedliche Rituale entwickelt und setzen andere Schwerpunkte in der Zeremonie. Der von dem Teemeister mit einem kleinen Bambus-Quirl aufgeschäumte grüne Tee wird entsprechend einer Reihen- und Rangfolge jedem einzelnen gereicht. Der Tee ist nicht zu heiß, sodass die kostbare Schale mit dem etwas bitteren und starken Tee gebührend lange gedreht und bewundert werden kann. Während der Zeremonie wird ein ständiges Ineinanderspiel des *in-yō*-Gedankens (Yin-Yang) aufrecht gehalten. Die Utensilien sind entweder schwer oder leicht; sind Keramik-Teetassen schwer, hantiert man mit ihnen, als ob sie leicht wären; leichte Tassen bewegt man mit Bedacht, um Anmut zu zeigen. Man hat heißes und kaltes Wasser, süßen und bitteren, dünnen und starken Tee. Im Sommer sind Teetassen offener als im Winter. Obwohl die japanische Teezeremonie wesentlich ritualisierter als in China ist, wird auch hier viel Wert auf vergleichenden Geschmack verschiedener Teesorten gelegt. Mit Achtsamkeit beobachtet man, wie der Wasserdampf dem Kessel entweicht, alles entschleunigt sich mit Pausen und Innehalten, jedem feinen Geräusch wird Raum gegeben, man schätzt den Augenblick.

Wie wichtig die Ausführung von Schrittsteinen im Teegarten ist, geht aus Beschreibungen hervor. Wo Rikyū der Weggestaltung mit solchen tief im Boden eingelassenen Natursteinen noch überwiegend eine funktionale Bedeutung gab, überwog bei seinem Nachfolger Furuta

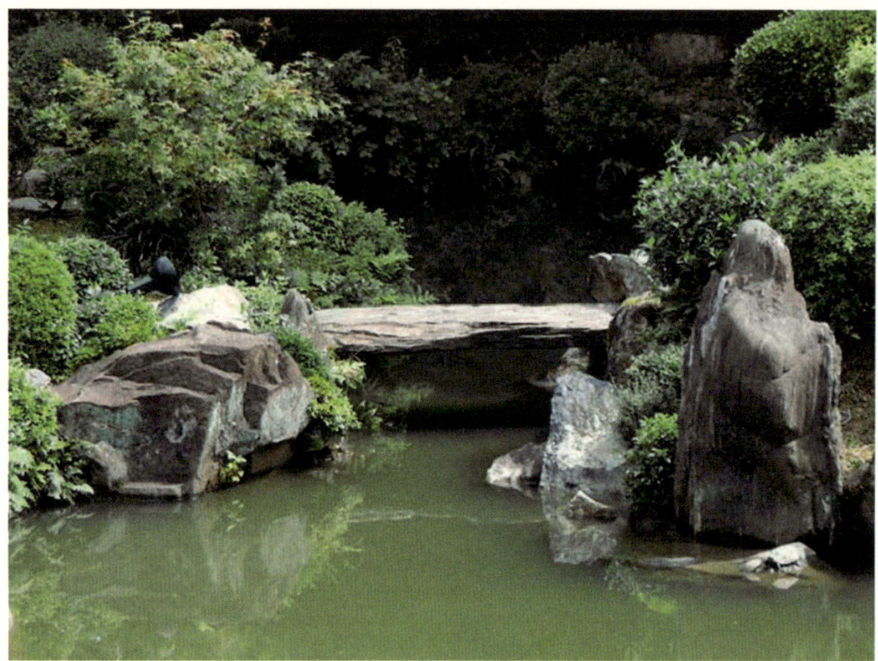

66 Meisterliche Komposition in Stein

Gestalterische Beispiele der Teehausgärten befruchten schon bald neue kleine Teichgärten in Form der Natursteinverwendung für Brücken und Wege oder etwa in der Art und Weise beschnittener Büsche (Karikomi). Chishaku-in in Higashiyama, Kyoto, zu Anfang des 17. Jahrhunderts schrittweise und nach diversen Zerstörungen immer wieder neu aufgebaut, erlaubt Einblicke in diese Entwicklung kombinierter Teich- und Teehausgärten.

Oribe (1544–1615) die ästhetische Sichtweise.[121] Rikyū führte seinen Gartenpfad in Windungen wie an einem Berghang, Oribe und Kobori Enshū dagegen eher in direkter Linienführung mit kleinen Abweichungen. Das Schrittstein-Muster *tobi-ishi* ragt in der Regel 6 cm über den Boden hinaus, bei Rikyū und Oribe sind es weniger. Das hängt von unterschiedlichen Bodenbeschaffenheiten zusammen. Der Mönch Shukō (1422–1502), der Sen no Rikyū näher in den Ritus und die Gestaltung des Tee-Wegs eingeführt hatte, trug viel dazu bei, die geistige Haltung des Teetrinkens im Volk zu verbreiten. Von ihm kommt der Spruch *chazen i chimi*, Tee und Zen sind eins. Rikyū, selbst bereits in dritter Generation auf dem Tee-Weg, hat die bis heute geltenden Rituale, Regeln und Gestaltungsweisen geprägt. Die von seinen Enkeln gegründeten Teeschulen Ura Senke, Omote Senke und Mushano Koji Senke sind bis heute aktiv. Von einem Enkel Rikyūs, Genpaku Sōtan (1578–1658), den Josiah Conder irrtümlich für den Maler und Zenmönch Oguri Sōtan (1413–1481) gehalten hat, soll der Hinweis kommen, in welcher Wei-

121 Itoh, Teiji: The Gardens of Japan; Splendid Misinterpretations. Kodansha, Tokyo, New York 1998. S. 81.

se das Atmosphärische eines Teegartens zu gestalten sei: »[Durch] eine grasbewachsene ursprüngliche Natur, im Herbst übersät mit vielen wilden Blumen.«[122] Sōtan spricht hier einen Aspekt der Gestaltung an, wie er in vielen der ausgedehnten Landschaftsgärten von Feudalherren um die Mitte des 17. Jahrhunderts zu finden ist. Viele feudale Wohnstätten und Palastgärten weisen eins oder mehrere dieser kleinen Teehäuschen *chaya* auf, zu denen immer separate kleine Gärten *cha niwa* gehören, welche sich nicht wesentlich von den Teegärten der Tempel-Institutionen unterscheiden. Ein kleiner Teegarten besonderer Art liegt vor dem Teezimmer *bōsen* des Kohō-an, einem Gebäudekomplex innerhalb des Tempelbezirks Daitoku-ji. Es ist einer der reizvollsten kleinen Gärten, in dem es Kobori Enshū bis 1643 gelang, die als Ruhesitz bestimmte Anlage mit hoher Sparsamkeit und mit einfachen Mitteln in ein Zeugnis ästhetischer Naturbilder zu verwandeln. Diese werden entlang des Gartenpfads in ihren ästhetisch gestalteten Details rezipiert oder von der U-förmigen Veranda vor dem Teezimmer aus betrachtet. Von hier gewinnt man den Eindruck einer trockenen Teichlandschaft, deren Uferzone aus faustgroßen dunkelgrauen Kieseln bis an die Veranda reicht. Blickt man durch das halb hochgezogene *shoji*-Fenster des Teezimmers, werden die Blicke über ein rundes Steinbecken am Verandarand auf eine von Oribe bevorzugte Steinlaterne neben einer *Nandina domestica* gelenkt. Den Blickabschluss bildet ein dreieckiger *kei seki*-Stein als ein im Himmel-Mensch-Erde-Symbol kondensiertes Naturbild. Eine weitere Oribe-Steinlaterne, flankiert von Kamelienbüschen, dominiert die Szene von einem anderen Fenster aus. Zwei rohe Begleitsteine bilden einen Kontrast zu einem fein bearbeiteten, runden Schöpfbecken in Form einer chinesischen Münze mit viereckiger Öffnung. Schrittsteine führen daran im Dreistein-Rhythmus vorbei, unterbrochen von einer breiten, rohen Natursteinplatte. An anderer Stelle bestimmen Schrittsteine den Gehverlauf. Dieser ist bei gerader oder versetzter Dreier-, Zweisteinverlegung oder in kombinierten Zweier- und Dreierrhythmen variiert. In besonderen Fällen kommt das Shichigosan-Muster in der 7-5-3 Stein-Folge zum Einsatz, etwa wenn Richtungsänderungen in einer größeren Fläche nötig werden. Dabei ist jeder einzelne Naturstein ausgesucht und passt in Form und Dynamik zum Nachbarstein. Schrittstein-Muster *tobi-ishi* sind ein Schlüsselelement der Teegarten-Gestaltung. Die Entwicklung begann in der Momoyama-Zeit und hinterließ in Gärten der Edo-Zeit die meisten heute noch gut erhaltenen Beispiele. Im West-Garten von Kohō-an führen Schrittsteine über eine massive Naturstein-Brückenplatte hinein in eine Szene des *O-Karikomi* (formal gestaltete beschnittene Gebüschgruppe), die hier den Übergang zum Gartenhintergrund einer ansteigenden Fläche mit Steinsetzungen und japanischen Ahornbäumen bildet.[123]

122 Conder. S. 35.
123 Fukuda. S. 188.

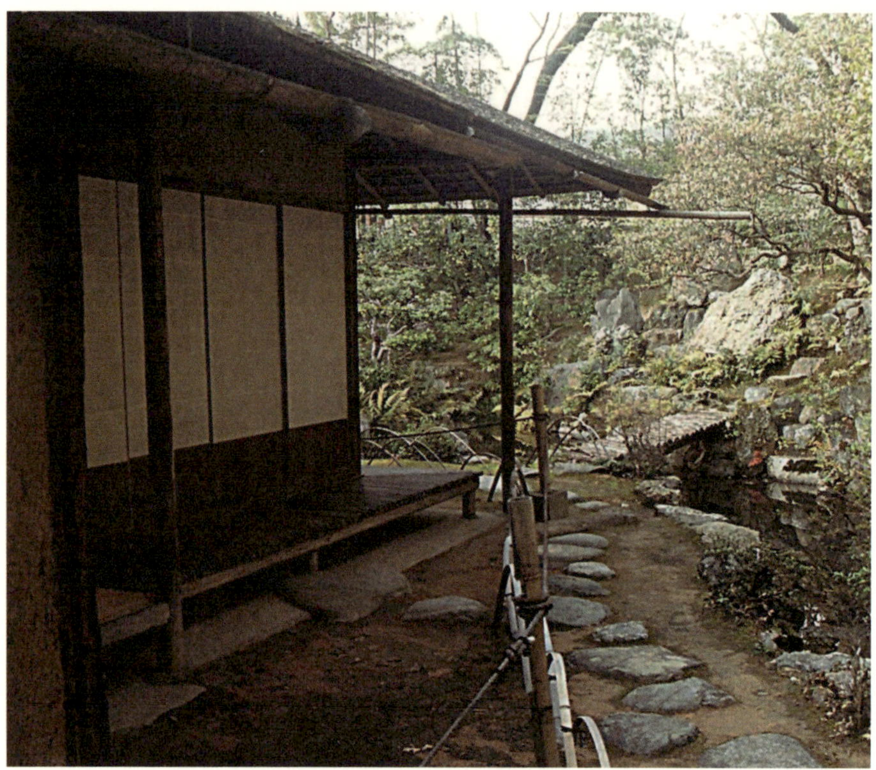

67 Teehaus im Ninna-ji Tempel

Dieses für Besucher nicht zugängliche historische Teehaus in Ninna-ji zeigt mit seinen Schrittplatten, eingebettet in eine rustikal gestaltete Landschaft, etwas von dem Geist des ›taufeuchten Pfades‹ im Roji-Stil.

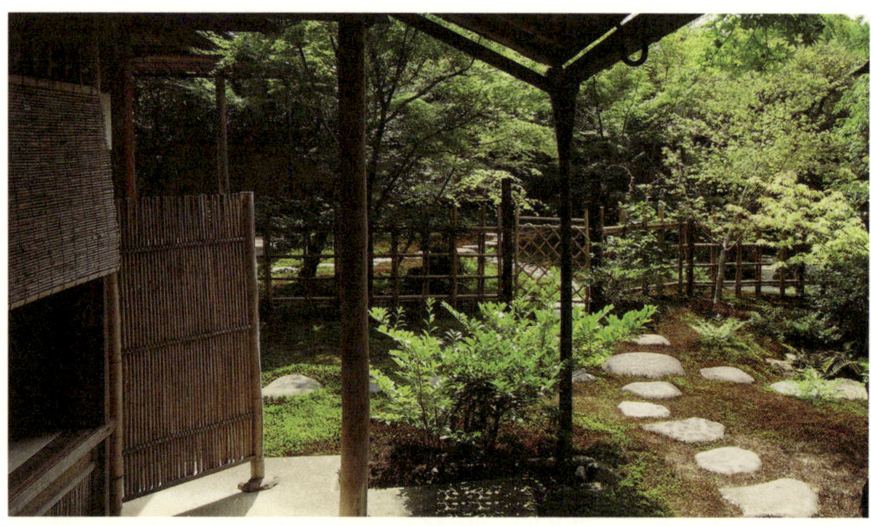

68 Nachbau eines Teehausgartens

Dieses nachgebaute Teehaus in der Anlage des Adachi Kunstmuseums in Yasugi, Präfektur Shimane, erlaubt einen Blick in den Teegarten. Der eigentliche Teegartenbezirk wird hier durch einen transparenten Bambuszaun hervorgehoben.

Davor erstreckt sich heute eine helle Sandfläche, die bis zum Vordergrund aus einer bizarr gewachsenen Zwergkiefer mit einer Dreiergruppe flacher, bemooster Steine reicht. Im Gebäudekomplex des Kuhō-an tauchen einige winzige Innenhöfe oder Hofgärten, sogenannte Tsubo-Niwa auf, die von einem umlaufenden Steg begrenzt sind. Sie sind nicht größer als fünf oder acht Quadratmeter. Oft bestehen sie nur aus einer Kiesfläche und einem Felsstück oder drei Steinen. Ist die Fläche wenig größer und sind die anschließenden Räume wichtige Wohnräume, kann neben einer Steinlaterne, einem niederen rohen Natursteinbecken und gelegentlich ergänzt mit einer kleinen Steingruppe, die Bepflanzung aus einer Chusan-Palme (Trachycarpus fortunei, von Robert Fortune 1849 in England eingeführt), einer Nandina oder Kamelie oder nur aus einem Karikomi-Busch bestehen. Immer häufiger findet man heute in solchen Mini-Höfen robuste Blattpflanzen wie Aspidistra, Farne und die grasähnlichen Pflanzen wie Liriope spicata, Arten des Schlangenbarts Ophiopogon japonicus, O. planiscapus, auch Acorus gramineus, das Graskalmus. Solche gestalterischen Vorbilder in ihrer motivischen Vielfalt haben in der Folge die Schaffung kleiner Privatgärten reicher Kaufleute und begüterter Samurai und natürlich diese kleineren Innenhofgärten in den Städten befruchtet. Es ist nicht nur die motivische Vielfalt, die den Teegarten in seiner Langlebigkeit auszeichnet. Vor allem das kontemplative Element der Teezeremonie hat bis heute, zumal in Japan, nicht an Attraktivität eingebüßt. Der Weg des Tees etwa in der Tradition der Urasenke-Linie wird heute in der sechzehnten Generation, die direkt auf Sen Rikyū zurückgeht, aufrechterhalten.

Ryōan-ji, ein Klostergarten besonderer Art

Über die historischen Gärten Japans ist nie so viel spekuliert worden wie über den enigmatischen Meditationsgarten von Ryōan-ji. Er ist nur etwa 300 Quadratmeter groß. Seine Besonderheit als Zen-Garten ist erst in den 1930er-Jahren ins Bewusstsein der (westlichen) Öffentlichkeit geraten. Das Geviert aus Sand mit 15 Felssetzungen steht heute als nationales Denkmal unter Schutz und ist zu einem internationalen Kultgarten geworden. Felsgruppierungen im Karesansui-Stil vermögen kaum unser ästhetisches Empfinden und unsere romantischen Gefühle anzusprechen; die kargen, rechtwinklig abgeschlossenen Trocken-Landschaftsgärten aus der Muromachi-Zeit sind vordergründig nichts Erbauliches. Hier fehlt die lebendige Natur; ihre Geheimnisse liegen tiefer verschlüsselt. Auf Walter Gropius hinterließ der Garten nach seinem Besuch dort 1954 einen tiefen Eindruck. Er erschien ihm so unglaublich modern, dass ihm nur der Vergleich mit den besten Künstlern seiner Zeit in den Sinn kam. »Alles, wofür wir gekämpft haben« – Vorfabrikation, Standardisierung und Einfachheit –, entdeckt er nun in Japan als lange Tradition und als lebendige Gegenwart.[124] John Cage drückte seine Faszination über diesen Garten ab 1983 in Strich-Grafiken und Ton-Kompositionen aus und erkannte, dass diese Art von Gartenkunst eng mit der Tradition der Zen-Klöster verbunden ist. Der weite Naturraum wird auf engstem Raum zusammengefasst und symbolisch dargestellt. Es nimmt damit eine moderne Ausdrucksweise vorweg, die erst 400 Jahre später die europäische Kunst inspirieren wird. Der chinesischen Fünf-Elemente-Theorie entsprechend sind Wasser-Erde-Holz-Feuer-Metall typologisch im Baustoff des zugehörigen Gebäudes konfiguriert, in der Andeutung von Wasser mit der Sandfläche, in der Mineralisierung, in der gegen Süden zur Sonne orientierten Anlage, wie letztlich in der Ockerfarbe der umfassenden, mit Holzschindeln bedeckten Lehmmauer. Diese zur Meditation und kontemplativen Betrachtung gebauten Karesansui-Gärten, etwa in den Tempelanlagen von Ginkaku-ji, von Daitoku-ji mit den Untertempeln Daisen-in, von Ryōgen-in oder von Ryōan-ji in Kyoto (der größte mit einer Sandfläche von 337 Quadratmetern), sind alle südorientiert, von überschaubarer Größe und stehen in direktem Bezug zum Hauptgebäude der Mönchsgemeinschaft. Sie symbolisieren mit den Elementen der Felsen in einer Sand- oder manchmal in einer Moosfläche das Begriffspaar *San Sui* für Berg und Wasser als Synonym für Landschaft. Als Emblem bipolarer Energiekonstellation bringen sie Raum und Zeit in einen sichtbaren Gleichklang. Dabei ist der Eindruck von Leere raffiniertes Kalkül, um das Nicht-Vorhandene zum Sprechen zu bringen. Die buddhistische Gedankenwelt des Zen, die von der Vorstellung einer raum-zeitlichen Ganzheit geprägt ist, übt auf die traditionellen Künste Japans einen besonderen Einfluss aus. Gerade die Leere ist hier Ausdruck für Anfang und für das Ende allen Geschehens. Durch anmutige Schlichtheit, Auslassung, Reduktion, Abstraktion und Asymmetrie entsteht eine Dynamisierung dieser Leerflächen mit dem ausgewogenen Balanceakt von Steinsetzungen im 7-5-3 Rhythmus des *shichigosan ishigumi*, dessen Steine wie absichtslos hingestreut scheinen. Eine Bewegung von links nach rechts drängt sich auf. Einige aufrechte Steine sind leicht nach rechts geneigt und man erfasst einen Sinn für Rhythmus, den jede einzelne Gruppe im Wechsel von flachen, kleinen mit größeren, aufrechten Steinen ausstrahlt. Die Leere, welche die Zwischenräume beschreibt, ist paradoxerweise Ausdruck größter Dichte, welche Energie frei lässt, um in den Steinsetzungen gebunden zu werden. Zwei japanische Ausdrücke beschreiben diese

124 Brüderlin, S. 255.

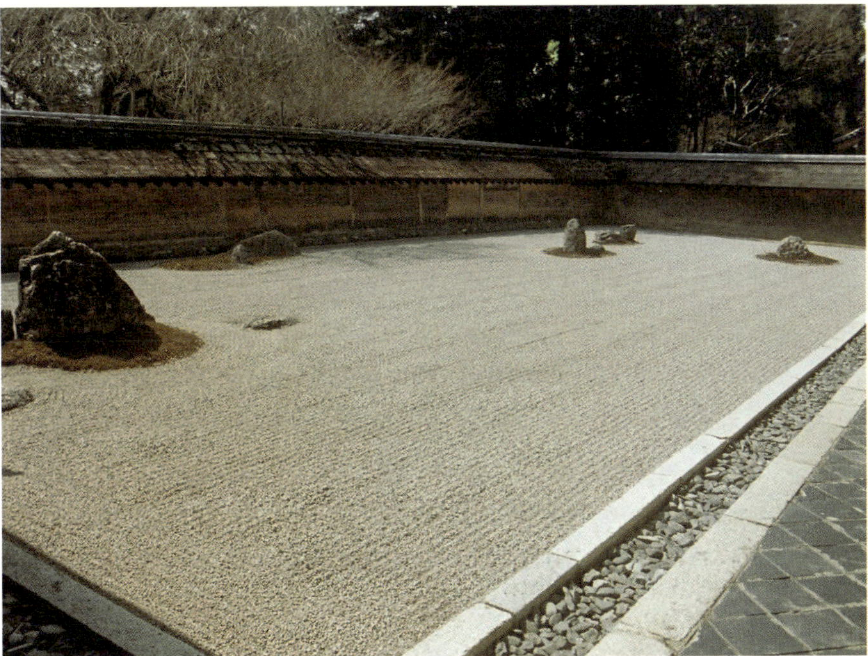

69 Geheimnisse des Ryōan-ji Trocken-Landschaftsgartens

Die enigmatische Ausstrahlung des Trockengartens von Ryōan-ji lässt keinen Besucher unberührt. Eine Fläche aus feinem gebrochenem Granitkies ist das Substitut für Wasser, in dem 15 Felssetzungen Landschaft oder Natur in abstrakter Form symbolisieren.

Gärten treffend als *mutei (mu-tei)*, Garten des Nichts oder als *kutei (ku-tei)*, Garten der Leere. In diesem offenendigen Spannungszustand bedingen sich Steinsetzungen und Leerräume in einem Gleichgewicht des Ungleichen. Dietrich Seckel (1910–2007), der als einer der bedeutendsten Vermittler ostasiatischer Kunst in Europa gilt, betont, wie diese Gärten von einer raum- und zeitlosen Leere erfüllt und doch durch eine ganz schlichte Gegenwart der Dinge ausgezeichnet sind.

Die Steinsetzungen sind ein in der Form erstarrtes Raum-Zeit-Symbol, während die in den Sand gezeichneten linearen Muster in Andeutung der Bewegung von Wasser das zeitlose rhythmische Andauern natürlicher Kreisläufe ausdrücken. Diese Darstellung einer komprimierten Intensität ist ein Kosmos eigener Art, einem komplexen Landschaftsbild nicht unähnlich, in dem sich der Kosmos wiederfindet. In diesen Gärten ist das San Sui-Symbol in seinem Yin-Yang-Bezug auf kontroverse Art dargestellt: Berg und Wasser sind hier durch Felsen und die Sandfläche mit ihren Wellenlinien metaphorisch repräsentiert. Wasser, der Yin-Sphäre zugeordnet, wird durch den mineralischen Sand in die Yang-Form transfiguriert. Wasser als Yang-Kraft erodiert den Fels zu Sand, der, zur Ruhe gekommen und flach ausgebreitet, nun als Yin-Form den aufrechten Yang-Felssetzungen harmonisch entspricht. In diese komplexe Sichtweise von Energiefluss, Raum und Zeit des kosmischen Werdens und Vergehens kann sich der Betrachter meditierend einbringen. Die Grundlagen des esoterischen Zen sind wenig didaktisch und schriftlich erschlossen, denn ihre Botschaften teilen sich eher künstlerisch verbrämt in Parabeln mit, wie dies der Ryōan-ji Trocken-Landschaftsgarten in besonderem Maße zum Ausdruck bringt.

Der Tempel des friedlichen Drachens, wie Ryōan-ji sich nennt, liegt im Hügelland nördlich von Kyoto etwas erhöht in einem alten Teichgartengelände aus der Heian-Zeit, das zur ehemaligen Villa des Ministers Tokudaiji Saneyoshi aus dem Fujiwara-Klan gehörte. Es wurde im 11. oder 12. Jahrhundert auf Betreiben der Fujiwarafürsten angelegt. 1450 erwarb es Hosokawa Katsumoto (1430–73), Militärführer und Vize des Shoguns Yoshimasa (1436–1490) aus dem Besitz der Familie Tokudaiji. Hosokawa konvertierte zur Sekte des Zen-Buddhismus und veranlasste im oberen Geländeteil den Bau des Ryōan-ji Tempels nebst Nebengebäuden. Heute besteht die Gesamtanlage aus dem Komplex des Daiju-in Klosters mit dem Oshidori-Teich als Wandelgarten und der Anlage von Ryōan-ji mit dem Garten zur meditativen Betrachtung. Unruhen um den Machtverfall der Ashikaga-Familie ließen Kyoto wie auch den Ryōan-ji Tempel in Schutt und Asche versinken. Hosokawas Sohn Masamoto bewirkte den Wiederaufbau des Tempels, daher datiert man die Errichtung des Hōjō-Baus für den Hauptpriester Tokuho Zengetsu auf das Jahr 1488. Die Gestaltung des daran anschließenden Trockengartens Karesansui wird in den Jahren kurz danach vermutet, da bis etwa im 17. Jahrhundert keine verlässlichen Aufzeichnungen über den Trockengarten existierten. Fragwürdig sind Angaben aus dieser Zeit, die nur von neun oder zehn größeren Felsen berichten, als ob kleinere nicht zu zählen gewesen wären. Wem die Gestaltung dieses Gartens zugeschrieben werden kann, ist spekulativ. Naheliegend ist die künstlerische Mitwirkung des Zenmönchs Sōami, da er dem Shogun und Kunstförderer Yoshimasa als Berater gedient hatte und ihm während des Baus der nahe gelegenen Gartenanlage für seinen Ginkaku-ji Wohnsitz zur Seite stand. Sōami war ein begnadeter Zen-Künstler in der Technik der Tusche-Lavis-Malerei, in welcher Leere und atmosphärischer Ausdruck die Bildkomposition bestimmen. Möglich wäre auch, dass kunstsinnige Zenmönche wie Murata Shukō (ca. 1422–1503) mitwirkten. Ebenso könnte Sesshū hier beratend tätig gewesen sein, da er etwa zeitgleich den Garten von Jōei-ji angelegt haben soll. Die eigentliche Umsetzung und Ausführung wird der Kaste der ›Flussuferleute‹, den Kawaramono, mit ihren bekanntesten Vertretern Zen-ami oder Sakonshiro zugerechnet. Anlässlich einer gründlichen Untersuchung der Anlage und genauer Aufzeichnung der einzelnen Steine im Jahr 1938 fand Mirei Shigemori (1896–1975) an der Rückseite eines aufrechten Felsens zwei Namen, Kotarō und Hikojirō, eingeritzt, was sich tatsäch-

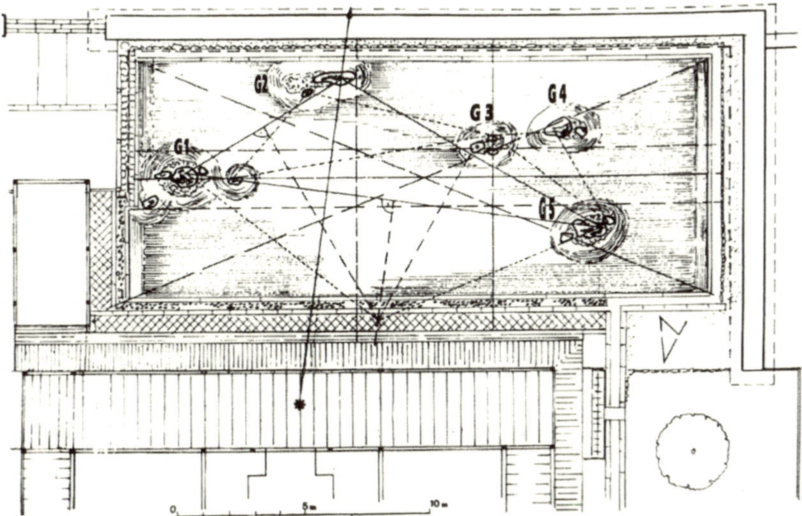

70 Grundriss des Ryōan-ji mit seinen verschlüsselten Aussagen

15 Steinsetzungen verteilen sich in 5 Gruppen halbkreisförmig von links nach rechts aus der Perspektive des Meditationssitzes vor der Abthalle. Die Felsen in einer Sandfläche, markiert mit Wellenlinien, entsprechen metaphorisch der Idee von Landschaft mit dem San Sui-Begriff für Berg und Wasser. Dabei entspricht diese Darstellung von Leere dem Ursprung allen Wachsens und Werdens.

lich auf Personen aus den Reihen der Flussufer-Leute, den Kawaramono, beziehen soll, die gegen Ende des 15. Jahrhunderts in Kyoto gearbeitet haben. M. Shigemori hat herausgefunden, dass beide um 1490 in Yashimosas Familien-Tempel Shōkoku-ji mit Gartenarbeiten tätig waren. Die Frage bleibt jedoch unbeantwortet, wie solche Arbeiter, die unter der wissenden Direktion eines Priesters Felsen zusammentrugen und platzierten, sich einen so hohen Rang eines Künstlers anmaßen und ihre Insignien am Ort ihres Handelns hinterlassen durften. Wie die Abbildung des Gartens zeigt, begrenzt das Priestergebäude den Garten nach Norden. Sicher ist, dass bereits früh die südliche und westliche Abschlussmauer bestand. Vermutet wird ein späterer Bau des östlichen Abschlusses durch Nebengebäude nach den Brandschäden von 1797. Nicht auszuschließen ist, dass der Garten mit seinen Mauern und umschließenden Korridoren im Laufe der Jahrhunderte gewisse Veränderungen und Erneuerungen erfahren hat und womöglich zeitweise betreten werden durfte. Bekannt ist, dass die wiedererbaute Abthalle nach der Zerstörung durch Brand im Jahr 1797 in ihrem Verhältnis zum Garten etwas verschoben worden ist.[125]

Es liegt nahe, für eine Bewertung und Analyse des Gartens die Philosophie und Meditationstechnik des Zen wie auch die chinesisch-taoistischen Wurzeln zu berücksichtigen. Eindrücklich erschließt sich das

125 Brasch. S. 136.

esoterische Zen-Konzept der Leere als Parabel oder als symbolische Aussage im Garten. Jenseits von bildhafter Symbolik und allegorischen Aussagen, die den Felssetzungen zugrunde liegen mögen, wie beim altchinesischen Vorbild des *bonseki* oder *bonsan*, der Miniaturisierung von Felssetzungen oder Bergen in einer Tischschale, ist der Garten eine Chiffre des Naturganzen, das keine bildlichen Aussagen vermitteln will. Dieses Naturganze will über die Leere des Gartens und seine zugeordneten 15 Steine, die in einem offenendigen Spannungszustand zueinander stehen, meditativ erschlossen werden. Wie teilt sich dies dem Betrachter mit? Der Ryōan-ji Tempelgarten ist in seiner archetypischen Proportionalität zeichenhafter Ausdruck einer kosmogonischen Weltsicht des Zen. »In der rhythmischen Akzentuierung und spannungsreichen Asymmetrie gleicht der Ryōan-ji Garten einem ins Dreidimensionale umgesetzten, mit Energiekernen der Natur realisierten und auf seine wesentlichen Elemente reduzierten Tuschebilds. Er ist ein zeichenhaftes Paradox für das umfassende Weltganze und für die naturhaft-phänomenale Realität des Zen-Erleuchtungsziels schlechthin, eine Chiffre der absoluten Leere des Seins.«[126] Die Reduktion auf schmucklose, einfachste Mittel erleichtert die meditative Einstimmung auf die eigene, von dem Ich befreite, dynamisierte innere Leere. In der Konzentration auf das Nicht-Begriffliche, auf das Nicht-Gegenwärtige, werden Grenzen geöffnet, welche das ›Nicht-Ich‹, jenes eigene innere Wesenhafte, dem geistigen Prinzip einer höheren Naturgesetzlichkeit näher bringen sollen. Es ist augenfällig, dass sich die Steinsetzungen grob halbkreisförmig auf einen Bereich der Veranda hin orientieren, wo der Priester-Mönch sich zur meditativen Betrachtung niederlässt. Wir wissen nicht, ob die Steinsetzungen bewusst geplant oder über eine intuitive Herangehensweise realisiert worden sind. In ihrer raffinierten Proportionalität, die Dynamik und Erstarrung gleichzeitig vermittelt, teilen sie sich in ihrem raumzeitlichen Bezug dem Unterbewusstsein mit.

Alle früheren Gärten hatten ihren Zweck für bestimmte Nutzungen, sei das der Paradiesgarten mit den Bootsteichen, die Gärten gehobener Wohnstätten der Shogune, Aristokraten und Kaufleute oder die Teegärten. Nun liegen abstrakte Gebilde vor uns, die nur der Betrachtung dienen und nicht auf überlieferte Elemente des San Sui verzichten. Meist ist kein Grashalm zu sehen, nur etwas Moos mag sich über die Jahrzehnte oder Jahrhunderte rings um die Felsgruppen gebildet haben, dort, wo der gezahnte Bambusrechen des Mönchs, der täglich die Muster in den hellen Sand zeichnet, den Sand nicht berühren konnte. Die versteckten farbigen Nuancen kommen am besten zum Ausdruck, wenn der Trockengarten durch Regen befeuchtet ist oder wenn im Winter hin und wieder leichter Schneefall die Strukturen verstärkt.

126 Brinker 1993. S. 75.

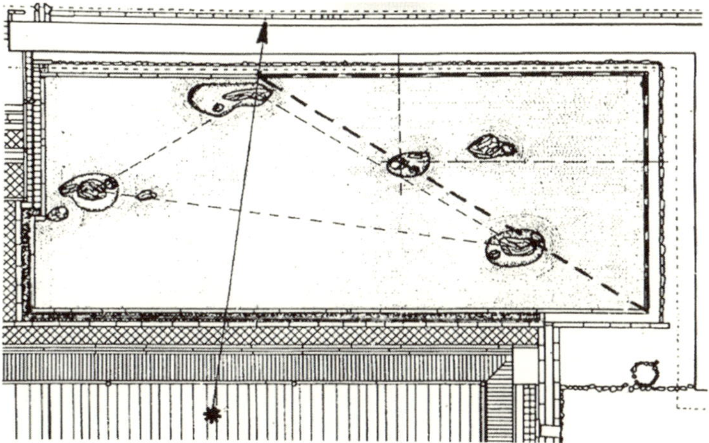

71 Felssetzungen und ihr Beziehungsgefüge im Ryōan-ji

Die räumliche Struktur des Gartens mit seinen leeren Flächen bezieht sich auf die 7-5-3 Proportionen einer archaischen Zahlenfolge des Shichigosan. Dreiecke mit den Seiten von 7-5-3 Proportionen werden durch die Steingruppen G1-G2-G5 sowie durch G5-G4-G3 gebildet. Die proportionale Gliederung nach Maßgabe des Goldenen Schnitts, also in den Phi-Proportionen φ= 1,618 und 1:φ= 0,618, bringen Steinsetzungen in engen Bezug zueinander, so wie in Bezug zu Länge, Breite und Mittellinie der Sandfläche. Beispielsweise markiert der Hauptstein von Gruppe 1 (G1) die Hälfte der Gartenbreite. Der Hauptstein in G2 markiert die Gartenlänge in Phi-Proportion zur Gartenbreite. Der Hauptstein in G3 markiert die Gartenbreite als Phi-Proportion, reziprok zum Anfangsstein von G1. Gleichzeitig stehen die Hauptsteine von G4 und G5 in Phi-Proportion zur halben Gartenbreite.

Im Ryoan-ji Tempelgarten, dem wohl bekanntesten japanischen ›Trockengarten‹ und typischen Zen-Betrachtungsgarten, bestehend aus einer Sandfläche mit Steinsetzungen, sind fünfzehn Felsen in Gruppen so aufgeteilt, dass mehrere *shichigosan*-Beziehungen entstehen. Diese verdichten sich in rhythmischer Akzentuierung und spannungsreicher Asymmetrie zu einer bedeutungsschweren Darstellung der Leere. Dies ist gleichzeitig ein gutes Beispiel für eine raffiniert austarierte Flächengestaltung. Es ist zwar nicht nachweisbar, mit welchen Mitteln derart präzise Steinsetzungen vorgenommen werden konnten. Augenfällig ist aber, wie der Schlüsselstein, der Hauptstein der dritten Gruppe von links, innerhalb von fünf Felsgruppen mit insgesamt fünfzehn Einzelsteinen exakt auf die Phi-Teilungspunkte der Seitenlängen des Gartens ausgerichtet ist. Das schiefwinkelige Dreieck auf der linken Seite des Gartenplans ist ein ästhetisches Dreieck, dessen Seiten im Verhältnis 7:5:3 zueinander stehen. Es weist zwei schiefe Winkel und einen Winkel mit 120° auf. Ein zweites Shichigosan-Dreieck entspricht den Verbindungslinien zwischen den Nebensteinen der Gruppe drei mit jenen der Gruppen vier und fünf. Im hervorgehobenen rechten Dreieck des Gartenplans verhalten sich die beiden Katheten nahezu in Phi-Proportionen zueinander, so wie die längere Kathete zur Länge des Gartens ein ähnliches proportionales Verhältnis aufweist; gleichzeitig weist dieses Dreieck Seitenverhältnisse auf, die sich wie $\sqrt{2}$: $\sqrt{5}$: $\sqrt{7}$ zueinander verhalten.

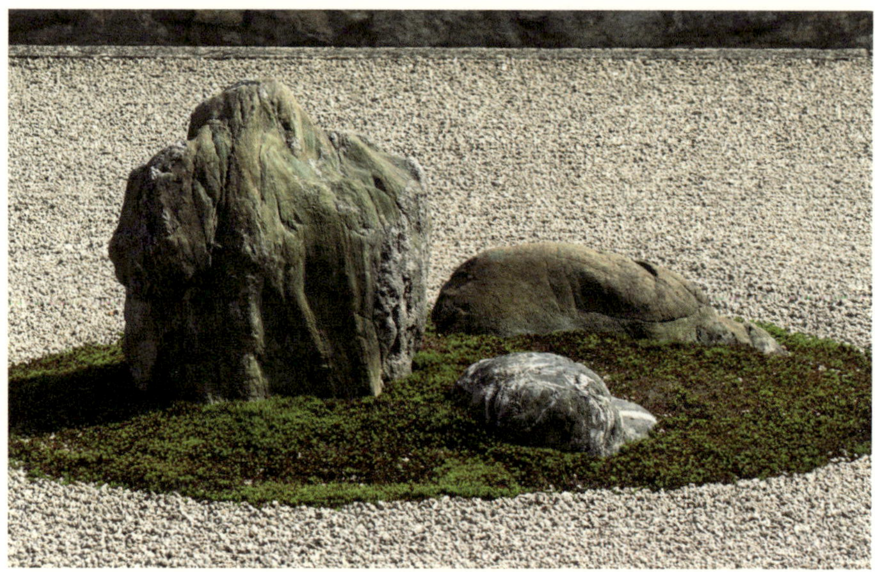

72 Ryōan-jis Schlüsselstein

In Form und Lage hervorgehoben, besitzt der Hauptstein in der dritten Steingruppe von links eine Schlüsselfunktion, um die divergierenden Energielinien zu binden. Nicht zu verkennen ist seine natürlich geformte Individualität, die durch seine beiden Begleitsteine hervorgehoben ist.

Innerhalb der 15 sorgfältig gesetzten Steine im sogenannten Trocken-Landschaftsgarten oder Karesansui des Klosters Ryōan-ji in Kyoto nimmt ein Stein im rechten Drittel des Gartens durch Form, Größe und Ausdruck und durch seine präzise Stellung im Raum eine prominente Lage ein. In seiner Schlüsselfunktion, ausgedrückt durch seine Koordinaten in Phi-Proportionen zur Breite der Gartenanlage und zur Länge der um 1/φ verkürzten Gartenseite, kontrolliert er den energetischen Zusammenhalt aller Steinsetzungen.

Dieser Schlüsselstein hat dank seiner Lage und Form eine Wächterfunktion zwischen den raffinierten Energielinien und der leeren Fläche. Der Plan mit hier ergänzter Darstellung der Shichigosan-Strukturen basiert auf Mirei Shigemoris Aufnahmen von 1938. Unser eigenes intuitives Empfinden für die richtige Proportionalität, etwa dann, wenn wir Steinbrocken vor uns asymmetrisch ausbreiten, setzt ungleiche Teile mit ein wenig Experimentieren ins richtige Verhältnis zueinander. Nachprüfbar an antiken Bauten, als Goldener Schnitt in der frühen Malerei und bekannt von Le Corbusiers »Modulor« in der Architektur sowie in Fibonaccis Zahlenreihen, ist die Zahl Phi jener archetypische Teilungsfaktor, der in seinen kreativen dynamischen Funktionen Grundwert aller Wachstumsschritte in der Natur ist. »Gefunden« werden musste diese Zahl erst, nachdem der Mensch sich ihrer gewahr worden war. Sie ist erwiesenermaßen als Konstruktionszahl der Cheops-Pyramide verwendet worden. In vereinfachter Form der 2/5-3/5 Teilung finden sich diese Proportionsverhältnisse in den geomantischen Yin-Yang Zuordnungen bestimmter Landschaftstypen ältester chinesischer Zeit. Die irrationale Zahl φ (Phi) ist eine mathematische Größe mit ganz besonderen Eigenschaften, wie sie die Natur immer wieder offenlegt. Im Unterschied zur statischen Zahl π (Pi) zur Berechnung des Kreises sind die dynamischen Eigenschaften von φ (Phi) etwa in der Konstruktion des Goldenen Schnitts bekannt.

Das Shichigosan-Konzept

Von dem Meditationssitz des Abtes von Ryōan-ji aus wird die emblematische Besonderheit des Gartens verinnerlicht. Der 7-5-3 Rhythmus der Steinsetzungen entspricht dem Begriff *shichigosan*. Shichi steht für sieben, go für fünf und san für drei. Diese Zahlenfolge hat von alters her in China wie in Japan besondere Bedeutung. In einer Gedichtanthologie aus dem 8. Jahrhundert (Man'yōshū) gibt es ein Kurzgedicht »Die Sieben Gräser des Herbstes«, *aki no nanakusa*, von Yamanonue no Okura. Die sieben ›Gräser‹ sind fünf kleine ausdauernde Blütenpflanzen und zwei Großpflanzen. (Pueraria lobata, Dianthus superbus, Potrina scabiosafolia, Eupatorium fortunei, Platycodon grandiflora, daneben der Buschklee Lespedeza japonica und das Riesengras Miscanthus sinensis).[127] Auch wir schenken drei, fünf oder sieben Blumen oder pflanzen sie in solchen Gruppen im Garten. Dies ist vordergründig ästhetisch bedingt, fußt aber letztlich auf der mythischen Bedeutung ungerader Zahlen. Die Zen-Schreibwerke *bokuseki* (Tusche-Spuren) sollen die Schriftzeichen auf leerer Fläche in den 7-5-3 Proportionen verteilen.[128] Brinker und Kanazawa scheinen dies in ihrem Buch »ZEN Meister der Meditation in Bildern und Schriften« nicht zu bestätigen. In Japan ist das Shichigosan eng mit dem Weg der Götter, Shin-to, verbunden. So wird alljährlich das Mädchenfest *hinamatsuri* am 3. März des Jahres und das Knabenfest *tango no sekku* am 5. Mai des Jahres gefeiert. Das Mädchenfest ist gleichzeitig das Pfirsichblütenfest *momo no sekku* und dem Knabenfest wird das Irisblütenfest *shōbu no sekku* gleichgesetzt. Diese Blumenreferenz wird dann im heimischen Ikebana-Gesteck zum Ausdruck gebracht. Um das Wochenende des 15. Novembers bringen Eltern ihre in traditioneller Kleidung herausgeputzten 3- und 5-jährigen Jungen und ihre 3- und 7-jährigen Mädchen zu einem Shintō-Schrein, um in Dank- und Bittgebeten die Zukunft ihrer Kinder zu sichern. Im Maifest lässt man die fliegenden Karpfen gegen den Wind fliegen als Ausdruck von Mut und Vitalität, die

127 Kuck. S. 251.
128 Schaarschmidt-Richter. S. 45.

man sich für die Jungen wünscht. Form, Ritual und Symbolik hängen immer eng zusammen. Diese pantheistische oder animistische Religion reicht bis in Japans vorgeschichtliche Zeit, obwohl der Begriff Shintō (shin-dō, Weg der Götter) erst im 6. Jahrhundert in Unterscheidung zu den aufkommenden Glaubensrichtungen des Buddhismus und des Taoismus geprägt worden ist. Mit einer Personifizierung von Aspekten der natürlichen Welt, in denen Götter (jap. *Kami)* sich in besonderen Objekten wie in Felsen oder Bäumen manifestieren, dort herbeigerufen oder wieder entlassen werden können, ist das japanische Empfinden per se mit der Natur eng verbunden. Wie pragmatisch man im hochindustrialisierten Japan mit Natur umgehen kann, offenbart sich in ihrem ambivalenten Verhältnis zu ihr. Dies zeigt sich etwa an heiligen Bäumen, die mit dem *shimenawa*, einem Strick aus Reisstroh, umwunden sind, an dem in 7-5-3-Manier Reisstrohbündel oder weiße Zickzackpapierstreifen hängen. Steht ein solcher Baum im Weg einer neuer Stromleitung, wird er radikal zurückgeschnitten, wenn keine Alternativen bestehen. Blockiert er die Zufahrt zu einem neuen Parkplatz, wo keine andere gefunden werden kann, so wird er kurzerhand gefällt. Trotzdem wird das heilige Seil Shimenawa auch heute noch um besondere alte Bäume oder Felsen als Ort der Kami gebunden und jährlich erneuert, immer mit den Attributen der 7-5-3-Gehänge. Windet sich ein solches Seil um zwei Felsen, ist es Ausdruck des Yin und Yang, das eine männliche mit einer weiblichen Gottheit verbindet. Ein Schrein wird häufig in Nähe eines solchen außerordentlichen Fels-Individuums erbaut. Ist ein solcher mit dem heiligen Seil drapiert und mit einer Reinheitszone aus feinem Kies ergänzt, ist ein solcher *iwakura jinja*, also ein Fels als Göttersitz beim Schrein, ein besonderer Anziehungspunkt.

William Lee berichtete in Zusammenhang mit Reinigungszeremonien beim Betreten in ein »Reines Land« in Verbindung mit einem Shimenawa, das mit dem Ritual des *Shichigosan no honkai* begonnen werden muss. Götter (Kami) werden nun angerufen, nämlich dreimal zwei Gruppen von sieben und fünf Kami, damit die Teilnehmer symbolisch vor Betreten des Ortes gereinigt werden.[129] Der 7-5-3 Rhythmus findet auch im japanischen Alltag vielfältigen Ausdruck. Hearn berichtete aus seinen Erforschungen von Straßenliedern, dass diese meist aus 26 Silben bestehen mit je drei Zeilen zu sieben Silben und einer Zeile mit fünf Silben.[130] Einen ähnlichen Aufbau zeigen die Kurzgedichte *Haiku* als Dreiteiler mit 5-7-5 Lauteinheiten. Es ist die kürzeste Gedichtform, die heute weltweit verbreitet ist und durch die Werke des Dichters Matsu Bashō (1644–1694) bekannt geworden sind. »In dem Gefühl, das in die kleinstmögliche Zahl von Silben ge-

129 Lee, William: Entering the Pure Land. In: Japanese Journal of Religious Studies, 33/2, S. 249-267.
130 Hearn, Lafcadio: Out of the Street – Japanese Folk Songs. In: The Atlantic Monthly. September 1896. Cornell University. S. 349.

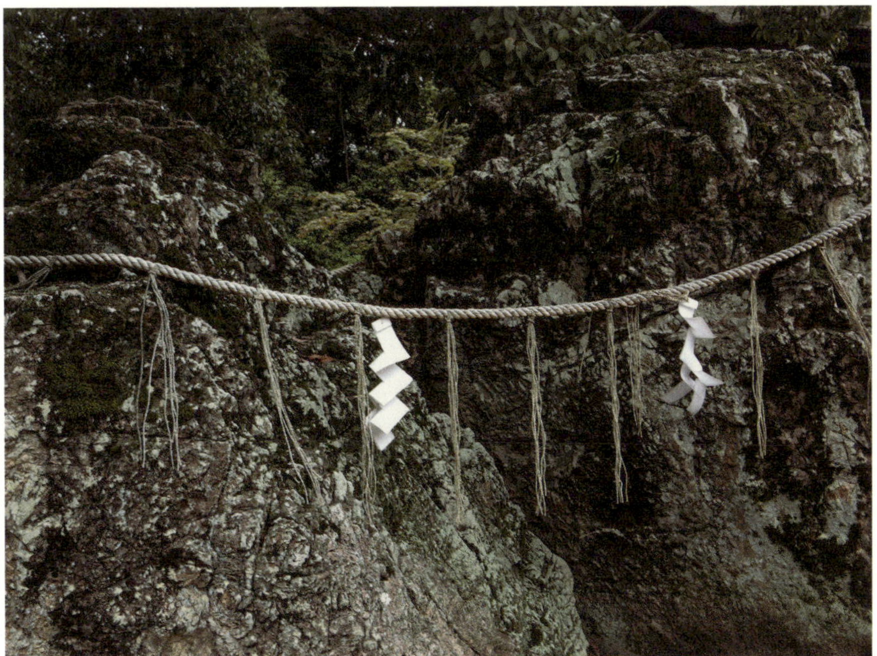

73 Ort der Götter

Das Shichigosan-Prinzip, also die mythisch begründete, im Volksglauben zelebrierte und in der Gartengestaltung verwendete Zahlen-Symbolik 7-5-3 (Shichi-go-san) ist beispielsweise sichtbar gemacht, wenn ›heilige‹ Naturobjekte, wie hier im Bild ein Felsenpaar, mit einem zeremoniellen Strohseil und seinen 7-5-3 Gehängen hervorgehoben ist als ein Ort, an dem Götter (Kami) sich herablassen können.

presst wird, entdecken wir die Seele Japans in durchsichtiger Klarheit gespiegelt. Es zeigt uns, wie dichterisch und intuitiv seine Empfänglichkeit gegenüber der Natur und all ihren Gegenständen ist, mögen sie beseelt oder unbeseelt sein.«[131] Suzuki führt dann weiter aus, dass sich in den dichterischen Schöpfungen Bashōs der Zen-Geist der damaligen Zeit widerspiegelt.

Dass diese 3-5-7 Proportionalität auch in japanischen Gärten zu erkennen ist, wundert daher nicht. Neben den vielen Mustern des *tobi-ishi*, den Schritt-Steinen, wird der Rhythmus in den 3-5-7 Schrittfolgen bei geeigneter Fläche angewendet. Interessanterweise verbergen sich in dieser Shichigosan-Proportionalität des ästhetischen Dreiecks der Wert Phi (φ) und die Teilungswerte des Goldenen Schnitts auf vielfältige Weise. In Analogie zum pythagoreischen Tripel, einem rechtwinkligen Dreieck mit den Seiten wie 3-4-5, das nach dem Satz $a^2+b^2=c^2$ berechenbar ist, sind die Seiten des schiefwinkligen Dreiecks mit einem 120 Grad-Winkel mit den Seiten 3-5-7 nach folgendem Satz berechenbar: $a^2+b^2+ab=c^2$.

131 Suzuki, Daisetz Teitaro: Zen und die Kultur Japans. Rowohlt Hamburg 1958. S. 114.

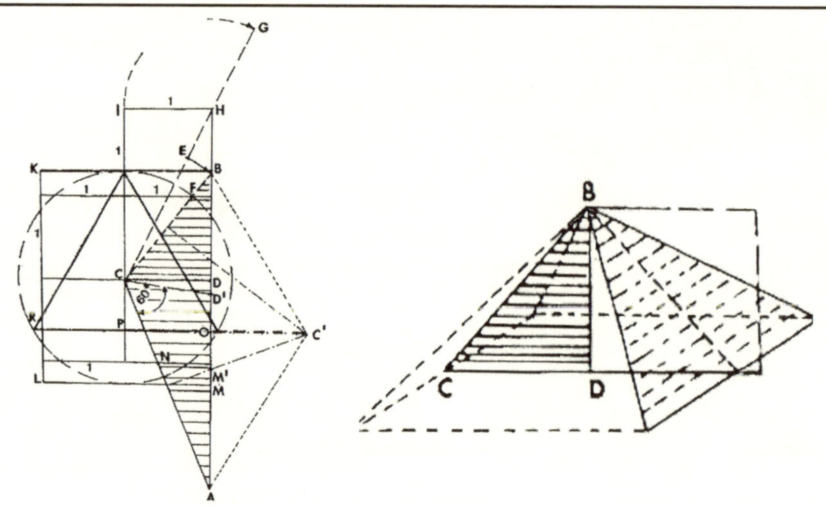

74/75 Das Shichigosan-Dreieck mit Seitenverhältnissen von 3-5-7

In seiner Konstruktion lassen sich vielfältige proportionale Entsprechungen nachweisen, welche den Shichigosan-Dreiecken des Ryōan-ji besondere Bedeutung verleihen. Dazu lässt sich eine interessante Verbindung in der Darstellung im Schnitt der Cheopspyramide herstellen.

Konstruieren lässt sich das Shichigosan-Dreieck ausgehend von einem Quadrat mit den Seiten -1-. Einige der mathematischen Besonderheiten lassen sich anhand der dargestellten Zeichnung nachprüfen: Die Seiten CD:DB:CB verhalten sich wie $1:\sqrt{\varphi}: \varphi$, da CG $=\sqrt{5}$ (Rechteck-Diagonale)+1 und CG/2=CE=CB= φ. Im ästhetischen Dreieck Shichigosan teilen die Seitenhalbierende über der Seite-5 (AC) und die Winkelhalbierende in ACB (120°) die Basislinie-7 (AB) nach dem Goldenen Schnitt in die Abschnitte $1/\varphi:1/\varphi^2$. Die Neigungswinkel im Dreieck BCD stehen in enger Beziehung zur Euler'schen Zahl e. Dabei verhält sich der Winkel um CBD mit $(\tan \alpha)\times\sqrt{\varphi} : 1$ (51,827°) zum Winkel um BAC mit $(\tan \alpha)\times 1 : \sqrt{\varphi}$ (38,173°) wie e/2 mit dem Wert von 1,35 … Das Shichigosan-Dreieck erlaubt die ›Quadratur (hier ein Rechteck) des Kreises‹: Wird ein Kreis um C mit r = BD (CF)=$\sqrt{\varphi}$ geschlagen, so ist dessen Fläche $\varphi\pi$ $(\sqrt{\varphi}^2 \times \pi)$= 5,08 … Das Rechteck mit den Seiten (1+1)×2BD (BD=CF=$\sqrt{\varphi}$) hat den Flächeninhalt von $2\times2\sqrt{\varphi}$= 5,08 … Bezeichnen wir die Eckpunkte dieses ästhetischen Dreiecks mit A, B und C, so entsteht mit der auf C gezogenen Senkrechten der Punkt D. Dieses Teildreieck BCD ist hinsichtlich Neigungswinkel und Verhältnis seiner Seiten zueinander identisch mit dem Dreieck, das sich aus der halben Schnittfläche der Cheopspyramide von Gizeh ergibt mit seinen Seitenverhältnissen von 3:4:5. Ein Quadrat mit den Seiten BD ($\sqrt{\varphi}$) hat den gleichen Flächeninhalt φ $(\sqrt{\varphi}^2)$ wie die ganze Pyramiden-Seitenfläche mit der Höhe $\sqrt{\varphi}$ und der halben Seitenlänge im Wert 1. Die maßgeblichen Pyramidenwinkel über DCB mit 51,8272° und über CBD mit 38,1728° verhalten sich zueinander wie ihre Winkelfunktionen Tangens $\sqrt{\varphi}$:Tangens $\sqrt{1/\varphi}$. Dementsprechend verhalten sich die Seiten des pythagoreischen (ägyptischen) Dreiecks 3:4:5 wie $1:\sqrt{\varphi}: \varphi$ in erstaunlich genauer Annäherung, da $\varphi+1= \varphi^2$.

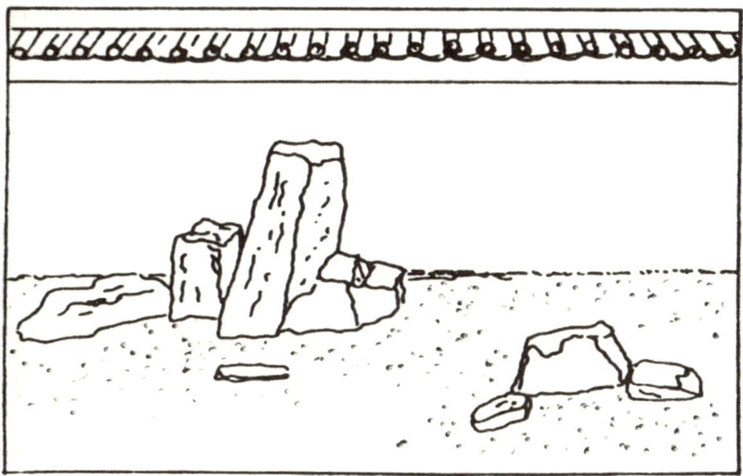

76 Der schiefe Stein von Ryōgen-in

Er markiert die energetische Steigerung einer Steinsetzung von links nach rechts, die mit dem Kunstgriff des Suteishi (hingeworfene Steine) die Dynamik des Energieflusses abflachen lässt.

Dieser kleine Exkurs in die Mathematik und Geometrie, welcher die Besonderheiten des Shichigosan-Dreiecks beschreibt, vermag aus dieser Sicht die Einzigartigkeit des Ryōan-ji Trockengartens zu beleuchten. Man muss sich fragen, ob dieses frappierend mathematische Vorgehen zur Einteilung von Flächen – vor über 500 Jahren entstanden – nur das Ergebnis eines intuitiv feinfühligen Herangehens zur Schaffung von Flächen-Proportionen war. Ebenso unsicher bleibt, wie die alten Ägypter die Seitenverhältnisse in den Pyramiden so genau bestimmen konnten. Die Darstellungen über das Shichigosan mögen andeuten, dass man diese Instrumente des ästhetischen Dreiecks und der Phi-Proportionalität in der Flächenplanung heute bewusster einsetzen sollte, um gefällige Lösungen zu erzielen.
Etwa zwei Jahrzehnte nach dem Bau von Ryōan-ji entstanden im Daitoku-ji mehrere Untertempel mit Trockengärten eigener Art und Proportionalität. Um 1502 erhielt Ryōgen-in, im südlichen Teil des Daitoku-ji, zwei separate Gärten. Der eine davon liegt vor der Abthalle mit einem Moosteppich, auf dem sich eine alte Kiefer erhebt. Kontrapunktisch dazu steht in einem proportional ausgewogenen Abstand eine herbstblühende Sasanqua-Kamelie mit ihrem glänzend dunkelgrünen Laub. Der zweite, berühmtere Garten, dessen Gestaltung Sōami zugesprochen wird, besteht aus einem Teppich verschiedener Moosarten mit einzelnen Azaleenbüschen. Eingegrenzt durch eine Mauer, bauen sich 15 meist kleine Steine von links nach rechts auf, bis deren energetischer Schwung von einem einzelnen hohen, etwa 120 cm großen Stein aufgehalten wird. Dieser Stein, man mag ihn als Symbol des hei-

ligen Bergs *Hōrai* oder als Stilisierung eines Wasserfalls ansehen, übernimmt den Kraftimpuls. Durch die Neigung dieses Hauptsteins um 18° (Sinuswert für 1:2φ) nach rechts wird der Energiefluss gebunden, an eine abgesetzte kleine Dreiergruppe weitergegeben und energetisiert so die nach rechts anschließende freie Fläche, die am Kamelienbusch endet. Die wie nebenbei platzierte kleine Gruppe von Steinen kann den sogenannten namenlosen Steinen der von Slawson beschriebenen Gartenschrift aus dem 15. Jahrhundert entsprechen, denn sie geben sich so, als ob sie schon immer da liegen würden. Man bezeichnet solche Steine als *suteishi*, ein Ausdruck, der Ende der Edo-Zeit aufkam und einen gestalterischen Kunstgriff bezeichnet. Er bedeutet so viel wie ›hingeworfene Steine‹. Diese stellen in ihrer scheinbaren Absichtslosigkeit einen wesentlichen dynamischen Ausgleich von Flächenproportionen her.[132]

Der Shinju-an Nebentempel im Daitoku-ji wurde um 1490 in Andenken an den Priester Ikkyū (1439–1481), den achtundvierzigsten Abt von Daitoku-ji, erbaut. Nach einer Zerstörung des Gebäudes durch Feuer wurde die Anlage, als Tsusen-in bekannt, 1638 zusammen mit dem Trockengarten und dem Teehaus durch den Tee-Meister Kanamori Sōwa (1584–1656) neu erstellt. Ein schmaler, langgestreckter moosbewachsener Streifen von drei auf siebzehn Metern ist durch eine Kamelienhecke begrenzt, begleitet von einem 7-5-3 Stein-Arrangement, dessen Felsen in Form und Größe sorgfältig aufeinander abgestimmt sind. Die mittlere Steingruppe ist etwas herausgerückt, was dem von der Veranda aus zu überblickenden Ganzen eine gefällige Spannung verleiht.

Im Daisen-in Tempel vereinen sich ab 1509 drei verschiedene Karesansui-Gärten. Im größten, dem südlich ringsum abgeschlossenen Meditationsgarten mit einer Sandfläche, lenkt nichts von dem verinnerlichten Blick während der Meditation ab, nur zwei kleine Sandhäufchen, kaum größer als 50 cm. Nördlich, umschlossen von Gebäudeteilen, fällt ein schmaler Hofgarten auf mit Sandfläche, einer Sicheltanne (Cryptomeria japonica), einem Kamelienbäumchen und einer langgezogenen 5-Steine-Setzung. Berühmt ist der offene, im nordöstlichen Teil der Anlage gelegene Trockengarten, der eine räumlich viel weitere Fluss- und Gebirgslandschaft mit Steinsetzungen, Kiefern, Kamelien, einzelnen Grasbüscheln insinuiert. Entlang des Sandbetts eines mutmaßlichen Flusses sind dreißig individuelle Steine namentlich bekannt. Unter den etwa 15 Unter-Tempeln des Daitoku-ji mit ihren Gärten, wie etwa das Jukō-in, sticht der Abtgarten vor der Halle des Hauptklosters mit einer Größe von ca. 36 auf 12 Meter hervor. Davon bestehen über zwei Drittel aus hellem geharktem Sand. Gegen die Mauer-Umfriedung, über der, einst besser sichtbar, Berg Hiei als ge-

132 Slawson. S. 139–140.

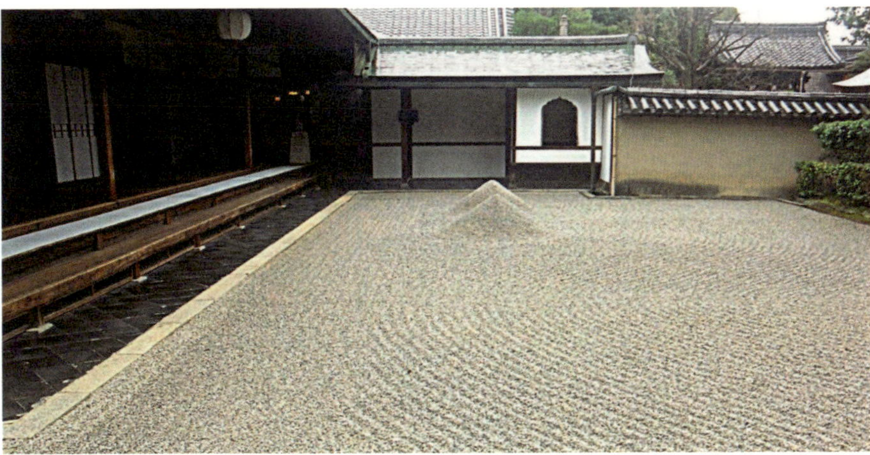

77 Garten als Metapher

Der um 1509 gegründete Daisen-in Nebentempel des Daitoku-ji gehört zur Schule des Rinzai-Zen. Blickt man von dem Südgarten zum Eingangsbereich (Genkan), tauchen zwei unscheinbare Sandkegel im Trockengarten auf. Was sie symbolisieren mögen, ist wie ein *kōan* jene unbeantwortbare, oft widersprüchliche Frage, auf die ein Rinzai-Mönch spontan antworten können sollte. Die Kegel in der Sandfläche können auch als ein Berg-Wasser-Symbol gelesen werden.

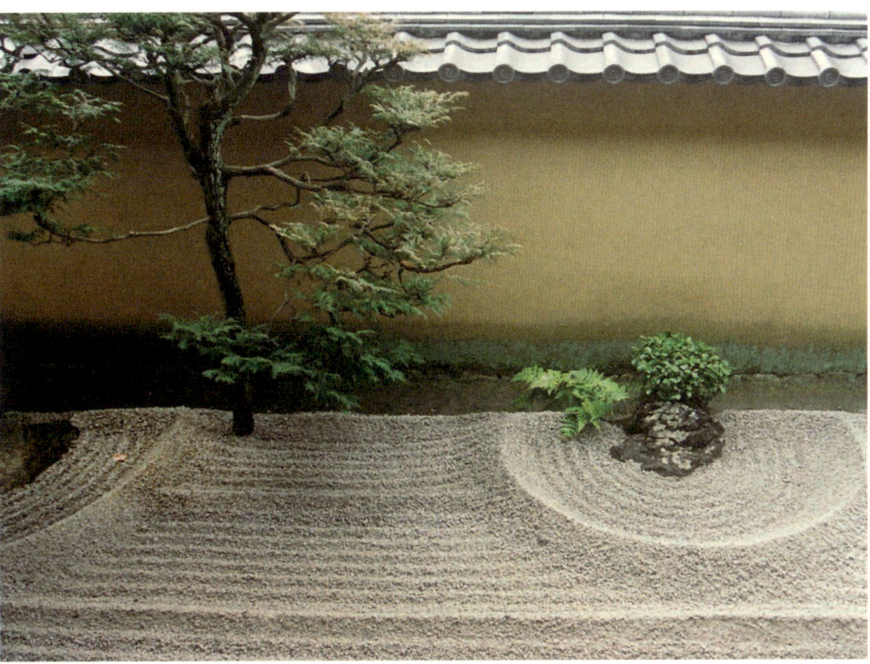

78 Das A und O eines Gartens

Wie kann man die Idee von Landschaft komprimierter darstellen, als es dieses kleine Detail eines von dem Geist des Zen inspirierten Mini-Trockengartens im Ryōgen-in, einem Nebentempel des Daitoku-ji, zum Ausdruck bringt? Er nennt sich auch »Garten des Alpha und Omega«: Die Wellen im Sand entsprechen dem Fluss, der die Felseninsel mit seinen Pflanzen umspült.

borgte Landschaft (Shakkei) Teil der Szene ist, breiten sich Bepflanzungen und Felssetzungen aus. Ein stilisierter Wasserfall stellt mit massiven Felsen in Dreiecksform den Bezug auf Himmel-Mensch-Erde her. Eingebettet sind die Felsen in Baum- und Strauchpflanzungen, die teilweise im Stil des *Karikomi* oder *Niwaki* beschnitten sind und in ihrer gerundeten Form die Verbindung zu den Hügeln im Hintergrund herstellen. In dem Sandmeer taucht eine kleine Moosinsel mit zwei unscheinbaren flachen Steinen auf, was dem Ganzen eine fein abgestimmte Balance und Proportionalität zu den monumentalen Steinsetzungen gibt. Östlich an die Abthalle schließt ein separater schmaler Trockengarten mit einer nüchternen 7-5-3 Steinsetzung an, als ob er andeuten möchte, dass die Gestaltung des großen Trockengartens mit seinen Pflanzen bereits in eine neue Epoche verweisen würde. Über die Autorenschaft dieses Kunstgartens herrscht Unsicherheit, ob dazu der vielbeschäftigte Kobori Enshū, der frühere Abt und Enshūs Freund, auch Gartengestalter Ten'yu oder der Abt aus der Entstehungszeit Takuan Sōhō (1573–1645) infrage kommen etwa. In gewisser Weise steht Takuan, als Mönchgelehrter, Kalligraf, Dichter und Künstler berühmt, am Beginn seiner Zeit als Hauptabt im Daitoku-ji im Jahr 1609 bereits am Wendepunkt in eine neue Zeit.[133] Schon im Jukō-in, einem Untertempel des Daitoku-ji, der einst als Familientempel von Miyoshi Yoshitsugu 1566 erbaut wurde und in der Folge wegen seiner zwei Teehütten und als Begräbnisort von Rikyū bekannt wurde, drückte sich eine Abkehr von nüchterner Symbolsprache im Trockengarten aus. Der rechteckige moosbedeckte Garten ist mit vielen Steingruppen auf sehr ästhetische Weise gestaltet und wird daher Garten der hundert Steine genannt. Entlang der Längsseite schließt eine niedere immergrüne, in Form gehaltene Hecke den Garten ab, der Blick wird darüber hinweg gelenkt. Eine Felsplatte als Brücke über einem stilisierten Flussbett, das in einem Meer aus Moos mündet, verbindet zwei Felsen-Arrangements, die man als Kranich- und Schildkröteninsel ansehen mag. Einzelfelsen verteilen sich links und rechts von diesen Inseln in gefälligen proportionalen Abständen. Nahe der Veranda bildet eine weitere Insel mit Steinfassungen einen Fokuspunkt, den man als Versinnbildlichung der heiligen Berg-Insel Hōrai sehen kann. Auf ihr wächst, wie auf der Kranichinsel, ein Baum, wodurch der Garten in seiner räumlichen Wirkung betont wird.

Formbetont, aber weniger abstrakt, erscheint der 1636–1641 angelegte Garten Shisen-dō von Ishikawa Jōzan (1583–1672). Der Poet und Samurai, der 1615 auf Seiten Ieyasus gegen Osaka gekämpft hatte, fiel in Ungnade und zog sich an die nach Osten orientierten Hänge nördlich von Kyoto zurück. Dort lebte er in seinem Garten mit chinesischer Literatur. Nichts erinnert mehr an den abstrakten Zen-philo-

133 Wachtmann, Hans Günter u. a.: Daisen-in. Hirmer Verlag, München 2000. S. 167.

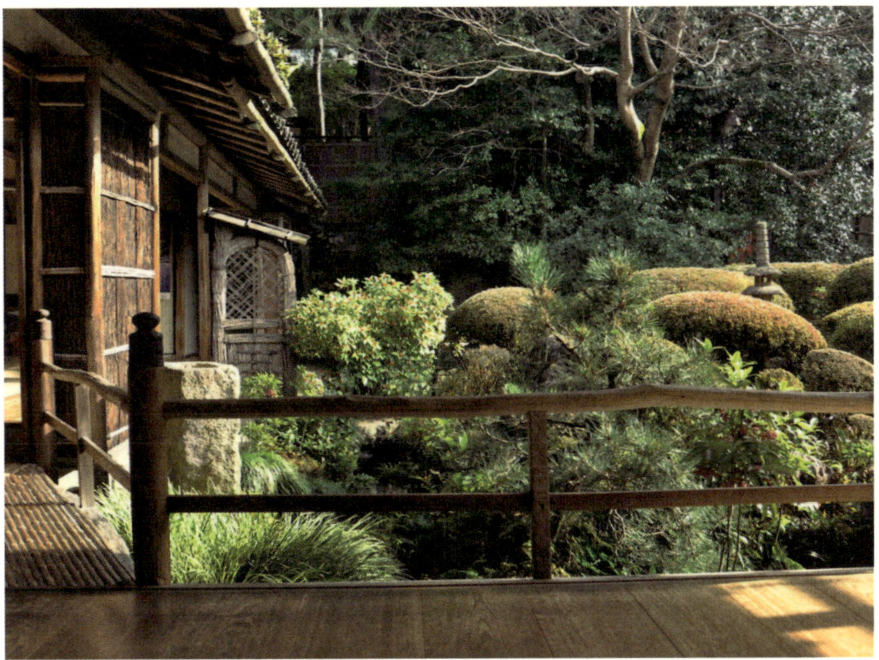

79 Bruch mit Gartenkonventionen

Der ehemalige Samurai Ishikawa Jōzan bricht mit dem Formalismus seiner Zeit und baut sich vor Mitte des 17. Jahrhunderts ein Haus in den Bergen nördlich von Kyoto mit einem Garten seiner eigenen Naturinterpretation. Gebüschgruppen im Formschnitt (O-Karikomi) ersetzen die sonst üblichen Felssetzungen.

sophischen Symbolismus. Jōzan brach als einer der ersten mit vielen Konventionen, stemmte sich gegen den Formalismus seiner Zeit und gegen den von den Tokugawa-Shogunen aufgezwungenen Konformismus gegenüber dem Volk. Er führte mit seinen Freunden eine freiere Form der Tee-Zusammenkünfte ein, in dem er sich gegen den Puder-Tee wandte und die Infusion mit Teeblättern einführte.[134] Manche abendlichen Stunden mag er mit seinen Freunden in seinem Mondbetrachtungs-Zimmer verbracht haben, um die Spiegelungen des diffusen Mondlichts in seinem Gartenteich zelebrieren zu können. Auch wenn der Garten seit Jōzans Zeit Änderungen über sich ergehen lassen musste, strahlt er immer noch einen Geist von Individualität und Nonkonformismus aus. Von der dreiseitig offenen und tiefen Veranda blickt man aus erhöhter Position über ein Meer von niederen, in rundliche Formen geschnittenen, immergrünen Satsuki-Büschen (Azalea japonica), die in ihrer Gesamtheit *O-Karikomi* genannt werden. Obwohl das Beschneiden von Büschen *karikomi* nichts Neues war in der japanischen Gartenkultur, bildeten O-Karikomi ein neues gestalteri-

134 Kuck. S. 242.

sches Moment, das die Verwendung von mehr Pflanzen und Blumen im Garten anzeigt.

Seien es das rosa Blütenmeer der blühenden Azaleenbüsche im Frühjahr, die blühenden Pflanzen im Frühsommer oder der herbstliche Farbenrausch der japanischen Ahornbäume im Hintergrund, hier bestimmen immer die kompakten Formen des Karikomi Ausdruck und Gestaltungsabsicht. Im Vordergrund tauchen hier und da markante Einzelfelsen zwischen den Büschen neben einer fünfgliedrigen pagodenartigen Steinsäule auf. Blickt man gen Süden, verbinden sich das O-Karikomi zwanglos im Sinne des *ikedori* (Shakkei) mit der tiefer liegenden, bewaldeten Ebene und mit den weichen Konturen der Hügellinien in der Ferne. Unvermittelt ertönt ein ›Klack‹ in längeren, aber regelmäßigen Abständen. Der Ton verflüchtigt sich, bis er wieder da ist und sich in Zeit und Raum verliert. Das Geräusch kommt von dem tiefer liegenden Gartenteil mit seinem *shishi odori*-Brunnen. Ursprünglich von Bauern gegen marodierende Wildschweine eingesetzt, geht die erste gestalterische Verwendung auf Jozan zurück. Wasser rinnt aus einem Bambusrohr in ein dickeres, das an einem Ende aufgeschnitten ist und an einer Achse ungleichgewichtig schwingt, bis es voll ist. Durch das Ungleichgewicht entleert sich das Rohr und schlägt dabei an einen Stein – klack. Die kleine Szene umfasst einen seitlich platzierten Felsen auf einem Kiesplatz und den kleinen Teich, der das Wasser aufnimmt und wieder abfließen lässt. Farne, Gräser, einige Pflanzen und Sträucher binden das Ganze harmonisch ein.

Auf andere unkonventionelle Weise gestaltete Kobori Enshū den Garten von Shōden-ji zu Anfang des 17. Jahrhunderts mit O-Karikomi auf einer hellen Sandfläche. Die Azaleen-Formbüsche, die von 20 bis höchstens 80 cm Höhe in diesem Trockengarten gehalten werden, sind in 7-5-3 Rhythmen entlang einer hellen, niederen Mauer in die Sandfläche gepflanzt. Die Mauer bildet den unteren Bildrahmen für einen formalen Shakkei-Bezug zum Berg Hiei. Der Garten in seiner heutigen Form geht auf eine von M. Shigemori 1953 erfolgte Restaurierung zurück.

10. Kapitel

Die Tokugawa-Herrschaft

Momoyama-Zeit

In den gut dreißig Jahren der Periode von 1568–1600 beginnt sich die Herrschaft der Tokugawa abzuzeichnen. Es ist eine Zeit kriegerischer Unruhen, welche die mehr als 200 Jahre langen unstabilen Zeiten der Ashikaga-Shogune beendet. Trotzdem kommen erstaunlich viele künstlerische Neuerungen zur Reife und befruchten die gartenkulturelle Entwicklung Japans wesentlich. Schlösser, Burgen und Paläste mit Gärten wurden gebaut. Eine barocke Üppigkeit in den Innendekorationen mit dekorativen Gemälden auf Goldgrund sind Symbole der Macht. Eingänge, Korridore und bemalte Stellwände tragen Darstellungen von Tieren, Vögeln, blühenden Zweigen. Maler wie Hasegawa Tōhaku (1531–1610) zeigten in vielen ihrer Werke eine Hinwendung zu detailgenauen üppigen Naturszenen ohne jegliche Abstraktion der Zen-Schulen. Der von Hideyoshi geförderte Hasegawa schuf die Wandbilder in der kleinen Tempelanlage Shōun-ji, die Hideyoshi 1591 in Erinnerung an sein früh verstorbenes Kind bauen ließ. Kaum an der Macht, veranlasste der neue Shogun Tokugawa Ieyasu die Verlegung dieser Kunstwerke in den Tempelbezirk Chishaku-ji im Osten Kyotos. Etwa die Hälfte des Bilderschatzes hat Feuersbrünste und Zerstörungen des Tempels überlebt und ist heute in einem separaten Gebäude zu bewundern. Die auf Blattgold farbig gemalten Ahorn-, Kiefer-, blühenden Kirsch- und Pflaumenbäume zeugen von einer ungewöhnlichen Naturbegeisterung. Durch die Reflektion des Lichts auf dem Goldgrund wird der Raum in einen warmen Ton getaucht. Diese nach innen gerichtete Welt der Naturbilder war in jener Zeit besonders für Tempelanlagen und Schlossbauten vorbehalten.

Die *Shoin-zukuri* Bauweise ist eine der drei historischen Architekturstile Japans. Sie erlebte eine neue Verbreitung. Ursprünglich als Meditationsraum in den Zen-Tempeln verbreitet, wurde der Shoin-Stil in Privathäusern der Samurai und der zu Geld gekommenen Schicht der Kaufleute üblich. Unabdingbar wurden Sichtverbindungen zum Garten. Der Shoin ist ein mit Tatami-Reisstrohmatten gegliederter Raum mit einer Regalwand und der Schreibnische am Fenster. Das *Tokono-*

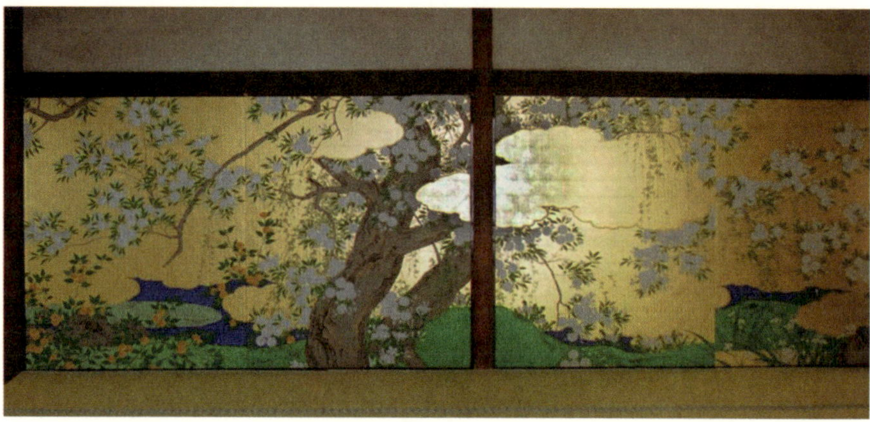

80 Neue Naturbegeisterung

Alleine die Stellwand-Gemälde von Hasegawa Tōhaku sind es wert, die Anlagen des Chishaku-in Tempels mit seinen Gärten zu besuchen. Fern jeglicher Abstraktion der Zen-Künste artikuliert sich nun eine Öffnung für ein neues Verständnis der Naturschönheiten.

ma, eine Nische in der seitlichen Wand, ist als Ort für eine Bildrolle, für eine kunstvolle Kalligrafie, ein Ikebana-Gesteck oder für weitere kunstvolle Gegenstände vorgesehen. In diesem schönsten Raum des Hauses werden die Gäste empfangen. Eine mehr nutzungsorientierte Gestaltung von Gärten beginnt den vergeistigten Zen-Symbolismus zu verdrängen. Gleichzeitig wird die Gartenkunst nicht mehr vorbehaltlos von der Aristokratie und dem Mönchswesen vertreten, sondern verbreitet sich langsam im Volk. Natursteine werden nicht mehr nur als Fundstücke im Garten verwendet. Sie werden nun den Bedürfnissen entsprechend in gewollte, oft schon rechtwinkelige Formen für Steinplatten und Brückenplatten, Schöpfbecken aller Art bearbeitet, was den Teegärten neue Impulse verschafft. Ornamente wie Natursteinlaternen, *ishi-dōrō*, Steinsäulen in pagodenartiger Gliederung werden ihres religiösen Ursprungs entfremdet, neue Formen entstehen. Dem Geist der Teegärten entsprechend, setzt man roh behauene Felsen als rustikale Laternen zusammen, die man *yama-dōrō*, Berglaternen, nennt. Sie werden in Teegärten und Privathäusern beliebt. In virtuoser Art und Weise nehmen Wegmuster neue Formen an. Teils findet man Wege, wo geschnittene Steinplatten in Verbindung mit behauenen Kopfsteinen oder Platten verschiedener Formate ästhetische Wegmuster zeichnen. Je nach Bedeutung des Platten-Weges (*nobedan*) werden die einzelnen Teile recht rustikal mit breiten Fugen zusammengestellt oder in ansprechendem Fugenmuster in gehobenem Stil gebaut. Mit klaren Linien und ausgesuchten Mustern sind diese Wege mehr der Nutzbarkeit und Ästhetik verpflichtet als Zen-philosophischer Symbolik. Es ist eine Zeit, in der das Säkulare die Oberhand vor religiösen Werten gewinnt und in Gärten das Dekorative betont wird. Die Samurai vertrauten dabei eher auf ihre Waffen und auf die Macht des Geldes als auf die Religion. Die Wohnbauten, Schlösser und Burgen, die entstanden, sind Ausdruck dieses Geistes. Toyotomi Hideyoshi (1536–1598) realisierte ab 1598 als beispielhaftes Projekt dieser Zeit den Sambō-in Tempel auf dem verfallenen Gelände des Daigo-ji Tempels, mit einer Fünf-Etagen-Pagode aus dem 9. Jahrhundert. Hideyoshis Ziel war es, innerhalb von wenigen Wochen die Anlage so herzurichten, dass er im Frühling das Kirschblütenfest würde feiern können und dazu sollte die Pagode erneuert werden. Der Garten konnte dann dem Zweck entsprechend hergerichtet werden, aber schon im Herbst darauf starb Hideyoshi. Obwohl ihm Kobori Enshū schon als Berater gedient hatte, ist unsicher, inwieweit er bei der Fertigstellung des Gartens bis etwa 1618 in leitender Funktion mitgewirkt hatte. Bekannt ist, dass in der Bauzeit über 300 Arbeiter Felsen von überall her, auch aus anderen Gärten, herbeigeschafft haben. Aus dem nahegelegenen Fushimi-Schloss waren Kawaramono-Leute dabei, die eine gewisse Expertise aufweisen konnten. Darunter ein Yoshirō mit besonderen künstlerischen Fähigkeiten, dem der Ehrenname *kentei*, exzellenter Gärtner, gegeben wurde. Der Garten besteht aus einem zentralen Teich und den zwei Inseln, die mit ihren rundlich und horizontal gezogenen Kiefern hervortreten. Solche individuell durch Formschnitt hervorgehobenen Gartenbäume werden *Niwaki* genannt. Drei Wasserfälle mit einem kleinen Flusslauf komplettieren die Anlage, deren übergroße Zahl von Felssetzungen von einer üppigen, grandiosen Natur eingebunden ist.

Erstmals erschien hier ein neuer Brückenstil, wie er zwei Jahrzehnte später auch im Park der kaiserlichen Villa Katsura realisiert werden sollte. Es ist eine Bogenbrücke, aus Stämmen zusammengesetzt, mit einer Schicht aus Holz-Rundlingen, die mit einer Lehmpackung verdichtet und mit Kies belegt wird. Die Lehmschicht regt allerlei Pflanzenwachstum an, was zur besseren Einbindung der Konstruktion in das Weichbild der Teichlandschaft beiträgt. Sie lässt zwar etwas von der Eleganz früherer Brücken vermissen, mag hier nur als Provisorium gedient haben, drückt jedoch den Geist einer naturalistischen Gestaltung aus.

Einer der wenigen heute noch erhaltenen Gärten aus der Momoyama-Zeit ist Sambō-in. Je älter der Garten wird, desto intensiver scheint sich sein ästhetischer und atmosphärischer Reiz zu verdichten. Im Bildband anlässlich der ersten anglo-japanischen Ausstellung von 1910 in London wurden Abbildungen von Shoin-Architektur und von Innenräumen des Sambō-in gezeigt in Anerkennung dieser für den Westen als Vorbild gesehenen Architektur. Einen ähnlichen Eindruck gewinnt man von dem kleineren Joju-in Tempelgarten, der zum Abtsitz des Kiyomizudera-Tempelkomplexes gehört, einem historischen Ort aus dem 8. Jahrhundert. Hideyoshi hat diesen Ort immer wieder besucht und einen ungewöhnlichen Schöpfstein gespendet. Erst unter Iemitsu, dem dritten Tokugawa Shogun, wurden zwischen 1631 und

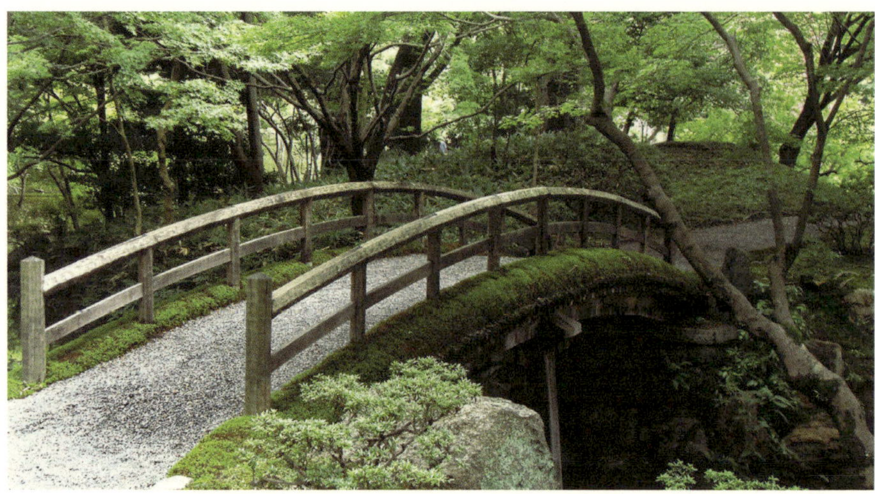

81a Symbiose von Gartenarchitektur und Natur

Die eher naturalistische Bauweise von Brücken, wie sie Kobori Enshū in Sambō-in und im Sentō Gosho eingeführt hat, zeigt die Tendenz auf, dass in größeren Garten- und Parkanlagen eine landschaftlicher geprägte Gestaltungsweise üblich wird.

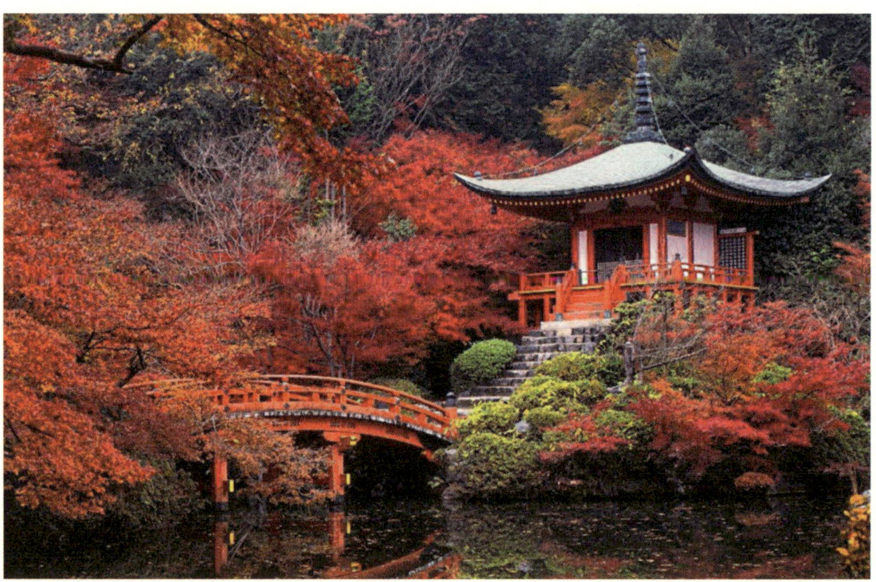

81b Gestalterische Einheit mit Bogenbrücke, Teich und Pavillon

Der Daigo-ji Tempel in Kyoto, eine Institution des Shingon-Buddhismus, reicht in seinen Gründungsdaten auf das 9. und 10. Jahrhundert der Heian-Zeit zurück. Die Anlagen von Bauten und Gärten gliedern sich in einen oberen und mittleren Teil. Der unterer Teil Sambo-in ist dank der Interventionen von Hideyoshi Toyotomi bis 1598 mit Teichanlagen, Inseln, Brücken, vielen Felssetzungen und den drei Wasserfällen ergänzt, eingebettet in üppigen Gehölzgruppen. Er ist einer der gut erhaltenen Teichgärten aus der Momoyama-Zeit. Dieser Bildausschnitt zeigt den mittleren Teil *Shimo Daigo* mit dem Benten-do Pavillon, welcher der Schutzgöttin für Wasser *Benzaiten* gewidmet ist. Man sieht, wie von diesem shintoistischen Schrein Wasser wie von einem Wasserfall die Stufen herunterrinnt. Die Anlage sprüht vor Farbigkeit im herbstlichen Meer des Rots der Ahorne und des Gelbs des Ginkgos. Die beliebte Farbgebung japanischer Tempel- und Gartenbauten in einem leuchtenden Orange-Scharlachrot ist auf Pigmente des chinesisch-japanischen Lackbaumes *Toxicodendron verniciflum* zurückzuführen. Die Farbe ist ein lebensbejahender positiver Ausdruck, wird mit Shinto-Gottheiten verbunden und soll negativen Einflüssen entgegenwirken.

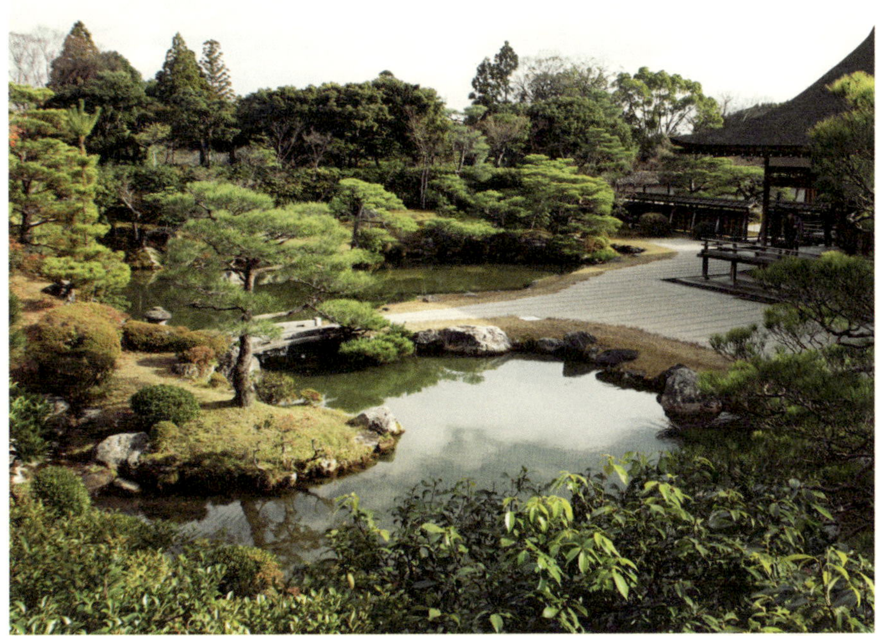

82 Gestaltung ist Form finden

Ninna-ji, ein Tempelkomplex, dessen Gründung ins 9. Jahrhundert zurückreicht, wird von Shingon-Priestern geleitet und war bis in die Neuzeit Zentrum pro-kaiserlicher Kräfte. Die nördliche Gartenanlage des Shinden-Hokutei wurde im 17. Jahrhundert im kaiserlichen Stil errichtet und erinnert an alte Paradiesgärten. Fläche, Wasser, Fels und Baum, in Form gebracht, verbinden sich mit Architektur.

1635 viele Bauten restauriert, darunter auch der Garten von Joju-in. Obwohl Kobori Enshū ab 1618 einen Chef-Magistratsposten für öffentliche Bauten und Konstruktionen innehatte und sehr beschäftigt war, ist anzunehmen, dass er wesentliche Impulse für die damalige Gestaltung des Gartens gab. Schließlich war er bereits unter dem ersten Shogun Ieyasu in Dienst gestanden und führte den zweiten und dritten Shogun in die Geheimnisse der Teezeremonie ein. Er war daher als Persönlichkeit in allen Künsten hoch qualifiziert. Der eher kleine Garten des Mondes ist im nördlichen Teil der Klosteranlage in hügeligen Wald eingebettet mit einem zauberhaften Blick von der Veranda über den Teich hinweg, in dem sich der Mond spiegeln kann. Der Blick in die Ferne zwischen zwei von Ahornen und Kiefern bewaldeten Hügelflanken wird im Vordergrund von einer raffinierten kleinteiligen Szenerie aus Teichinsel, Steinbrücke, Steinlaternen, einer Menge von Felssetzungen inmitten von Karikomi-Büschen eingerahmt. Ob eingeschneit im Winter, im Farbenspiel der Ahorne im Herbst oder in der monochromen Vielgestaltigkeit von verschiedenen Kieferarten, Kamelien, den vielen Strauch- und Baumarten: Immer gewinnt man den Eindruck einer ästhetisch betonten Symphonie von Formen und Proportionen.

Gärten der Neuzeit

Mit der Übersiedlung des Regierungssitzes der Tokugawa nach Edo im Jahr 1603, von dem die Epoche bis 1868 ihren Namen hat, versank das Kaiserhaus in Kyoto in absolute Machtlosigkeit, durfte sich aber durch die Zuwendung finanzieller Mittel weiterhin den Künsten und der Kultur widmen. Edo wurde erst 1868 auf den Namen Tokyo umbenannt. Neben dem Kaiserhaus verstand es Tokugawa Ieyasu auch, die abtrünnigen Landes- und Feudalherren an kurzer Leine zu halten. Die bisherigen Krieger wurden Verwaltungsbeamte, die sich nebenbei mit Teezeremonien, geistiger und dichterischer Beschäftigung und mit der Anlage ihrer Gärten betätigen durften. Die Kunsthandwerker und die Kaufmannschicht bildeten anfangs noch die unterste gesellschaftliche Schicht, konnten sich aber durch finanzielle Überlegenheit gegenüber der Samuraiklasse bald behaupten. Nachdem 1613 die christliche Religion verboten worden war, wurde auch 1639 der Handel mit dem Abendland über die Portugiesen und Holländer beendet. Das Land schottete sich nun von außen ab, obwohl ein reglementierter Außenhandel diese Abtrennung milderte. Nur der Ort Sakai blieb für den Handel beispielsweise mit China und Korea offen. Aus dieser Hafen- und Kaufmannstadt kamen die Teemeister Takeno Jōō und sein Schüler Sen no Rikyū, beides Söhne von wohlhabenden Geschäftsmännern. Ein komplexer heimischer Markt konnte sich entwickeln, daneben wuchsen neue Geschäftsfelder aller Art und ein Bankwesen heran. Eine stolze und zu Einfluss gekommene Kaufmannschicht schuf die wichtigsten urbanen kulturellen Zentren der damaligen Welt, einschließlich der Quartiere für das flüchtige Vergnügen. Die Edo-Zeit war geprägt von einem modernen Umbau des Verwaltungsapparates und von einer künstlerischen und kulturellen Vitalität, die Abstand nahm von dem Glanz und der Pracht der vergangenen Zeit. Sie wurde deshalb japanische Renaissance genannt. Die Kamigata-Kultur, also jene von Kyoto bestimmte, blieb sanft, anmutig und elegant. Die von Edo ausgehenden Kulturimpulse des beginnenden 17. Jahrhunderts zeichneten sich als großartig, heiter und frech aus. Japanische künstlerische Traditionen kamen noch einmal zu voller Blüte, bevor sie sich im Wiederholen des schon Dagewesenen erschöpften. Bezeichnend war die aufkommende Malerei auf Gold- und Silberpapier von Künstlern wie Hon'ami Kōetsu (1558–1637) oder Ogata Kōrin (1658–1716), die mit gefühlvollen Naturdarstellungen von blühenden Zweigen, Blumen und Gräsern in Farbe etwa auf Goldhintergrund eine neue detaillierte Sicht auf die Natur zeigten. Die Betrachtung und Verwendung von Blumen in der Malerei setzte sich allerdings in der Gartenkunst erst später durch. In dieser Atmosphäre übte Kōetsu seine Kunst der Malerei, Kalligrafie, Lackarbeiten und der Keramik aus. Für ihn war Kunst nicht Aus-

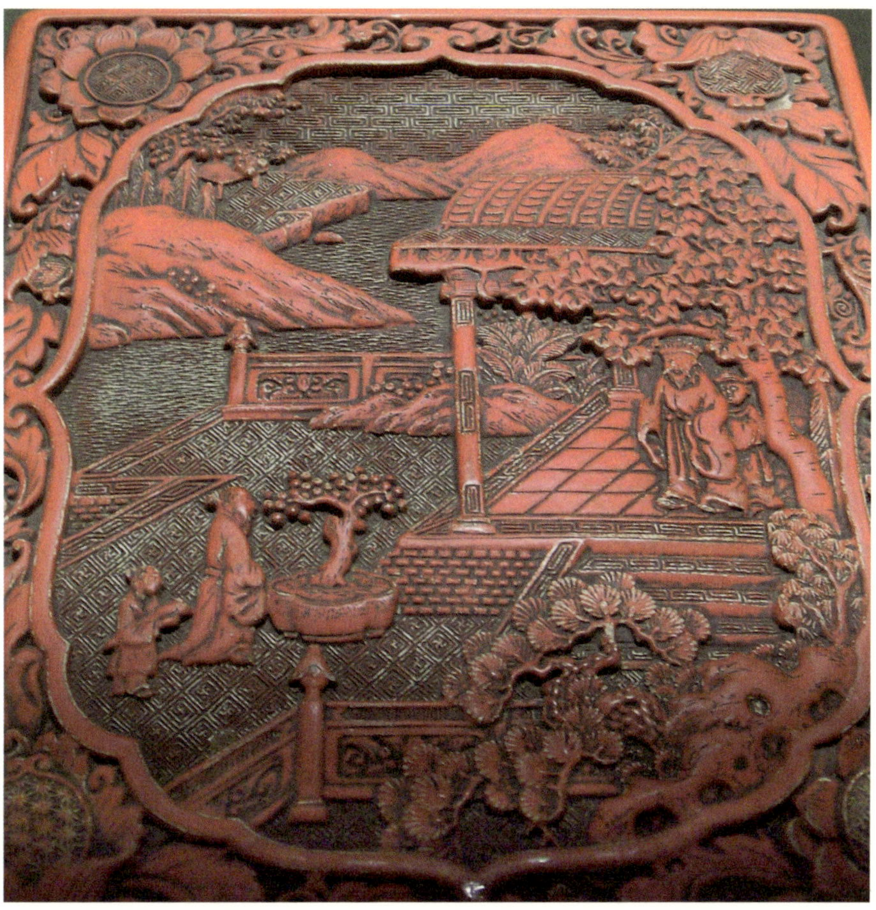

83 Ein transportierbarer Garten

Nach dem Vorbild chinesischer Kunsttradition werden in Japan Holz-Lackarbeiten zur Thematik ›Pavillon und Garten‹ gefertigt. Im hier dargestellten Gartenhof steht der Bonsai-Baum im Zentrum. Momoyama bis Edo-Zeit. Nationalgalerie, Prag.

druck eines Programms. Vielmehr sollte sie Ehrfurcht vor dem beseelten Material als etwas Göttlichem ausdrücken, nach dem sich die künstlerische Schöpfung zu richten habe. Ob Lehm oder Sand, Stein oder Metall, Holz oder Lack; alles, was die Natur ihm bot, wurde dank seines intuitiven Feingefühls für die richtige Behandlung der Rohstoffe zu einem Kunstwerk tiefen Gehalts.[135] Dieser Höhepunkt in Kunst und Architektur, in dem Form und Funktionalität eng beieinander lagen, ist noch heute nirgendwo so gut erkennbar wie in den beiden kaiserlichen Villen Katsura und Shūgaku-in sowie im Sentō Palastgarten in den kaiserlichen Palastanlagen in Kyoto.

135 Brasch. S. 172.

Kobori Enshū

In diese Epoche fällt das Wirken des Künstlers Kobori Enshū (Kobori Masakazu, 1579–1647), der mit allen Größen seiner Zeit Umgang pflegte. Einem Schwert-Adel entstammend, mit einem Vater, der bereits Hideyoshi und Ieyasu als Gefolgsmann gedient hatte, besaß er gute Startchancen für eine Karriere als hochgebildete Persönlichkeit, zumal er schon in jungen Jahren unter Shunroku Sōen (1529–1611) im Daitoku-ji Kloster Zen studieren konnte. Er erbte das Matsuyama-Schloss von seinem Vater und baute bereits mit neunzehn sein erstes Teehaus in Fujimi-Rokujizo. Unter seinem Einfluss stand eine ganze Reihe von Gartenkünstlern, die seine Ideen umzusetzen verstanden. In seinen Hauptbeschäftigungen war er jedoch eher Architekt als Gartengestalter. Neben seiner Funktion als berühmter Teemeister war er ein begabter Kalligraf, Maler und Waka-Dichter. Man spricht daher von der Enshū-Schule *Enshūryū sadō*. Im Rahmen der Teeschule interessierte sich Enshū für die Entwicklung ästhetischer Ikebana-Gefäße, die sich durch klare Linien auszeichneten. Auch sein früh verstorbener Bruder Kobori Masayuki (1583–1615) war im Aufbau einer Teeschule aktiv. Viele großartige Gärten dieser Zeit, die gerne Enshū persönlich zugeschrieben werden, sind wohl eher Werte der Enshū-Schule. Die vielen Pflichten, die er in seiner amtlichen Funktion zu erfüllen hatte, hielten ihn beschäftigt. Er pendelte nicht nur zwischen Kyoto und Edo hin und her, sondern hatte die Restauration vieler Burgen und Schlösser im Land zu beaufsichtigen. Diese Belastungen veranlassten ihn, seinem jüngeren (Halb-) Bruder Kobori Masaharu oder einem Gonzaemon als Stellvertreter Pflichten bei laufenden Bauaufträgen zu übertragen. Dazu werden weitere Personen genannt, die in seinem Auftrag Arbeiten ausführten oder überwachten, wie Kentei, der in Sambō-in von sich reden machte, auch Murase Sasuke, Suzuki Tsugudaya, oder ein Priester namens Gyōkuenbo des Myōren-ji Klosters. Enshū war ein Neuerer auf vielen Gebieten. Bei den Teehäusern änderte er die Konstruktionsweisen und führte Fenster mit Lattenwerk anstelle von Reispapier sowie neu entworfene Tee-Utensilien in speziell dünner Keramik ein. Ihm zugeschrieben werden kleinformatige Wegpflasterungen, flächige Gestaltungen mit faustgroßen Rundkieseln, beispielsweise entlang von Teichufern wie das *Suhama* genannte Ufer im Oikeniwa-Garten des kaiserlichen Palastes oder beim Teehaus im Sentō-Palastgarten. Aus Unterlagen geht hervor, dass Enshū für diesen Garten große Mengen dieser Rundkiesel aus der mehrere Kilometer entfernten Stadt Odawara bestellt hatte.

Um die schöne Patina der Kiesel zu erhalten, wurden sie in Stofffetzen gewickelt, um beim Transport nicht beschädigt zu werden.[136]

136 Hrdlička, Zdeněk u. a.: Japanische Gartenkunst. Dausien, Hanau 1990. S. 117.

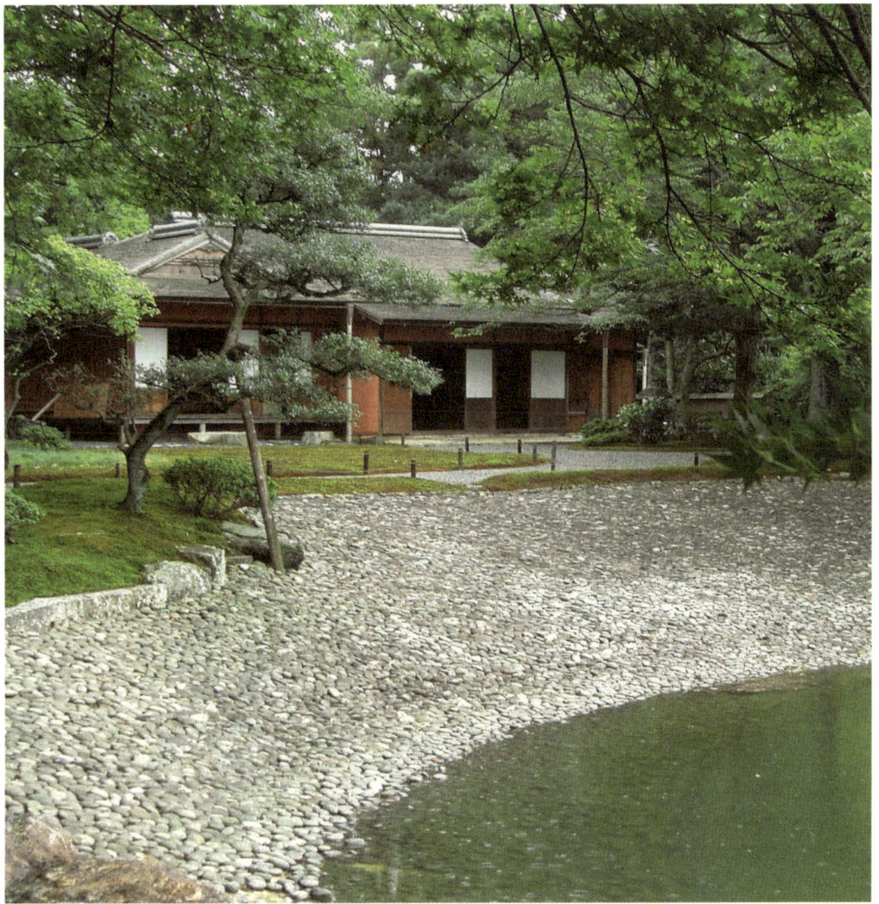

84 Neue Kunstformen im Garten

Als Kobori Enshūs Markenzeichen der Gartengestaltung kann man die Einführung von Kieselsteinbelägen bezeichnen. Hier dargestellt ist das Kieselsteinufer vor dem Seikatei-Teehaus im Sentō Gosho-Garten. Die Berg-Wasser-Konstellation löst sich nun auf und wird neu interpretiert.

Im Garten des Sentō erschien eine Holz- und Erdbrücke wie im Sambō-in. In der Katsura Palast-Villa wurde eine in den Teich ragende Landzunge mit hellen flachen Kieseln belegt. Das Ende der Landzunge schmückt eine niedere Steinlaterne. Als verkleinerte Nachbildung der berühmten japanischen Naturidylle Amanohashidate an der Miyazu Bucht ist diese Kiesel-Landzunge ein typisches Beispiel der *shukkei*-Technik im Ostteil des Gartens. Die ästhetische Kombination verschiedener Steinarten und Steinformen für Wegbeläge und deren geschickte Verbindung mit den Gegebenheiten des Ortes gehen auf Enshu zurück. Als erster hat er begonnen, das Planen von Gartenanlagen auf eine systematischere Basis zu stellen und hat in gewisser Weise die Gartenkunst in eine neue Richtung gewiesen, wie Marés in *deux biographies, une légende* festhält. 1629 plante und baute er einen zauberhaften Tee-Garten im Stadt-Schloss von Edo, wo er für Shogun Iemitsu im Shinagawa-Palast 1636 ein Teehaus und im nahegelegenen Tempel Tōkai-ji 1638 einen Tempelgarten anzulegen hatte, der inzwischen den Stadtteil-Erweiterungen von Tokyo weichen musste. Vieles verband Enshū mit Ishin Sūden (1569–1633). Beide waren seit jungen Jahren mit den Machthabern eng verbunden und bekleideten wichtige Ämter im Regierungsapparat, standen sich beruflich nahe und wurden schließlich Freunde. Bevor Sūden die Weihen als Priester empfing, kämpfte er erst unter Hideyoshi und dann unter Ieyasu. Als Mönch machte Sūden Karriere im Nanzen-ji-Kloster, wo er dann als Abt gewählt wurde. Der Shogun benutzte ihn als Mittler zwischen Regierungsbelangen und jenen der Klöster und Schreine, was ihn zu den politisch einflussreichsten Personen im Kreise der Kleriker machte. Sūden bekleidete bedeutende diplomatische Funktionen, was den Handel mit dem Ausland betraf. Nanzen-ji mit zwölf Unterklostern ist ein Hauptzentrum der Rinzai-Zen-Sekte. Nur drei der Untertempel sind für Besucher offen. Der bedeutendste davon ist Konchi-in, das Sūden ab 1605, seit den Zerstörungen im Onin-Bürgerkrieg vernachlässigt, wieder aufbaute, um es zu seinem Hauptsitz zu machen. Später, in Erwartung des Shogun-Besuchs, wendete er sich an Enshū, um die Gartenanlage unter seiner Leitung realisieren zu können. In der Folge wurde um 1627 zuerst ein Teehaus (Hassō-no-seki, das mit vielen, acht Fenstern) mit Garten erstellt. Der Trockengarten vor der Haupthalle von Konchi-in, gewöhnlich als der Schildkröten- und Kranichgarten benannt, wurde 1630 fertig. Natürlich sind Schildkröte und Kranich (*tsuru, kame)* in erster Linie eine Referenz an den zu erwartenden Shogun-Besuch, um Dauerhaftigkeit und Langlebigkeit bildlich darzustellen. Nirgendwo kommt dieses enigmatische Gartenelement so eindrücklich zur Geltung wie in diesem Garten. Selbst in einem der Gebäude dominiert das Kranich-Thema als Malerei mit Bambus auf Goldfolie. Von der Veranda aus erstreckt sich auf gleicher Länge des Gebäudes eine rechteckige Fläche aus hellgrauem, gebrochenem Granit-Sand mit einer Korngröße von 4-6 mm. Dieses trockene Sandmeer ist durchzogen von wellenartigen Mustern. Nichts lenkt den Blick ab, bis er auf den hinten angrenzenden Moosstreifen trifft. Hier, in einer Breite von etwas über drei Metern, erstreckt sich ein Panorama aus Felsgruppen und Karikomi-Büschen, die mit der Bewaldung des Hanges dahinter verschmelzen. Das linke Schildkrötenmotiv aus abgeflachten Steinen – Beine, Schwanz und Kopf sind zu erkennen – wird noch gesteigert durch den abgestorbenen Stamm einer verkrüppelten Kiefer. Eine Phalanx von vermittelnden kleineren Felsgruppen, begleitet von einer etwa 0,7 × 3 Meter großen Felsplatte als symbolische Brücke über einen Bach, leiten zur Kranich-Gruppe mit ihren zwei markanten, kantigen, aufrecht stehenden Felsen. Der hintere ist leicht nach rechts geneigt, so als ob der Abflug des Kranichs angedeutet werden sollte.

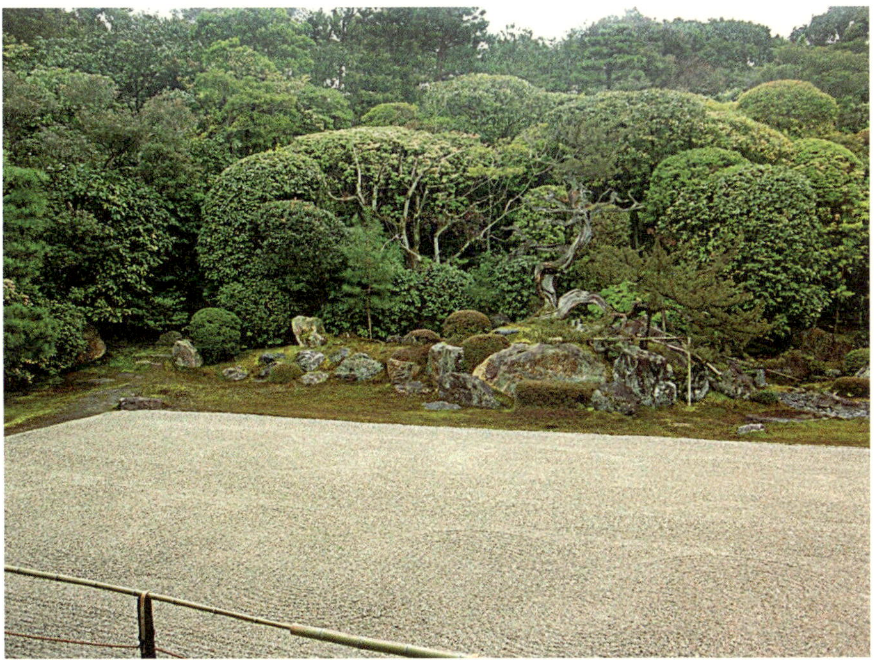

85 Das Schildkröten-Kranich-Motiv

Der Schildkröten-Kranichgarten von Konchi-in, einem Untertempel des Nanzen-ji Tempel-Komplexes, wurde zu Anfang des 17. Jahrhunderts von dem Priester Sūden zusammen mit Kobori Enshū entwickelt. Hier im Bild die Schildkröten-Felssetzung am linken Ende des Trocken-Landschaftsgartens.

Was sich hier bereits abzeichnet, verdeutlicht sich in anderen Trockengärten, wie jenem vor der Haupthalle des Nanzen-ji (um 1630), im Hōjō-Garten des Daitoku-ji von 1636, dem Reikan-ji von 1653, dem Tendai-Tempel Manshu-in von 1656 oder dem Entsu-ji mit seiner Shakkei-Komposition von 1678, um nur einige Beispiele zu nennen. Eine Sandfläche vor der Halle des Klosterbezirks nimmt bei diesen Beispielen etwa 40–60 Prozent der Gartenfläche ein, meist abgeschlossen durch eine Mauer, vor der sich üblicherweise ein proportionierter Teil aus Moosfläche, Karikomi-Büschen, Kiefern, Kamelien und gut platzierten Felsen ausbreitet. Ein Beispiel dafür ist der Manshu-in Tempel in Kyoto, dessen Anlage auf den Priester Ryōshō, Sohn des Prinzen Toshihito, zurückgeht. Eine L-förmige Veranda umschließt den Trockengarten mit seinen aus Kiefern, Felssetzungen und Steinbrücken gestalteten Moosinseln. Ohne Abgrenzung verschmilzt der Garten mit dem bewaldeten Hintergrund. Zen-Gärten besitzen nicht mehr diese suggestive Kunst einer hintergründig dargestellten Idee von Natur, wie wir es aus der Kamakura- und der Muromachi-Zeit kennen. Natürlich gehören auch Trockengärten aus der Bürgerschicht des 18. und 19. Jahrhunderts in diese Liste. So besteht seit dieser Zeit der von dem Familienoberhaupt Tadaharu aus der Katsura-Familie selbst entwor-

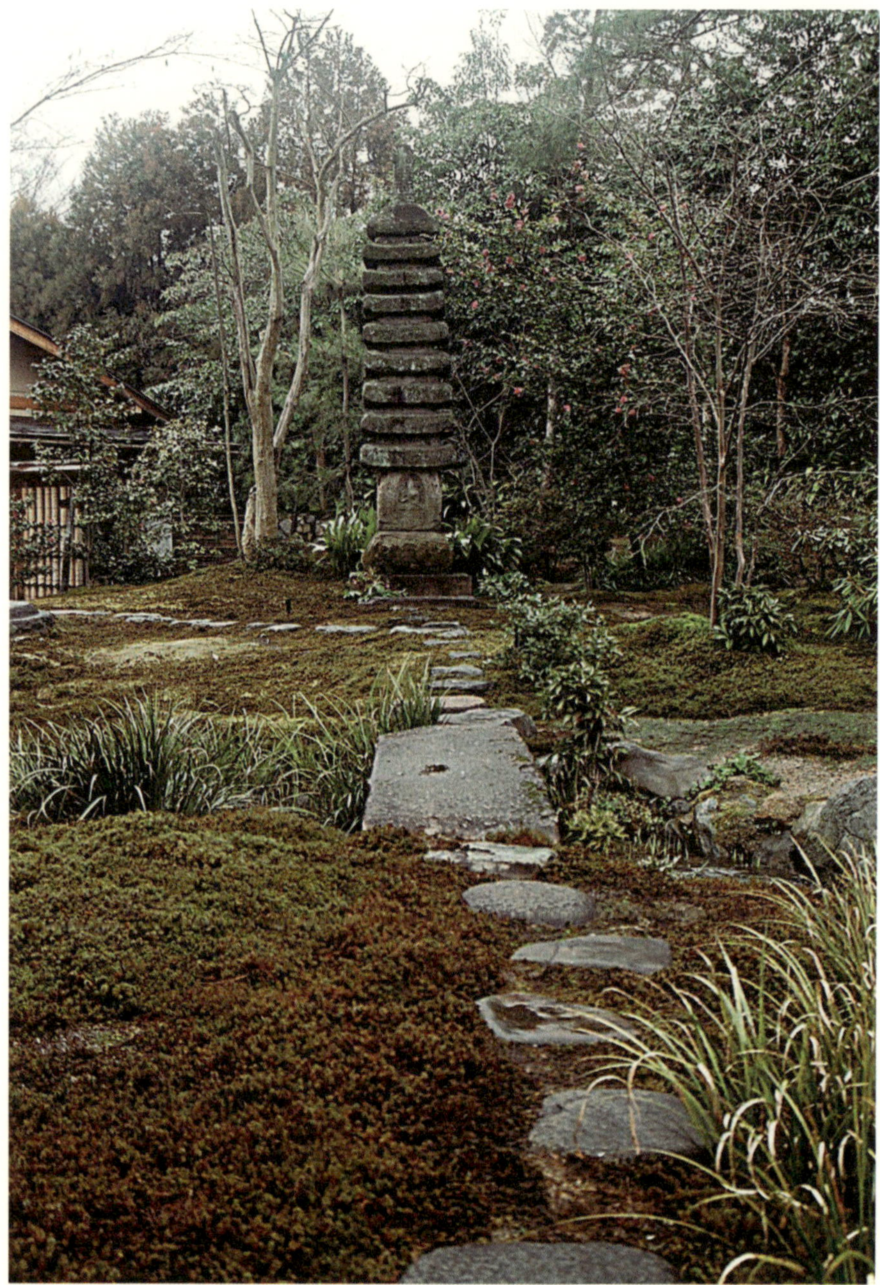

86 Alte Gartenelemente neu interpretiert

Professionelle Gartengestalter nehmen den Trend auf, private Gartenwünsche aus dem historischen Vorbild-Katalog auf virtuose Art und Weise zu befriedigen. Meist haben sie die nötigen Bestandteile wie Felsen, Steinpagoden oder Schöpfbecken sogar auf Lager.

fene Tsuki-Trockengarten in Hōfushi, der heutigen Präfektur Yamaguchi dazu. Drei markant aufrecht stehende Felsen werden von fünfzehn plattenförmigen Steinen im Sand begleitet. Der neunzehnte Stein bildet den Antritt zur Terrasse und ist in den Bordstein eingelassen. Dieser dekorativ gestaltete Garten mit dem aus zwei aufeinanderliegenden Felsen gebildeten sogenannten Hasenstein, ist von einer ziegelgedeckten Mauer mit einem Bordstein geschützt. Davor zieht sich ein schmaler Moosstreifen entlang. Der am Anfang des 19. Jahrhunderts gebaute Hōjō-Garten des Tokai-an im Myōshin-ji Tempel besteht nur aus einem mit Sand belegten Rechteck und ist von einer gedeckten Mauer eingefasst. Dieser neue dekorative, vereinfachte Stil erinnert daran, dass mehr und mehr eine professionelle Gilde von Gartengestaltern den immer noch großen Markt bedient. Sie folgen der Idee eines Stils, sie haben die Elemente, die sie einsetzen können, aber verfügen nicht mehr über die Kapazität der frühen Zen-Künstler, ihrem Werk durch Abstraktion und Reduktion der Idee von Natur eine Bedeutung und Tiefe zu geben. Im Bereich der kleinen Teegärten in Tempelbezirken bleiben etablierte Gestaltungsformen bestimmend. Entsprechend der Entwicklung hin zu Teegärten in Privatanlagen wird aus dem kleinen Roji-Teegarten nun ein Teegarten mit Teich, was allmählich zu einer Einrichtung von landschaftlich betonten Wandelgärten führt. Gegen Ende der Edo-Zeit gelangt der japanische Garten in die Nähe westlicher Landschaftsgärten.

Vom Wandel- zum Landschaftsgarten

Inmitten des Gerangels um die Macht zwischen Kaiserhaus, Hideyoshi Toyotomi und Tokugawa Ieyasu dienten die kaiserlichen Prinzen Toshihito (1579–1629), ein jüngerer Bruder des Tennō Go-Yōzei, und später dessen zweiter Sohn Ryōshō sowohl Toyotomi als auch Ieyasu als Ziehsöhne, was sie in gewisser Weise zu einer Art Versicherung gegen das Kaiserhaus machte. Nach einer Entschärfung der Situation wurden beide reichlich belohnt. Toshihito konnte mit dem Geld den Bau der Katsura-Villa ab den 1620er Jahren beginnen, Ryōshō wurde von Ieyasu mit dem Landsitz Manshu-in beschenkt. Als dann Toshihitos Sohn, Toshitada, 1642 die Tochter des Fürsten Maeda, eines begüterten Landadels, geheiratet hatte, konnte der Ausbau der Katsura-Villa in vollen Zügen begonnen werden. Jedoch bereits vorher, 1625, berichtete Ishin Sūden über seinen Besuch dort von erlesenen Naturbildern, den schönsten in Japan, die in Katsura im Entstehen waren. Toshihito, belesen und gebildet, sah die Verbindung seines

Bauprojekts mit der Geschichte des Prinzen Genji, die sich zur Heian-Zeit in dieser Landschaft am Katsura-Fluss abgespielt haben soll. Der Shogun hatte aber noch ein weiteres Mittel zur Hand, um den Kaiser Go-Mizunoo unter Kontrolle zu halten. Ihm wurde Kazuko, die Tochter von Tokugawa Hidetada, zur Frau angedient, was ihn 1629 zum Rücktritt zugunsten der gemeinsamen Tochter Meishō, der nun neuen jungen Kaiserin, zwang. Es war nicht nur schlechtes Gewissen, was den Shogun in der Folge veranlasst haben mag, Go-Mizunoo die Mittel und Möglichkeiten für den Bau von zwei neuen kaiserlichen Gärten zu geben. Zusammen mit der Katsura-Villa sind sie großartige Beispiele der Gartenkunst dieser Periode. Das eine ist der Sentō-Palast im Bezirk des Kaiserpalasts im Stadtbereich von Kyoto, das andere ein Landsitz Shūgaku-in am Fuß des Hiei-Berges im Nordosten von Kyoto. Hier zeigt sich exemplarisch das Ineinanderweben von Elementen des frühen Teegartens mit der Erweiterung in Teichgärten. Die Teehaus-Pavillons mit ihren Veranden und Vorgärten übernehmen hier die Funktion von Betrachtungsgärten.

Katsura-Rikyū, Kaiserlicher Katsura-Palast

Die Bauten in der Verbindung mit Naturbildkompositionen in den Anlagen des kaiserlichen Nebenpalastes Katsura-Rikyu gehören zum Raffiniertesten, was die japanische Baukunst im 17. Jahrhundert hervorgebracht hat. Die eigentlich recht schlichte Villa, die nicht unseren Vorstellungen eines kaiserlichen Palastes entspricht, ist nach der Maßgabe der Tatami-Reisstrohmatten konzipiert. Die dunklen Konstruktionshölzer stehen in Kontrast zu den weißen Reispapier-Schiebetüren, aus deren geöffneten Rahmen von Raum zu Raum einzeln komponierte landschaftliche Bildszenen erscheinen. Das Innen wächst so mit dem Außen zusammen. Durch die auf Holzsäulen gestützten Veranda-Vorbauten gewinnt man den Eindruck, das Gebäude würde schweben. Die dem Dachrand folgenden Kieselstein-Schüttungen am Boden von etwa 60 cm Breite nehmen das Tropfwasser des Daches auf. Hier ist das Praktische mit dem Ästhetischen verbunden. Die Gebäude der Anlage gliedern sich in drei Gruppen, sie folgen jeweils dem Shoin-Stil.

Von dem ältesten, dem sogenannten Mittleren Shoin, schließt sich gegen Osten eine aus Bambus gebaute Plattform an, von der sich eine ganz bestimmte Sicht auf den Mondsichel-Pavillon öffnet mit einer Bildkomposition aus den Spiegelungen im Bootsteich, der Ufergestaltung und anschließenden Bepflanzungen. Es ist kein Wunder, dass Vertreter des Neuen Bauens aus Deutschland, wie Bruno Taut (1933–36 in Japan) und danach Walter Gropius (1954) und viele andere, von diesem Gesamtkunstwerk überwältigt waren und diese Anlage als eine der Ersten weltweit publik machten. »Nichts an diesem Palast

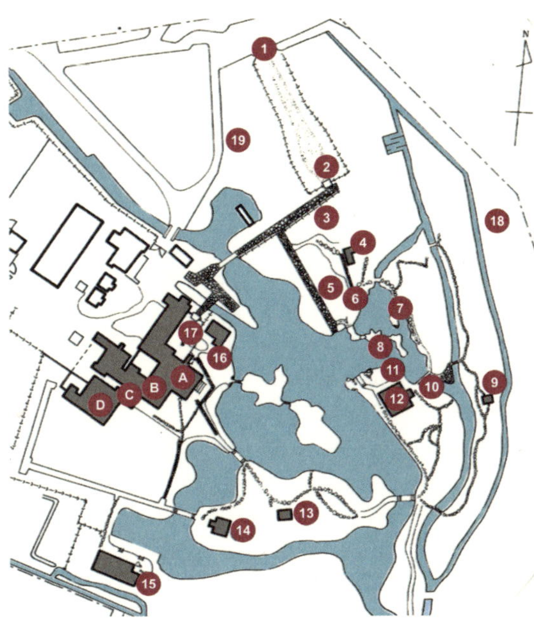

A,B,C und D Alter und neuer Residenzkomplex Goten im Shoinstil
1 Vorderes Tor
2 und 3 Kaiserweg mit Tor und Schrittplattenweg
4, 5, 6 Ruhesitz mit Zikadenhügel, Schrittplattenweg
7 Kieselstein-Ufer
8 Ama-no-Hashidata, Landbrücken-Idylle
9 Vierer-Sitzbank
10 Shirakawa-Brücke
11 Handwaschbecken
12 Harfen-Teehaus Shokin-tei mit blaugrauem Schachbrettmuster
13 Teehaus Shoku-tei ‚Gedenke der Blumen'
14 Gartenwald-Andachtshalle Onin-do
15 Shōi-ken Humor-Teehaus
16 Ge-parō Mondwellen Teehaus
17 Tor zum Residenz-Komplex
18,19 Besondere Bambuszaun-Konstruktionen

87a Katsura Rikyū

Dieser Plan des kaiserlichen Nebenpalastes mit einer Fläche von etwa 6,5 Hektar verzeichnet neben den wichtigen Toren und Verbindungswegen alle Wasserflächen und Gebäude. Die Villa ist nicht öffentlich zugänglich. Zum Besuch der Gartenanlagen mit den Teehäusern ist eine Voranmeldung erforderlich.

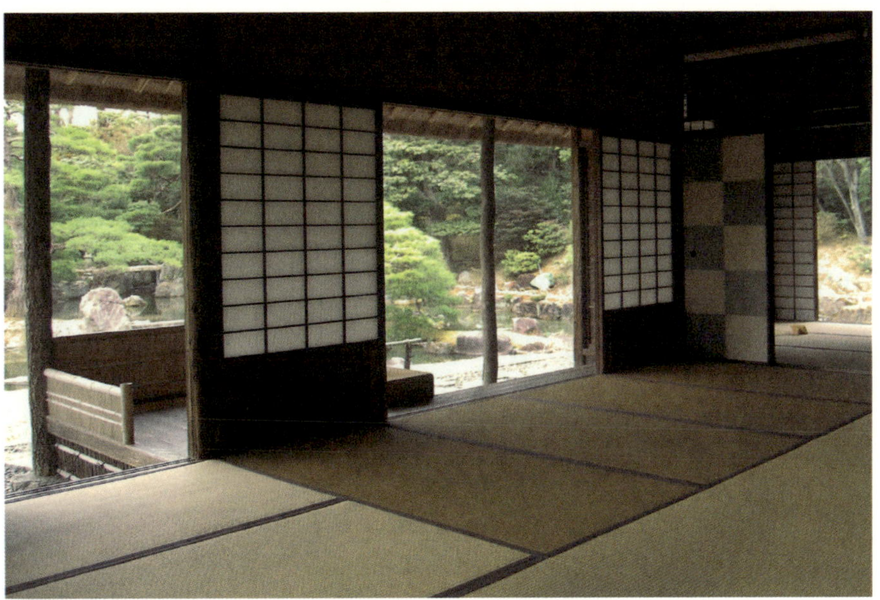

87b Architekturvorbild für den Westen

Bauten der Shoin-Architektur – hier das Shōkin-tei der kaiserlichen Villa Katsura – haben Architekten des neuen Bauens in Europa zu Beginn des 20. Jahrhunderts sehr beeindruckt. Das betrifft nicht nur die klare Formgebung und schnörkellose Linienführung, sondern auch die Verbindung von Haus und Garten. Der japanische Gartenhistoriker Shigemori ließ sich von dem Schachbrettmuster in Katsura bei seinen Tempelgarten-Restaurierungen inspirieren.

ist unzweckmäßig, nichts sticht als bloßes Schmuckstück hervor. Die Verbundenheit mit der Natur, wie sie beim Ise-Schrein, dem höchsten Heiligtum des Shintō-Glaubens, und den Werken der Heian-Zeit zum Ausdruck kommt, finden wir hier wieder. Es ist, als hätte der höfische Geschmack (von damals) die Kunst der Muromachi- und Momoyama-Zeit assimiliert und (nun) etwas Neues und doch Überlieferungstreues geschaffen.«[137] Taut (1880–1938), der Katsura als das ›Ewige‹ bezeichnet, notierte schon am ersten Tag seiner Ankunft am 4. Mai 1933, beim Betrachten des Gartens von der Mond-Terrasse aus: »[...] Eine wunderbare Schönheit, als müsste ich weinen – am Anfang war mir, als würde mir der Atem geraubt. Die Schönheit erfreut das Auge, aber hier ist das Auge der Umwandler für das Geistige.«[138] Betrachtet man die Mühen, welche die Bau- und Gartenkunst in Europa damals hatte, Gebäude und Garten wieder harmonisch zusammenzubringen, so versteht man die positive Überraschung, welche die klaren Linien, die einfachen flächigen Strukturen an den Gebäuden ausgelöst haben müssen und somit das Neue Bauen in Europa nicht unwesentlich beeinflussten. Tauts Publikationen aus der Emigration waren zwar in Englisch verfasst und erreichten Deutschland nur mittelbar.[139] Für das europäische Auge war dies jedoch eine unvergleichbare Schönheit. Zu einigen seiner Skizzen notierte Taut: »Das Leben selbst gibt die einfachsten Formen, Form ist Natur; Hang, Baum des Knotenpunkts, Steinwege, Rasen, Büsche, Azaleen – alles einfachste Lebensformen. Das Auge ist Medium zwischen Gedanke und Kunst oder Philosophie und Wirklichkeit [...] Pflanzen, Wasser, Fische, Vögel – das ist alles draußen in schönster Gestaltung – Ornament wäre sinnlose Konkurrenz [...] Wir bewundern diese Baukunst; letzte notwendige Einfachheit, Bescheidenheit, und deshalb Freiheit.«[140] Alles lebt hier von der Einfachheit und Schönheit, aber nicht von der Form alleine, sondern von dem Zusammenspiel und von den Beziehungen der linear geprägten Gebäude mit den Naturformen des Gartens. Taut betrachtete damals Kobori Enshū als den Schöpfer dieser Kunstwerke, ohne näher über die Umstände seiner Einflussnahme Bescheid zu wissen. Für Taut stand das Werk von Enshū in der Welt alleine da.

In den Katsura-Gärten wurde eine neue Form des ästhetischen Ausdrucks gefunden, in der sich die vorangegangenen geistigen Leistungen der Gartenkunst destilliert haben. Alles ist von höchster Ästhetik geprägt, was man bereits an den Bambuszäunen und Gartentoren bemerken kann. In einer klaren, kompromisslosen Freiheit des Ausdrucks in der auf 6,5 Hektar ausgedehnten Anlage am Westufer des

137 Brasch. S. 175.

138 Brasch. S. 175. Die Worte sind der japanischen Übersetzung ›Taut Zenshu‹ Gesamte Werke, Band I, Ikuseisha Verlag, Tokyo 1942, entnommen und rückübersetzt.

139 Brüderlin. S. 254.

140 Brasch. S. 176.

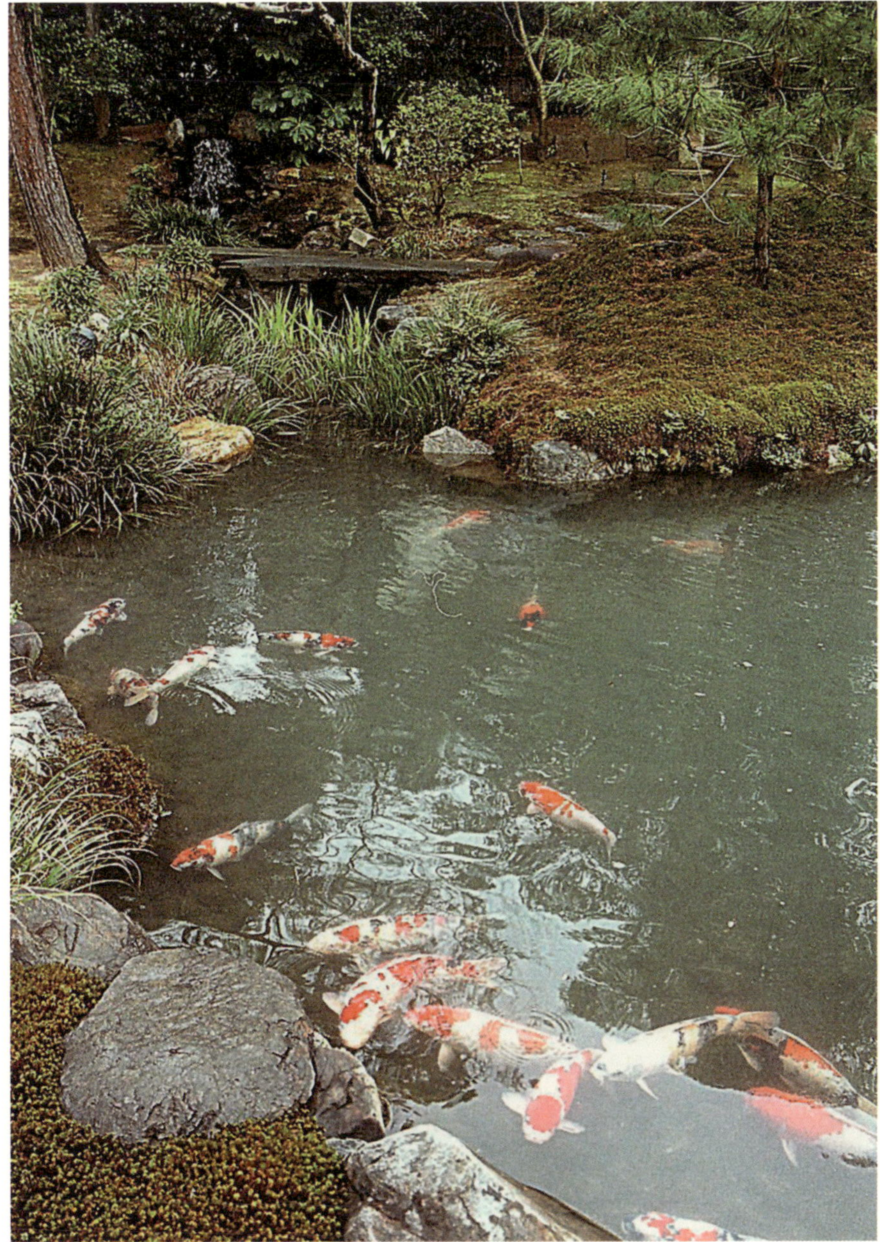

88 Tradierte Gartenmotive in Privatgärten der Edo-Zeit

Jeder Gartenwinkel ist bis ins Kleinste gestaltet; Steinbrücken, Felssetzungen mit Wasserfall und Ufergestaltung sind so durch Vegetation eingebunden, dass Form und Linie, freie Fläche und Gehölze immer in proportional idealem Verhältnis zueinander stehen.

Katsura-Flusses erscheinen an verschiedenen Orten Schnittstellen, an denen die gestaltete Garten-Landschaft mit der umgebenden Landschaft korrespondiert. Quantitativ hat Katsura viel zu bieten. 23 Steinlaternen aller Arten beleuchten die Pfade zu den Tee-Lauben, zu den Bootsanlegestellen und wieder zurück zu den Wohnbauten. Acht verschieden bearbeitete Steinbecken sind höchst originelle Schöpfungen. Neben den über 1500 Schrittsteinen, den *tobi-ishi*, welche die Gartenanlage durchziehen, stechen die vielen unterschiedlich gestalteten Pavimente, die *shiki-ishi* hervor, welche in ihren variantenreichen Kombinationen von Hausteinen und plattigen Natursteinen meist wichtige Verbindungswege sind. Shiki-Ishi dienen der bequemen Begehbarkeit, ohne die Ästhetik des Formen- und Fugenspiels außer Acht zu lassen. Die Tobi-Ishi in ihrer choreografischen Inszenierung erfordern Achtsamkeit und Langsamkeit beim Betreten, und zwar nicht nur für den sicheren Schritt, sondern um die vielen Naturdetails und gestalteten Szenen betrachten zu können, die sich bei jeder kleinen Richtungsänderung auftun. Die diversen Teiche mit ihren Inseln und die Bäche weisen insgesamt 16 Brücken auf, die von mächtigen Steinplatten, gesäumt von Felsankern, über elegante Holzbrücken bis zu den neuartigen Erd-Bogenbrücken, den *dobashi*, reichen. Künstliche Hügel, die aus dem Aushub für die Teiche geschaffen wurden, und unzählige Felssetzungen erinnern an das *San Sui*-Ganzheitssymbol für Natur, das bildhaft für die Begriffe Berg-Wasser steht. Neuartige Uferflächen aus hellen oder dunklen Rundkieseln sind von Enshū eingeführte Flächenelemente, die zu linearen oder punktuellen Erscheinungen Kontraste bilden. Beschnittenes Buschwerk, das Karikomi, vermittelt an verschiedenen Orten einen nahtlosen Übergang von den gestalteten zu den vermeintlich frei wachsenden Naturflächen von Gebüsch und Wald. Kiefern sind wegen ihres dekorativen Wuchses und ihrer Benadlung überall zu finden. Sie stehen einzeln auf Teichinseln, neben Tee-Pavillons oder Teichen, oft in gesteuertem und geformtem Wuchs (Niwaki). Hier werden sogar die Nadeln jährlich mehrmals beschnitten oder die neuen Triebe ausgeknipst. Die Koniferen, darunter Cryptomeria japonica (Sicheltanne), Pinus thunbergii (Jap, Schwarzkiefer), Pinus densifolia (Jap. Rotkiefer), Pinus pentaphylla (Jap. Mädchenkiefer), Pinus pumila (Jap. Zwergkiefer), sind zahlreich anzutreffen. Vor allem Kiefern gehörten bereits in China wegen ihres grünen Kleides im Winter zu den geschätzten Gartenpflanzen, wie natürlich auch der Bambus in seinen vielen Formen und Arten. Zu den ›drei Freunden des Winters‹ gehören neben Kiefer und Bambus die in der kalten Jahreszeit blühenden Prunus-Bäume mit Kirsche, Pflaume und Aprikose. Häufig gesellt sich zu Bambus und Kiefer die chinesische Winterblüte (Chimonanthus praecox), die wegen ihrer frühen goldgelben, würzig duftenden Blüten, zu den Freunden im winterlichen Garten gehört. Diese sind meist so in Gruppen gepflanzt, dass man ihren Blütenreigen aus der Nähe von Gebäuden bewundern und riechen kann. Im

Herbst verstreuen die japanischen Ahorne ihr Farbwunder, dazwischen sieht man das gelbe Laub des Katsura-Baums (Cercidiphyllum japonicum) – dessen Blüten an duftenden Kuchen erinnern – oder das goldgelbe Laub eines Mädchenhaarbaums (Ginkgo biloba) herausleuchten. Die über das Wasser und das Wegesystem erreichbare buchten- und formenreiche Teichlandschaft erschließt die im Gelände verstreut liegenden Tee-Häuschen. Von dem Mondsichel-Pavillon erblickt man den Kiefer- und Lauten-Pavillon *shōkin-tei*, einen schlichten, strohgedeckten Bau als Teehaus, das man auch über den Rundweg am Teich entlang erreichen kann. Dort führt eine mächtige Steinplatte als Brücke auf eine Insel, wo ein markanter Dreieck-Stein aus der Uferverbauung herausragt. Den höchsten Punkt der Insel markiert der Pavillon ›Freude an Blüten‹, *Shōka-tei* genannt, mit malerischen Ausblicken auf Teich und Vegetationsbilder. Etwas abseits findet man das Teehaus des Lächelns, *Shōiken*, dessen unprätentiöse Ästhetik es zu erkennen gilt.

Sentō Gosho

Sentō Gosho, der als Ruhesitz des zurückgetretenen Kaisers Go-Mizunoo gedachte Palastgarten innerhalb des Parks des kaiserlichen Palast-Bezirks in Kyoto, wurde unter Aufsicht von Kobori Enshū im Auftrag des Shoguns von etwa 1628–1633 gebaut. Es sollte eine Art Kompensation für die Schmach sein, die Go-Mizunoo mit seinem Edikt für das Tragen von Purpurgewändern in Klöstern erlitten hatte, denn es wurde von dem Shogun etwa um 1627 wieder aufgehoben. Das rund acht Hektar große Areal ist ringsum von Mauern umschlossen und weist ähnliche gestalterische Elemente eines Wandelgartens auf wie die Katsura-Anlage. Allerdings bestanden hier schon Gartenteile aus älterer Zeit von Daigo-Tennō (885–930), die im neuen Gartenschema aufgegangen sind. Die heutige Form ist dreimal länger als breit und wird von einem zweigeteilten Teichsystem bestimmt, dessen Teile im Verhältnis von etwa zwei Fünftel zu drei Fünftel zueinander stehen. Enshūs Markenzeichen sind die mit runden oder flachen Kieseln belegten Teichufer. Sie kontrastieren jeweils mit einem gegenüberliegenden Ufer, wie jenes vor der großen Insel mit seinen wuchtigen Felssetzungen, die mit einer Steinlaterne und der Inselbepflanzung eine lebendige Rhythmisierung der Bildszene darstellen. Dem ruhig ausgebreiteten Kieselsteinufer, dem *suhama* oder *ishihama*, entsprechen die unterschiedlich gestalteten Ufer auf der anderen Seite mit den Felssetzungen wie Yin und Yang. Das auch hier wieder aufgenommene Gestaltungselement einer Landzunge im Teichgarten ist ein typisch japanisches Element, das in chinesischen Gärten nicht bekannt war. Eine vor dem Tee-Pavillon *seikatei* erscheinende ruhige Abstandszone als Kiesfläche ist eine Weiterentwicklung, welche mit der Shintō-Reinheitszone (Niwa) begann, sich über die Zeremonialzone (*nantei*) in den Gärten des *shinden-zukuri*-Architekturstils der Heian-Zeit gefestigt und in den Karesansui-Gärten der Muromachi-Zeit (*kutei*) ihren Höhepunkt gefunden hatte. Die Atmosphäre des Gartens wird von Wasser bestimmt. Ein Zufluss von dem Kamu-Fluss her fällt über eine breite Kaskade in den Teich. Ein mäandrierendes Flüsschen durchströmt die teilweise dicht bewachsene Anlage und verliert sich beim unteren Teich. Die an den sieben Brücken angebundenen Wegführungen bestimmen die Struktur des Gartens, der sich durch die getrennten Teichpartien in drei verschieden kleine Landschaftsräume aufteilt. Ein Erlebnis ist die von Glyzinien (Wisteria floribunda), dem japanischen Blauregen, überrankte Brücke zur Blütezeit im Frühling, wenn auch die späten Kirsch- und Pflaumenblüten zur Geltung kommen.

Landsitz Shūgaku-in

Im Nordosten von Kyoto ermöglichte der Shogun 1652 dem abgedankten Kaiser Go-Mizunoo den Bau des Shūgaku-in, einer 29 Hektar großen landschaftlich betonten Anlage, die sich über drei Hangterrassen bis zum höchsten Punkt ausdehnt. Diesen krönt der Aussichtspavillon *rinun-tei*. Zwischen den Terrassen befinden sich Reisfelder, durch die sich Kiefernalleen ziehen, welche die Terrassen miteinander verbinden. Eine dieser Alleen besteht aus japanischen Zwergkiefern, die jährlich durch Abknipsen der Triebspitzen künstlich extrem klein gehalten werden, um einen freien Blick über die Landschaft zu gewährleisten. Der Ex-Kaiser und die Ex-Kaiserin belegten je eine der beiden unteren Terrassen mit dem Tross ihrer Bediensteten, was nur ein paarmal im Frühjahr und im Herbst für wenige Tage stattgefunden haben soll. Die untere und mittlere Terrasse, eingebettet in hangseitige Kieferwaldungen, sind umzäunt und ausgestattet mit Gästehaus, Teehaus und kleinen Gärten, den talseitig offenen Blick immer berücksichtigend. Die oberste Terrasse, der eigentliche Lustgarten, wurde mit Sorgfalt und eigenem Engagement vom Ex-Kaiser bis ins kleinste Detail geplant und die Ausführung von ihm selbst überwacht. Kein Fels durfte ohne seine Zustimmung platziert, keine Pflanze ohne Bewilligung gesetzt werden. Für einige Bereiche soll er sogar spezielle Lehmmodelle erstellt haben. Der den Garten bestimmende buchtenreiche See mit seinen Inseln dehnt sich über eine Fläche von 2,5 Hektar aus. Auch hier begreift man den Hauptaspekt der Gestaltung, es ist Shakkei, der Einbezug der weiten Landschaft.

Diese Bildkomposition erschließt sich dem Betrachter am eindrücklichsten aus der erhöhten Perspektive durch die Choreografie von Vordergrund, Mittelgrund und Hintergrund, die ein Bildganzes zusammenfügen. Vor einem senkt sich ein steiler Hang, übersät mit

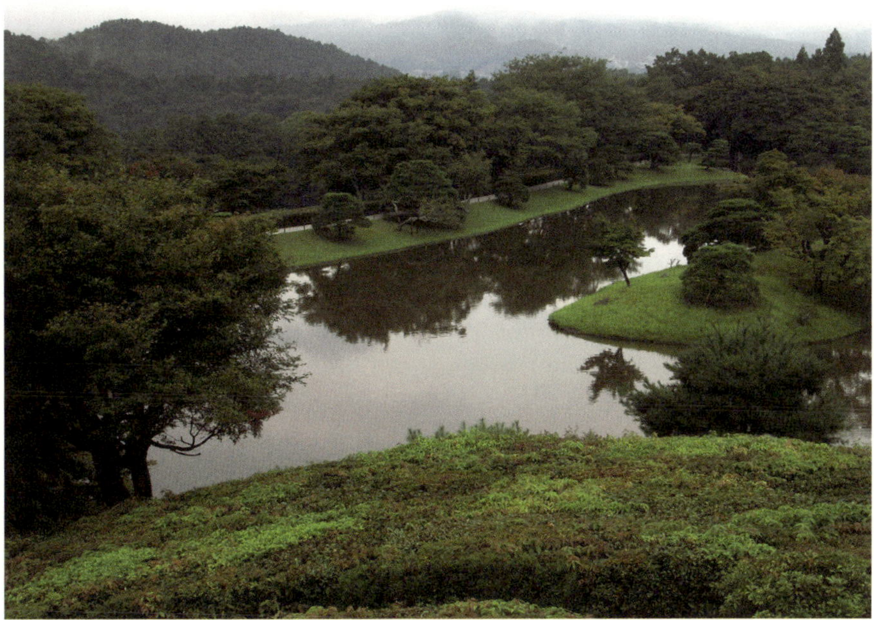

89 Annäherung an den westlichen Landschaftsgarten

Beim Blick über den oberen See der kaiserlichen Villa Shūgaku-in, vorbei am O-Karikomi-Hang bis weit in das Tal von Kyoto hinaus, ist spontan kein Unterschied mehr von dieser Mitte des 17. Jahrhunderts geschaffenen Anlage gegenüber einem westlichen Landschaftspark auszumachen.

Karikomi-Büschen von Azaleen, Kamelien und anderen Sträuchern, deren wogenartiger Formschnitt wie in sanften Wellen abwärts strömt. Die Büsche stehen so eng zueinander, dass man sich nicht vorstellen kann, wie die Gärtner das mehrmalige Beschneiden im Jahr bewerkstelligen. Der Blick über den Mittelgrund des Bildes wird über die sich ausdehnende Seefläche geführt, deren Inseln sich wie ideal geplante Landzungen präsentieren. Dabei liegt die gestalterische Raffinesse in der weichen Ausbildung der sichtbaren Seeufer, denn kein einziger Fels bannt hier den Blick, dieser wird in die Fernsicht über das Tal von Kyoto hin zu den westlichen Bergen gelenkt, deren Konturen sich mit dem Mittelgrund verbinden. Es drängt sich einem der Eindruck auf, einen nach westlichen Maßstäben gestalteten Landschaftspark vor sich zu haben, da auch Wiesenflächen bereits zum gestalterischen Konzept gehören. Und doch sind es die typisch japanischen Elemente einer Natur-Nachempfindung, die ihren eigenen Reiz ausstrahlen. Man begreift, dass sich die japanische Gartenkunst nicht nur über kleinformatige Gärten definiert. Leider verwischen viele der im 19. Jahrhundert gepflanzten Laubbäume die Konturen oder verdecken sie. An anderer Stelle öffnet sich ein plötzlicher Fernblick über niedrig gehaltenen Kiefern oder zwischen zwei höheren hindurch.

Man kann nachempfinden, dass das elegante Gartenhäuschen am höchsten Punkt eine spezielle Funktion für den Ex-Kaiser hatte. Wird eins der Fenster hochgezogen, während man es sich innen bequem macht und die Ellenbogen auf dem Gesimse abstützt, kann man die Zeit vergessen und über die mit Brücken verbundenen Teichinseln im Vordergrund die Fernsicht auf sich einwirken lassen. Steigt man wieder hinab beim Gang zum anderen Ende des Teichs, hört man das Rauschen eines Wasserfalls, der zwischen Büschen hindurch sechs Meter tief herabstürzt, sein Wasser fließt über Steinschwellen zum See. In der Nähe führt eine lange Brücke auf die Hauptinsel. Sie ist über die sogenannte Ahornbrücke an das Netz der Rundwege angeschlossen und über das Brückenhaus im chinesischen Stil, der Chitose-Brücke, an die kleinere Kormoran-Insel angebunden. Der Pavillon ›zur letzten Tiefe‹, *kyūsui-tei* auf der Hauptinsel, ist das einzige Gebäude, das noch im Original erhalten ist. Von hier aus hat man nach allen Seiten die wunderbarsten Naturbild-Kompositionen. Es ist der Garten selbst, der die Bilderrahmen liefert. Erst beim Verlassen dieses Landschaftsgartens bemerkt man das geschickte Einbinden der talseitigen Dammschüttungen, welche dem See die nötige Stabilisierung verschaffen. Ein aufwendiges O-Karikomi-Gebilde mit dahinter gepflanzten Ahornbüschen lässt diese Konstruktion verschwinden. Die Bauphase der unteren und oberen Terrassengärten war gegen 1658 abgeschlossen. Die Mittel-Terrasse wurde zehn Jahre später fertig. Hier, beim eleganten Teehaus *rakushiken* nahe an einem kleinen Teich, der sich kanalartig durch den Teegarten zieht, steht eine ungewöhnliche kleine Steinlaterne mit einem Relief einer heiligen Maria. Diese Laternen kamen anfangs der Edo-Zeit bei Katholiken in Mode, die Anhänger der Teezeremonie waren. 1613 wurde die christliche Religion wieder verboten. Das L-förmige Teehaus *jugetsukan* auf der unteren Terrasse ist in einen Teil für Männer und einen Teil für Frauen eingeteilt und bildet mit einer großzügigen Kiesfläche einen wohltuenden Abstand zum hinteren, von Karikomi-Büschen bestandenen Moosteppich mit dem anschließenden Gebüschwerk.

Wegen der Holzbauweise früher Bauten und wegen der Verwendung offenen Feuers, teils auch wegen kriegsbedingten Zerstörungen, sind Originalbauten sehr selten. Die Gebäude wurden meist immer wieder detailgetreu nachgebaut. Selbst die Gartenanlagen haben im Laufe von Jahrhunderten und Jahrzehnten viele Änderungen und Anpassungen erfahren. Trotzdem strahlen japanische Gärten immer noch dieses uns nicht ohne weiteres Erfassbare, Besondere aus. Zu den begabten Gestaltern muss man mit Recht den mit 85 Jahren verstorbenen Kaiser Go-Mizunoo rechnen, der als machtloser oder abgedankter Kaiser den Hauptteil seines Lebens seinen Gärten widmen konnte. Er wurde 1680 im Haupttempel der Shingon-Sekte Sennyu-ji beigesetzt.

Die drei schönsten Landschaftsgärten

Man kann unmöglich alle schönen noch erhaltenen Klostergärten, Teegärten oder Teichgärten aufzählen und beschreiben, ohne ermüdend zu wirken. Das gilt auch für alle schönen Landschaftsgärten in Japan. In der Folge beschränke ich mich hier auf Beispiele größerer Gartenanlagen, die schon in Japan im ›Dreierpack‹ vorgestellt werden. Gemeint sind hier ausgedehnte Gärten von Landesfürsten, die meisten davon Seitenlinien des Tokugawa-Geschlechts, die während der Edo-Zeit ihre Machtpositionen behalten konnten – in einer Zeit, als sich Japan ab 1639 weitgehend von ausländischen Einflüssen abgeschottet hatte. In dieser Tokugawa-Friedenszeit wurden die meisten der Daimyō-Landschaftsgärten abseits und außerhalb der Burg- und Schlossbauten der Feudalherren unter Einbeziehung landschaftlicher Gegebenheiten und Verwendung althergebrachter Archetypen des japanischen Gartens realisiert. In der säkularisierten Form früher kleiner Teichgärten gewinnt der Wandel- oder Schlendergarten mit seinem verzweigten Wegsystem eine neue Bedeutung durch die Aneinanderreihung besonders schöner Ausblicke auf Landschaftsbilder. Wie schon im Katsura-Palastgarten fällt auch hier das Vorhandensein von rasenähnlichen Flächen auf, zumindest kann man das aus den heute zur Verfügung stehenden Aufnahmen, Darstellungen und Berichten schließen. Eine etablierte Produktion von Rasensamen oder ein gewerbliches Züchten von Rasenpflanzen gab es während der frühen Edo-Zeit noch nicht, obwohl die Idee von Rasen oder Wiesen als Gestaltungsmittel in Gärten seit den ersten Kontakten mit der westlichen Welt bekannt war. Es ist eher anzunehmen, dass Gartenflächen, die nicht bepflanzt, nicht mit feinem Kies bestreut oder als Naturboden wie in den frühen Teegärten nur verfestigt oder durch Moosteppiche begrünt waren, der natürlichen Entwicklung von überwachter Selbstansiedlung von nieder wachsenden Kräutern und Gräsern überlassen worden sind. Bekannt ist das ausdauernde und Ausläufer treibende und trockenheitsverträgliche Tempelgras in Sorten wie *Zoysia pungens*, *Zoysia matrella* und *Z. tenuifolia*, das heimisch vorkommt, nicht gemäht werden muss und in späteren Jahren gezielt in Gartenanlagen angepflanzt wurde. Das in japanischen Wäldern natürlich vorkommende grasähnliche *Ophiopogon japonicus* und *Ophiopogon planiscarpus* (Mondo-Gras oder Schlangenbart), das dichte dunkelgrüne, ausdauernde Teppiche von 12–15 cm Höhe bildet, war schon in den kleinen Innenhofgärten, Kaufmannsgärten oder in Gärten von Restaurants zum Ende der Edo-Zeit als Gestaltungsmittel bekannt. Dazu kann man auch *Liriope muscari*, die Lilientraube zählen. Sie ist eine grasähnlich und horstig wachsende immergrüne Ganzjahrespflanze mit hübschen violetten Blüten bis zu einer Höhe von 40 cm.

Mit der Teichgartenentwicklung einher ging die gestalterische Verwendung der Lotospflanzen (wo klimatisch möglich) oder der japanischen Seerose im Teich sowie von *Iris ensata* und *Iris laevigata var. Kaempferi*, den japanischen Sumpfschwertlilien am Teich und im Sumpfbereich. Iris und Lotos- und Seerosenblüten sind neben Päonien-und Chrysanthemenblüten die am meisten dargestellten Blütenformen in der japanischen Ornamentik. Mit der Ausweitung von Teich- und Wandelgärten in umfangreichere, landschaftlich betonte Gärten in der Edo-Zeit nahmen naturgemäß Flächen zu, auf denen sich Blumen und Kräuter von selbst ansiedelten. Chrysanthemen und Päonien hingegen nehmen im japanischen Garten immer ein Dasein abseits der gestalteten Gartenflächen ein, meist neben den Frauenquartieren. Es ist jedoch anzunehmen, dass Staudenpflanzen wie *Platycodon grandiflora*, die Ballonblume, *Fritillaria japonica*, die Lampionblume, oder Arten der *Hemerocallis*, Taglilie, neben vielen anderen allmählich eine Verbreitung in den Landschaftsgärten der Feudalherren fanden. Die Artenvielfalt der japanischen wie der chinesischen Flora ist der europäischen weit überlegen. Denken wir an all die immergrünen Kleinsträucher, welche als Importe unsere Gärten seit dem 19. Jahrhundert bereichern. Wenige seien hier genannt: *Skimmia jap.*, *Pieris jap.*, die vielen Rhododendren-Arten, *Pittosporum tobira*, *Osmanthus heterophyllus*, *Euonymus japonicus*, *Camellia jap.*, *Aucuba jap.*, *Buxus jap.*, *Ilex crenata*, *Chamaecyparis obtusa* und *Ch. pisifera*, oder *Taxus cuspidata*, die japanische Eibe. Unter den schönen Blütensträuchern muss man beispielsweise nennen: *Kerria jap.*, den Ranunkelstrauch, *Viburnum plicatum*, den Schneeballstrauch, die nicht wegzudenkenden Hortensien-, Spiräen- oder Weigelien-Arten und natürlich die vielen Arten des Zierapfels, der Zierkirsche und der Zierpflaume. In wenigen Gärten des Westens fehlen Kletterpflanzen wie *Lonicera jap.*, die Kletter-Heckenkirsche, *Aristolochia kaempferi*, die Pfeifenwinde, *Parthenocissus tricuspidata*, die Jungfernrebe, *Hedera rhomba*, das japanische Efeu oder *Wisteria floribunda*, die japanische Glyzinie, die an den bewaldeten Hängen des Berges Fuji hohe Bäume mit ihren blau-violetten Blütentrauben eindeckt.

Es ist aber nicht so, dass in diesen Gärten plötzlich Blumen und Blütenpflanzen die gestalterischen Schwerpunkte bilden würden. Nach wie vor geben das San Sui/Berg-Wasser-Symbol den strukturellen Rahmen mit Hügelgestaltung, Felssetzungen, Teichen, Seen und Bachläufen. Das Zelebrieren der Hauptblütezeiten von Kirsche und Pflaume durch Pflanzung dieser Bäume in Gruppen wurde ein zentrales Thema in den weitläufigen Gartenanlagen, die nun häufiger für Besucher aus dem Volk geöffnet wurden. Neben den reinen Zierbäumen begann man Obstgärten anzulegen, die zusätzlich zur schönen Blüte als Lieferanten von Pflaumenarten, Birnen, Äpfeln und Kaki (*Diospyros kaki)* dienen.

Shogun Tokugawa Tsunayoshi (1646–1709), der ab 1680 die Regentschaft von Ietsuna übernahm, ließ etliche Gegenden für Ärzte der niederländischen Ostindien-Kompanie im Land offen, in denen sie sich bewegen durften. Aus diesem verbliebenen Nadelöhr der Verbindung ins Innere des Landes von einer kleinen Insel vor Nagasaki aus durften sich Personen dieser Kompanie, die als Berater der Machthabenden gefragt waren, begrenzt im Land bewegen. Berühmte Schriften, nicht nur über die japanische Fauna und Flora, stammen aus der Feder dieser Ärzte und Forscher, wie von Engelbert Kaempfer (1651–1716), von dem Schweden Carl Peter Thunberg (1743–1828) und von Philipp Franz Siebold (1796–1866) aus Bayern. Alle drei wurden Namensgeber für japanische Pflanzen. Der Name von Siebolds japanischer Frau (abgeleitet von ihrem Kosenamen Otaki) ziert die von ihm entdeckte Hortensien-Form der *Hydrangea macrophylla ›Otaksa‹*. Die Ausbeute vor seiner Heimreise zurück nach Deutschland bestand, neben einigen nicht erlaubten Objekten, aus einer Pflanzensammlung von 500 verschiedenen Arten und aus 1200 Herbarbelegen von 2000 Pflanzenarten. Der als Vater der japanischen Botanik bezeichnete Makino Tomitarō (1862–1957) machte erst mit der Gründung des Akademischen Botanischen Magazins 1887 auf die Rückständigkeit dieses Forschungsgebiets aufmerksam. Der erste Botanische Garten Japans von 1684 in Koishikawa, von Shogun Tsunayoshi veranlasst, war noch ausschließlich ein Medizinalgarten, wurde jedoch im 19. Jahrhundert zum Zentrum für botanische Studien, aus dem 1882 die erste botanische Gesellschaft hervorging. Koishikawa, ein Ort im Norden von Tokyo, ist andererseits für den sieben Hektar großen Landschaftsgarten *Kōrakuen* bekannt. Dieser wurde ab 1629 von Tokugawa Yorifusa, dem Begründer des Mito-Familienzweiges, begonnen und erst 1669 von seinem Enkel Mitsukuni mit Hilfe eines aus China kommenden Gartenspezialisten Zhu Shunshi fertiggestellt. Dies erklärt die zahlreichen Objekte im chinesischen Stil, darunter eine Vollmondbrücke aus Stein. Kōrakuen entspricht einem chinesischen Vier-Zeichen-Ausdruck und bedeutet so viel wie ›Erst die Mühe, dann das Vergnügen‹.

Koishikawa-Kōrakuen ist die größte und älteste Wandelgartenanlage in der Region von Tokyo. Was in diesem Garten mit schön komponierten Wasserfällen, Iris-Teich, Inseln mit Schreinen oder Teehäusern, pittoresken Landzungen, verschiedenen Brücken, künstlichen Hügeln und Felssetzungen, minutiös gepflegten Kiefern und Karikomibüschen, Bäumen und Blütensträuchern aller Art, sowie Pflaumen- und Kirschblütenbaum-Gärten vorweggenommen wird, wiederholt oder steigert sich in vielen der nachfolgenden Landschaftsgärten. Nicht zu verwechseln ist dieser Garten in Koishikawa mit jenem gleichen Namens in Okayama, der zu den angeblich drei schönsten Landschaftsgärten Japans gehört. Ikeda Tsunamasa, der Daimyō des Gebietes, ließ diesen Korakuen-Garten mit Hilfe seiner Vasallen ab 1687 auf einer 14 Hektar großen

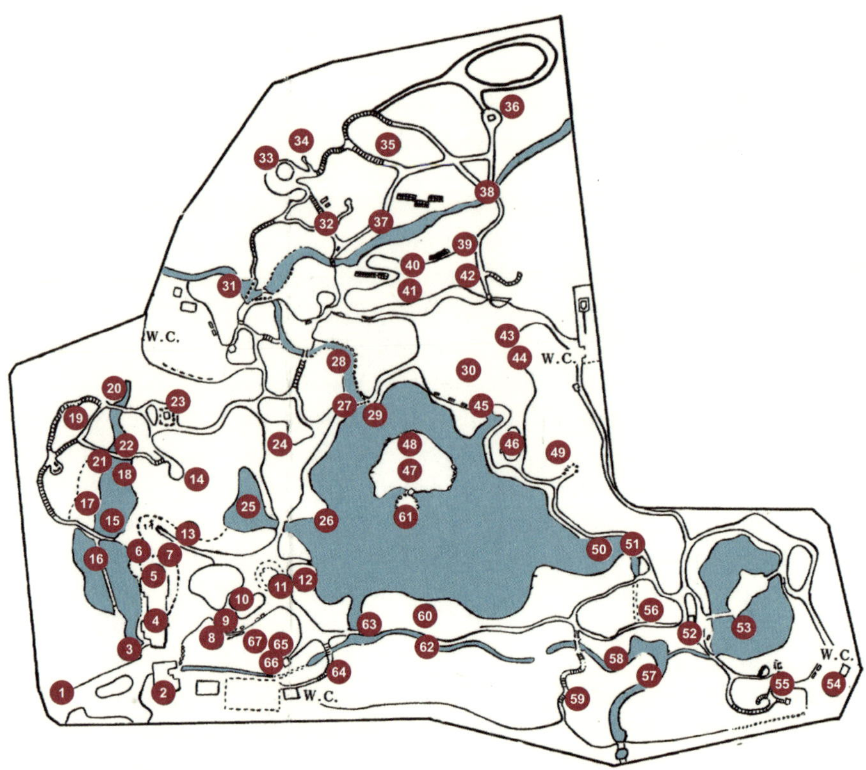

90 Gartenanlage des Koishikawa-Kōrakuen

In der Edo-Zeit im 17. Jahrhundert breiteten sich neue Landschaftsgärten aus. Tradierte Archetypen des japanischen Gartens verbanden sich nun mit der Weite neuer landschaftlicher Anlagen. (Quelle: Offizielle Webseite)

Kōrakuen Garten, Tokyo - Legende

1 Westeingang
2 Gartenverwaltung
3 Handwaschbecken als Blume
4 Kantoku-Pavillon
5 ›Gewehr-Zaun‹
6 Steinlaterne im Momoyama-Stil
7 Geschmücktes Handwaschbecken
8 Trockener Wasserfall, Kare-taki
9 Steinlaterne im Yukimi-Stil
10 Männlicher Stein, Yoseki
11 Hängekirsche
12 Weiblicher Stein, Inseki
13 Wassertropfstein, Mizu-bore ishi
14 Kleiner Lu Shan, China
15 Kyoto-Mondbrücke
16 Damm im Westsee, China
17 Stein-Vorhang
18 Ogawa-Fluss in Kyoto
19 Reste der Kannon-Halle
20 Himmelsbrücke
21 Schrittsteine im Wasser, Sawatari
22 Otawa Wasserfall-Nachbildung
23 Konfuzius-Schrein
24 Schilfgedeckte Hütte
25 Lotusteich
26 Einzelne Rotkiefer
27 Schrittsteine im Wasser, Sawatari
28 Weißfaden-Wasserfall
29 Basissteine von Tempelsäulen
30 Kiefernwald
31 Vollmondbrücke
32 Steintreppe zum Atago-Schrein
33 Spuren des Hakke-Pavillons
34 Ono Komachi-Hügel
35 Pflaumenwald
36 Spuren des Kinga-Pavillons
37 Flache Zickzackbrücke
38 Steinbrücke aus Nebukawa-stein
39 Quellwasser zur ewigen Jugend
40 Wisterien-Spalier
41 Schwertlilienfeld
42 Reisfeld
43 ›Neun-Acht-Pavillon‹ für Sake-Ausschank
44 Steinlaterne im Kobori Enshū-Stil
45 Boot-Anlegestelle
46 Irreguläre Steinlaterne, Ikei-doro
47 Insel mit Berg der Glückseligen, Hōraijima
48 Schrein für Benzaiten
49 Falken-Denkmal des 7. Mito-Herrschers
50 Bild der Biwaseeinsel
51 Bild des Meeresstrudels bei Awajishima
52 Tor im Karamon-Stil
53 Innerer Garten, Naitei
54 Ehemaliges Osttor
55 Denkmal der Mito-Residenz als Grundriss
56 Plattenweg, Nobedan
57 Wasserfall des Aufwachens am Kiso Fluss
58 Kisogawafluss, Provinz Hida
59 Anhöhe, Weißer Wolken-Berg
60 Herbstlaub-Hain
61 Tokudai-ji-Stein
62 Anspielung auf den Tatsuda-Fluss
63 Steinbrücke, Nusabashi
64 ›Am Gewässer verweilen‹
65 Waka-Monument
66 Saigyō-Hütte
67 Koreanische Steinlaterne, Chosen toro

Insel im Asahi-Fluss während 13 Jahren anlegen. Bemerkenswert sind die ausgedehnten Wasserflächen mit einem Lotos-Teich, eingebettet in einer Mischung aus gestalteten Gartenzonen mit rasenartigen Flächen und wirtschaftlichen Zonen. Darunter finden sich Reisfelder, eine kleine Teeplantage, Obstgärten mit Kaki-, Apfel-, Birnen- und Pflaumenbäumen. Ein separates Gästehaus liegt nahe der Bühne für das Nō-Theater. Ein Novum ist der seitlich offene, langgezogene Pavillon, durch den sich ein von dem Bach abgezweigter schmaler Kanal mit seitlichen Sitzgelegenheiten windet. Früher fanden hier Dichter-Wettbewerbe statt, die schon im alten China bekannt waren. Jeder Teilnehmer setzt am Anfang des Kanals einen Becher voll Saki ins Wasser. Während der Becher von einem Ende des Kanals zum anderen treibt, hat der Teilnehmer zu einem vorher beschlossenen Thema ein Kurzgedicht zu verfassen und trägt es vor, nachdem er den Sakibecher geleert hat. Die besten Gedichte werden am Ende des Wettbewerbs belobigt.

Über einen weiteren der drei berühmten Landschaftsgärten, nämlich *Kenrokuen* in Kanazawa, dessen Anfänge ins erste Jahrzehnt des 17. Jahrhunderts zurückreichen, sind verschiedene Baudaten bekannt. Ein Zuleitungskanal für geplante Teichanlagen stammt aus dem Jahr 1632. Die heutige Form mit 11,5 Hektar Größe geht auf den fünften Daimyō Maeda Tsunanori zurück, der ab 1676 den Bau außerhalb des Schlosses vorantrieb. Toshitada von Katsuro hatte 1642 in diese Familie eingeheiratet. Beide waren mit den Tokugawa Shogunen verwandt. Neben seinen gestalterischen Feinheiten hat dieser Landschaftsgarten, der durch Feuer, Wasser und Erdbeben oft zu leiden hatte und immer wieder aufgebaut worden ist, Besonderheiten aufzuweisen. Dazu gehören neben einer Bogenschützenanlage die unzähligen unterschiedlichen Steinlaternen, Felsen als Schrittsteine über den Bach, eine Brücke, genannt ›Die fliegenden Gänse‹, 183 verschiedene Pflanzenarten, darunter 9000 gepflanzte Bäume, und der erste japanische Springbrunnen, der mit natürlichem Wasserdruck arbeitet. 1874 wurde der Park öffentlich zugänglich.

Ein anderer sehenswerter Garten, *Ritsurin kōen*, am Rande der Stadt Takamatsu in der Provinz Kagawa, entstand ab 1642 durch die Feudalfamilie Sato. Er entwickelte sich über 11 Generationen zu einer Größe von heute 75 Hektar. 1745 erreichte er durch den 5. Daimyō Matsudaira Yorishige, Sohn des Yorifusa, seine heutige Form mit sechs Teichen, seinen Bächen, Brücken, künstlichen Hügeln und den üblichen Gestaltungselementen, darunter der *shōkin-tei* Pavillon auf einer Insel. Der Pavillon ist so platziert, dass man von hier nach allen Seiten die schönsten landschaftlichen Bildkompositionen bewundern kann. Auffallend sind die unzähligen in Form gehaltenen Einzelbäume, jene Niwaki, die dem Garten eine unverwechselbare Note geben. Verbunden mit einigen neueren Bauten, etwa für die Förderung der Wirtschaft und des Handels, wurde dieser Landschaftsgarten 1875 für das breitere Volk geöffnet.

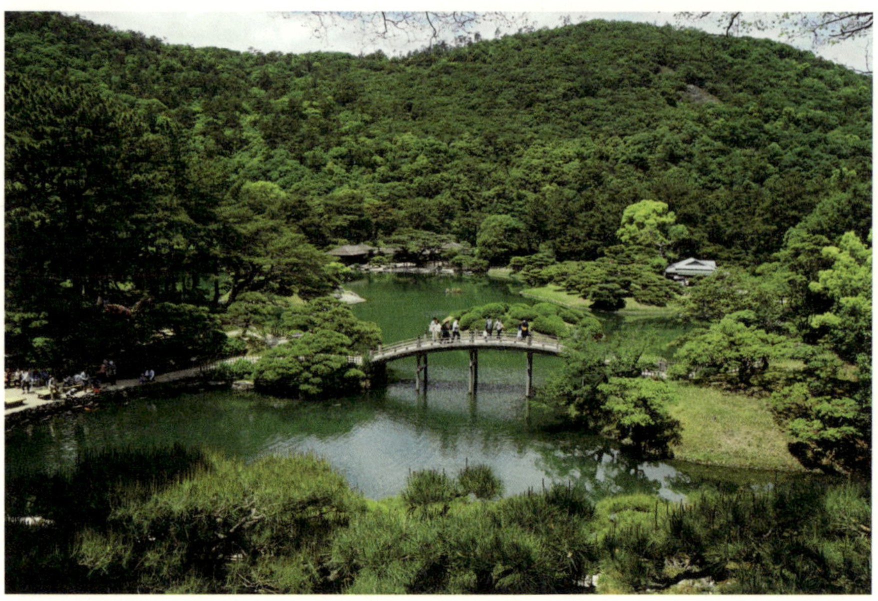

91 Zeit japanischer Landschaftsgärten

Ritsurin ist einer jener Landschafts- und Wandelgärten in Japan, bei denen das Gestaltungsschema des Niwaki mit den im aufwendigen Formschnitt gehaltenen Einzelbäumen, vornehmlich Kiefern, besonders hervortritt. Blick auf den südlichen See über die Engetsu-Brücke.

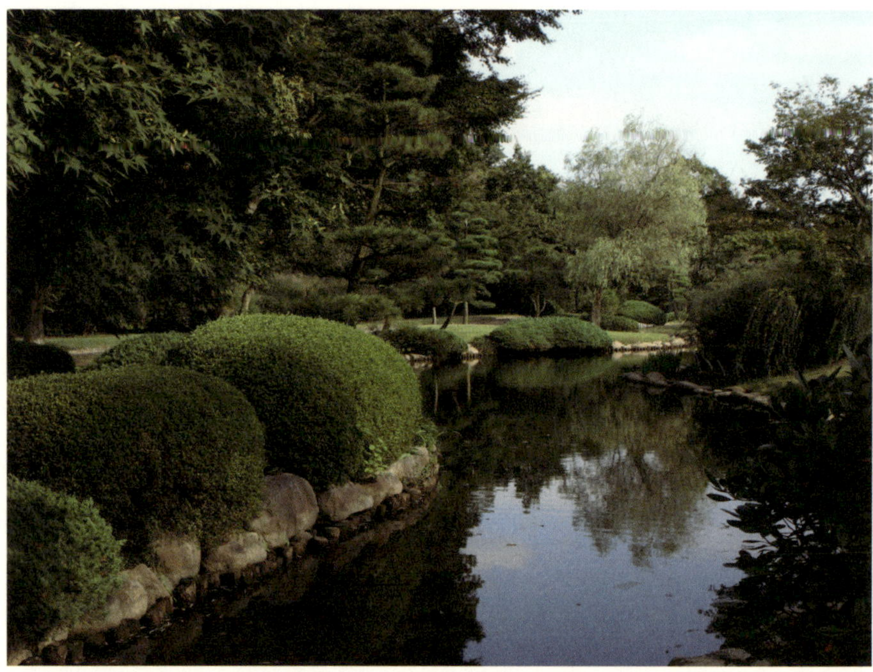

92 Der Kairakuen-Landschaftsgarten

Diese Gartenanlage wurde um die Mitte des 19. Jahrhunderts angelegt und wird oft zu den schönsten ihrer Art gezählt. Das Interessante an ihr ist die Mischung von westlichen Parkelementen mit zahlreichen rein japanischen Gestaltungslösungen mit reichhaltiger japanischer Vegetation.

Den dritten hochgelobten Landschaftsgarten *Kairakuen* in Mito, der Hauptstadt der Präfektur Ibaraki, legte Tokugawa Nariaki in den späten 1830er Jahren an. Er stand zur Eröffnung 1842 bereits für die Allgemeinheit offen. Eingebettet in einer von Natur aus schönen Hügellandschaft mit einem See besticht der Garten mit einer Fläche von etwa 13 Hektar vor allem durch den Pflaumenhain mit 3000 Bäumen, der ein Drittel der Gesamtfläche einnimmt. Sein Blütenzauber von Februar–März mit weißen, rosa und roten Farbtönen, die aus etwa 100 verschiedenen Pflaumensorten (*ume)* stammen sollen, ist auch heute noch ein öffentliches Ereignis. Randbereiche des Hains begleiten Buschklee-Pflanzungen (*Lespedeza thunbergii*), die mit ihren violetten Blüten im Sommer einen Kontrast bilden zu den vielen immergrünen Karikomi-Büschen und geformten Kiefern. Der Gartenbereich mit seinen Teichen, raffiniert gestalteten Ufern, Felssetzungen und von Rundkieseln belegten Flachufern, den vielen Brücken einschließlich einer hölzernen Bogenbrücke, wird geprägt von dem Gerüst der Wege und Schrittplattenpfade, die durch aufwendig gepflegte Baum- und Strauchpflanzungen führen. Offene Rasen- oder Wiesenflächen bilden dazu einen wohltuenden Kontrast. Besondere Anziehungspunkte sind die Teehäuser und ein dreistöckiger Pavillon. Diesen Garten hat Nariaki nach dem konfuzianischen Grundsatz ›Entspannung folgt nach Anspannung‹ angelegt. Denn der Anspannung dient sein in der gleichen Stadt ab 1841 angelegtes Institut *Kōdōkan*, das unter dem Begriff Mito-Schule zur militärischen Ertüchtigung und kulturellen Erziehung junger Männer bekannt wurde. Pferdebahnen und Stallungen, Schießplätze und verschiedene Einrichtungen, die der Vorbereitung auf kriegerische Konflikte dienen, aber auch solche für medizinische Forschung einschließen, zeichnen Kōdōkan aus. Nariaki war von nationalistischer Gesinnung, förderte die Stärkung des Kaiserhauses und stand in Opposition zu Bestrebungen aus Kreisen der feudalen Machtzentren, Japan aus seiner politischen und wirtschaftlichen Isolation herauszuführen. Das Erscheinen erster westlicher Kriegsschiffe 1837 vor Japans Küste, der Sieg der Briten von 1840 im ersten Opiumkrieg gegen China und das Aufkreuzen von vier fremden Kriegsschiffen in der Bucht von Edo 1853 befeuerten die innerjapanischen Machtquerelen zwischen den Samurai, den Feudalherren und den Tokugawa. Nariaki war noch 1854 Leiter der nationalen Verteidigung und für den Schutze des Kaiserhauses zuständig. Er konnte noch die Einsetzung seines siebten Sohnes Yoshinobu 1866 als fünfzehnten (aber letzten) Shogun bewirken, unterlag aber letztlich dem Druck der Fünf-Mächte-Doktrin. Dies führte zu Japans Bereitschaft, seine Häfen für den Handel mit dem Ausland zu öffnen. Nariaki starb im Alter von 61 Jahren unter Hausarrest. Yoshinobu trat 1867 als letzter Shogun zurück und leitete damit die Meiji-Zeit (1868–1912) mit einem raschen politischen, gesellschaftlichen und wirtschaftlichen Wandel auf nationaler Ebene und mit einer erheblichen Stärkung kaiserlicher Macht ein. Die folgende Taishō-Zeit bis 1926 zeigte gewisse Tendenzen zur Demokratisierung und festigte Japan als Industriestaat und Großmacht.

Schon bevor Japan sich gezwungen sah, sich dem Westen gegenüber zu öffnen, war das Land von dem tief sitzenden Bedürfnis geprägt, seine Eigenständigkeit nicht zu verlieren. Was eine Kehrtwende hin zu einer Öffnung nach außen auch für den Handel schließlich bewirken konnte, war im Kern ein Paradigmenwandel. Das Land ist seit dem 6. Jahrhundert mit seiner kulturellen Vereinnahmung chinesischen Wissens, buddhistischer und konfuzianischer Prinzipien und deren Integration in die japanische Lebenswelt gut gefahren. Nun sollte auch die Integration westlichen Wissens, westlicher Technik und im begrenzten Umfang westlicher Kultur dazu führen, die Nation zu stärken, ihre Eigenständigkeit zu bewahren und so das Land mit den Mitteln westlicher Technik auch verteidigen zu können.

Aufbruch in die Moderne

Mit erstaunlicher Schnelligkeit vollzog sich diese Hinwendung zum Westen. Bereits 1877 hatte der kaum 25 Jahre alte britische Architekt Josiah Conder (1852–1920) – neben einigen anderen – mit einem Sechsjahres-Vertrag die Einladung erhalten, an der kaiserlichen Ingenieurschule in Tokyo Architektur nach westlichen Grundsätzen zu lehren. In der Zeit bis 1886 hatte er neben seinem Lehramt die Aufgabe, viele öffentliche und private Gebäude zu entwerfen. Nach kurzem Aufenthalt in London entschied er sich, auf Dauer in Japan zu bleiben, wo er auch heiratete und 1920 starb. Unter seinen Förderern befand sich die finanzstarke Iwasaki-Familie, Gründer des Mitsubishi-Konzerns, für die er viele Bauten realisierte, unter anderen seit 1878 in aufgekauften Feudalgärten. Im Tokyo-Bezirk Kita-Ku baute er ab1917 eine Villa im westlichen Stil mit einem formalen Rosengarten für den vermögenden Industriellen Furukawa. Weitere maßgebende Familien in Tokyo gehörten zu seinen Auftraggebern. Das Besondere am Furukawa-Haus im westlichen Stil ist die Verbindung mit einem klassischen japanischen Garten, wo Conder ab 1917 mit dem Gartenkünstler aus Kyoto, Ogawa Jihei VII, auch Ueji VII (1866–1933) genannt, zusammenarbeitete. Dieser *Kyū-Furukawa Teien* Garten steht heute unter der Obhut der städtischen Parkverwaltung, während das Gebäude als Otani-Kunstmuseum geführt wird. Ogawas Garten ist besonders sehenswert, weil in ihm alle ikonischen Gestaltungselemente der japanischen Gartenkunst harmonisch zusammengeführt sind. Zu Ogawas Markenzeichen gehören die Verwendung vielfältiger Pflanzenarten und die Einbindung virtuos gestalteter Wasserelemente mit Felssetzungen.

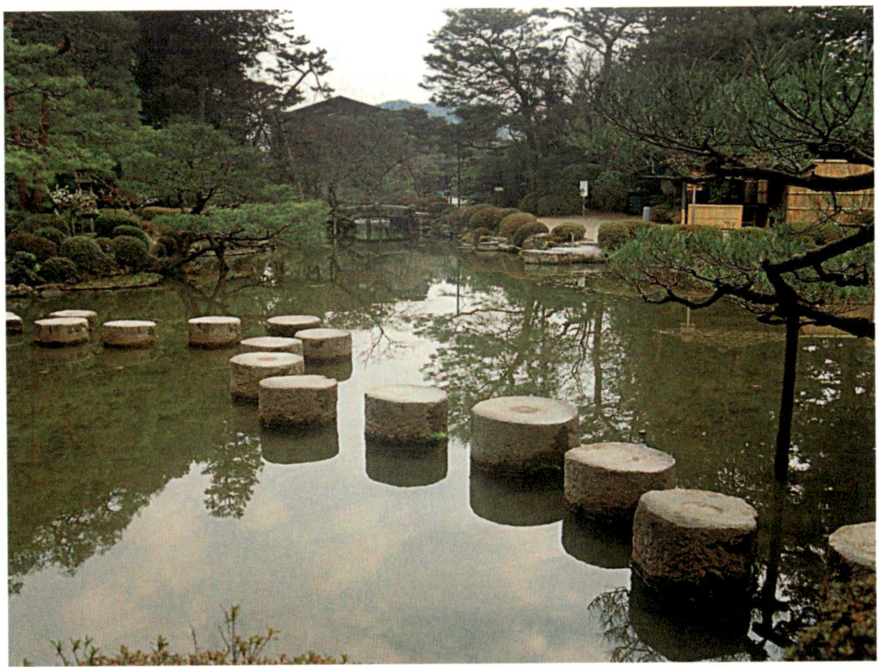

93 Die Moderne schöpft aus alter Gartentradition

Anlässlich der Gründung von Heian-Kyō, dem heutigen Kyoto, wurde 1895 ein Nachbau des Tempels mit zugehörigem Teichgarten realisiert. Die Granit-Schrittsteine im Seerosenteich im 7-5-3 Rhythmus sind ein Werk des Gartenmeisters Ogawa Jihei, auf den die Gesamtanlage dieses Heian-jingū nach zwanzigjähriger Arbeit zurückgeht.

Ogawa löste sich als moderner Gartengestalter von dem Schablonendenken der Edo-Zeit und schuf künstlerisch überhöhte Naturbilder. Weitere hervorragende Objekte seiner Gestaltungskraft sind neben anderen Villengärten in der Nähe des Nanzen-ji-Klosters in Kyoto beispielsweise *Murin-an* für den Adeligen und Politiker Yamagata Aritomo. Diese Anlage aus dem Jahr 1895 ist wenig größer als 3000 Quadratmeter, täuscht aber durch Einbeziehung der Umgebung (*shakkei*) einen viel ausgedehnteren Garten vor. Dieser ging 1940 in die Obhut der Stadt Kyoto über. Anlässlich des 1100sten Jubiläums der Gründung von Heian-Kyō, dem heutigen Kyoto, wurde auch von Ogawa und seiner Truppe in zwanzigjähriger Bauzeit der Wandelgarten zum Nachbau des Heian-jingū-Schreins fertiggestellt. Man unterscheidet in der über drei Hektar großen Anlage einen Ost-, Mittel- und Westgarten. Prägnant sind die überdeckte Brücke, der Iris-Teich und der Seerosen-Teich mit seinen zylindrischen Schrittsteinen im Wasser aus Granit, die Ogawa aus alten Brückenpfeilern einer neuen Verwendung zuführte.

Conder erforschte die japanische Kultur mit regem Interesse. Neben der Architektur und der Gartenkunst in Japan umfasste das die Malerei, das textile Design und die japanische Blumenkunst. Es resultierte in Publikationen wie *The Theory of Japanese Flower Arranging*, vier weiteren Büchern zu diesem Thema, ferner *The Paintings and Studies by Kanawabe Kyosai* und schließlich *Landscape Gardening in Japan*. Dieses erste Buch über japanische Gartenkunst aus westlicher Perspektive erschien bereits 1893 reich illustriert, und wurde 1912 mit Beschreibungen vieler Gärten, die teilweise heute nicht mehr bestehen, erweitert. Bemerkenswert ist der Umstand, dass Conder mit keinem Wort weder auf Zen und dessen Einfluss auf die Gartenkunst eingeht noch den Trockengarten von Ryoan-ji besonders erwähnt, als ob in damaliger Zeit das Verständnis dafür verloren gegangen wäre. Erst in den 1930er- und 1940er-Jahren, nicht zuletzt durch Mirei Shigemoris Interesse an japanischen Trockengärten und durch erste Besucher aus dem Westen, geriet dieser Garten ins allgemeine Fadenkreuz der Aufmerksamkeit. Conder beschränkte sich in seinem Buch weitgehend auf die konstituierenden Elemente des japanischen Gartens. Dem ebenbürtig ist *The Floral Art of Japan*, das in zweiter Auflage von ihm 1899 erschien. Es beschreibt die Geschichte der verschiedenen Stile, die unterschiedlichen Wand-, Decken- und Tischvasen, die verwendbaren Pflanzen und das Arrangieren eines Gestecks. Nach Conders Meinung sei der meditative Akt beim Verwandeln von Natur in Kunst wichtiger als das Ergebnis; die Blumenkunst Ikebana stehe daher in enger Verbindung mit der japanischen Gartenkultur, da die Wertschätzung von Natur in den vielen Facetten der japanischen Lebenswelt sich immer wieder neu auszudrücken vermöge.

Es stellt sich die Frage, mit welchen personellen und künstlerischen Mitteln seit der Mitte der Edo-Zeit nicht nur so viele Landschaftsgärten von Feudalherren, sondern auch so viele kleinere Teichgärten von Samurai und Kaufleuten entstehen konnten. Hinweise geben die in dieser Zeit erstellten Gartentraktate, die mit Holzdrucken und Beschreibungen das Vorgehen für neu anzulegende Gärten vorstellen. Es sind nicht mehr die aus der Situation geborenen spontanen, künstlerischen Kreationen, die eine geheime Botschaft aus der Natur vermitteln sollen, sondern die beliebige Zusammenstellung überlieferter Formen und Elemente. In Buchvorlagen wird suggeriert, der Gartenstil könnte sich wie bei einer Teezeremonie in einer einfachen Form *so*, in einem mittleren Ausdruck *gyō* und in einem gehobenen Stil *shin* präsentieren. Das alleine zeigt, wie schematisch an die Aufgabe eines neu zu erstellenden Gartens herangegangen wurde. Neben den gelehrten Priestern und ambitionierten Adeligen, die sich mit der Kunst der Gärten befassen konnten, waren schon früh die *Kawaramono* als Leute, die sich aus der untersten Gesellschaftsschicht empor arbeiten konnten, mit Gärten beschäftigt. In der sich abflachenden kreativen Vitalität, die in den Gärten der späten Edo-Zeit erkennbar ist, zeigt sich, dass sich wahre Kunst nicht wiederholt.

Lafcadio Hearn (1850–1904), Sohn von irisch-griechischen Eltern, stellte 1892 mit Bedauern fest, dass sich in solchen uralten Samurai-Gärten, wie er damals einen in Izumo bewohnte – deren Kunst immer mehr unter dem verdörrenden Einfluss des uniformen, banalen abendländischen Geschmacks verschwinde – eine Naturstimmung ausdrücke und zugleich Teil einer individuellen Seelenstimmung werde.[141] Dieser Schriftsteller hat mit seinen Werken Kenntnisse von Japan im Westen wesentlich geprägt. 1891 heiratete er die Tochter eines verarmten Samurai und nahm mit der japanischen Staatsbürgerschaft den Namen Koizumi Yakumo an. Auf Anregung seines Großenkels wird zu Ehren Hearns in seiner Vaterstadt Tramore in Irland seit 2012 ein japanischer Garten auf einer Fläche von 2,5 Hektar realisiert, was die Erinnerung an Hearns Leistungen über die Verbreitung der japanischen Kultur aufrechthalten soll. Interessant ist, was Hearn über die Blumensteckkunst und japanische Gärten im Allgemeinen sagt:

»Nachdem ich – nur durch Anschauung, denn die praktische Aneignung der Kunst erfordert neben einem natürlichen und instinktiven Schönheitssinn Jahre des Studiums und der Erfahrung – gelernt habe, wie die Japaner ihre Blumen ordnen, kann ich die Begriffe, die man in Europa von der Blumendekoration hat, nicht anders als vulgär finden. Diese Anschauung ist nicht das Resultat eines aufflammenden Enthusiasmus, sondern eine Überzeugung, die ich durch langjährigen Aufenthalt im Inneren des Landes gewonnen habe. So ist mir die unsagbare Lieblichkeit eines einzelnen Blütenzweiges erst aufgegangen, als ich ihn so angeordnet sah, wie ihn nur ein Japaner anordnen kann. Dies geschieht nicht durch einfaches Hineinpfropfen des Zweiges in eine Vase, sondern durch wiederholtes, vielleicht eine Stunde dauerndes liebevolles Mühen, zärtliches Probieren und Vergleichen, bis mit dem Zweig die größtmögliche Schönheitswirkung erzielt wird. Und deshalb scheint mir das, was wir Abendländer ein ›Bouquet‹ nennen, nichts anderes zu sein, als ein roher Blumenmord, eine Beleidigung des Farbensinns, eine Brutalität, ein Gräuel (Dies bezieht sich natürlich auf Blumendekorationen, die etwa um 1870 in Deutschland üblich waren). Ebenso und aus demselben Grunde erscheinen mir – seitdem ich erfahren habe, was ein altjapanischer Garten ist – unsere prunkvollen Gärten daheim nur ein Beispiel dafür, was der Reichtum an Geschmacklosigkeit und die Natur vergewaltigende Ungeheuerlichkeit zutage fördern kann. Ein japanischer Garten nun ist kein Blumengarten; er ist auch nicht zum Zweck der Pflanzenkultur angelegt. In neun von zehn Fällen ist darin nichts zu sehen, was einem Blumenbeet gleicht. In manchen Gärten sieht man kaum einen grünen Zweig, andere enthalten überhaupt nichts Grünes, sondern bestehen ausschließlich aus Felsen, Kieseln und Sand – aber solche gehören zu den Aus-

141 Hearn. In a Japanese Garden. S.14–33.

nahmen. In der Regel ist der japanische Garten ein Landschaftsgarten, der jedoch jede beliebige Größe besitzen kann, von wenigen Quadratmetern bis hin zu mehreren Hektaren. Ein Faktor von höchster Wichtigkeit ist, sich daran zu erinnern, dass, um die Schönheit eines japanischen Garten überhaupt erfassen zu können, es notwendig ist, die Schönheit von Steinen, wie sie die Natur geformt hat, zu verstehen oder zu lernen. Um dies zu verstehen, muss man ein Gefühl dafür entwickeln, dass Steine einen Charakter, ein Gesicht, Töne und Werte haben, erst dann kann sich einem der künstlerische Sinn eines solchen Gartens erschließen.«[142]

Der moderne Garten

Ab Mitte bis gegen Ende der Edo-Zeit beginnt sich eine gewerbsmäßige professionelle Gruppe von Gartenmeistern, die *Niwashi*, zu etablieren, deren Tradition oft innerhalb der Familie weitergegeben wird. Die berühmteste ist wohl die Ogawa-Familie aus Kyoto, deren Firmenname Ueji auf das Jahr 1751 zurückgeht und mit Ueji XIII oder Ueji XIV bis heute aktiv ist. Mirei Shigemori (1896–1975) hat mit einem anderen Familienunternehmen namens Kawasaki in Kyoto ab 1939 oft zusammengearbeitet, nachdem er 1929 von seiner Heimatstadt Kayo in der Präfektur Okayama nach Kyoto übersiedelt war.

Die Bedeutung von Shigemori für die Übermittlung japanischer Künste in die Moderne ist nicht hoch genug einzuschätzen. Zwar ist er für Emmanuel Marés sowie für den Akademiker und Historiker Osamu Mori (1905–1975) eher ein Autodidakt und Visionär. Beide haben sich jedoch für die Aufarbeitung und Erforschung historischer japanischer Gärten sehr verdient gemacht. Wie eng für Shigemori die Blumensteckkunst mit seinem Verständnis der Gartenkultur zusammenhängt, zeigen seine ersten Publikationen mit dem neunbändigen Werk über Ikebana *The Art of Floral Arrangement* aus dem Jahr 1930. Auszüge davon hat Tschumi aus dem Japanischen übersetzt. Er beschreibt in seiner Dissertation über Shigemori, wie dieser Ikebana mit der Gestaltung von Gärten gleichsetzt, wenn es darum geht, Natur in eine Kunstform zu transformieren. Nachdem sie in ihre Einzelteile zerlegt ist, wird sie im Gestaltungsprozess durch die Darstellung neuer ›Linien und Farben‹ zu neuem Leben erweckt. Natur ist nun in Kunst umgesetzt.[143] Interessant ist, dass Mori und Shigemori in separaten Monografien über Kobori Enshū (Kobori Masakazu) dessen Wirken am Beispiel der kaiserlichen Villa Katsura unterschiedlich

142 Ebd.

143 Tschumi, Christian: Mirei Shigemori – Rebel in the Garden. Birkhäuser, Basel, Boston, Berlin 2007. S. 181.

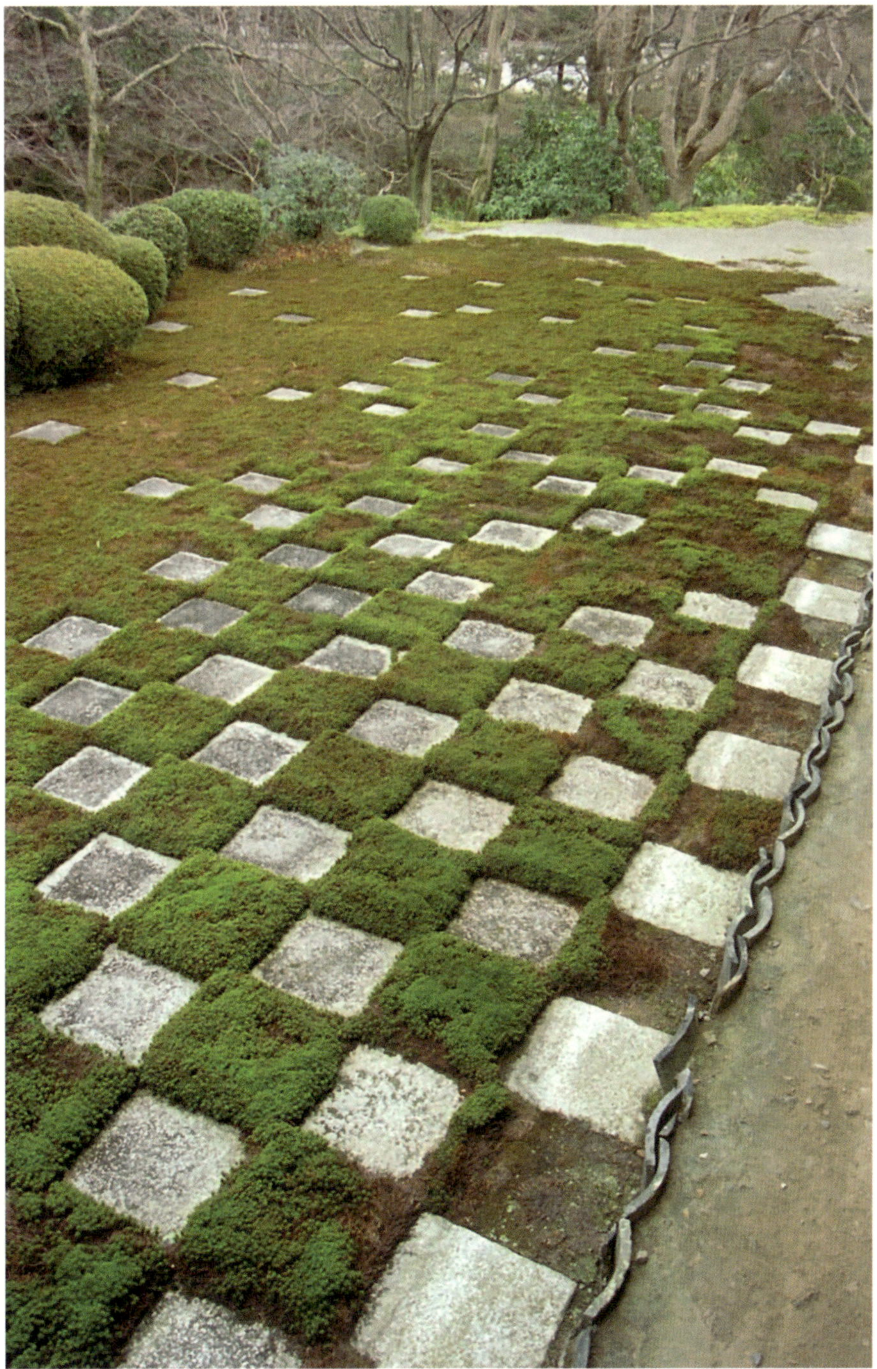

94 Alte Motive neu interpretiert

Mirei Shigemori, der sich mit der Kunst des Ikebana immer sehr verbunden gefühlt hat, machte sich in fast vierzigjähriger Arbeit als Gartenhistoriker verdient. Als Gartengestalter, darunter mit vielen Garten-Restaurationen, hat er hohes Ansehen erzielt. In der alten Tempel-Anlage Tōfuku-ji mit ihren zahlreichen Nebengärten sind heute seine fulminantesten Neuschöpfungen, die auf die Jahre um 1938 zurückgehen, zu bestaunen. Das in einem Moosteppich auslaufende Schachbrettmuster aus quadratischen Natursteinplatten ist eine motivische Entlehnung aus dem Katsura-Palast.

einschätzten. Gerade die Shoin-Architektur von Katsura muss Shigemori inspiriert haben, modernistische Elemente in seiner ersten Tempelgarten-Restaurierung im Tōfuku-ji einzuführen. Schachbrettartige Wanddekorationen in Katsura von 1653 setzte Shigemori 1939 im Tōfuku-ji Tempel als modernes Garten-Design um. Niedrige, 20 cm hohe Azaleen-Vierecke von etwa einem Quadratmeter stehen in dem Trockengarten in gefälligen Abständen zueinander. Ein anderer Gartenteil zeigt ein Schachbrettmuster aus rezyklierten Viereckplatten von dem ehemaligen Zugang des Abtsitzes Hōjō, das in einem Moosteppich asymmetrisch ausläuft. Im Allgemeinen ist Shigemoris Vorstellung einer modernen Darstellung japanischer Gartenkunst missverständlich, wenn er sich auf bei der Suche nach einer neuen Art des Ausdrucks im Garten auf Wassily Kandinskys Diktum seiner Analysen zu Kompositionsgrundlagen in dessen Schrift *Punkt und Linie zu Fläche* von 1926 bezieht. Befremdlich, ja manieristisch wirken repetitive Überspitzungen in seinen Trockengärten, in denen beispielsweise amorphe Betonlinien Wolkenkonturen nachzeichnen oder Felsen, als Punkte im rötlich oder grau gefärbten Sandmeer gesetzt, die 7-5-3 Struktur zum Ausdruck bringen sollen. Viele seiner neuen Gärten sind dem Typus des Trockengartens Karesansui vorbehalten, den er wegen seiner zeitlosen Modernität und Abstraktion schätzt. Von ihm gestaltete Vegetationsbilder sind daher kaum bekannt. Nur wenig teilt sich die Natur in Shigemoris Trockengärten in einer künstlerischen Umsetzung mit. Shigemoris Bestreben, mit alten Strukturen und Stilen zu brechen und etwas künstlerisch Neues zu schaffen, traf sich mit jenem von Sōfū Teshigahara (1900–1979), einem Künstler, Maler, Bildhauer, der 1927 eine eigene, avantgardistische Ikebana-Schule des Sōgetsu-Stils in Tokyo eröffnete. Zusammen mit Bunpo Nagayama erarbeiteten die drei die ›Neue Ikebana Deklaration‹ von 1933. Die sogleich mit viel Publizität erfolgreiche Sōgetsu-Schule sollte einen neuen, nicht von überlieferten Dogmen belasteten Weg der Ikebana-Gestaltung mit pflanzlichen und anderen Materialien in einem zeitgemäßen Gleichgewicht zwischen traditioneller Strenge und innovativ-kreativer Freiheit des künstlerischen Ausdrucks vermitteln. Für Teshigahara waren fertige Gestecke mehr als lebende Skulpturen. Sie sollten das Wesenhafte von Natur in einem Zusammenspiel von Masse, Linie und Leere ausdrücken und das Herz des Gestaltenden sprechen lassen.

Eine andere künstlerische Sprache verwendete der Bildhauer und Designer Isamu Noguchi (1904–1988) in seinem skulpturalen Design von Gartenlandschaften. Dieser amerikanisch-japanische Künstler, der seine frühe Jugend in Japan bei seinem Vater verbracht hatte, war sowohl mit Shigemori wie mit Teshigahara befreundet. Diesen traf Noguchi wohl, als er 1931 in Tokyo seine keramischen Skulpturen ausstellte. 1977 gestaltete Noguchi in Zusammenarbeit mit dem Architekten Kenzō Tange (1913–2005) im neuen Hauptquartier der

Sōgetsu-Schule eine über zwei Stockwerke reichende Innenlandschaft aus rotem Granit und Wasser.

Shigemori hatte Noguchi bei den Vorbereitungen für den UNESCO-Landschaftsgarten im japanischen Stil in Paris beraten. Mit ihm zusammen hatte er geeignete Felsen in verschiedenen Orten Japans ausgesucht und mit Noguchi die Felssetzungen besprochen. Nach Paris wollte er selbst nicht reisen, aber er empfahl als anderen Spezialisten Sano Tōemon, der aus einer generationenlangen Linie von Gartenmeistern stammt. »Man muss nur einmal durch den Jardin Japonais (1956–1958) des UNESCO-Gebäudes in Paris schlendern, Noguchis ersten Garten, um zu spüren, dass man hier die Synthese seines Lebenswerkes erlebt. Endlich hatte er Gelegenheit bekommen, eine große Fläche mitten in der Stadt mit Wasser, Felsen, Steinen, Kupfer, Holz, Bäumen, Gras und sogar Fischen zu gestalten. Indem er Elemente des traditionellen japanischen Gartens auf unerwartet moderne Weise einsetzte, schuf Noguchi die Synthese zwischen fernöstlichem und westlichem Schönheitsempfinden und integrierte Plastik und Design in den Alltag. Steinskulpturen bilden Sitzgelegenheiten in einer Landschaft mit wechselnden Ebenen und Konturen, die sich als abstraktes Bild lesen lässt und zugleich als öffentliche Anlage, die von Menschen genutzt und belebt wird.«[144] Der Garten ist mit drei Teilen in mehreren Achsen angelegt und verbindet verschiedene Gebäudetrakte. Alles Baumaterial einschließlich der Pflanzen und der 80 mit Shigemori ausgesuchten Fels-Individuen sind ein Geschenk der Regierung von Japan. Dieser Garten ist ein gutes Beispiel einer künstlerischen Umsetzung und Nutzbarkeit der japanischen Gartenidee für den westlichen Geschmack, ohne dabei abgerückt und exotisch zu wirken. Während Noguchis Aufenthalt von 1931 in Japan besuchte er die abstrakten Zen-Gärten in Kyoto, was in ihm die Überzeugung reifen ließ, dass die Erde, auf der wir uns bewegen, selbst als Medium der Plastik gesehen werden müsste. Daraus entstand, wie er es nannte, »die Skulptur der Räume«. Damit sollte das plastische Schaffen und Gestalten sich auf alltägliche Wohn-, Arbeits- und Lebensräume ausdehnen. 1968 schrieb er: »[…] Formen, deren Dimensionen auf den Raum zugeschnitten sind, erzeugen eigentlich einen viel größeren Raum. Es besteht kein Unterschied zwischen tatsächlich vorhandenen Kubikmetern und dem zusätzlichen Volumen, das die Phantasie hinzutut. Das eine ist Maß, das andere ist die Wahrnehmung der Leere […].«[145] Umgesetzt hat Noguchi diese Gedanken bereits mit der Wasserfall-Skulptur im Innenhof für Delegierte, in der UNESCO-Zentrale, Paris 1956–1958. Nachdem er sich 1960 wieder neue Inspirationen im Trockengarten von Ryōan-ji

144 Schaffener, Ingrid, Ghelerter, Donna: Isamu Noguchi, Ausstellungskatalog Vitra Design Museum Weil a.Rh., o. J. S. 103.

145 Il Kim: Isamu Noguchi, Ausstellungskatalog Vitra Design Museum Weil a. Rh., o. J. S. 163

geholt hatte, entstand ein anderes Beispiel in New York: Im ›Sunken Garden‹ bei der Chase Manhattan Bank Plaza 1961–1964 erscheint in einer über zwei Stockwerke zu betrachtenden Kreisfläche eine exzentrisch platzierte Fontänen-Gruppe, welche das Wasser liefert, auf der 7 rohe Basaltblöcke asymmetrisch verteilt sind, als ob sie auf dem Wasser schwimmen würden. Noguchi war in der japanischen und in der westlichen Welt zuhause. Es war ihm daher ein Anliegen, mit seinen Arbeiten als Mittler zwischen diesen beiden Welten gesehen zu werden. 1985 entwarf und gründete er das Noguchi-Museum in New York mit einem Innengarten, in dem er mit seinen künstlerischen Hinterlassenschaften seine ost-westlichen Visionen einfließen lassen konnte. Seit 2013 ernennt ein Gremium des Museums jährlich zwei Künstler oder Architekten, welche Noguchis Geist teilen und durch Innovation, Umweltbewusstsein den ost-westlichen Dialog mit ihrem künstlerischen Schaffen befruchten.

Den Garten als plastischen Raum zu gestalten, ist auch das Bestreben des 1923 geborenen japanischen Bildhauers Masayuki Nagare. Sein Innenhofgarten in Köln von 1978 für das Museum für Ostasiatische Kunst mag in dieser Hinsicht nicht unbedingt überzeugen. Dieser Garten ist gleichzeitig ein Beispiel dafür, wie leicht die Ausstrahlung eines vermeintlich japanischen Gartens verloren gehen kann, wenn dieser sich nur auf typische Versatzstücke wie platzierte Felsen und beschnittene Büsche (Karikomi) in einem Trockengarten (Karesansui) mit einigen Rundkieseln und drei kleinwüchsigen Gehölzen begrenzt. Der Suche nach einer modernen künstlerischen Interpretation des japanischen Gartens verschrieb sich schon Shigemori mit seinen Beton-Kurvaturen im Trockengarten. Einen Schritt weiter geht die Architektin Hasegawa Itsuko 1989 mit der Innengestaltung des Shōnandai-Kulturzentrums in Fujisawa. Hier schlängelt sich ein schmales Wasserband durch eine steril-künstliche, von rechten Winkeln geprägte Umgebung mit Baumstrukturen aus hellem Metall. Mit solchen Beispielen verschwindet schnell die Unterscheidung von östlichem und westlichem Design, wenn Natur auf abstrakte und durchaus künstlerische Weise mit naturfremden Materialien interpretiert wird. Selbst der Architekt Kenzō Tange sagte schon 1960, dass er den bearbeiteten Stein dem natürlichen im Garten aufgestellten vorziehe, da nach seiner Meinung erst so der künstlerische Wille des Gestalters zum Ausdruck komme. Wo liegt die Grenze einer Naturinterpretation, wenn das Auge nicht mehr zwischen einem natürlichen, aus Felsen gebauten, Wasserfall und einem solchen mit Felsen aus synthetischen Baustoffen unterscheiden kann? Das Geheimnis des klassischen japanischen Gartens ist möglicherweise dem Umstand zuzuschreiben, dass der von der Zen-Kultur geprägte Künstler nicht sich selbst in seiner Gestaltung zum Ausdruck bringen möchte, sondern den tiefer liegenden Wahrheitsgehalt von Natur darstellen möchte. Wie verhält es sich dann mit

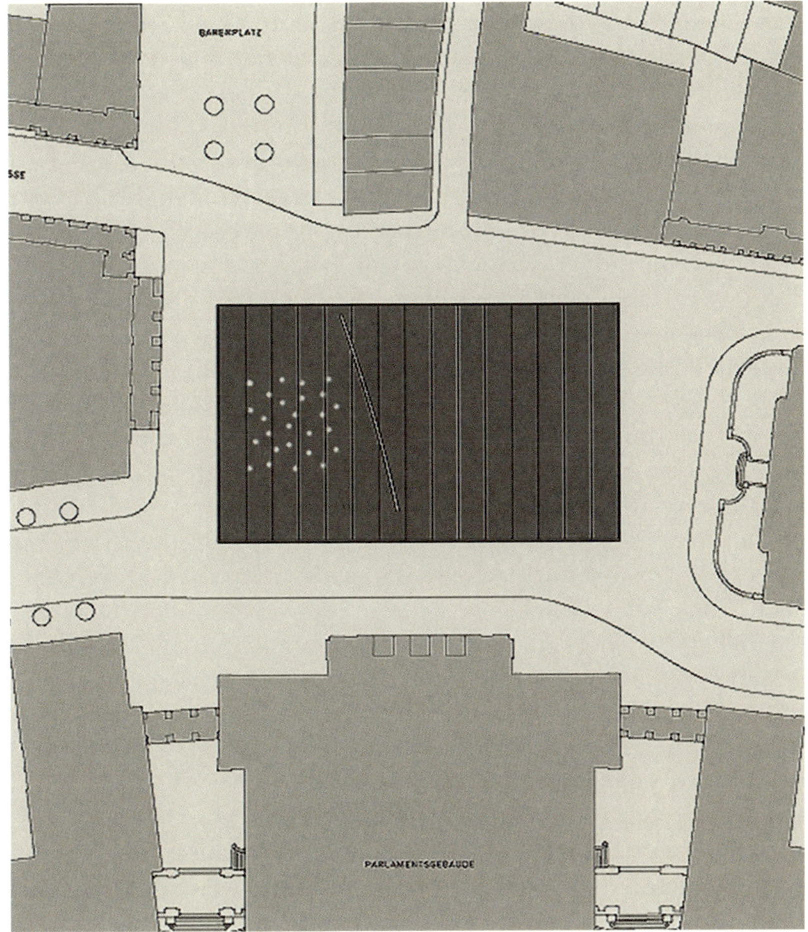

95 Wie man im Westen mit Leere umgeht

Das Team um die Planer R. Stutz, Ch. Stauffenegger, Visuelle Gestalter HFG, Basel und St. Mundwiler dipl. Architekt SIA, AIA (CH-USA), wurden 2006 von dem amerikanischen Architektenverband für die Neugestaltung des Platzes mit dem innovativen Konzept der Leere vor dem Bundeshaus in Bern mit dem Ehrenpreis für Stadtplanung geehrt. Nach elfjähriger Vorbereitungszeit und einjähriger Bauzeit konnte der historisch geprägte Platz am Nationalfeiertag der Schweiz 2004 der Öffentlichkeit übergeben werden.
(Quelle Grafik: Planer Team Stutz Stauffenegger)

vermeintlichen Felssetzungen im urbanen Umfeld des Schweizer Aktionskünstlers Peter Regli (*1959), wenn er beispielsweise in einer seiner Aktionen des ›Reality Hacking‹ drei ausgesuchte Felsen aus den Schweizer Bergen anonym in irgendeinem Feld platziert? Diese mit der japanischen Kunst des Trockengartens assoziierte Steingruppe sind Reglis Blickfallen, in die der unwissende Betrachter tappt, wenn er herausfindet, dass die täuschend echt aussehenden Steine nur Felsabgüsse und das Ergebnis eines aufwendigen Bronzeguss-Verfahrens sind, aber dort stehen, wo sie eigentlich nicht hingehören.

Dass moderne europäische Designkultur in der Freiraumplanung mit dem Konzept der Leere umzugehen versteht, ohne dabei vermeintlich japanische Gartenkunst zu bemühen, sieht man am offen ausgeschriebenen Wettbewerb über die Gestaltung des städtischen Platzes vor dem Schweizer Parlamentsgebäude, dem Bundeshaus in Bern. Das unter 200 anderen eingereichten Entwürfen siegreiche Projekt musste erfahren, dass es weit schwieriger ist, mit weniger einen Platz zu gestalten als mit einer Vielzahl von möglichen Platzbereicherungen. Der 2004 eröffnete historische Platz, der bis dahin als Großparkplatz missbraucht worden war, definiert sich nun als nutzungsoffener Platz ohne jegliche Begrünung, dessen Seitenverhältnisse sich nahezu nach Maßgabe des Goldenen Schnitts verhalten. Das exakt auf die Fassadenbreite des Bundeshauses ausgerichtete Geviert ist durch ein Lichtband im Boden dezent geteilt, nimmt leicht gebogen Bezug auf den Haupteingang des Parlamentsgebäudes und deutet die Verbindung zum nächsten städtischen Platz an. Der Mittelpunkt des Bandes steht genau in Phi-Proportion zur Seitenlänge des Platzes, wodurch der Bereich für das Wasserspiel von 26 Fontänen abgesondert ist. Die von unten beleuchteten Fontänen repräsentieren die 26 Schweizer Kantone und Halbkantone; sie sind das einzige dreidimensionale Element in dieser gestalteten Leere. Subtil erinnert der hellgrau-grüne Natursteinbelag von gemaserten Platten aus Valser Gneis im Format von 100 x 60 x 6 cm paarweise spiegelsymmetrisch verlegt, daran, dass hier die Leere nur durch Wasser, Licht und Fels gestaltet ist.

Es scheint heute so, dass sich Mensch und Natur voneinander entfernen. In dieser Entfremdung tritt eine künstlerische Designkultur auf, die östliches und westliches Denken aneinander angleicht. Es ist vielleicht richtiger, von einer Koexistenz zwischen Mensch und Natur zu sprechen, was dieser Entfremdung entgegenwirken kann. Die Internationale Gartenschau in Osaka von 1990 hatte sich gerade diese Koexistenz auf ihre Fahnen geschrieben.

11. Kapitel

Partnerschaft zwischen Mensch und Natur

Das Geheimnis des japanischen Gartens liegt in einem Spruch des Dichters Bashō aus dem 17. Jahrhundert begründet, dass man »die Kiefer erst kennen lernen kann, wenn man zu ihr auch hingeht«. Dies ist eine Einstellung zur Natur und zu ihrer Neuinterpretation im Garten, die bereits mit dem oben zitierten Gartentraktat aus dem 11. Jahrhundert zur Sprache gekommen war. Wir müssen die Fähigkeit und Sensibilität erwerben, zu sehen, zu hören, zu spüren, was eine Örtlichkeit in ihrer Besonderheit ausmacht, bevor wir sie nach unseren Bedürfnissen verändern. Die Geisteshaltung, Dinge zu uns sprechen zu lassen, mit einem ›hörenden Herzen‹, diese Dinge erkennen zu können und nicht unbeachtet zu lassen, entspricht die Herangehensweise, nach der in Japan frühe Gärten geschaffen worden sind. Diese Grundeinstellung zur Natur wird noch heute in Japan bei jeder Aufgabe eines Ikebana-Gestecks geübt, um sich mit den Zweigen, den Blumen so lange auseinander zu setzen, bis man durch das Ermitteln der richtigen Form, der richtigen Neigung, der Darstellung von Leere, dem Anspruch nach künstlerisch geformter Natürlichkeit am nächsten kommt. Dies trifft für alle heute international bekannten Ikebana-Schulen zu, sei das Ikenobō, Ohara, Sōgetsu, Mishō, oder neben anderen Saga Goryū, dessen Gründung auf den Kaiser Saga (786–842) zurück geht. Dieser regierte von 809–823 und gründete zusammen mit dem Mönch Kūkai (Kōbō Daishi) 814 den Shingon und späteren Daikaku-ji Tempel. Hier hat er sich ab 823 der Blumensteckkunst gewidmet und so die Saga Goryū Schule begründet. Alle diese Ikebana-Schulen belegen, wie nahe sich Gartenkunst und Ikebana auf der Suche nach der Essenz von Natur sind.

Was wir heute als die gestalterische Quintessenz sehen können, wie in Japan Natur im Garten transformiert wird, so sind dies im Wesentlichen eine dem Ort gerecht werdende Materialauswahl und die Leere in der Fläche zum Sprechen zu bringen in Verbindung mit starker Formgebung, die Spannung erzeugt. Die klassischen japanischen Gärten lehren uns, Gegensätzlichkeit (Yin und Yang) zu harmonisieren und

Masse gegen Leere, Linie gegen Fläche auszugleichen, ohne dabei im Naturgefüge störend zu intervenieren. Wie kann Wasser entsprechend seiner vielen Eigenschaften, Wirkungen und Erscheinungen formgerecht in ein Gestaltungskonzept integriert und wie kann Spannung durch Asymmetrie erhöht werden, sodass der Geist des Ortes zu uns sprechen kann? Bei manchen solcher Gestaltungsfragen könnte das hier erstmals vorgestellte Konzept des Shichigosan der 7-5-3 Strukturen, hilfreich sein.

Die von der Geisteshaltung des Zen beeinflusste Gartenkunst lehrt uns vor allem die Kunst des Weglassens. Paul Klee drückt dies unter dem Stichwort Reduktion so aus: »Man will immer mehr sagen als die Natur und macht den unmöglichen Fehler, es mit mehr Mitteln sagen zu wollen als sie, anstatt mit weniger Mitteln.«[146] Der Architekt Mies van der Rohe, ein Vertreter des Architektur-Minimalismus und der Reform-Architektur, prägte eine solche gestalterische Haltung mit den Worten ›Weniger ist mehr‹. Im Gestaltungsprinzip eines japanischen Gartens lässt sich in der Regel eine Reduktion auf das Wesentliche erkennen. Stets zeichnen sich solche seit dem 20. Jahrhundert entstandenen, kleineren städtischen Gartenräume in Japan durch solche Formbestimmtheit und konzentrierte Einfachheit ihrer wenigen Elemente aus, die in einem gut proportionierten Verhältnis zum freien Flächenanteil stehen. In einem geglückten Garten ruft nichts nach Ergänzung, nichts ist überflüssig, alles steht genau am richtigen Ort. Immer schon finden Stein, Wasser und Pflanze harmonisch zueinander. Die japanische Gartenkultur zeigt uns auch, dass das sich frei entwickelnde Pflanzenkleid im Garten diesem Gestaltungsanspruch nicht genügt. Beim Pflanzenschnitt wird der Kontrast gesucht zwischen Fläche und Vertikale, zwischen dem weichen Formschnitt von Büschen (Karikomi) oder Bäumen (Niwaki) und dem Hintergrund eines mehr oder weniger sich frei entwickelnden Blätterdaches. Die geradlinige Hecke in strengem Schnitt ist im japanischen Garten als Gestaltungsmittel eher fremd und dient nur für Abgrenzungen oder als Rahmung eines ferneren Naturbildes. Hingegen trifft man in japanischen Städten Gehölze an, die als Straßen-Begleitgrün eher in weichem, meist rundlichem Formschnitt als in locker freiem Wuchs gestaltet sind. Diese in Form gebrachte Natur ordnet sich den naturfernen baulichen Strukturen gefälliger unter als ein natürlicher Wuchs. Das Grün ist damit Teil der Stadtlandschaft und will nicht Natur vorgeben. Bemerkenswert ist indes, dass in der westlichen Gartenkunst seit vielen Jahren Formgehölze immer beliebter werden, nachdem sie im barocken Garten schon einmal bestimmend waren. Häufig anzutreffen-

146 Zitiert bei Paul Klee unter Tagebücher, Stichwort ›Reduktion‹. Parkstone Press International/ Kroemer 2013. E-Book ohne Seitenangaben. Redaktion in Deutsch von Carl, Klaus H.

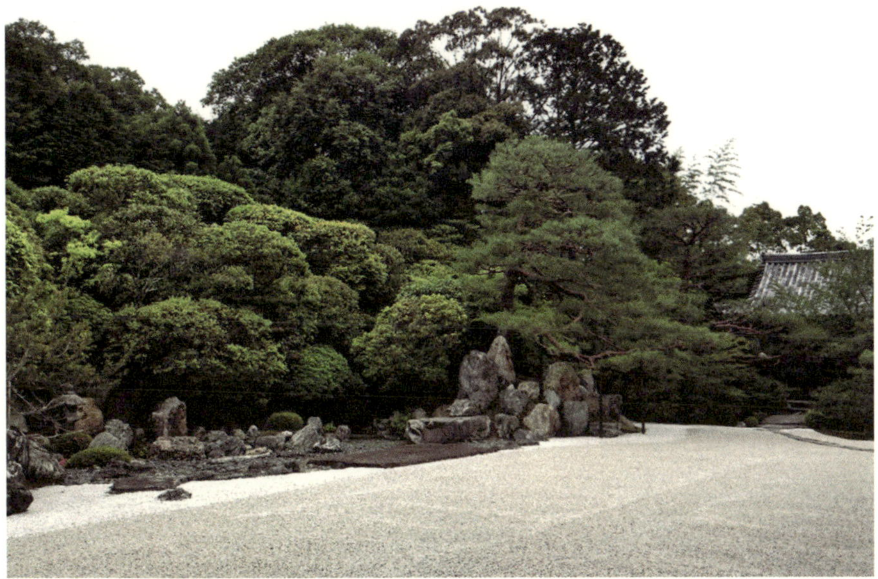

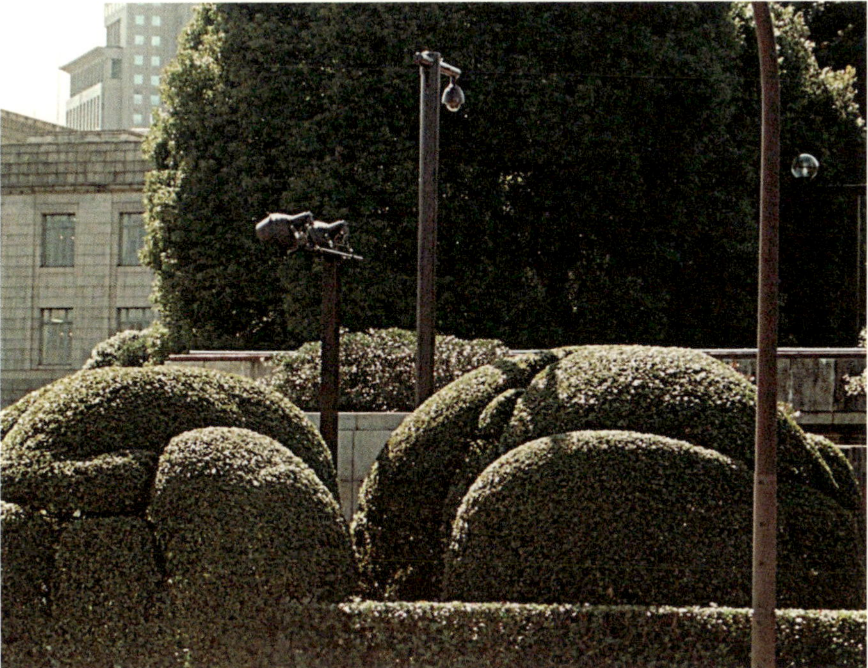

96/97 Leere und Form

So wie das Konzept der Leere, hier im Konchi-in Tempel mit der Kranich-Steingruppe, die wohl größte Errungenschaft der japanischen Gartenkunst ist, übt der gestalterische Zugriff auf Buschwerk durch gezieltes Beschneiden einen ähnlich bleibenden Einfluss auf die europäische Gartenkultur aus. Wie geschickt sich dieses beschnittene Buschwerk (O-Karikomi) im Konchi-in allmählich mit dem Gehölz im Hintergrund verbindet, so passt sich der Formschnitt, wie diese Aufnahme urbaner Strukturen von Tokyo zeigt, harmonisch seiner technisch-baulichen Umgebung an, ohne Natur vorgeben zu wollen. Man kann das in japanischen Städten vielfach beobachten.

de, aus der japanischen Gartenkultur entlehnte Designelemente sind heute nicht nur Gestaltungen mit Schrittplatten in Gärten, sondern beispielsweise auch Schotter- und Sandflächen als Beetbedeckung in Anlehnung an das *Karesansui* mit Felssetzungen und Inselpflanzungen.

Die Gartenkultur Japans fußt in ihrer über zwölfhundertjährigen Geschichte auf den Wurzeln der um viele hundert Jahre älteren Gartentradition Chinas. Sie hat sich gegenüber dem chinesischen Vorbild jedoch weiterentwickelt und erreicht nach der Stagnation in der zweiten Hälfte der Edo-Zeit heute wieder neue Vitalität. In Japan ist der Garten nun nicht mehr einem religiösen Konzept verpflichtet. Es sind vor allem die vielgliedrigen kleinen Stadtgärten, die in einer Pflanzen stärker einbeziehenden Art der Gestaltung den Nimbus des klassischen Gartens hochhalten.

Immer wieder stellt man die in China und Japan entstandenen naturnahen Gärten den europäischen Landschaftsgärten gegenüber. Dabei zeigen sich gewisse Parallelen. Der chinesische Garten lebte von Anfang an in der Vorstellung, den Kosmos durch bestimmte Naturformen ausdrücken zu können. Anders in Europa, wo die Evolution der Gartenkultur lange Zeit dem linearen Ordnungsprinzip verhaftet blieb, bis im frühen 18. Jahrhundert ein Paradigmenwechsel mit dem Aufkommen des englischen Landschaftsgartens eintrat. Ähnlich wie – etwa tausend Jahre früher – sich zuerst in den Vorstellungen von chinesischen Dichtern und Malern eine informale Gartenidee auszudrücken begann, waren es auch Dichter und Maler, welche diese Hinwendung zu einem neuen gestalterischen Ansatz für den englischen Landschaftsgarten auslösten. Die idealistische Landschaftsmalerei im Rom des 17. Jahrhunderts um Maler wie Nicolas Poussin oder Claude Lorrain befruchtete mit ihren arkadischen Landschaftsszenen auf direkte Weise die mythische Fiktion eines paradiesischen Arkadiens im Garten. Die Bankiers Hoare machten sich gegen Mitte des 18. Jahrhunderts William Kents Diktum zu eigen, mit einem Landschaftsgarten dreidimensionale begehbare Bilder zu erschaffen. Ihr Landschaftsgarten Stourhead in Wiltshire gehört zu den schönsten seiner Art. In ihm scheint Claude Lorrains Idealbild der Natur mit seinen Architekturzitaten zur Bildrealität einer ästhetisch gestalteten Landschaft verwandelt worden zu sein. Auch wenn die Zeugnisse früher japanischer Gärten sich in einer gewissen Formelhaftigkeit an den chinesischen Garten anlehnen, strahlen sie einen neuen Geist von Natur aus, der selbst in den abstrakten Trockengärten erkennbar ist. In dieser seit dem 14. Jahrhundert vom Zen geprägten Entwicklung verschmelzen Idee und Ideal von Natur zu einer neuen, ästhetisch geprägten Naturinterpretation. Die reale Natur als Vorbild und Inspiration wandelt sich über eine fiktionale Naturidee in eine idealisierte Naturlandschaft, die den Garten über die Natur erhebt und ihn zur Kunst macht. Gleichzeitig sind die verschiedenen Gartenbilder, die in Japan zwischen dem 15. und 18. Jahrhundert entstanden sind, Ausdruck einer typischen Naturzugewandtheit und Naturzelebrierung. Diese Gartenbilder sollten zwar den jahreszeitlich bedingten Wandel der Vegetation verdeutlichen, sind aber durch Gesetze der Bildkomposition nur als Ganzes erfassbar; somit dauerhafter angelegt als die meisten sehr pflanzlich betonten Bilder der europäischen Landschaftsgärten. »Es ist vor allem das Heilige dieser Landschaft, ihre mythologische Qualität, was sie über die Natur erhebt.«[147] Diese metaphorische Interpretation einer »heiligen Landschaft der Götter« weist in besonderem Maße darauf hin, dass die Suche nach der Quintessenz von Natur den gestalterischen Wandel der Gärten Japans immer wieder neu befruchtet hat. Nicht von ungefähr besitzt das Arrangieren von Blumen und Zweigen im Gesteck eines Ikebanas einen so hohen Stellenwert in Japan, da gerade hier die Suche nach dem Wesen von Natur immer wieder neu erprobt werden kann und dies die Nähe zur Gartenkunst offensichtlich macht. Die Bildhaftigkeit der Gärten ist zwar auch dreidimensional wie in einem Ikebana-Gesteck. Dem Besucher des Landschaftsparks von Stourhead beispielsweise erschließt sich diese Dreidimensionalität, indem er selbst mitten im Bild ist. In Japan betrachtet man das Gartenbild als Außenstehender eher kontemplativ, um sich innerlich mit Natur zu verbinden und versteht sich als ein Teil davon. Aus dieser engen Partnerschaft mit Natur, die von den frühen Gartengestaltern bis in die heutige japanische Lebenswelt mit dem Eingebundensein in den natürlichen Jahreszyklen der Natur herauszulesen ist, zeichnen sich auch gewisse ökologische Ansätze ab.

Es ist der fehlende Sinn für den offenen Raum, der den chinesischen Garten vom japanischen unterscheidet. Auch wenn Wasserflächen in China den Garten bestimmen, deuten sie nur eine gewisse Räumlichkeit an. Gerade dieser gestalterische Ansatz im japanischen Garten, der durch Weglassen oder Leere den freien Platz betont und damit die Bildbestandteile zusammenbindet, verleiht diesem seine besondere Note und Tiefe. Die japanische Sprache hat dafür die Bezeichnung *yohaku no bi* geprägt, was sinngemäß übersetzt »die Schönheit des leer gelassenen Raumes« bedeutet. Das ästhetische Konzept der Leere in Verbindung mit prägnanten Strukturen deutet an, welchen Wandel die taoistische Vorstellung vom kosmogonischen Begriff des Wu-Chi, das den Beginn allen Werdens und Entstehens im alten China beschrieb, vollzogen hat. Inzwischen ist dies ein integraler Teil westlicher Design- und Gartenkultur. In der Anerkennung jener Partnerschaft mit Natur, die man aus dem tradierten japanischen Naturverständnis herauslesen kann, entwickelt sich schließlich ein Dialog zwischen östlicher

147 Nakagawara, Camelia: The Japanese Garden for the Mind – The Bliss of Paradise Transcended. In: Stanford Journal of East Asian Affairs Vol. 4, No. 2004. Nanzan Institute for Religion and Culture 2006. S. 89.

und westlicher Designkultur, der sich besonders Isamu Noguchi verpflichtet fühlte. So erstaunt es nicht, dass das Noguchi-Museum in New York im Jahr 2016 die amerikanische Bildhauerin und Designerin Elyn Zimmerman (*1945) und den japanischen Architekten Tadao Andō (*1941) für ihre Arbeiten auszeichnete, die im Sinne eines ost-westlichen Dialogs den Bereichen Licht und Raum, Stein und Wasser sowie der Partnerschaft mit der Natur Ausdruck verleihen. Für Tadao, der Gewinner des Pritzker-Architekturpreises von 1995, ist seine künstlerisch verfeinerte Verwendung von Sichtbeton lediglich eine Darstellung von verwandeltem Fels (wie er sich ausdrückt) und die vielen Glasflächen in seinen Bauten verändertes Mineral. Zusammen mit dem häufig eingesetzten Mittel des Wassers an seinen Bauten – ob ruhend, spiegelnd, durch Pflanzen belebt, fließend oder von der Höhe fallend – muss man an das Berg-Wasser-Synonym für Landschaft San Sui denken, das er als erweiterte Metapher für Natur einzusetzen scheint. Nie bricht er in gewachsene Natur mit seinen Bauten ein, er versteckt sie dort eher und ordnet sie dem Primat der Natur unter, wie er sich auch als Architekt eher hinter als vor den Leistungen seiner Mitarbeiter sieht. In den meisten seiner Bauten, deren Standort er der Natur entlehnt, erkennt man ein Verzahnen mit Außenräumen auf horizontaler oder sogar auf vertikaler Ebene, wenn sich der Betrachter durch ein ›Himmelsfenster‹ in einer Gebäudedecke mit dem Universum verbinden kann. Es ist die spezielle Sicht auf Natur, diese Koexistenz mit Natur, die Tadao Andō als Partner der Natur auszeichnet. Mit seinen Arbeiten vermittelt er so Werte im Westen, die im östlichen Zen begründet sind. Die Hintergründe fernöstlicher Gartenkultur mögen daher immer wieder befruchtend sein, wenn es darum geht zu verstehen, was uns Natur heute bedeutet.

Anmerkungen zu fremdsprachigen Zitaten und Bezugnahmen auf Quellen: Die Übersetzungen aus dem Englischen stammen vom Autor.
Für chinesische Ausdrücke und Namen war es eine schwierige Entscheidung, welche Lautumschrift bei unterschiedlichem Quellenbezug zu verwenden wäre. Vielfach wurden Namen daher sowohl in der Umschrift im Wade-Giles-System oder in Hanyu Pinyin ausgedrückt. Nur bei bekannteren Namen wird die im deutschsprachigen Raum übliche latinisierte Lautumschrift verwendet. In Ergänzung dazu beschränkt sich die Umschrift für spezielle japanische Namen und Ausdrücke auf die Verwendung diakritischer Zeichen des Makron. Nur bei im Westen geläufigen Namen entfallen diese Zeichen, wie bei Shogun statt Shōgun, Kyoto (Kioto) statt Kyōto. Die im asiatischen Raum übliche Darstellung älterer Namen mit Nachname-Vorname wird, soweit üblich, bei Namen der heutigen Zeit nicht angewendet, wie etwa bei Kenzō Tange statt Tange Kenzō.

Zeitperioden der Entwicklungen in China und Japan

China, wichtige dynastische Perioden

Frühe Chou	ca. 1080–722	1. Feudalzeit
Mittlere Chou	722–481	Konfuzius, Laotse
Späte Chou	480–221 v. Chr.	
Ch'in (Qin)	221–207 v. Chr.	1. Reichseinigung
Han	206 v. Chr.– 220 n. Chr.	Kaiser Han Wudi Park Shanglin
Drei Reiche	221–280	1. Reichsteilung
Jin, West	265–317	2. Reichseinigung,
Jin, Ost	317–420	Literatur, Künste
Südl. und Nördl. Dynastien	420–581	2. Reichsteilung
Sui	581–618	3. Reichseinigung Kaiser Sui Yangdi
Tang	618–907	Literatur, Kunst, Lebensstil, Gärten
5 Dynastien	907–960	3. Reichsteilung
Song-Nord	960–1127	4. Reichseinigung,
Song-Süd	1127–1279	private Stadtgärten
Yuan (Mongolen)	1272–1368	Malkunst, Dichtung
Ming	1368–1644	Aufblühen der Künste, Lebensstil
Qing/Mandschu	1644–1911	Parklandschaften
Ab 1912: Republik		

Japan, Zeiteinteilungen

Kofun	ca. 250–600 n. Chr.	Erste Einflüsse Chinas
Asuka	592–628 n. Chr.	Kaiser Suiko
Hakuhō	645–710	Kaiser Temmu
Nara	710–794	Hauptstadt Nara (710)
Heian	794–1185	Hauptstadt Heian-kyō Erste buddhist. Sekten Teichgärten des Adels und des Reinen Landes Erste Tempelgärten
Kamakura	1185–1392	Kaiser Shirakawa Militärregentschaft Klostergründungen Gartenpriester
Muromachi	1392–1573	Ashikaga Shogunat Ōnin-Aufstand 1467–76 Teeweg, Zengärten
Momoyama	1573–1603	Kobori Enshū, Künste Dekoration
Edo	1603–1868	Tokugawa Shogunat Regierungssitz Edo, unbenannt in Tokyo 1868. Katsura, Landschaftsgärten.
Japan öffnet sich 1868		Erste westliche Berichte

Literaturverzeichnis

Chinesische Gärten

Attiret, Jean Denis: A Particular Account of the Emperor of China's Garden near Pekin (1743); übers. ins Englische von J. Spence. New York, London 1982.

Barrow, John: Travels in China, Pekin to Canton. T. Cadell and W. Davies, London 1804; In: Projekt Gutenberg, E-Book 2009.

Berrall, Julia S.: Die schönsten Gärten. Econ Verlag, Düsseldorf, Wien 1969.

Beuchert, Marianne: Die Gärten Chinas. Diederichs, München 1988.

Blatter, Marie-Luise: Die Internationale Garten-Expo in Kunming, China. Magazin Basler Zeitung, Nr. 22, 1999.

Brinker, Helmut: Auf Buddhas Spuren in China. Museum Rietberg (Hg.), Zürich 2002.

Cahill, James: Exploring the Zhi-Garden in Zhang Hong's Album. In: CLP 22, 1995 Lecture LACMA, History of Art, UC Berkeley.

Cho Wang, Joseph: The Chinese Garden. Oxford University Press, Hongkong 1998.

Chen, Gang: Landscape Architecture. Planting, Design. Illustrated. Irvine 2011.

Cho Wang, Joseph: The Chinese Garden. Oxford University Press. Hongkong, Oxford, New York 1998.

Colgrave, Sukie: Yin und Yang. Fischer Verlag, Frankfurt a. M. 1984.

Eitel, Ernest John: Fengshui or the Rudiments of Natural Science in China. Lane, Crawford & Co, Hongkong 1873.

Eliade, Mircea (Hg.): Chih-I. In: Encyclopedia of Religion. Simon & Schuster, New York 1995.

Forke, Alfred; The World Conception of the Chinese. A. Probsthein, London 1925.

Falke, Jakob von: Der Garten: Seine Kunst und Kunstgeschichte. Spemann, Berlin, Stuttgart 1884.

Feng, Jin: Jing: The Concept of Scenery, in: Texts on Traditional Chinese Gardens, in Studies in the History of Gardens and Designed Landscapes, Vol. 18, No. 4. University of Pennsylvania 1998

Granet, Marcel: Das chinesische Denken – Inhalt, Form, Charakter. Piper, München 1963.

Gothein, Marie-Luise: A History of Garden Art (Wright, Walter P., Hg.) Vol. II. Dent & Sons, London, Toronto 1928 (Deutsche Ausgabe 1914).

Hael, David L. u. a.: The Cosmological Setting of Chinese Gardens, in: Studies in the History of Gardens and Designed Landscapes, Vol. 18, No. 3. University of Pennsylvania 1998.

Huang, Yu-mei: The flowery way of old China, in: The Taiwan Review, 1.5.1984.

Hay, Jonathan: Shi Tao, Painting and Modernity in Early Qing China. NY, Institute of Fine Art. Cambridge University Press 2001.

Hüttner, Johann Christian: Reise der englischen Gesellschaft an den Kaiser von China in den Jahren 1792–1793. Verlag Heinrich Gessner, Zürich 1798.

Inaji, Toshirō: The Garden as Architecture – Form and Spirit in the Gardens of Japan, China and Korea, übers. aus dem Japanischen ins Englische von Pamela Virgilio. Kondansha Amer Inc., New York 1998.

Keswick, Maggie: The Chinese Garden. History, Art & Architecture. Academic Edition, London 1978.

Klawitter, Arne: Von der Leere zur Fülle. Rezension über François Chengs Buch über Malerei in China. NZZ 9.8.2006.

Legge, James: The Chinese Classics, Vol. II, The Works of Mencius. Trubner, London 1861.

Liu, Tuo: Classical Gardens in China. Better Link Press, New York 2012.

Métailié, Georges: Some Hints on Scholar Gardens and Plants, in: Traditional China, Studies in the History of Gardens and Designed Landscapes, Vol. 18, No. 3, Uni-

versity of Pennsylvania 1998.
Makeham, John: The Confucian Role of Names in Traditional Chinese Gardens. Studies in the History of Gardens and Designed Landscapes, Vol. 18, No. 3. University of Pennsylvania, 1998.
Nan, Chung Wah: The Art of Chinese Gardens. Hongkong University Press 1982.
Needham, Joseph (Hg.): Science and Civilisation in China, Vol. II, History of Scientific Thought. Cambridge University Press 1956.
Nieuhoff, John: An Embassy from the East India Company to China in their passages from Canton to Peking. London 1773. Digital Library for the Decorative Arts and Material Culture; University of Wisconsin, Madison, WI.
Norer, Günther: Der Chinesische Garten am Beispiel der Chinesischen Garten-Architektur. Ariadne Verlag, Wolfsegg/Wien 1978.
Pearce, Nick: Images of Guanxiu's Sixteen Luohan. In: Eighteenth Century China. Apollo, Int. Magazine of the Arts. November 2003.
Rümpler, Karl Theodor (Hg.): Illustriertes Gartenbau-Lexikon. Paul Parey, Berlin 1882.
Schafer, Edward H.: Li Te-yü and the Azalea. In: Asiatische Studien, 18/19, S. 105–114 (1965).
Ders.: China, Das Reich der Mitte. Aus dem Englischen von Ch. und H. Wiemken. Sachbuch rororo, Hamburg 1976.
Seckel, Dietrich: Einführung in die Kunst Ostasiens. Piper, München 1960.
Ders.: Kunst des Buddhismus. Werden, Wanderung und Wandlung. Holle Verlag, Baden-Baden 1962.
Sirén, Osvald: Gardens of China. Ronald Press Company, New York 1949.
Skinner, Stephen: The Living Earth Manual of Fengshui Geomancy. Routledge, London 1982.
Stuart, Jan: Ming Dynasty Gardens Reconstructed. In Word and Images, Studies in the History of Gardens and Designed Landscapes, Vol. 10, No. 3. University of Pennsylvania 1998.
Thacker, Christopher: Die Geschichte der Gärten. Orell Füssli, Zürich 1979.
Wang, Li: Interior Display and its Relations to Exterior Spaces in Traditional Chinese Gardens, in: Studies in the History of Gardens and Designed Landscapes, Vol. 18, No. 3, University of Pennsylvania 1998.
Wilhelm, Richard: The Secret of the Golden Flower. A Chinese Book of Life. Mit Vorwort und Kommentar von C. G. Jung. Penguin, Harmondsworth 1984.
Yun, Qiao (Hg.): Alte Chinesische Gartenkunst. Koehler & Amelang, Leipzig 1988.

Japanische Gärten

Barthes, Roland: Das Reich der Zeichen – Eine Japan-Reise? Übers. von Michael Bischoff. Suhrkamp 1981.

Brasch, Heinz: Kyoto, die Seele Japans. Walter Verlag, Freiburg i.B. 1974.

Brinker, Helmut u.a: Zen, Meister der Meditation in Bildern und Schriften. Museum Rietberg (Hg.), Zürich 1993.

Brüderlin, Markus u.a: Japan und der Westen. Ausstellungskatalog Kunstforum Wolfsburg 2008.

Bouvier, Nicolas: Das Leere und das Volle – Reisetagebuch aus Japan 1964–1970. Übers. von Gió Waeckerlin-Induni. Lenos Verlag 2005.

Conder, Josiah: Landscape Gardening in Japan. Kodansha. London 2002.

Dumoulin, Heinrich: Der Erleuchtungsweg des Zen im Buddhismus. Fischer Verlag, Frankfurt a. M. 1976.

Ders.: Geschichte des Zen-Buddhismus, Bd. 2. Japan. A. Francke Verlag, Bern 1985.

Earle, Joe (Hg.): Infinite Spaces. The Art and Wisdom of Japanese Gardens. Based on the Sakuteiki. Tuttle Publishings, Tokyo, Singapore 2000.

Fleig-Harbauer, Gisela: Der japanische Garten – Wege zu moderner Gestaltung. BLV, München, Wien, Zürich 1981.

Fukuda, Kazuhiko: Japanese Stone Gardens. Tuttle Publishings, Tokyo 1970.

Guth, Christine: Japanese Art of the Edo Period. Every Man Art Library; Calmann and King Ltd., London 1996.

Harada, Jiro: The Gardens of Japan. The Studio Limited. London 1928.

Hearn, Lafcadio: In a Japanese Garden. In: The Atlantic Monthly, Vol. 70, No. 417, July 1892. Cornell University.

Ders.: Izumo, Blicke in das unbekannte Japan. Rütten & Loening, Frankfurt a. M. 1921.

Ders.: Out of the Street – Japanese Folk Songs. In: The Atlantic Monthly, September 1896, Cornell University

Herrigel, Gusty L.: Der Blumenweg: Wunderbare Kunst des Blumenstellens. Otto Wilhelm Barth Verlag, München 1958.

Hrdlička, Zdeněk u. a.: Japanische Gartenkunst. Dausien, Hanau 1990.

Inaji, Toshirō: The Garden as Architecture – Form and Spirit in the Gardens of Japan, China and Korea, übers. aus dem Japanischen ins Englische von Pamela Virgilio. Kondansha Amer Inc., New York 1998.

Itoh, Teiji: The Gardens of Japan. Splendid Misinterpretations. Kodansha, Tokyo, New York 1998.

Ders.: Space and Illusion in the Japanese Garden. Weatherhill/Tankosha, Tokyo, New York 1973.

Ders.: Die Gärten Japans. DuMont Verlag, Köln 1985.

Ishizawa, Masao (Hg.): Architecture & Gardens. Pageant of Japanese Art. Toto Shuppan, Tokyo 1957.

Keane, Marc P.: Japanese Garden Design. Tuttle Publishing, Tokyo, Rutland, Vermont, Singapore 1996.

Klee, Paul: (Temporis Collection), vorgestellt in Englisch von Eric Shanes; Parkstone Press International. New York 2012.

Kuitert, Wybe: Themes in the History of Japanese Garden Art. Hawaii University Press 2002.

Kitamura, Kazuyuki u.a: Japan heute, Mondo, Lausanne 1983.

Kitagawa, Joseph M.: Religion in Japanese History. Columbia University Press, New York 1990.

Kuck, Loraine: The World of the Japanese Garden. Weatherhill, New York, Tokyo 1982.

Lee, O-Young: Smaller is Better. Japan's Mastery of the Miniature. Kodansha International, Tokyo 1984.
Lee, William: Entering the Pure Land. In: Japanese Journal of Religious Studies 33/2. Nanzan Institute for Religion and Culture 2006. S. 249–267.
Nakagawara, Camelia: The Japanese Garden for the Mind – The Bliss of Paradise Transcended. In: Stanford Journal of East Asian Affairs, Vol. 4, No. 2. 2004. Nanzan Institute for Religion and Culture 2006.
Marés, Emmanuel: Kobori Enshū; Deux Biographes, une Légende. In: Projets de Paysages. Revue Électronique de L'École National Supérieur de Paysage de Versailles ENSP No. 8, Paris 2012.
Nitschke, Günter: Japanische Gärten. Taschen Verlag, Köln 1993.
Ohashi, Haruzo: Japanese Courtyard Gardens. Kodansha, Tokyo 1988.
Ott, M.: Essay in: Basler Zeitung Nr. 12 vom 23.3.2002.
Rambach, Pierre u. a.: Sakuteiki ou Le Livre Secret des Jardins Japonais. Skira, Genf 1973.
Schaarschmidt-Richter, Irmtraud: Der Japanische Garten – Ein Kunstwerk. Office du Livre, Fribourg 1979.
Schaffener, Ingrid u. a.: Isamu Noguchi. In: Ausstellungskatalog Vitra Design Museum, Weil a. Rh. o. J.
Slawson, David A.: Secret Teachings in the Art of Japanese Gardens. Kodansha, Tokyo, New York, London 1987.
Sheldrake, Rupert: The Rebirth of Nature. Century, UK 1990.
Suzuki, Daisetz Taitaro: Der westliche Weg und der östliche Weg. Ullstein Verlag, Berlin 1960.
Ders.: Zen und die Kultur Japans. Rowohlt, Hamburg, 1958.
Tamuro, Tsuyoshi: Art oft the Landscape Garden in Japan. Kokusei Bunka Shinkokai, Tokyo 1938.
Takakuwa, Gisei u. a.: Gardens of Japan. Mitsumura Suiko Shoin, Kyoto 1962.
Tschumi, Christian: Mirei Shigemori – Rebel in the Garden. Birkhäuser, Basel, Boston, Berlin 2007.
Ders.: Mirei Shigemori, Modernising the Japanese Garden. Dissertation ETH Zürich, No. 15356, Zürich 2004.
Van der Post, Laurens: A Portrait of Japan. Hogarth Press, London 1968.
Watts, Alan: The Spirit of Zen. A Way of Life, Works and Art in the Far East. Grove Press, New York 1969.
Wachtmann, Hans Günter u. a.: Daisen-in. Hirmer Verlag, München 2000.
Wright, Tom u. a.: Zen Gardens. Suiki, Kyoto 1990.

Personen- und Sachregister

Bildnachweis nach Nummer der Abbildung

Autor: Vorsatz, 1, 2, 4, 5, 6, 8, 9, 11, 12, 13, 14, 17, 18, 19, 21, 22, 23, 24, 26, 30a, 30b, 32, 34, 35, 36, 37, 38, 39, 40, 42, 43, 44, 46, 47, 48, 50, 51, 52, 54, 55, 56, 57, 58a, 58b, 58c, 60a, 60b, 61, 64, 65, 66, 67, 69, 70, 71, 74, 75, 76, 77, 78, 80, 81b, 83, 85, 86, 88, 90, 93, 94, 96, 97, Nachsatz.

©: 20, Liu Tuo. 25, Eugen Diederichs Verlag. 31, Privatbesitz. 95, Planer Team Stutz-Stauffenegger.

Wikimedia CC-BY-SA Lizenzen:
3, Immanuel Giel 2006. 7, anon 2010. 10, Ismoon 2011. 15, Gryffindor 2006. 16, Iwanafish 2007. 27, Stout256. 28, Jakub Halun 2009. 29, Gisling 2010. 33, Christian Gänshirt 2013, 41, Kimon, Berlin 2007. 45, Dr. Inside 2014. 49, 62, Iwanoff 2004. 63, Bamse 2011. 68, Bjoernord 2008. 55, Ken Thomas, 2008. 53, 79, Fg2 2006/2009. 59, Peggy Greb. 72, Tedmoseby, 2008. 73, Stephen Mansfield 2014. 81a, 84, 89, Daderot 2007. 82, 91, Highland 2010. 87a, Fraxinus2 2014. 87b, Azevedo Franca 2007. 92, Lukas 2006.

Autor und Verlag danken den Inhabern der Rechte für die Genehmigung zum Abdruck der Abbildungen und Texte. Trotz aller Bemühungen waren für einige Wiedergaben die Rechteinhaber nicht zu ermitteln. Sie werden gebeten, sich an den Verlag zu wenden.

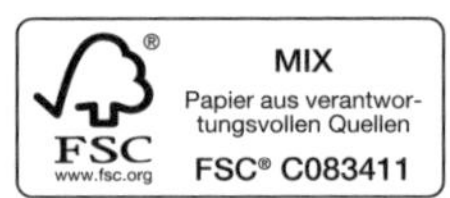

Bibliografische Information der Deutschen Nationalbibliothek. Die Deutsche Nationalbibliothek verzeichnet diese Publikation in der Deutschen Nationalbibliografie; detaillierte bibliografische Daten sind im Internet über http://dnb.d-nb.de abrufbar.

Lektorat: Christiane Geldmacher, Stefan Gücklhorn, Wiesbaden
Covergestaltung: Karina Bertagnolli, Wiesbaden
Bildnachweis: mauritius images / Archive Productions, LLC / Alamy
Satz: Anja Carrà, Weimar
Der Titel wurde in der Bauer Bodoni gesetzt.
Gesamtherstellung: CPI books GmbH, Leck – Germany

ISBN: 978-3-7374-1085-4

www.verlagshaus-roemerweg.de

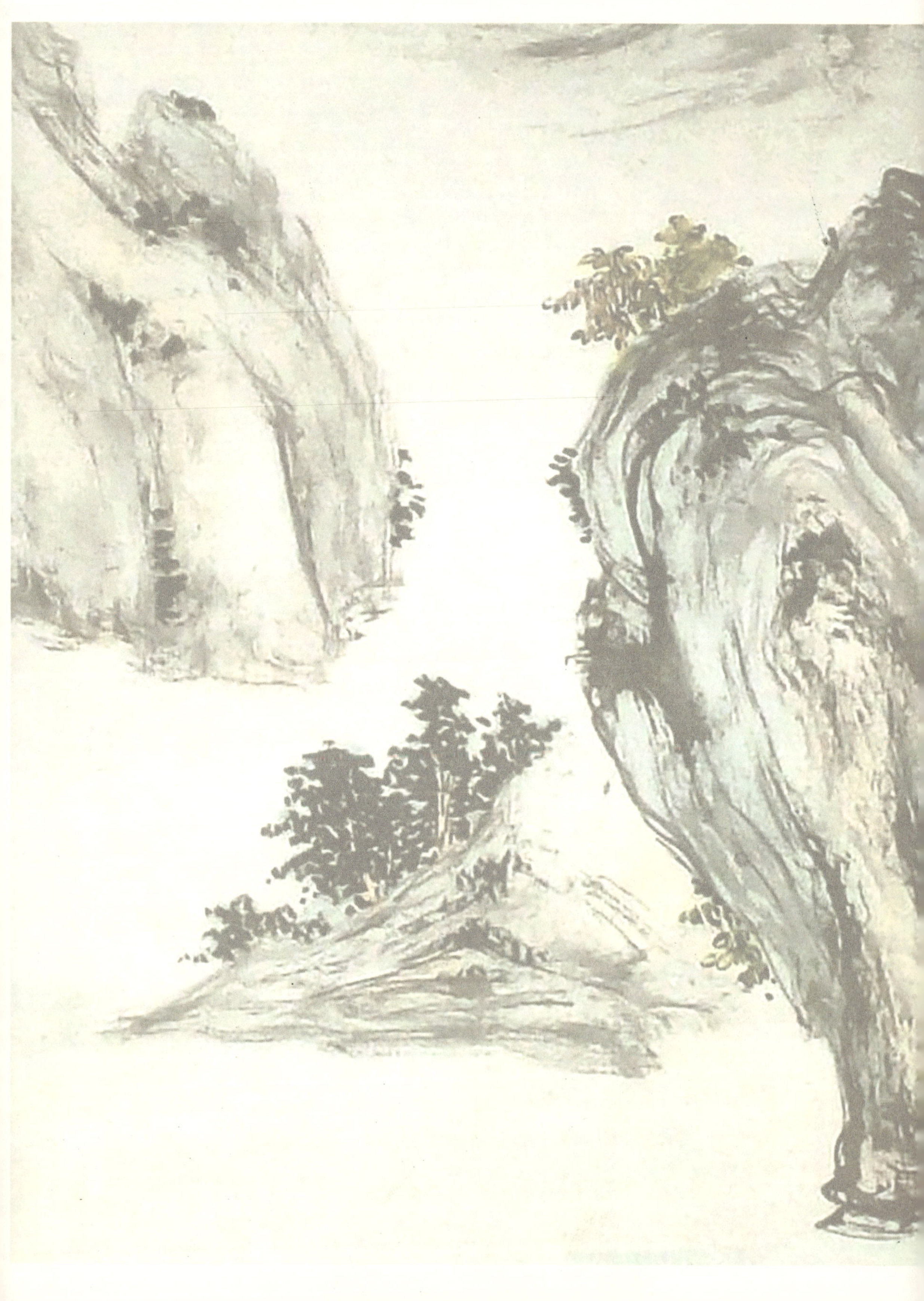